D0915701

TOMBOY

una CHICA RuDa

T 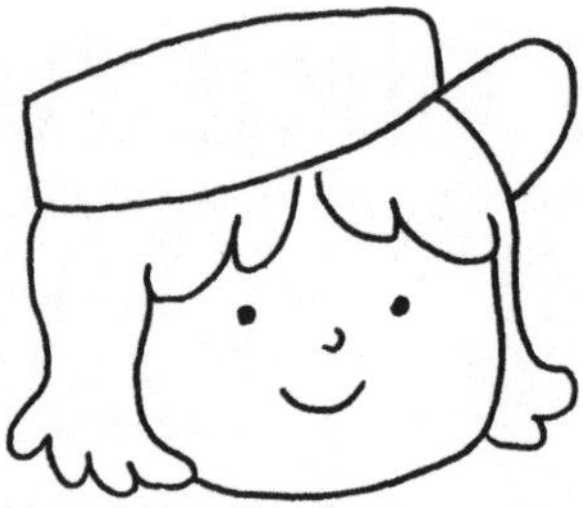 M

una CHICA

memoria gráfica de

B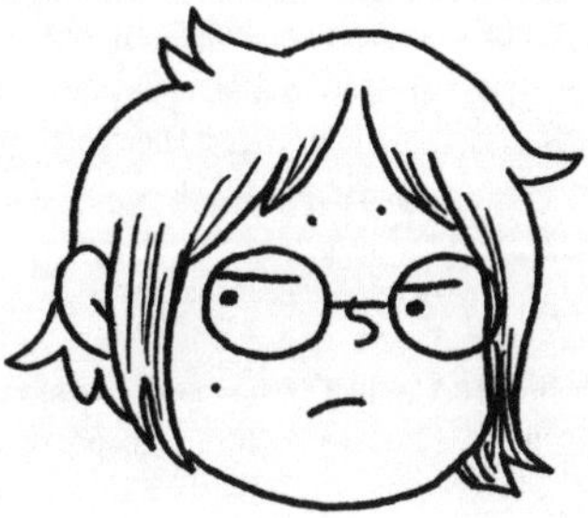Y

RUDA

LIZ PRINCE

ALFAGUARA

Tomboy
Una chica ruda

Título original: *Tomboy*

Primera edición: febrero, 2017

D. R. © 2014, Liz Prince

Publicado originalmente por Zest Books

D. R. © 2017, derechos de edición mundiales en lengua castellana:
Penguin Random House Grupo Editorial, S. A. de C. V.
Blvd. Miguel de Cervantes Saavedra núm. 301, 1er piso,
colonia Granada, delegación Miguel Hidalgo, C. P. 11520,
Ciudad de México

www.megustaleer.com.mx

D. R. © 2016, Cecilia Olivares, por la traducción
D. R. © 2015, Liz Prince y Adam Grano, por el diseño

ISBN: 978-607-314-892-4

Impreso en México – *Printed in Mexico*

Impreso en los talleres de Litográfica Ingramex, S.A. de C.V.

El papel utilizado para la impresión de este libro ha sido fabricado a partir de madera procedente
de bosques y plantaciones gestionadas con los más altos estándares ambientales, garantizando
una explotación de los recursos sostenible con el medio ambiente y beneficiosa para las personas.

Penguin
Random House
Grupo Editorial

Este libro está dedicado a las siguientes mujeres fuertes:

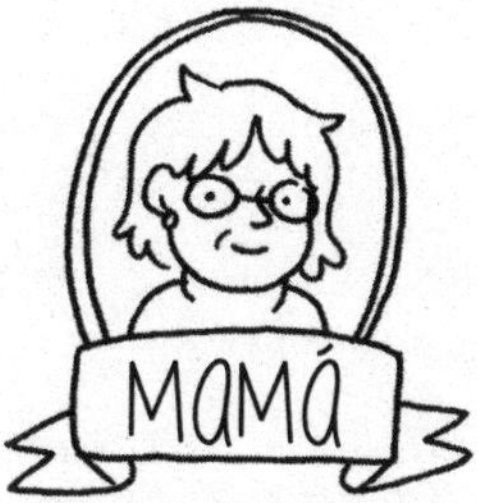
MAMÁ

Mi mamá, Linda Prince, que crio a tres hijos tenaces y nos apoyó a todos tratándonos con comprensión y respeto.

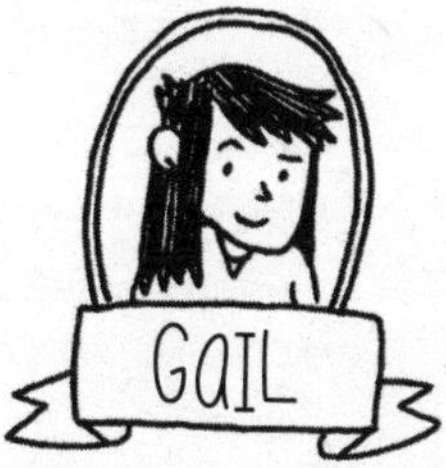
GAIL

Gail Snyder, quien me enseñó a mirar con mayor cuidado las cosas difíciles de la vida, pues intentan decirte algo si las escuchas.

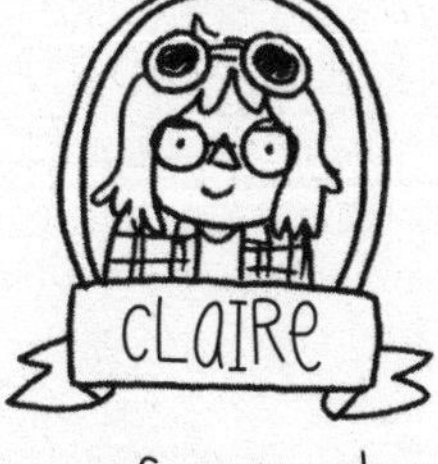
CLAIRE

Claire Sanders, quien se enfrentó al cáncer con humor e insolencia, y continúa riéndose mientras encara todo lo que la vida le pone por delante.

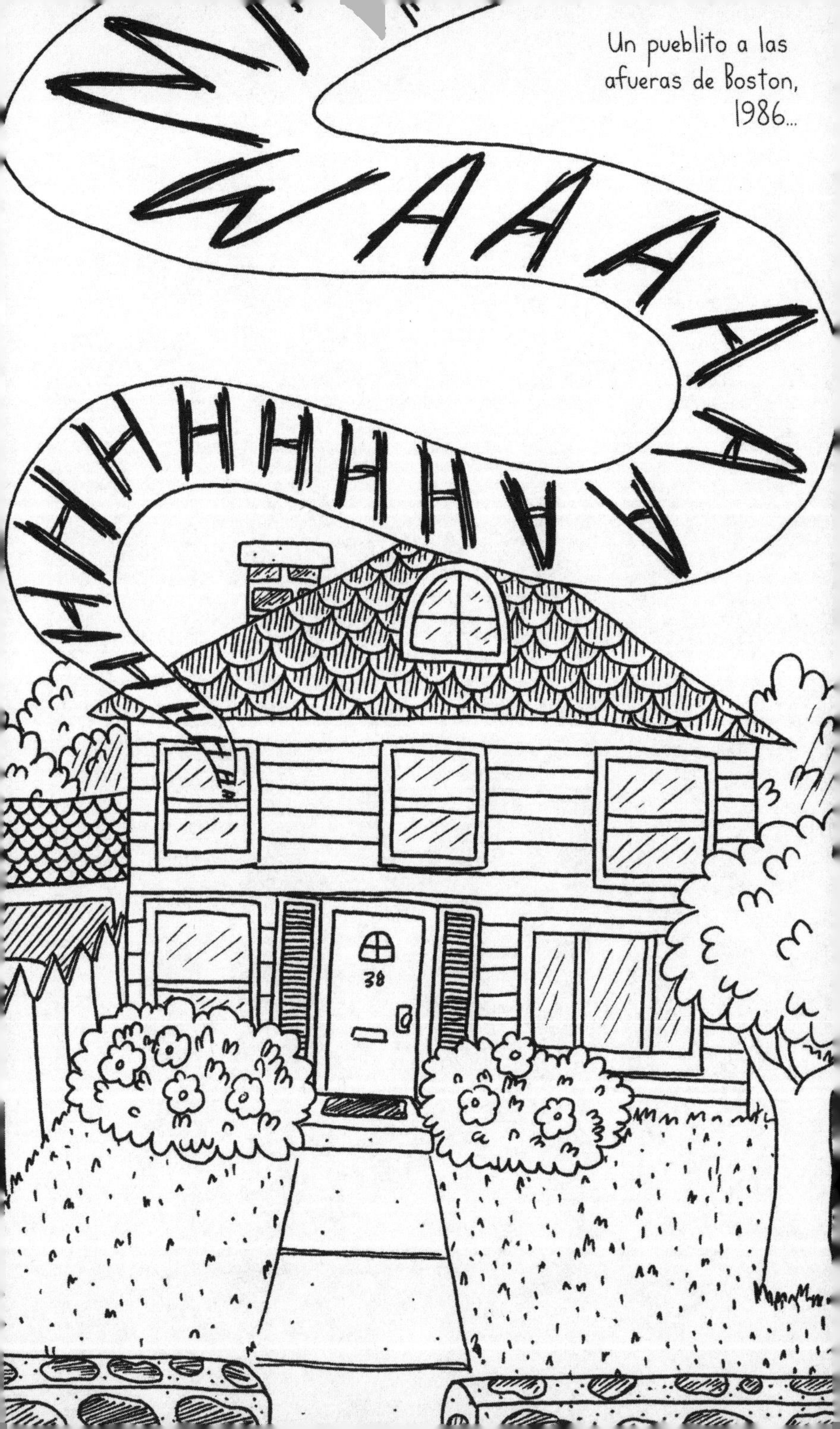
Un pueblito a las afueras de Boston, 1986...
38

CAPÍTULO I

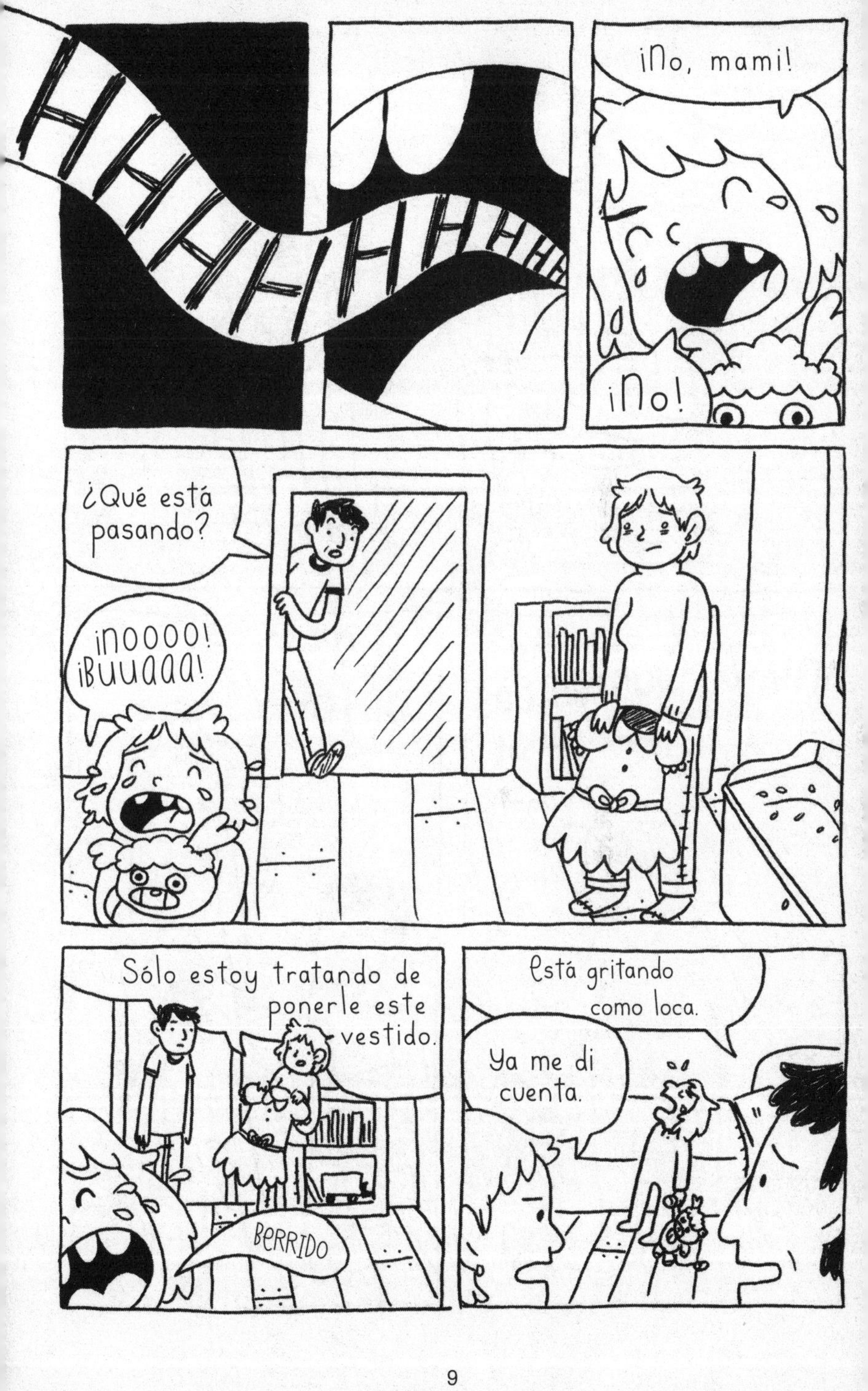
AHHHHHHHHHHHHHH
¡No, mami!
¡No!
¿Qué está pasando?
¡NOOOO! ¡BUUAAA!
Sólo estoy tratando de ponerle este vestido.
BERRIDO
Está gritando como loca.
Ya me di cuenta.

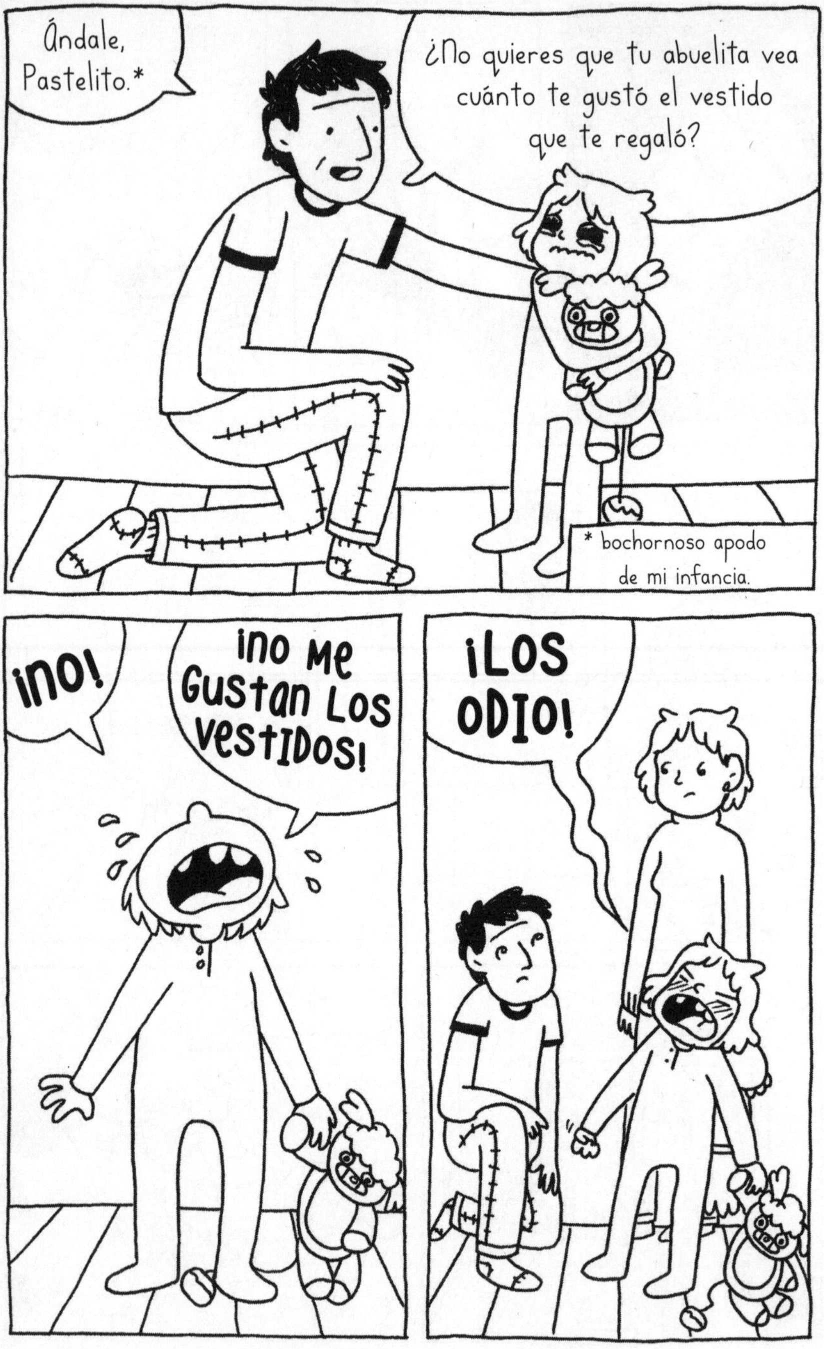
Ándale, Pastelito.*
¿No quieres que tu abuelita vea cuánto te gustó el vestido que te regaló?
* bochornoso apodo de mi infancia.
¡NO!
¡NO ME GUSTAN LOS VESTIDOS!
¡LOS ODIO!

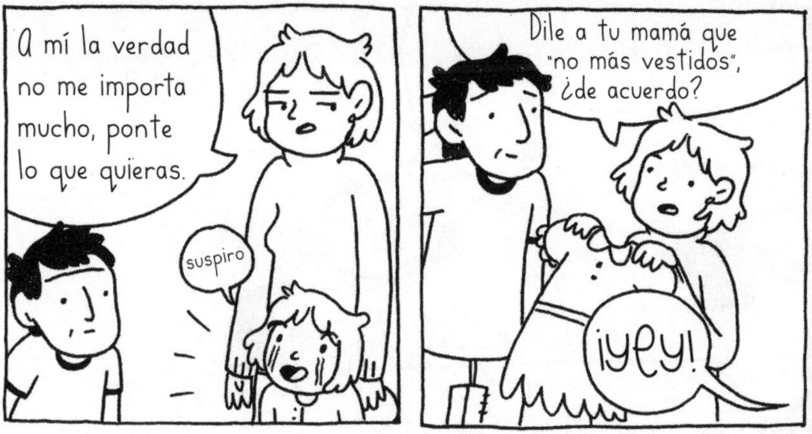
a mí la verdad no me importa mucho, ponte lo que quieras.
suspiro
Dile a tu mamá que "no más vestidos", ¿de acuerdo?
¡yey!

LIZ PRINCE, CHICA RUDA, 4 AÑOS

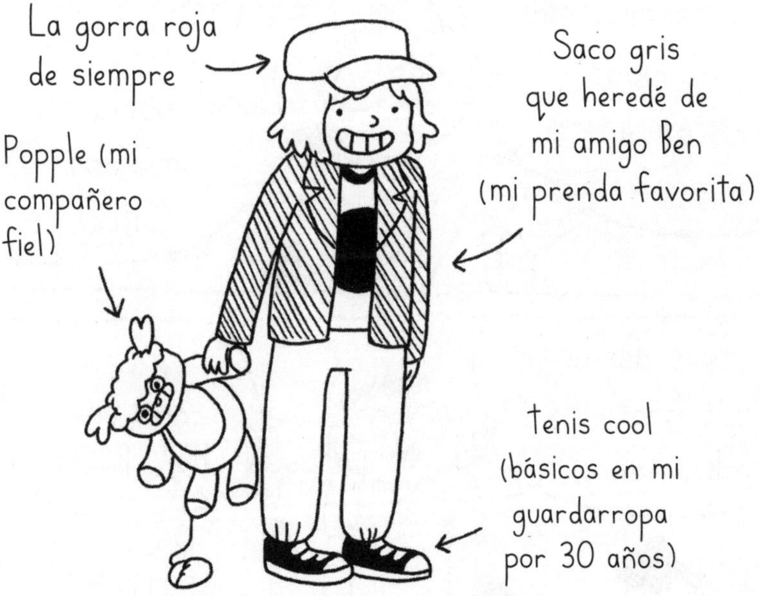
La gorra roja de siempre
Saco gris que heredé de mi amigo Ben (mi prenda favorita)
Popple (mi compañero fiel)
tenis cool (básicos en mi guardarropa por 30 años)

apariencia general: feliz mientras no tenga que ponerme vestido.

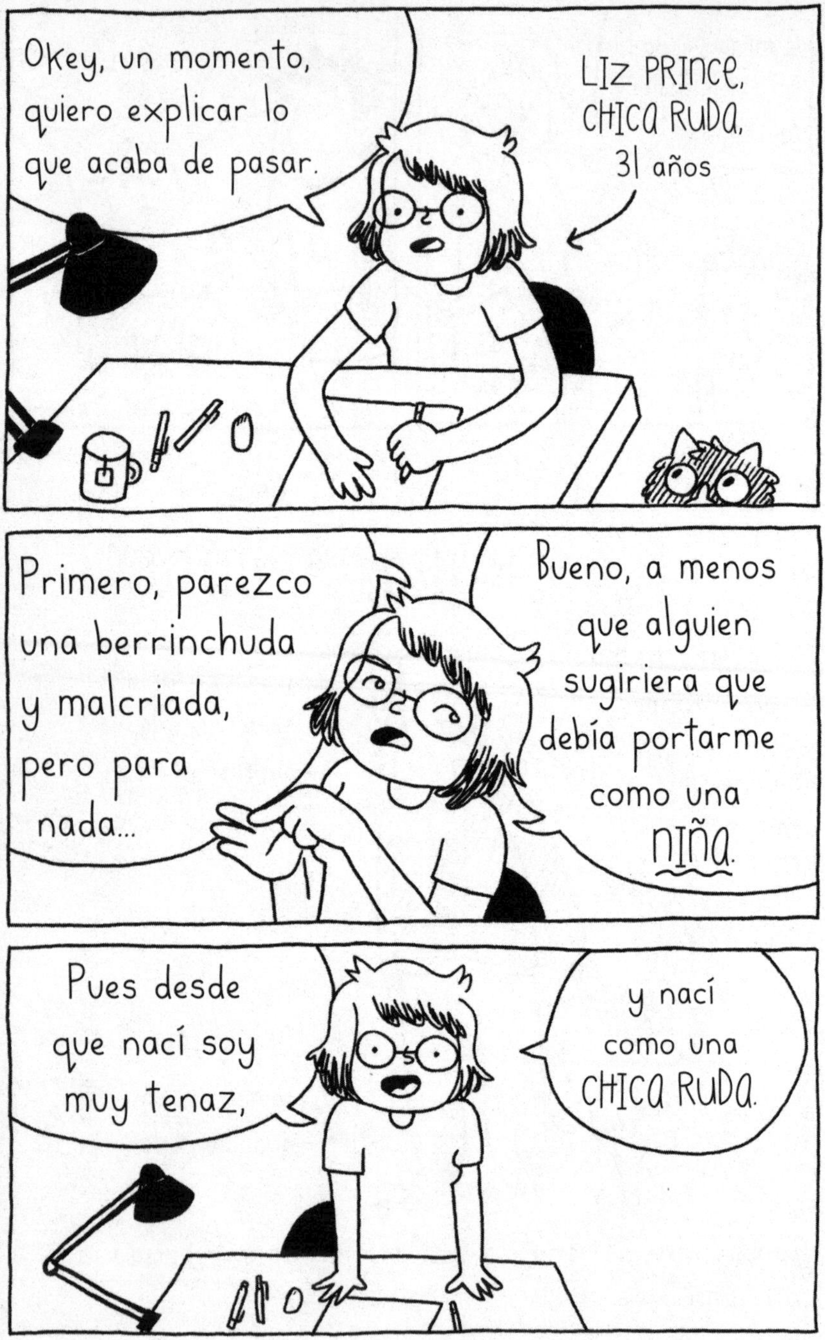
Okey, un momento, quiero explicar lo que acaba de pasar.
LIZ PRINCE, CHICA RUDA, 31 años
Primero, parezco una berrinchuda y malcriada, pero para nada...
Bueno, a menos que alguien sugiriera que debía portarme como una niña.
Pues desde que nací soy muy tenaz,
y nací como una CHICA RUDA.

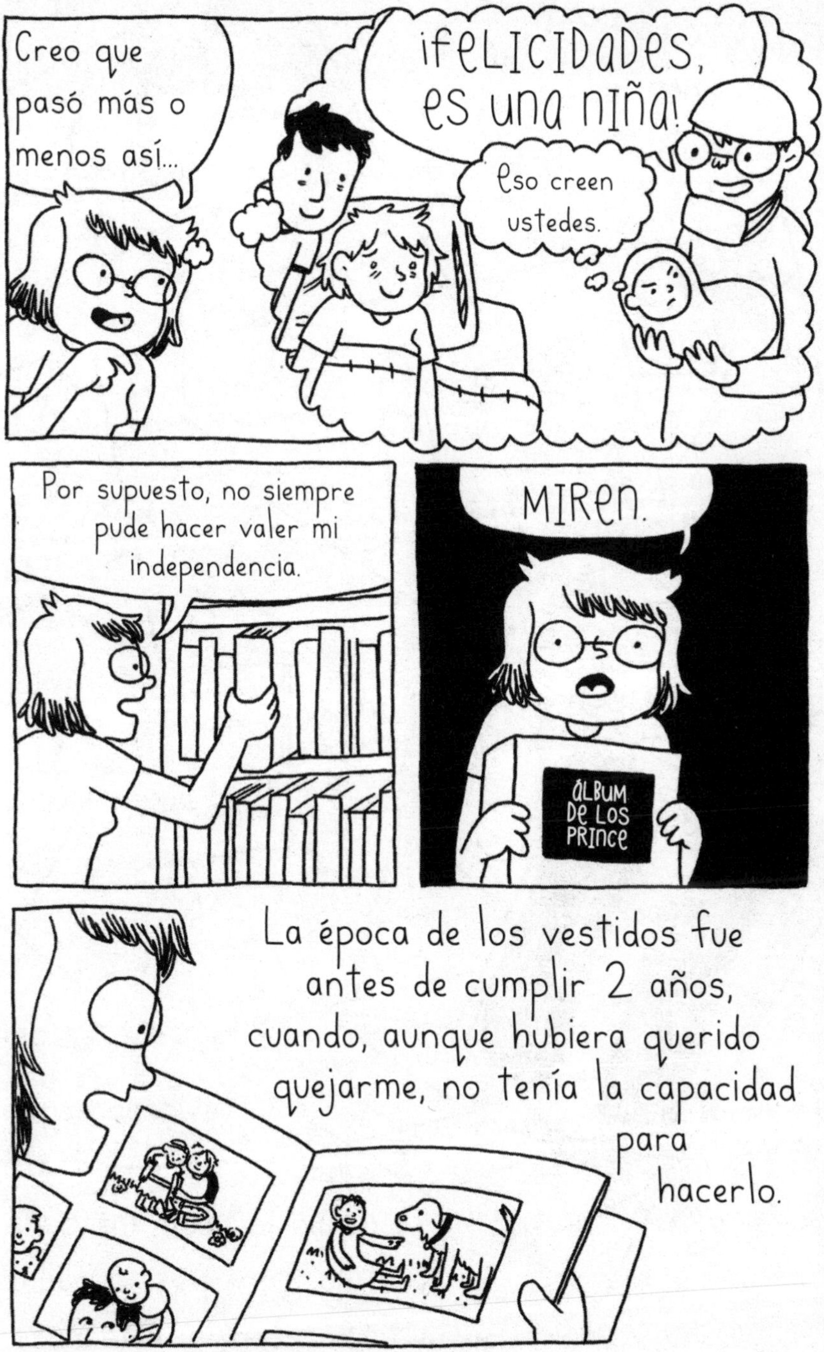
Creo que pasó más o menos así...
¡FELICIDADES, ES UNA NIÑA!
Eso creen ustedes.
Por supuesto, no siempre pude hacer valer mi independencia.
MIREN.
ÁLBUM DE LOS PRINCE
La época de los vestidos fue antes de cumplir 2 años, cuando, aunque hubiera querido quejarme, no tenía la capacidad para hacerlo.

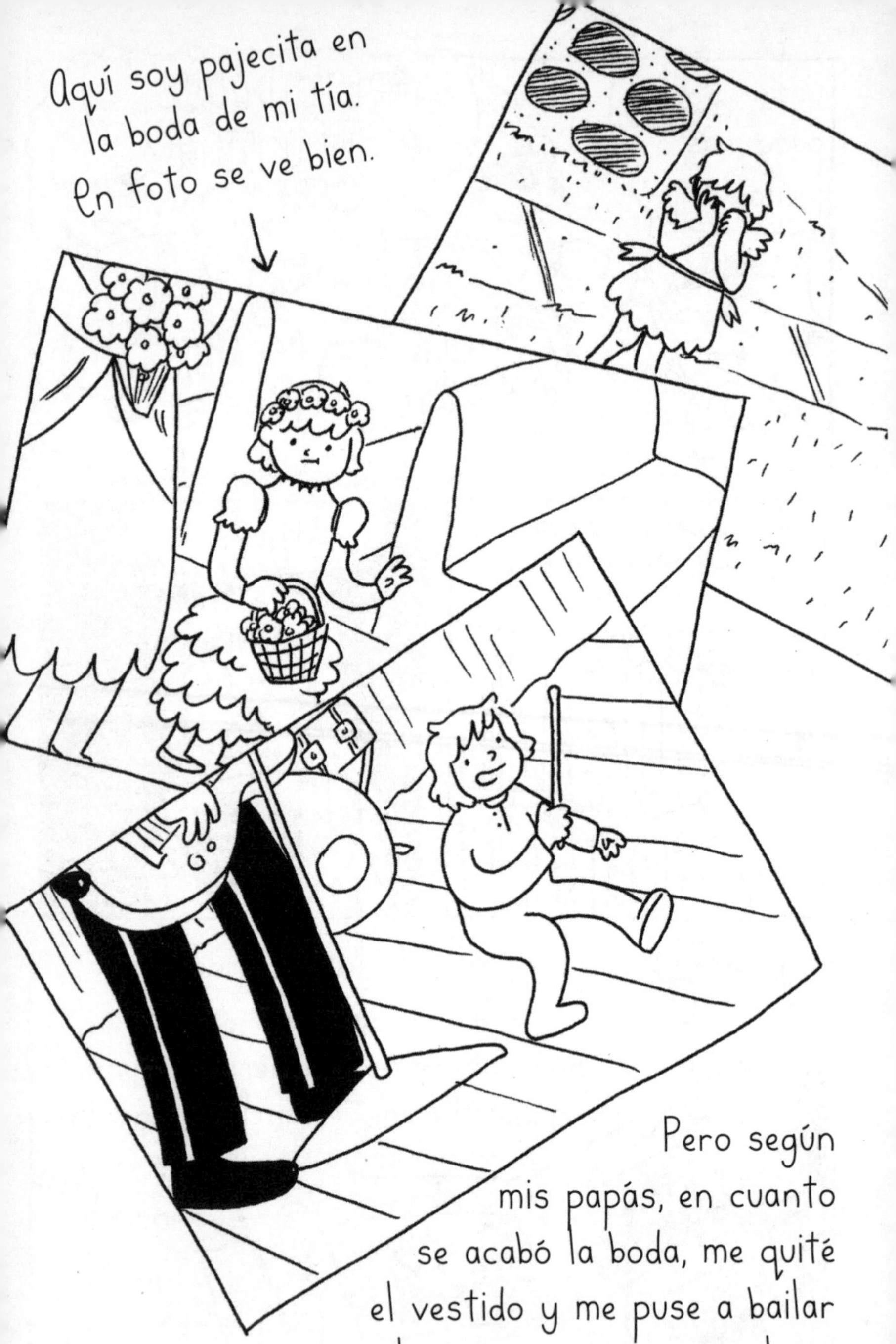
Aquí soy pajecita en
la boda de mi tía.
En foto se ve bien.

Pero según
mis papás, en cuanto
se acabó la boda, me quité
el vestido y me puse a bailar
en la tarima con mi mameluco.

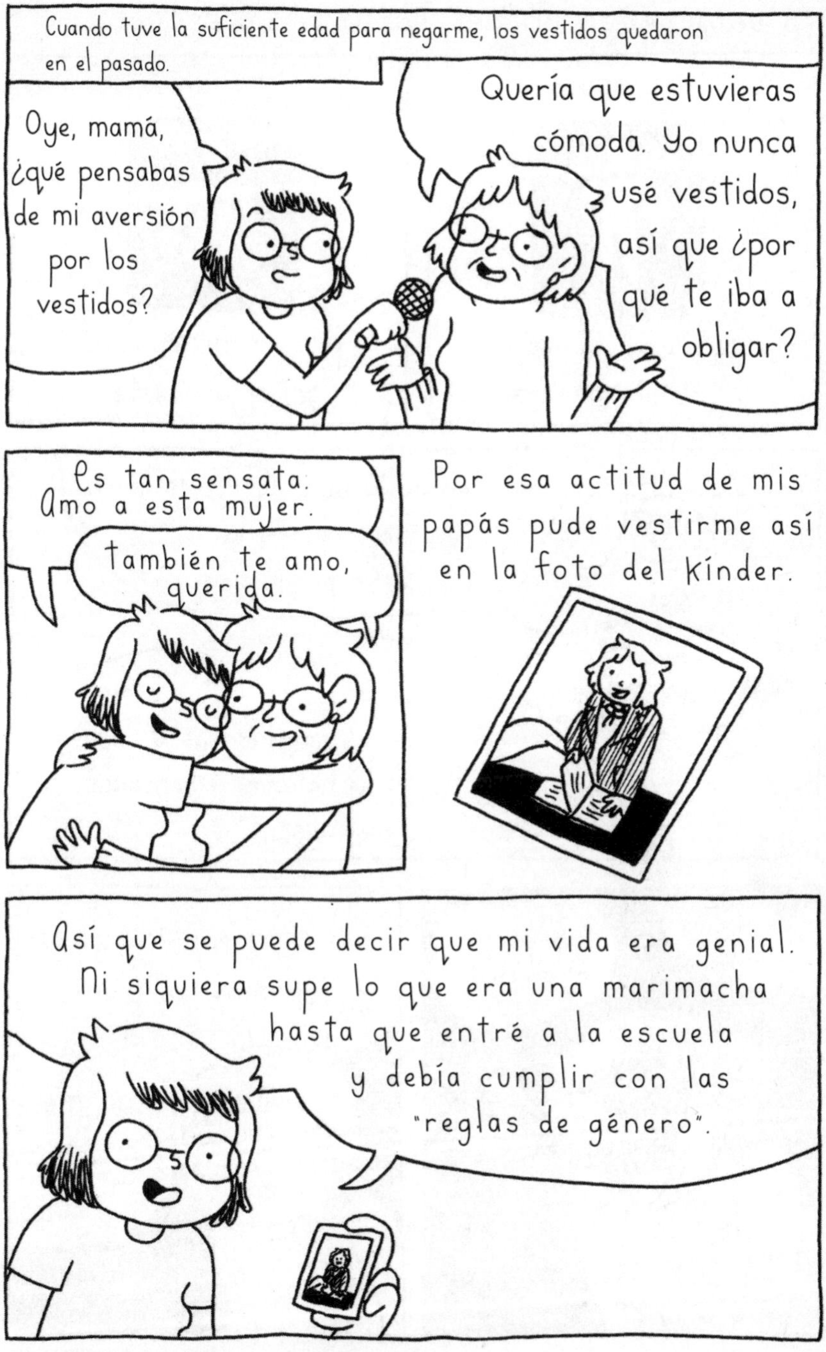
Cuando tuve la suficiente edad para negarme, los vestidos quedaron en el pasado.
Oye, mamá, ¿qué pensabas de mi aversión por los vestidos?
Quería que estuvieras cómoda. Yo nunca usé vestidos, así que ¿por qué te iba a obligar?
Es tan sensata. Amo a esta mujer.
También te amo, querida.
Por esa actitud de mis papás pude vestirme así en la foto del kínder.
Así que se puede decir que mi vida era genial. Ni siquiera supe lo que era una marimacha hasta que entré a la escuela y debía cumplir con las "reglas de género".

DE ACUERDO CON EL PATIO DE LA ESCUELA...

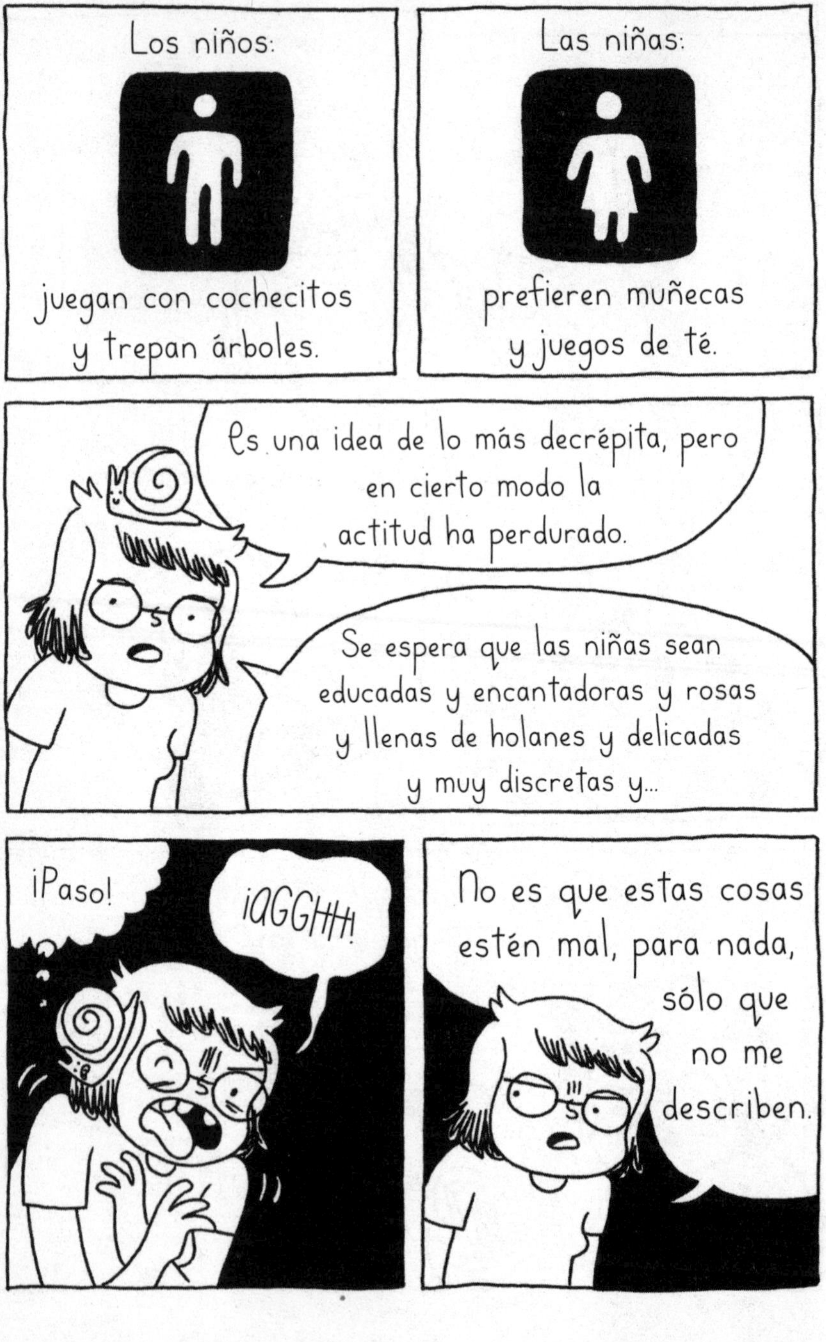
Los niños:
juegan con cochecitos y trepan árboles.
Las niñas:
prefieren muñecas y juegos de té.
Es una idea de lo más decrépita, pero en cierto modo la actitud ha perdurado.
Se espera que las niñas sean educadas y encantadoras y rosas y llenas de holanes y delicadas y muy discretas y...
¡Paso!
¡AGGH!
No es que estas cosas estén mal, para nada, sólo que no me describen.

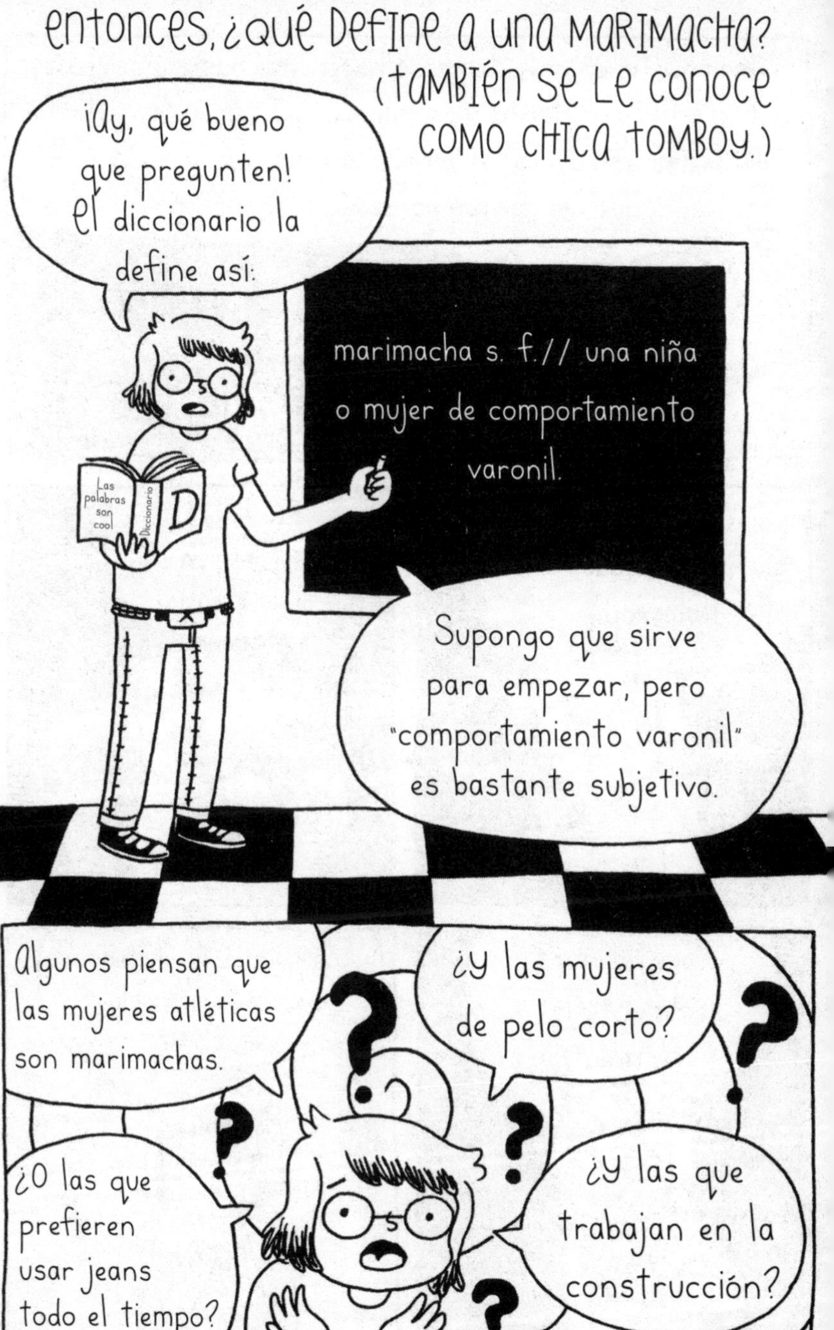
entonces, ¿qué define a una marimacha? (también se le conoce como chica tomboy.)
¡ay, qué bueno que pregunten! el diccionario la define así:
marimacha s. f.// una niña o mujer de comportamiento varonil.
Las palabras son cool
Diccionario
D
Supongo que sirve para empezar, pero "comportamiento varonil" es bastante subjetivo.
algunos piensan que las mujeres atléticas son marimachas.
¿y las mujeres de pelo corto?
¿O las que prefieren usar jeans todo el tiempo?
¿y las que trabajan en la construcción?

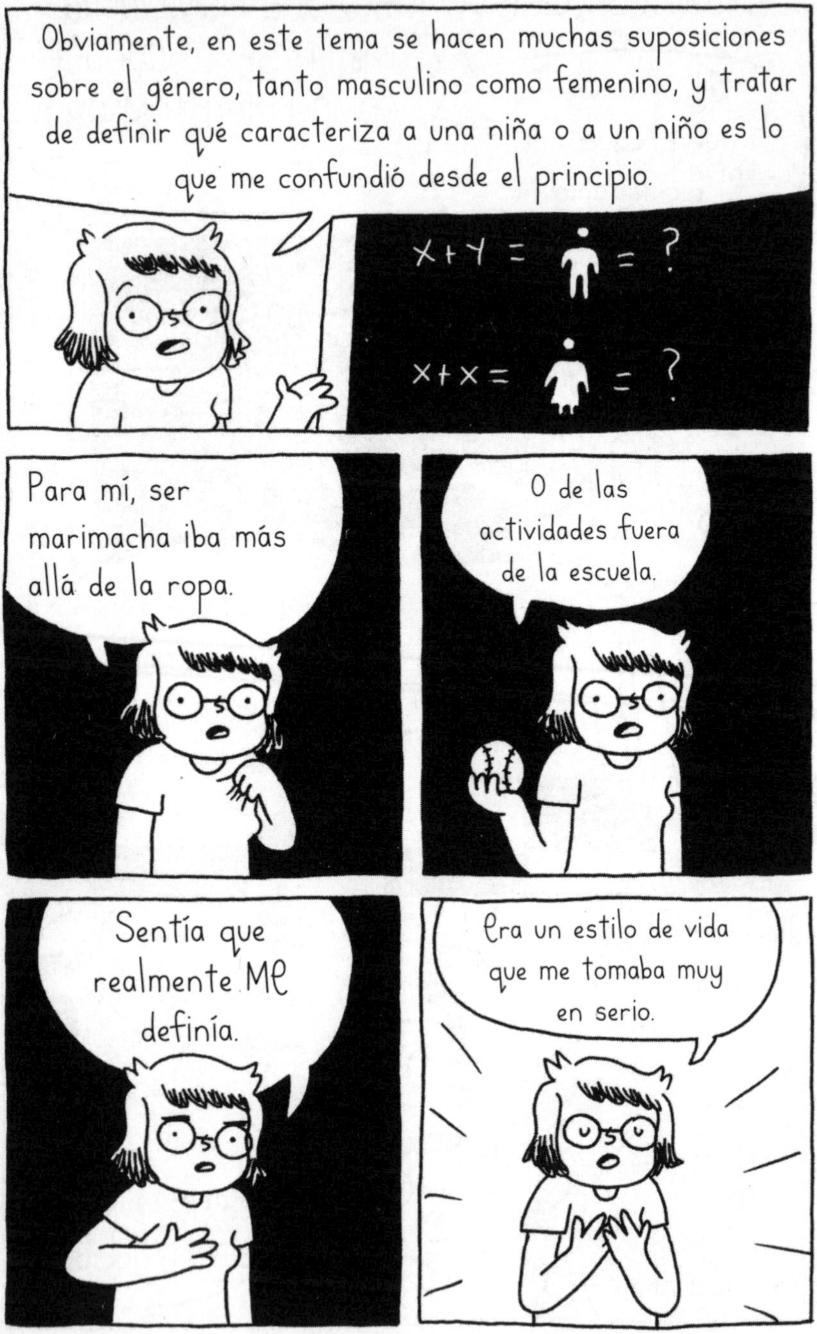
Obviamente, en este tema se hacen muchas suposiciones sobre el género, tanto masculino como femenino, y tratar de definir qué caracteriza a una niña o a un niño es lo que me confundió desde el principio.
X+Y = = ?
X+X = = ?
Para mí, ser marimacha iba más allá de la ropa.
O de las actividades fuera de la escuela.
Sentía que realmente ME definía.
Era un estilo de vida que me tomaba muy en serio.

Y sentía que tenía que defenderlo.

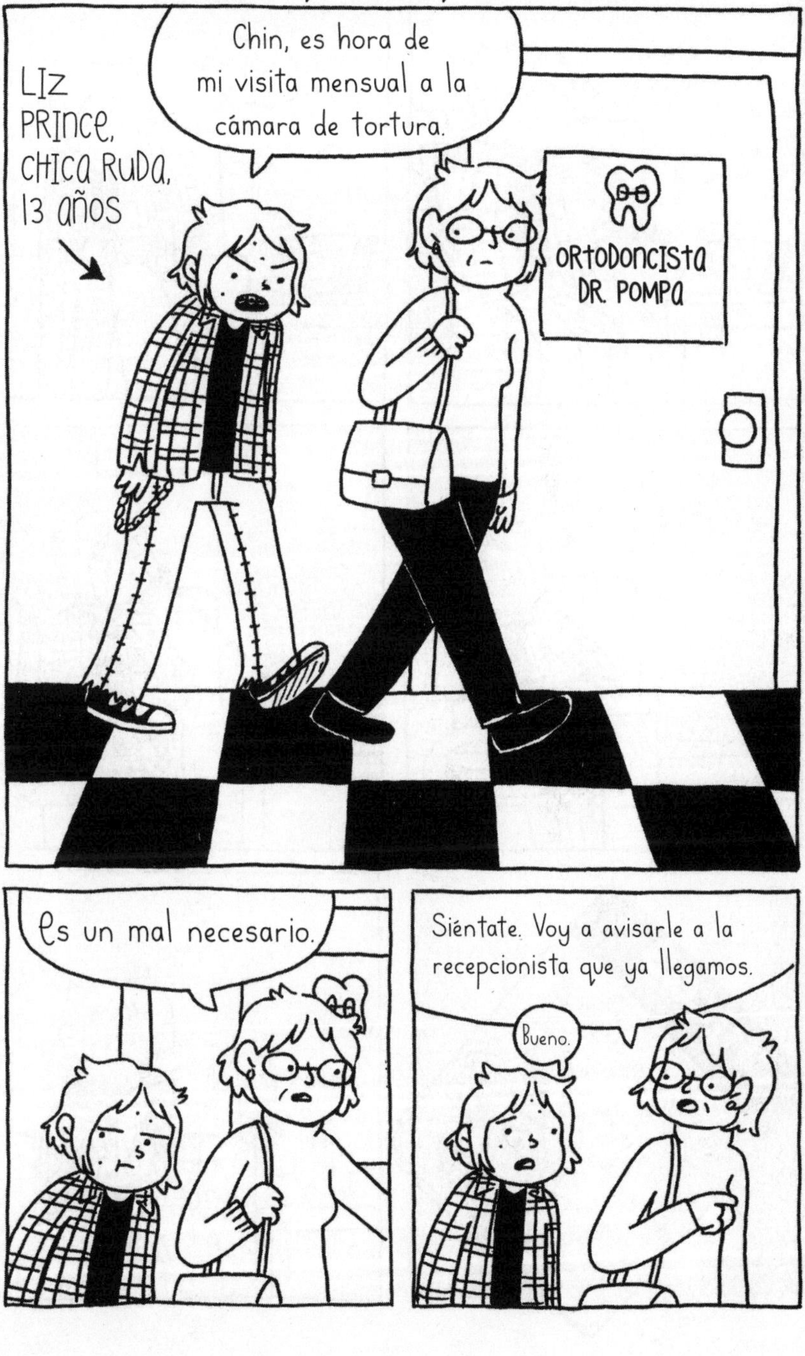
Chin, es hora de mi visita mensual a la cámara de tortura.
LIZ PRINCE, CHICA RUDA, 13 AÑOS
ORTODONCISTA DR. POMPA
Es un mal necesario.
Siéntate. Voy a avisarle a la recepcionista que ya llegamos.
Bueno.

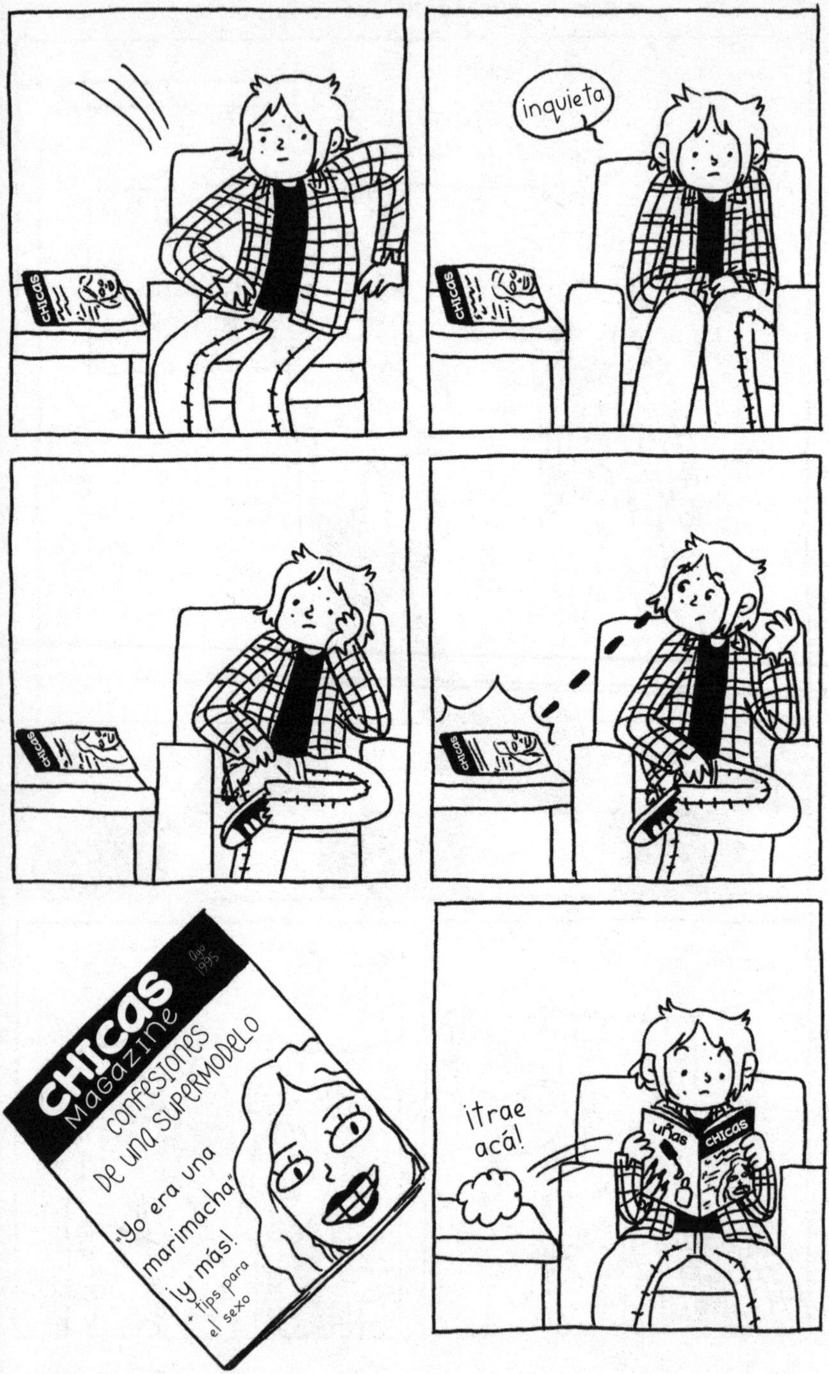
CHICAS
inquieta
CHICAS
CHICAS
CHICAS
CHICAS Magazine
Ago 1995
CONFESIONES DE UNA SUPERMODELO
"Yo era una marimacha"
¡y más!
+ tips para el sexo
¡trae acá!
uñas
CHICAS

"Yo era súper marimacha cuando estaba en la primaria. ¡Jugaba futbol y hasta era amiga de los niños! De hecho, me invitaron al cumpleaños del chico más guapo de la escuela. Tenía muchas ganas de ponerme mi vestido morado favorito y mi mamá me hizo dos trenzas largas. ¡Me ayudó a pintarme las uñas a tono con la ropa! Resultó muy divertido vestirme tan elegante; así fue como descubrí mi pasión por el modelaje. El chico vivía cerca de mi casa, así que me fui a pie, pero en el camino un pájaro se cagó en mi hombro y me arruinó el vestido. Me regresé corriendo a mi casa, iba llorando, estaba tan enojada que, aunque pude haberme puesto otro vestido, decidí no ir a la fiesta."

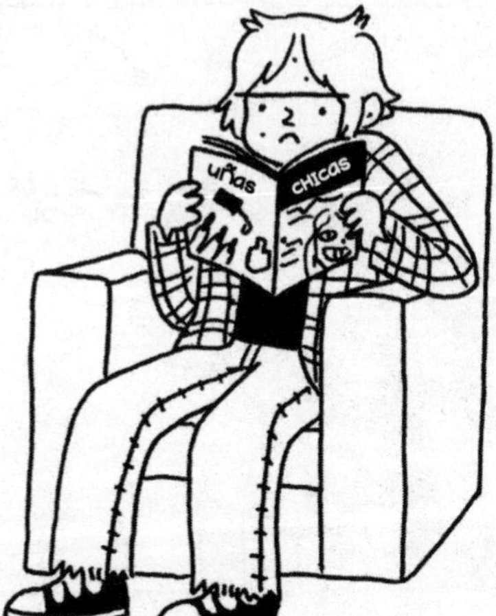
uñas
CHICAS

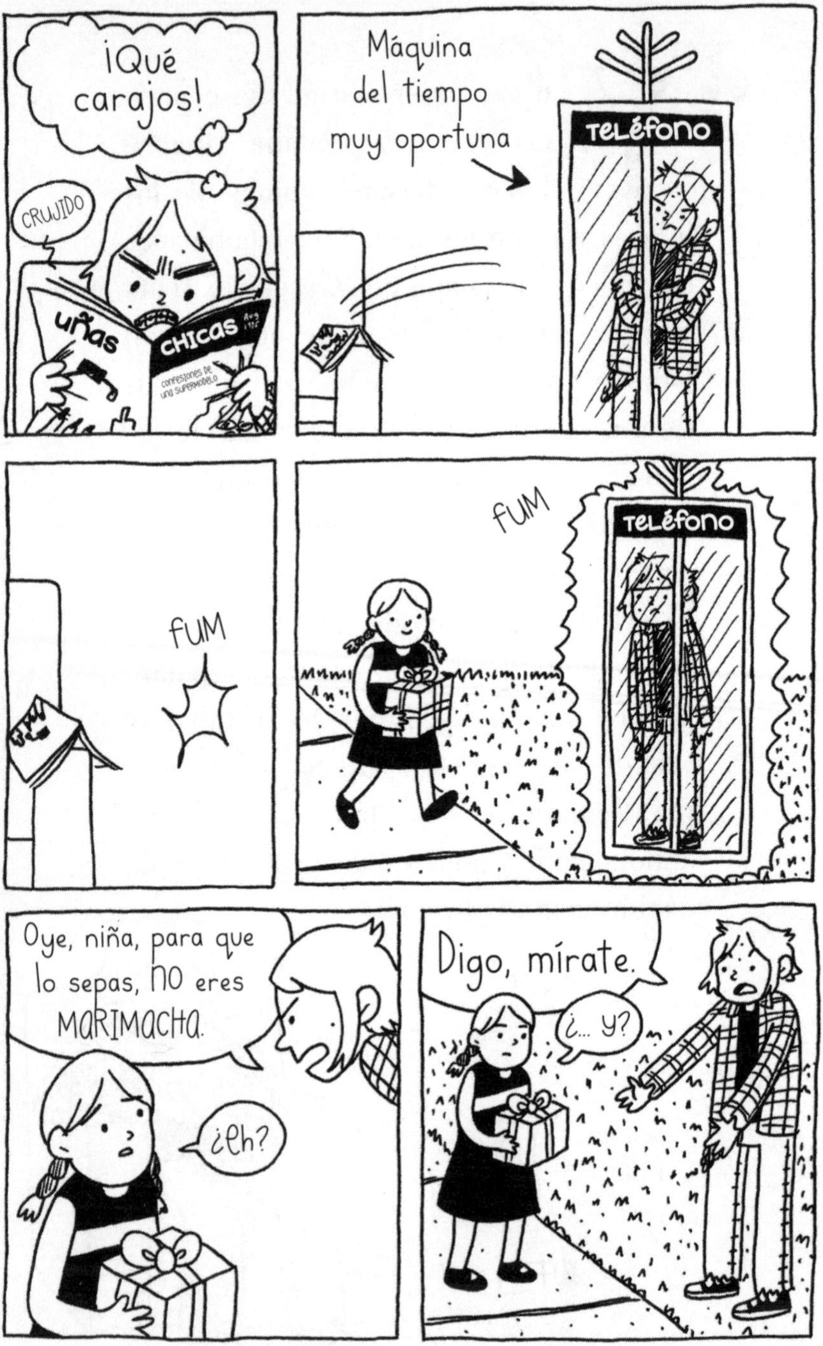
¡Qué carajos!
CRUJIDO
uñas
CHICAS
Ago 1985
confesiones de una supermodelo
Máquina del tiempo muy oportuna
TELÉFONO
FUM
FUM
TELÉFONO
Oye, niña, para que lo sepas, NO eres MARIMACHA.
¿Eh?
Digo, mírate.
¿... y?

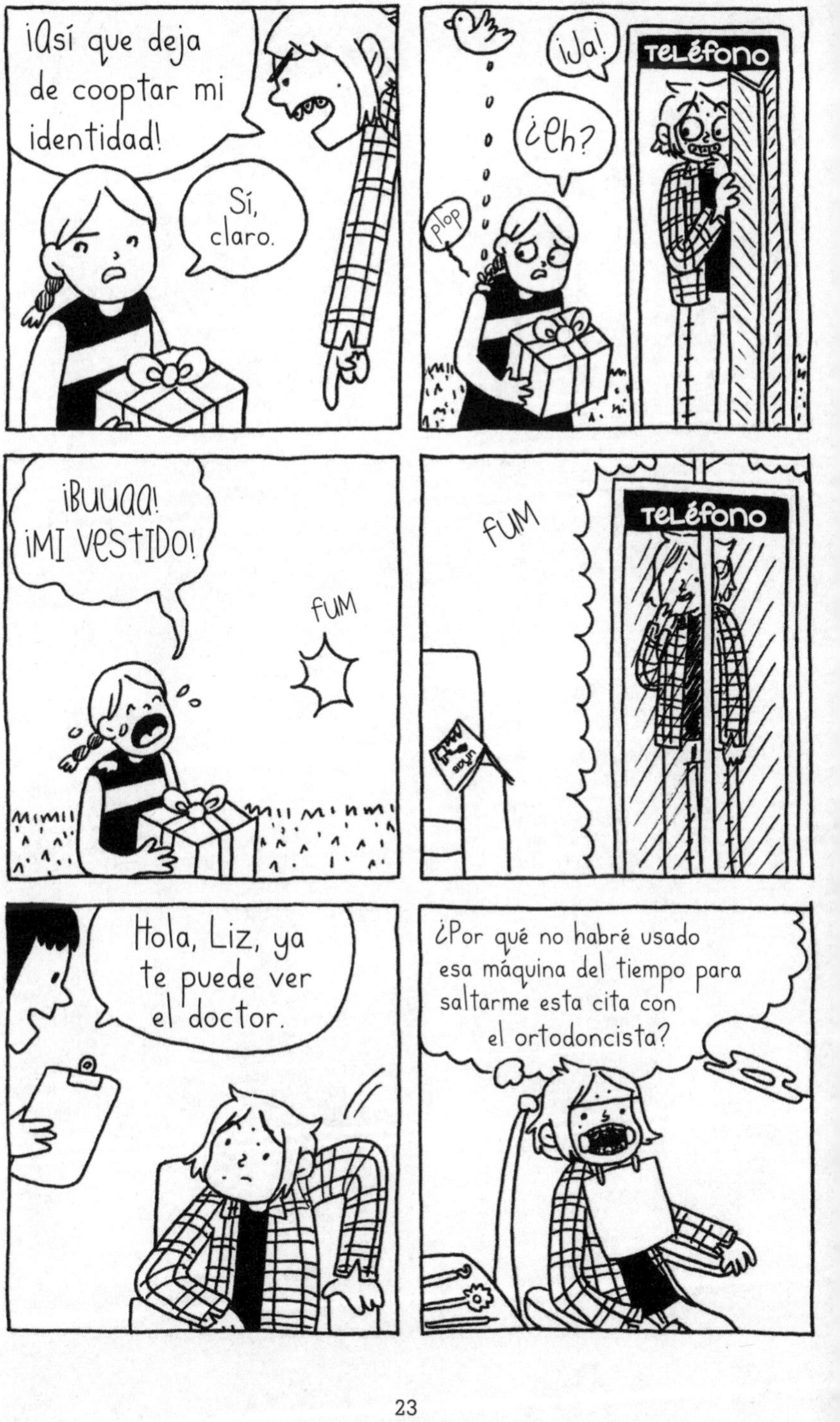
¡Así que deja de cooptar mi identidad!
Sí, claro.
¡Ja!
¿Eh?
plop
TELÉFONO
¡Buuaa! ¡MI VESTIDO!
FUM
FUM
TELÉFONO
Hola, Liz, ya te puede ver el doctor.
¿Por qué no habré usado esa máquina del tiempo para saltarme esta cita con el ortodoncista?

CAPÍTULO 2

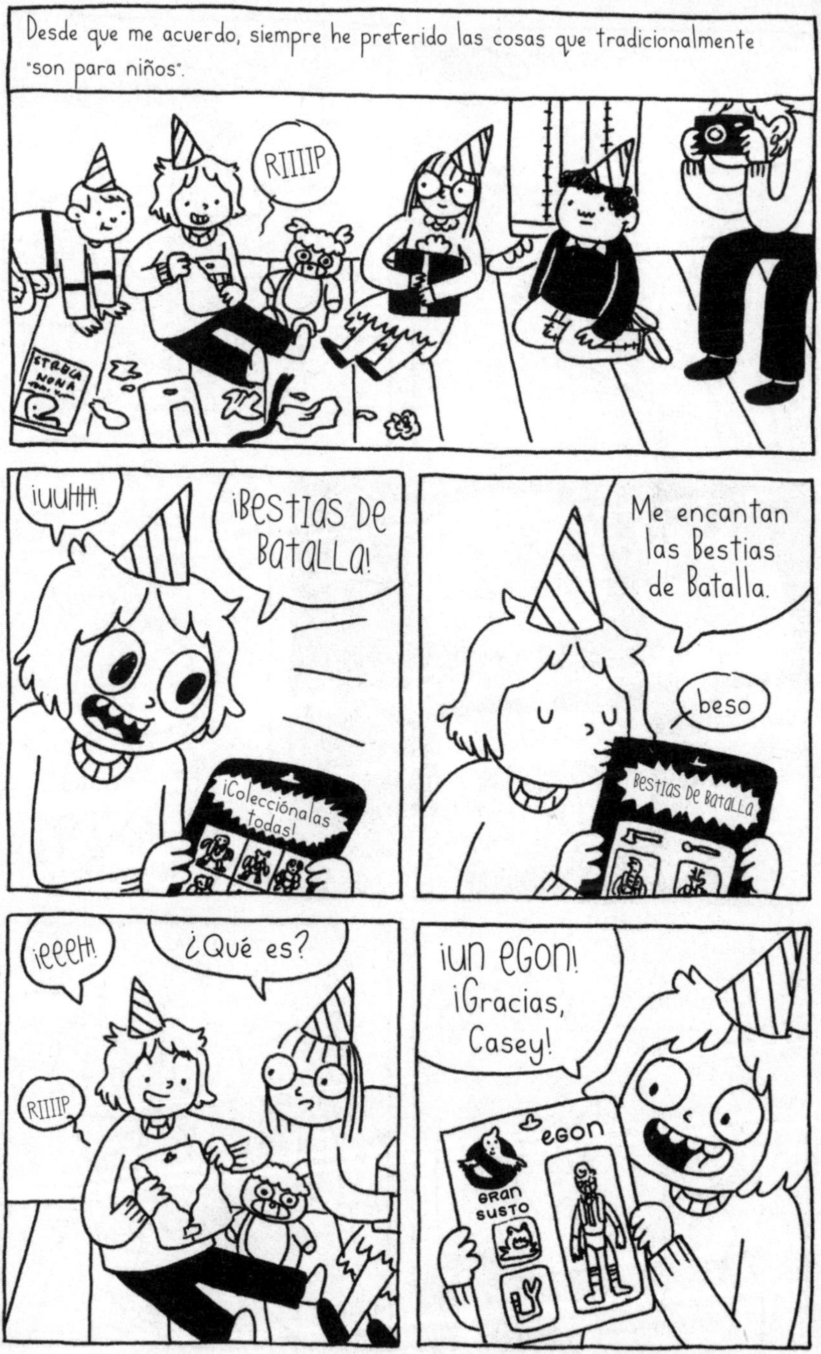

Desde que me acuerdo, siempre he preferido las cosas que tradicionalmente "son para niños".
RIIIIP
STREGA NONA
¡UUHHH!
¡BESTIAS DE BATALLA!
¡Colecciónalas todas!
Me encantan las Bestias de Batalla.
beso
BESTIAS DE BATALLA
¡EEEH!
¿Qué es?
RIIIIP
¡UN EGON! ¡Gracias, Casey!
EGON
GRAN SUSTO

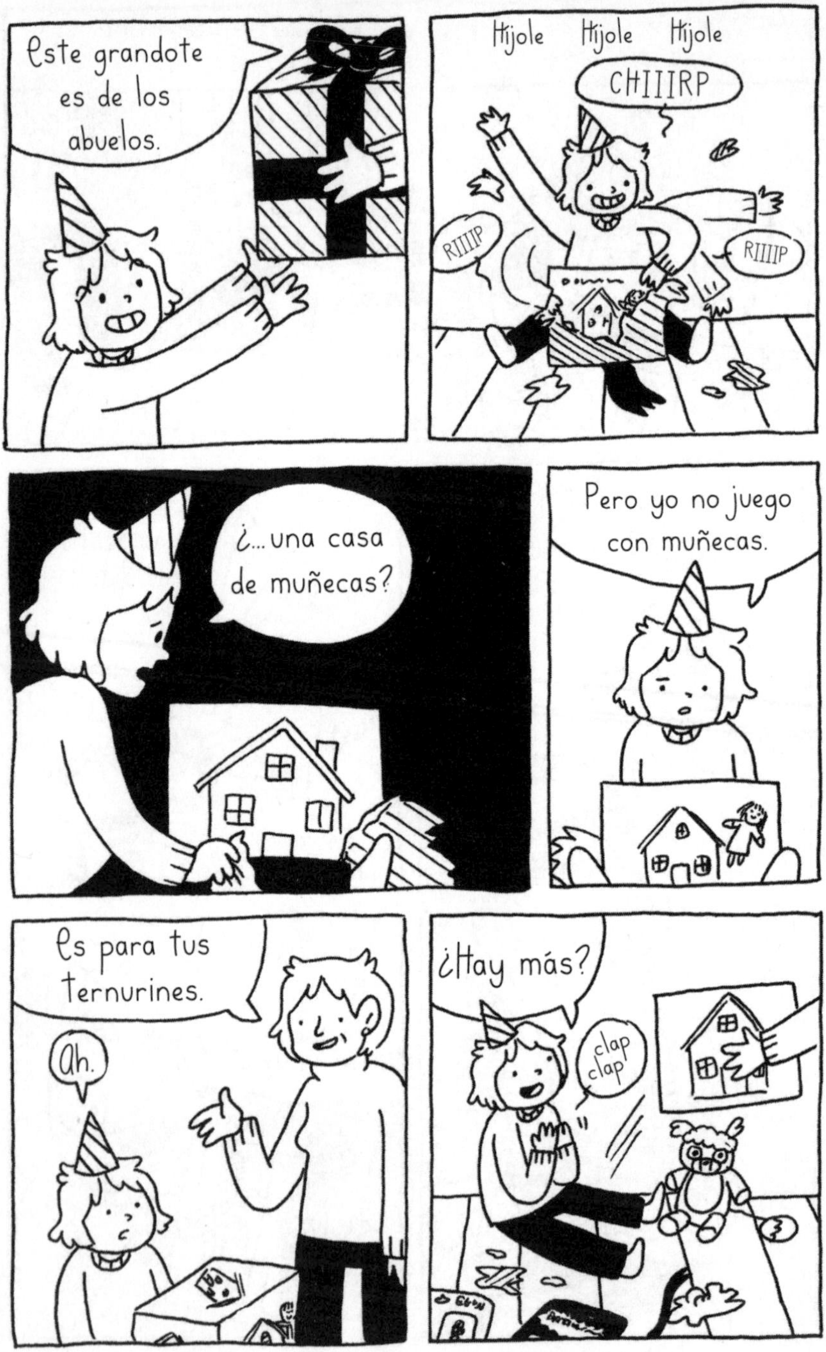
Este grandote es de los abuelos.
Híjole Híjole Híjole
CHIIIRP
RIIIP
RIIIP
¿...una casa de muñecas?
Pero yo no juego con muñecas.
Es para tus ternurines.
Ah.
¿Hay más?
clap clap

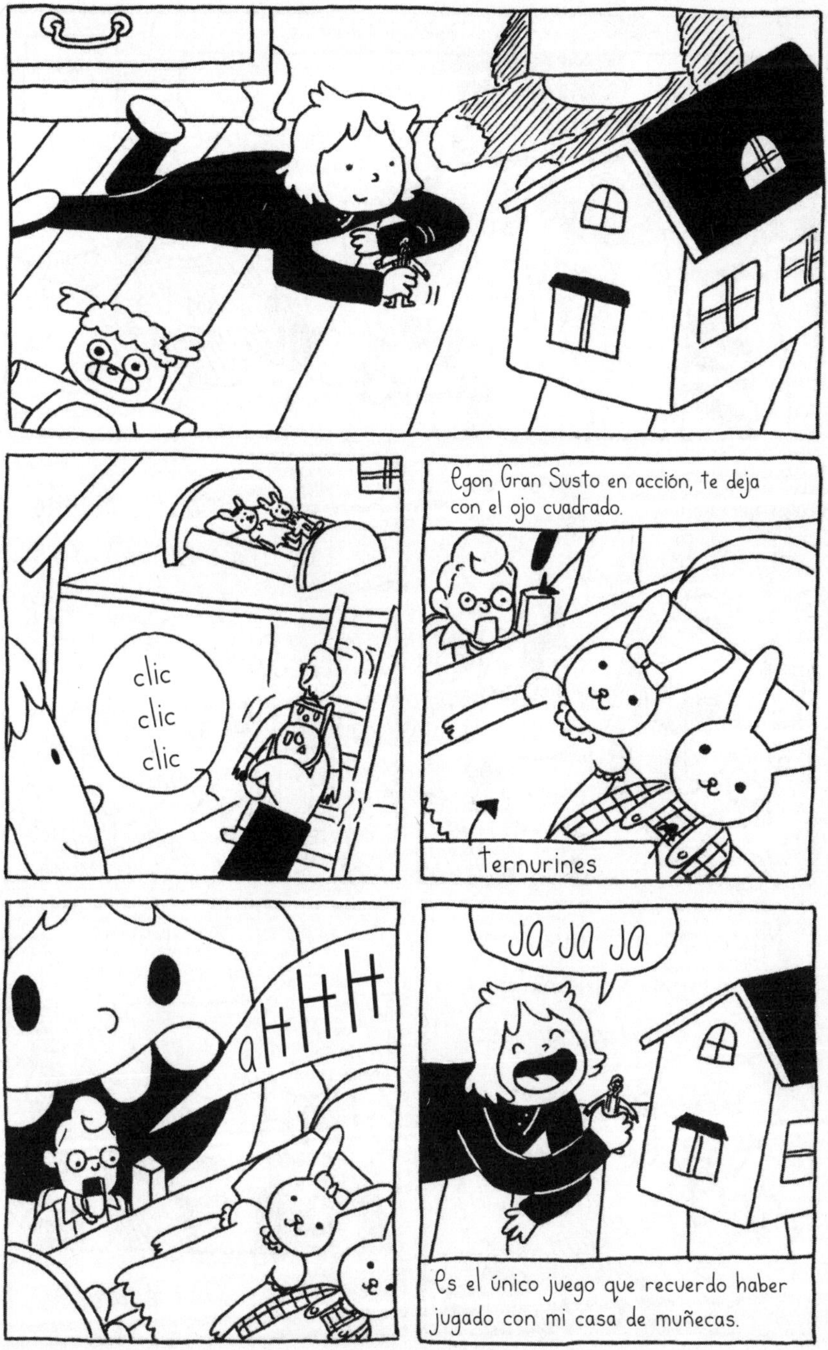
clic
clic
clic
Egon Gran Susto en acción, te deja con el ojo cuadrado.
ternurines
aHHH
JA JA JA
Es el único juego que recuerdo haber jugado con mi casa de muñecas.

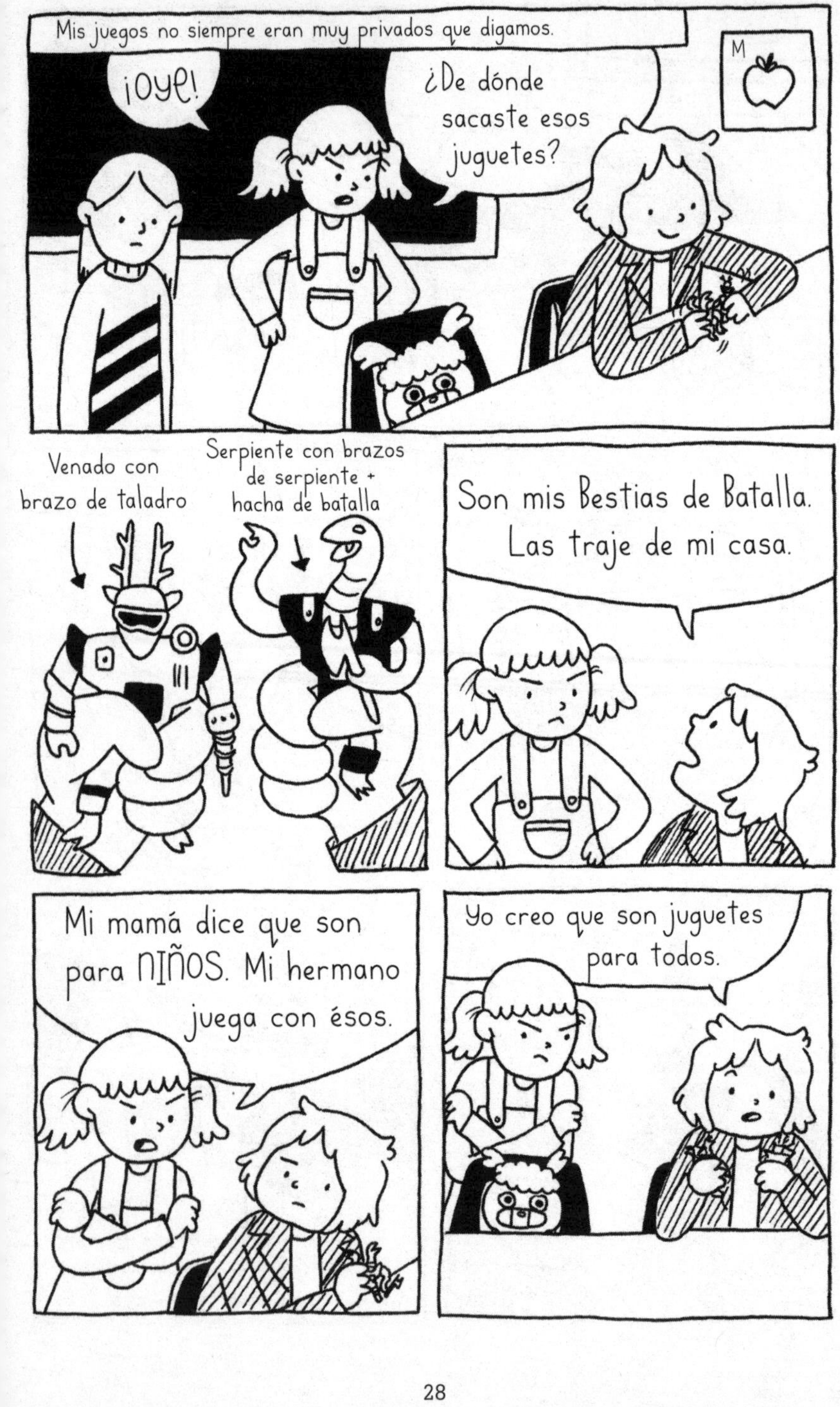

Mis juegos no siempre eran muy privados que digamos.
¡OYE!
¿De dónde sacaste esos juguetes?
M
Venado con brazo de taladro
Serpiente con brazos de serpiente + hacha de batalla
Son mis Bestias de Batalla. Las traje de mi casa.
Mi mamá dice que son para NIÑOS. Mi hermano juega con ésos.
Yo creo que son juguetes para todos.

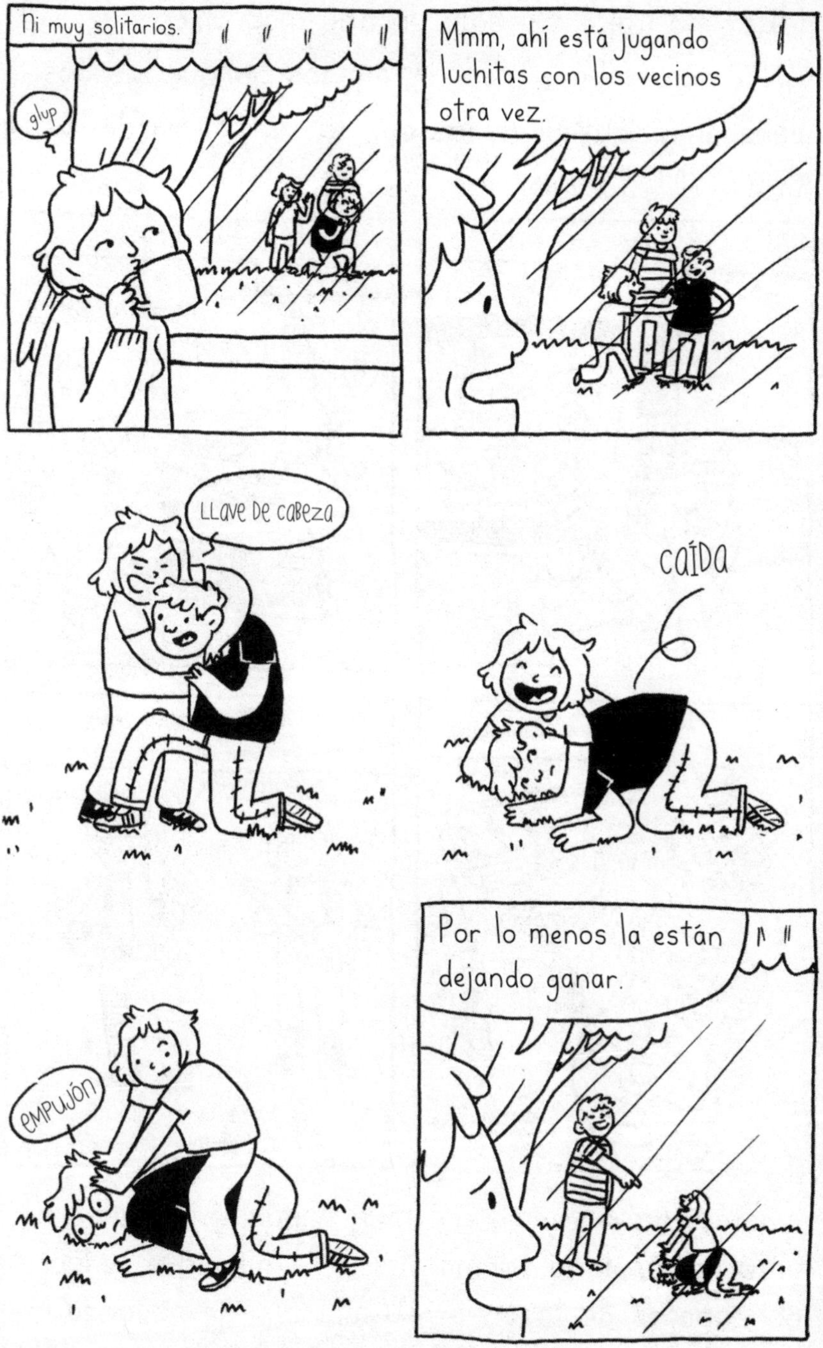

Ni muy solitarios.
glup
Mmm, ahí está jugando luchitas con los vecinos otra vez.
LLave De caBeza
CAÍDA
EMPUJÓN
Por lo menos la están dejando ganar.

Mi primo Luke era sólo un año más chico que yo y nos hicimos mejores amigos porque los dos estábamos obsesionados con la caricatura de los cazafantasmas.

No nos la perdíamos por nada.

teníamos todas las figuras de acción.

todos son mis bebés.

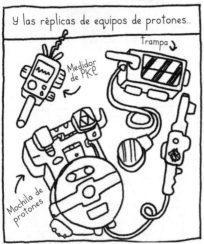

y las réplicas de equipos de protones..

Trampa ↘

Medidor de PKE

Mochila de protones

Pero lo mejor de todo: ¡nuestros disfraces caseros!

¿a quién vas a LLamar?

el de Luke era mejor que el mío.

Jugar a disfrazarme era muy importante para mí, pero no de la forma típica: la niña que se pone los zapatos de tacón de su mamá y se pavonea como si trajera una tiara de princesa.

Cuando admiraba a alguien, quería SER esa persona. Esto derivó en una kilométrica lista de imitaciones vergonzosas que deben de haber sido una lata para mis papás.

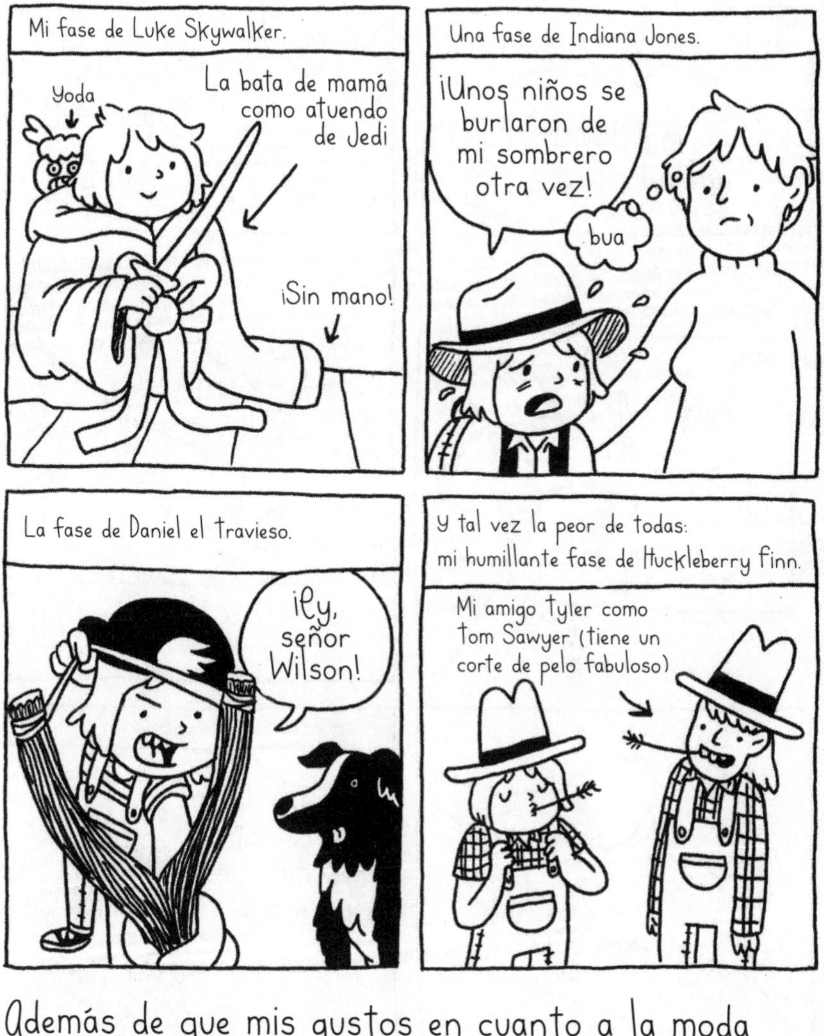
Mi fase de Luke Skywalker.
Yoda
La bata de mamá como atuendo de Jedi
¡Sin mano!
Una fase de Indiana Jones.
¡Unos niños se burlaron de mi sombrero otra vez!
bua
La fase de Daniel el travieso.
¡Ey, señor Wilson!
Y tal vez la peor de todas: mi humillante fase de Huckleberry Finn.
Mi amigo Tyler como Tom Sawyer (tiene un corte de pelo fabuloso)

Además de que mis gustos en cuanto a la moda eran poco acertados, lo que sobresale más es que todos mis modelos a seguir eran chicos.

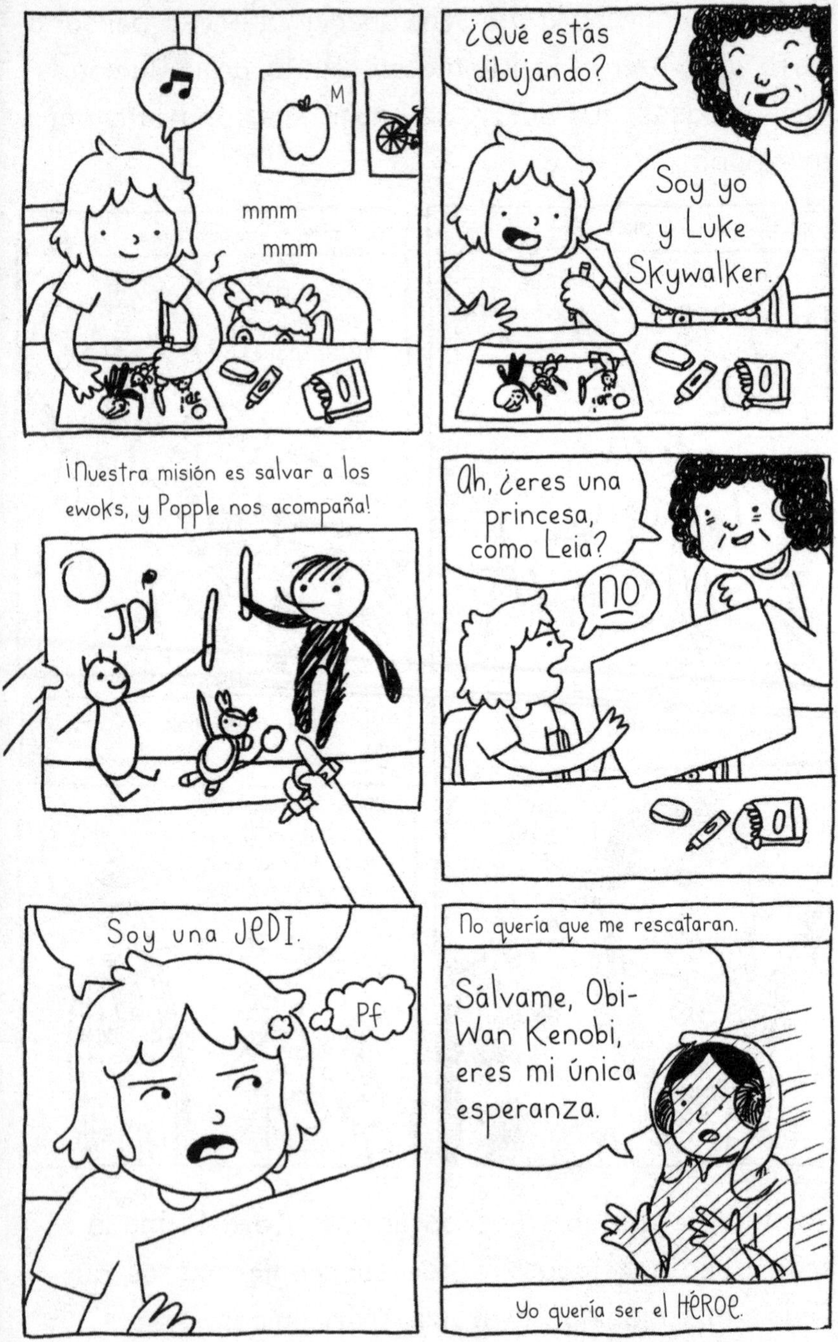
mmm
mmm
¿Qué estás dibujando?
Soy yo y Luke Skywalker.
¡Nuestra misión es salvar a los ewoks, y Popple nos acompaña!
JDI
Ah, ¿eres una princesa, como Leia?
NO
Soy una JEDI.
Pf
No quería que me rescataran.
Sálvame, Obi-Wan Kenobi, eres mi única esperanza.
Yo quería ser el HÉROE.

todos los cuentos de hadas y películas de Disney que consumía presentaban a las mujeres en calidad de necesitadas de un salvador.

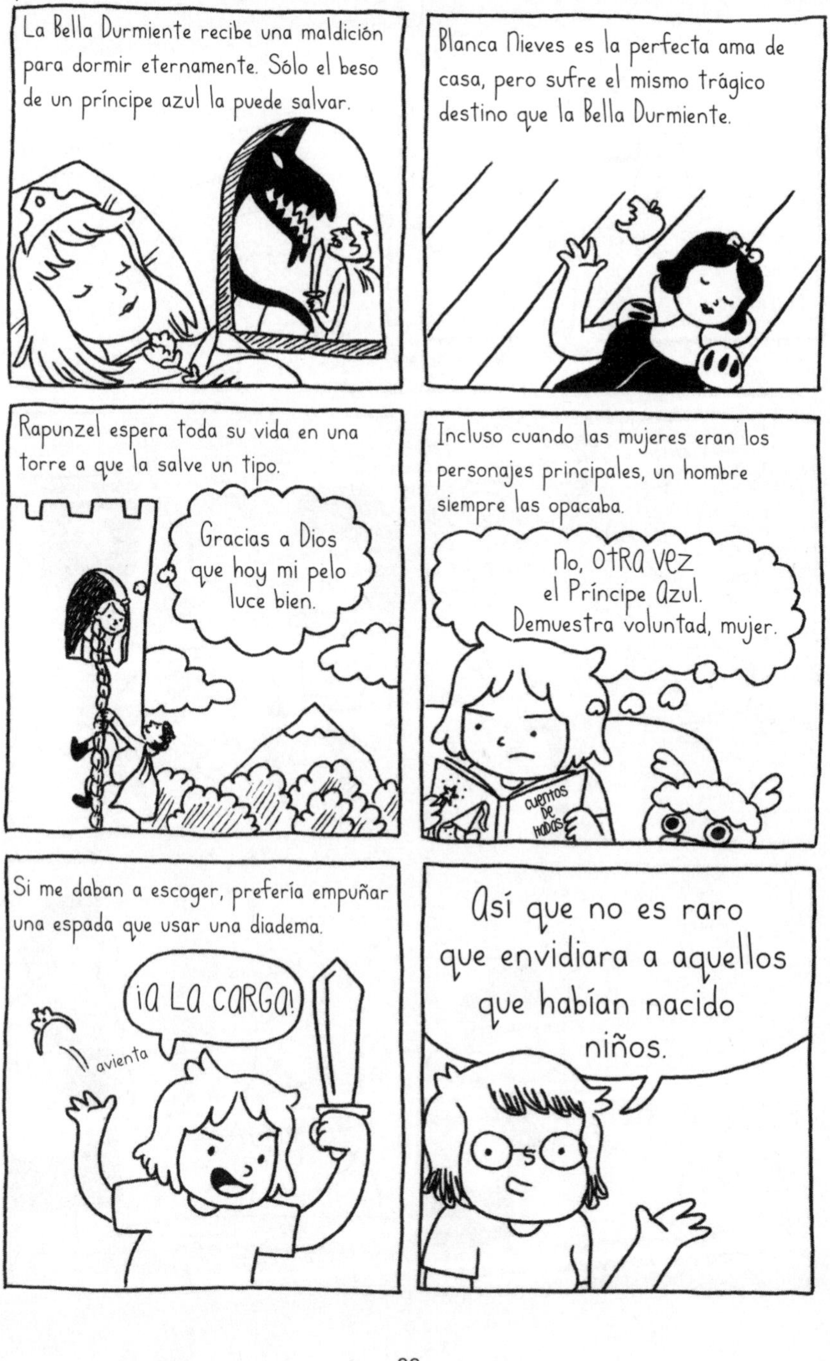

La Bella Durmiente recibe una maldición para dormir eternamente. Sólo el beso de un príncipe azul la puede salvar.
Blanca Nieves es la perfecta ama de casa, pero sufre el mismo trágico destino que la Bella Durmiente.
Rapunzel espera toda su vida en una torre a que la salve un tipo.
Gracias a Dios que hoy mi pelo luce bien.
Incluso cuando las mujeres eran los personajes principales, un hombre siempre las opacaba.
No, OTRA VEZ el Príncipe Azul. Demuestra voluntad, mujer.
CUENTOS DE HADAS
Si me daban a escoger, prefería empuñar una espada que usar una diadema.
¡A LA CARGA!
avienta
Así que no es raro que envidiara a aquellos que habían nacido niños.

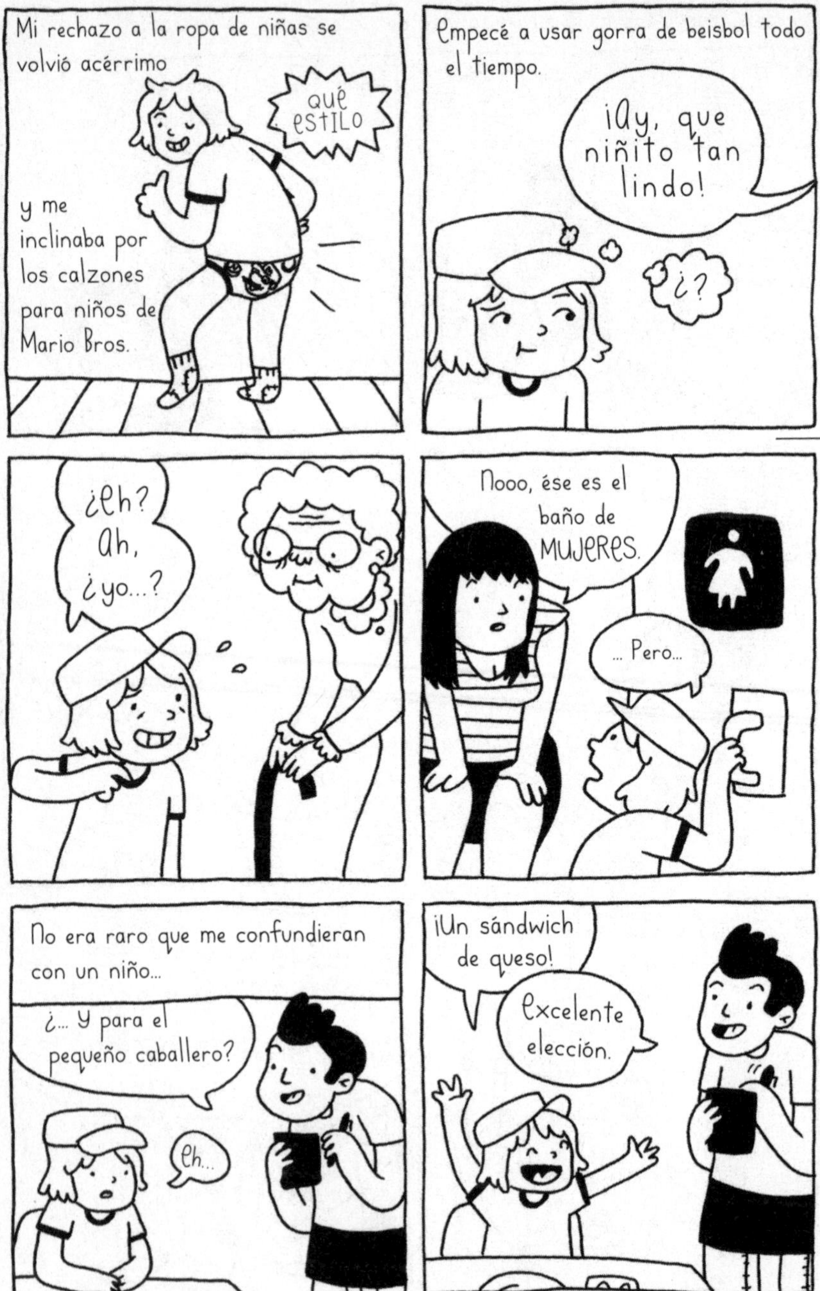
Mi rechazo a la ropa de niñas se volvió acérrimo
QUÉ ESTILO
y me inclinaba por los calzones para niños de Mario Bros.
Empecé a usar gorra de beisbol todo el tiempo.
¡Ay, que niñito tan lindo!
¿?
¿Eh? Ah, ¿yo...?
Nooo, ése es el baño de MUJERES.
... Pero...
No era raro que me confundieran con un niño...
¿... y para el pequeño caballero?
Eh...
¡Un sándwich de queso!
Excelente elección.
...o que eso me gustara.

CAPÍTULO 3

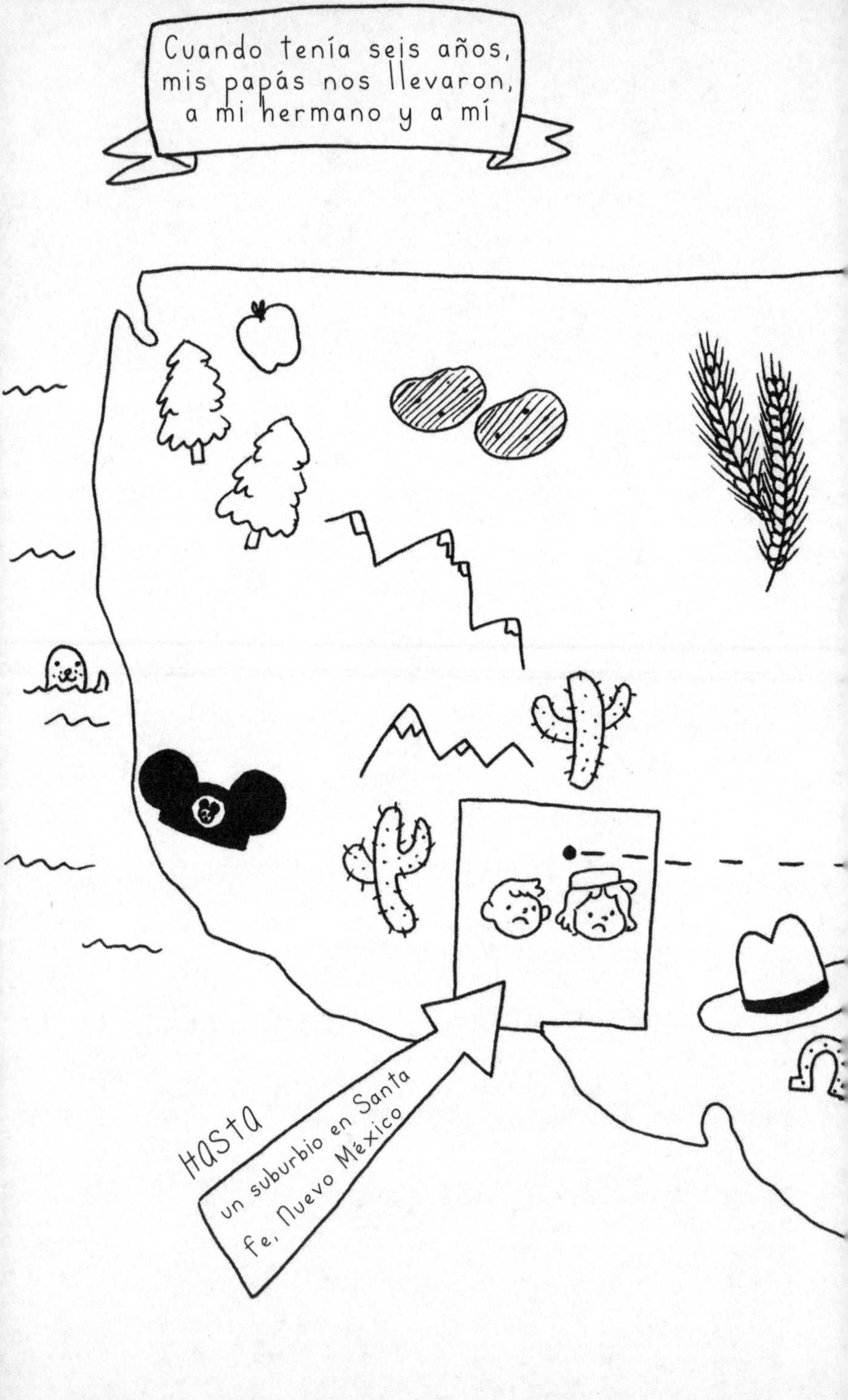
Cuando tenía seis años, mis papás nos llevaron, a mi hermano y a mí
HASTA
un suburbio en Santa Fe, Nuevo México

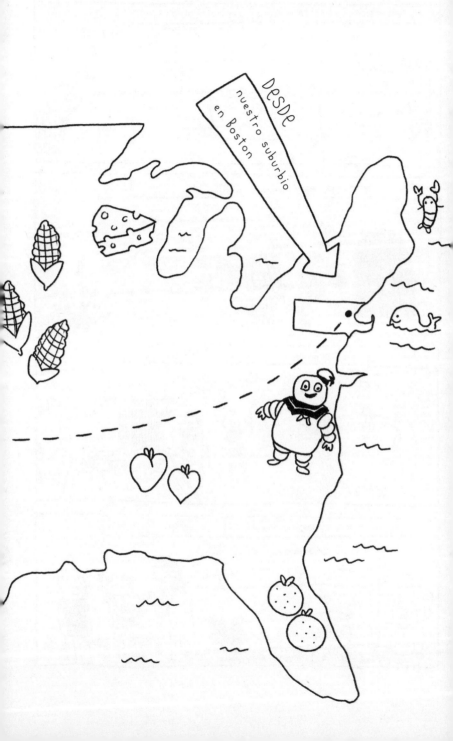

DESDE
nuestro suburbio
en Boston

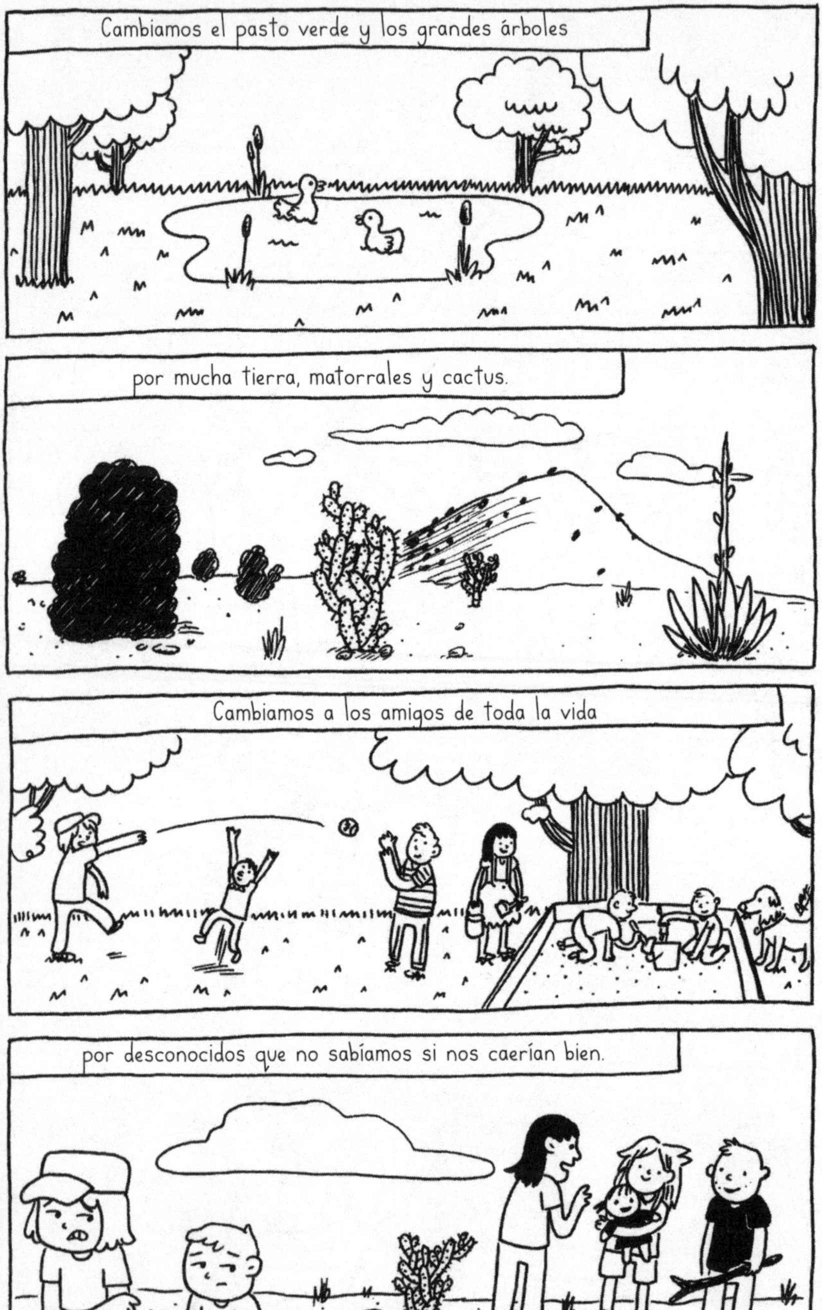
Cambiamos el pasto verde y los grandes árboles
por mucha tierra, matorrales y cactus.
Cambiamos a los amigos de toda la vida
por desconocidos que no sabíamos si nos caerían bien.

El desierto nos incomodaba. Nos daban miedo
las criaturas que nunca antes habíamos visto.

Tarántulas grandes y peludas
se metían a la casa.

¡Y TAMBIÉN
CIEMPIÉS:
SI LOS
CORTABAS
A LA MITAD
SEGUÍAN
CORRIENDO!

¡ASQUEROSO!

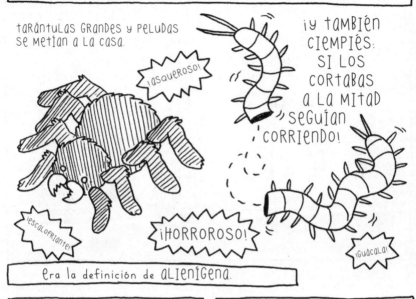

¡ESCALOFRIANTE!

¡HORROROSO!

¡GUÁCALA!

Era la definición de ALIENÍGENA.

No era raro que a cada rato me
cayera encima de algún cactus.

No podías caminar entre
los matorrales sin llenarte
de abrojos que dolían un montón.

¡¡!

ZAS

¡ay!

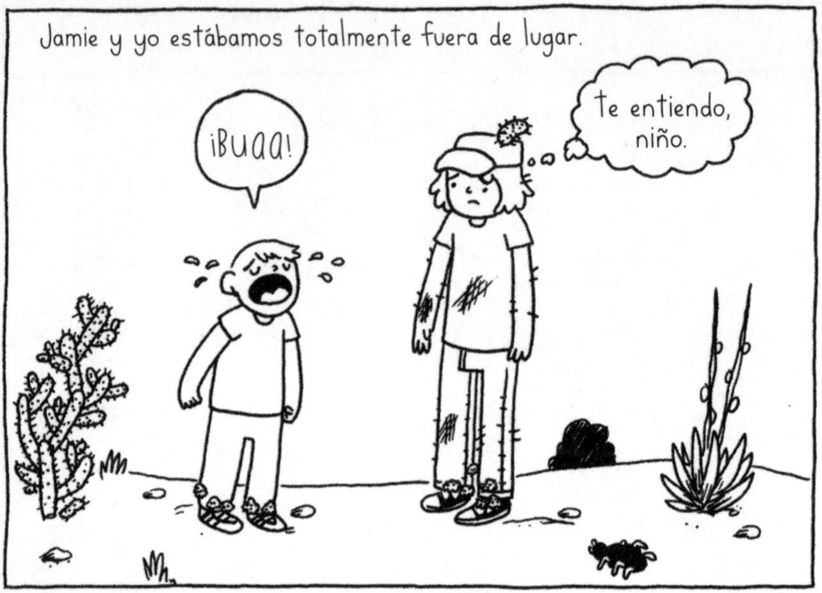
Jamie y yo estábamos totalmente fuera de lugar.
¡Buaa!
Te entiendo, niño.

tenía muchas ganas de que empezaran las clases para conocer nuevos amigos de primer año.

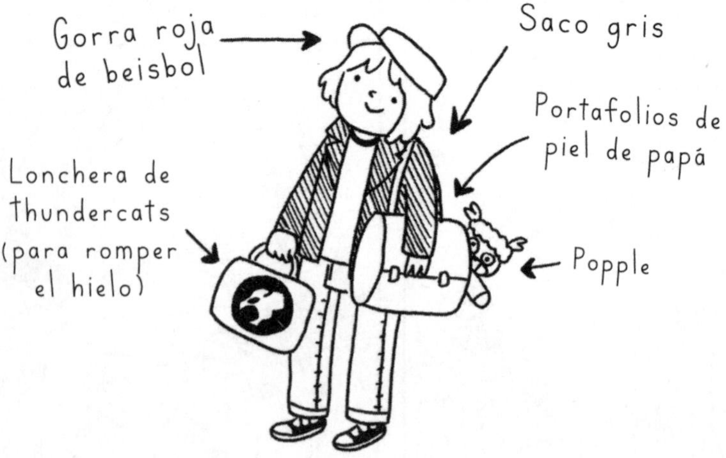
Gorra roja de beisbol
Saco gris
Portafolios de piel de papá
Lonchera de thundercats (para romper el hielo)
Popple

Ahora que lo pienso, tal vez no fue la mejor idea llevar tantos accesorios extravagantes.

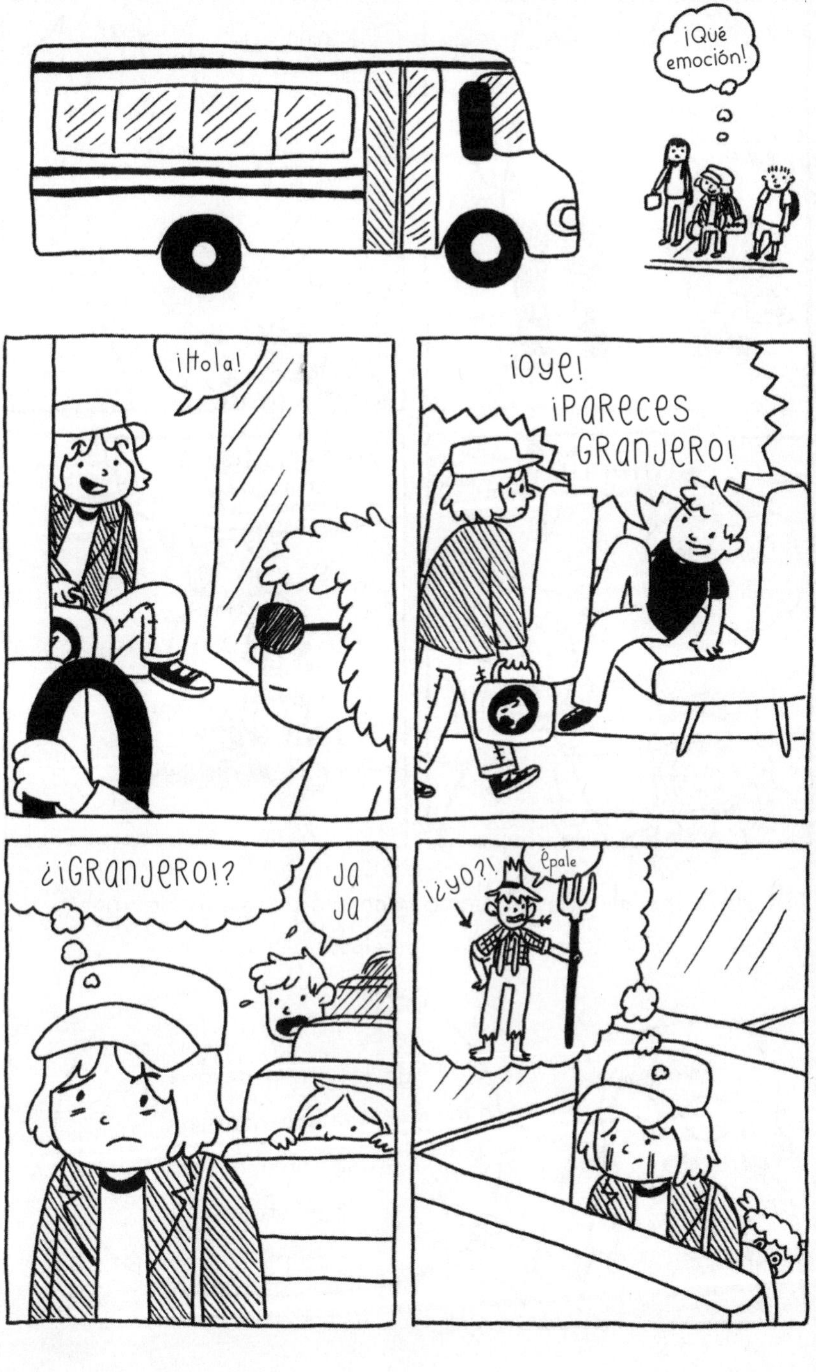
¡Qué emoción!
¡Hola!
¡Oye! ¡Pareces granjero!
¿¡Granjero!?
Ja ja
¡¿Yo?!
Épale

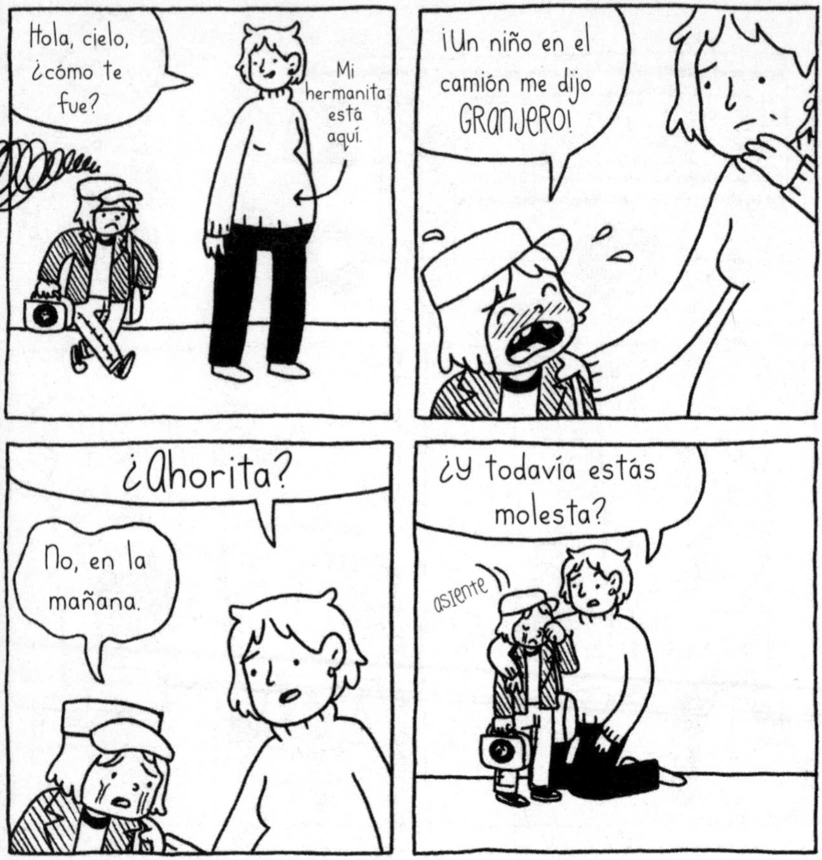
Hola, cielo, ¿cómo te fue?
Mi hermanita está aquí.
¡Un niño en el camión me dijo GRANJERO!
¿Ahorita?
No, en la mañana.
¿Y todavía estás molesta?
asiente

Resulta que el niño me llamó granjero porque nunca había visto a una niña con gorra de beisbol.

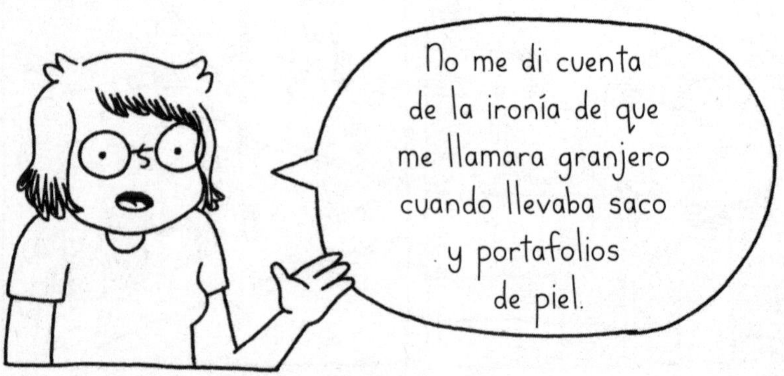
No me di cuenta de la ironía de que me llamara granjero cuando llevaba saco y portafolios de piel.

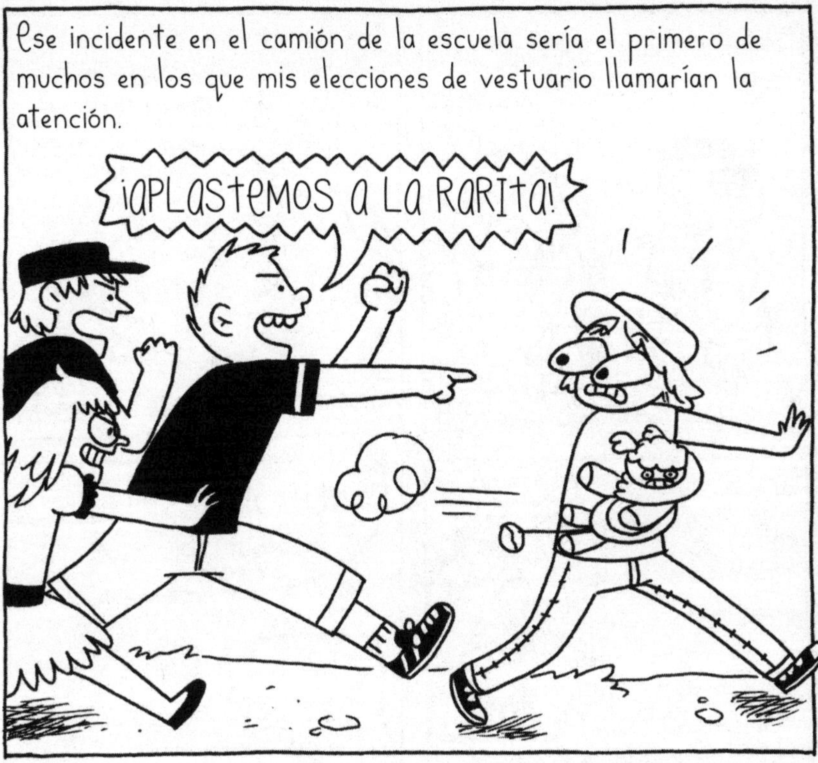
Ese incidente en el camión de la escuela sería el primero de muchos en los que mis elecciones de vestuario llamarían la atención.
¡APLASTEMOS A LA RARITA!

Pero no todo era malo. Nos mudamos a un barrio donde había muchos niños de mi edad e hice algunos amigos.

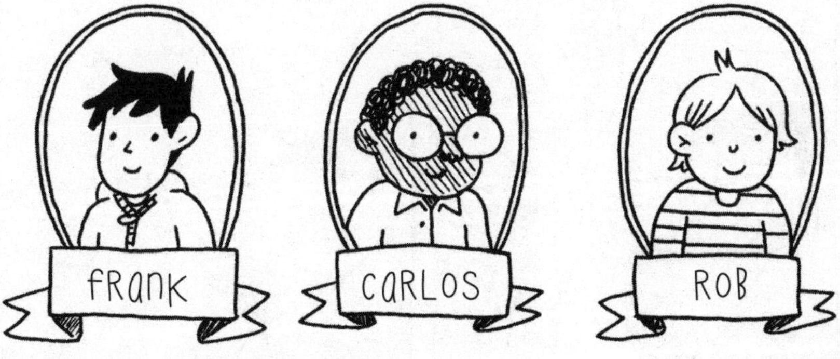
FRANK
CARLOS
ROB

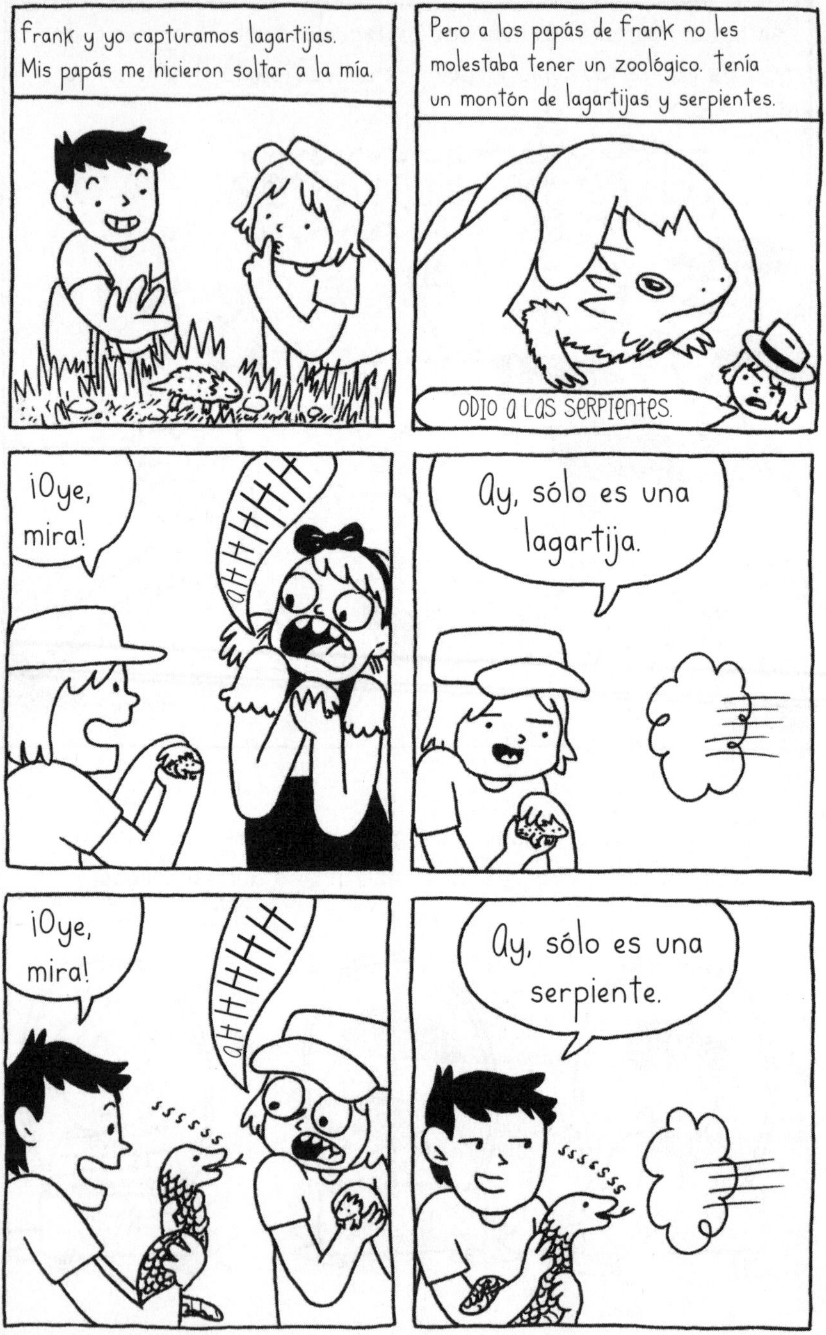
frank y yo capturamos lagartijas.
Mis papás me hicieron soltar a la mía.
Pero a los papás de frank no les molestaba tener un zoológico. tenía un montón de lagartijas y serpientes.
ODIO A LAS SERPIENTES.
¡Oye, mira!
aHHHHHH
Ay, sólo es una lagartija.
¡Oye, mira!
aHHHHHHH
ssssss
Ay, sólo es una serpiente.
sssssss

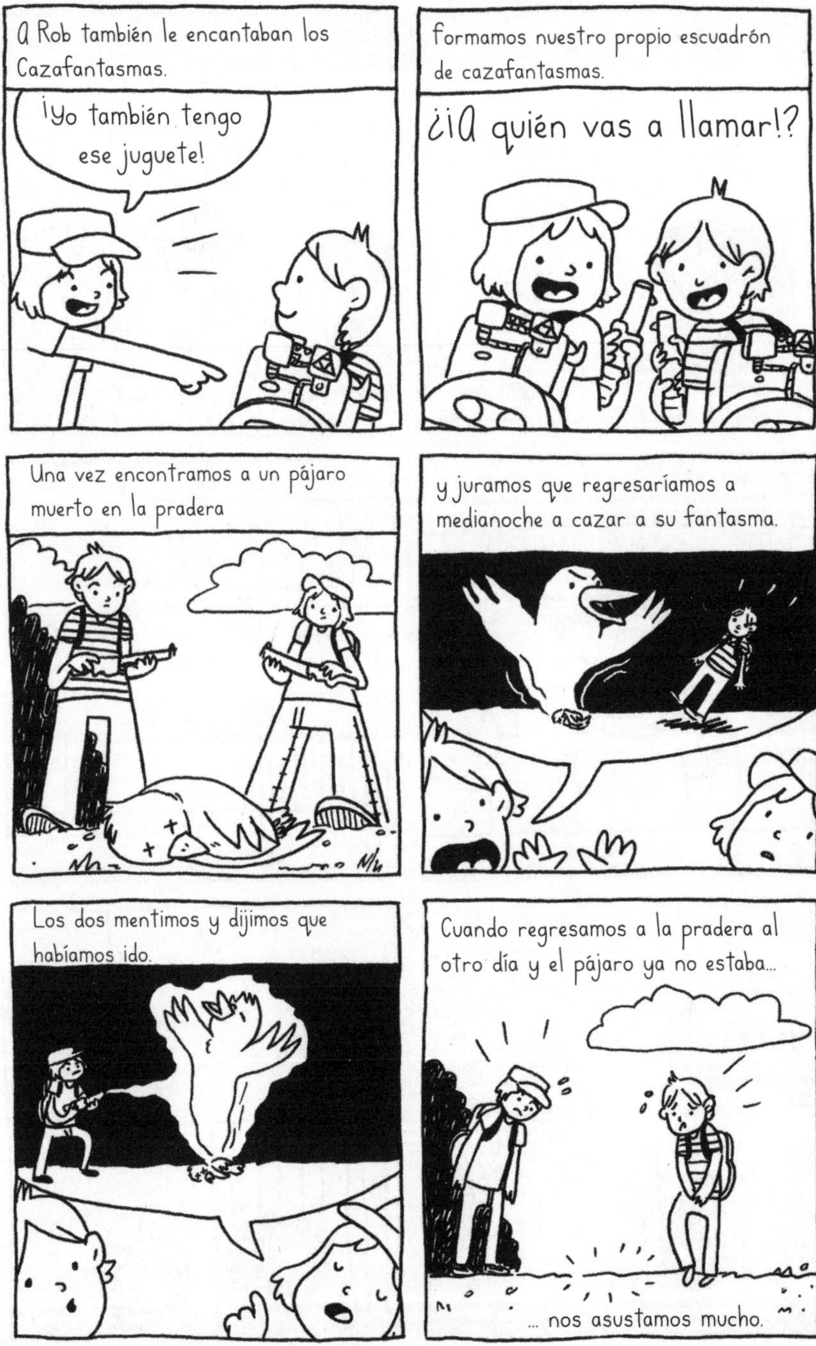
A Rob también le encantaban los Cazafantasmas.
¡Yo también tengo ese juguete!
formamos nuestro propio escuadrón de cazafantasmas.
¿¡A quién vas a llamar!?
Una vez encontramos a un pájaro muerto en la pradera
y juramos que regresaríamos a medianoche a cazar a su fantasma.
Los dos mentimos y dijimos que habíamos ido.
Cuando regresamos a la pradera al otro día y el pájaro ya no estaba...
... nos asustamos mucho.

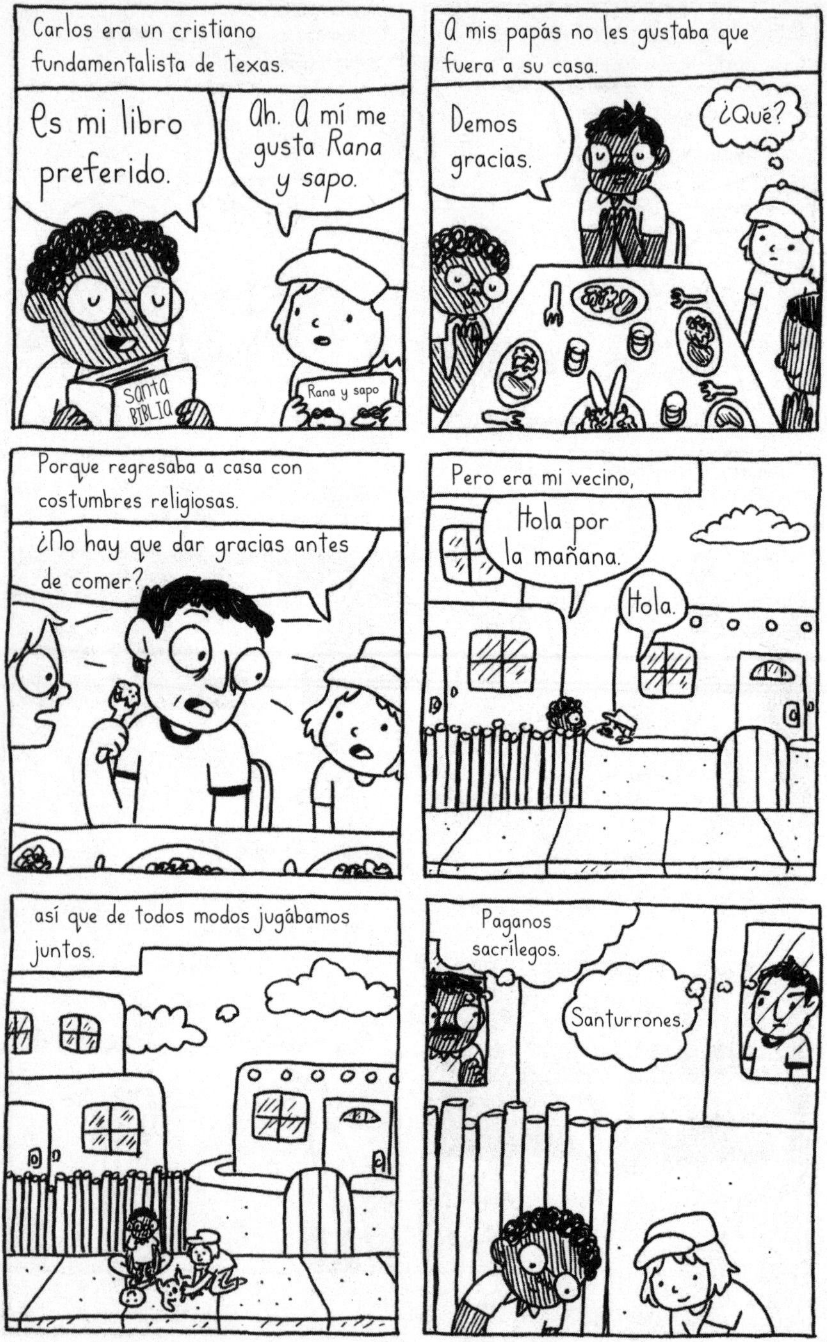
Carlos era un cristiano fundamentalista de texas.
Es mi libro preferido.
Ah. A mí me gusta Rana y sapo.
SANTA BIBLIA
Rana y sapo
A mis papás no les gustaba que fuera a su casa.
Demos gracias.
¿Qué?
Porque regresaba a casa con costumbres religiosas.
¿No hay que dar gracias antes de comer?
Pero era mi vecino,
Hola por la mañana.
Hola.
así que de todos modos jugábamos juntos.
Paganos sacrílegos.
Santurrones.

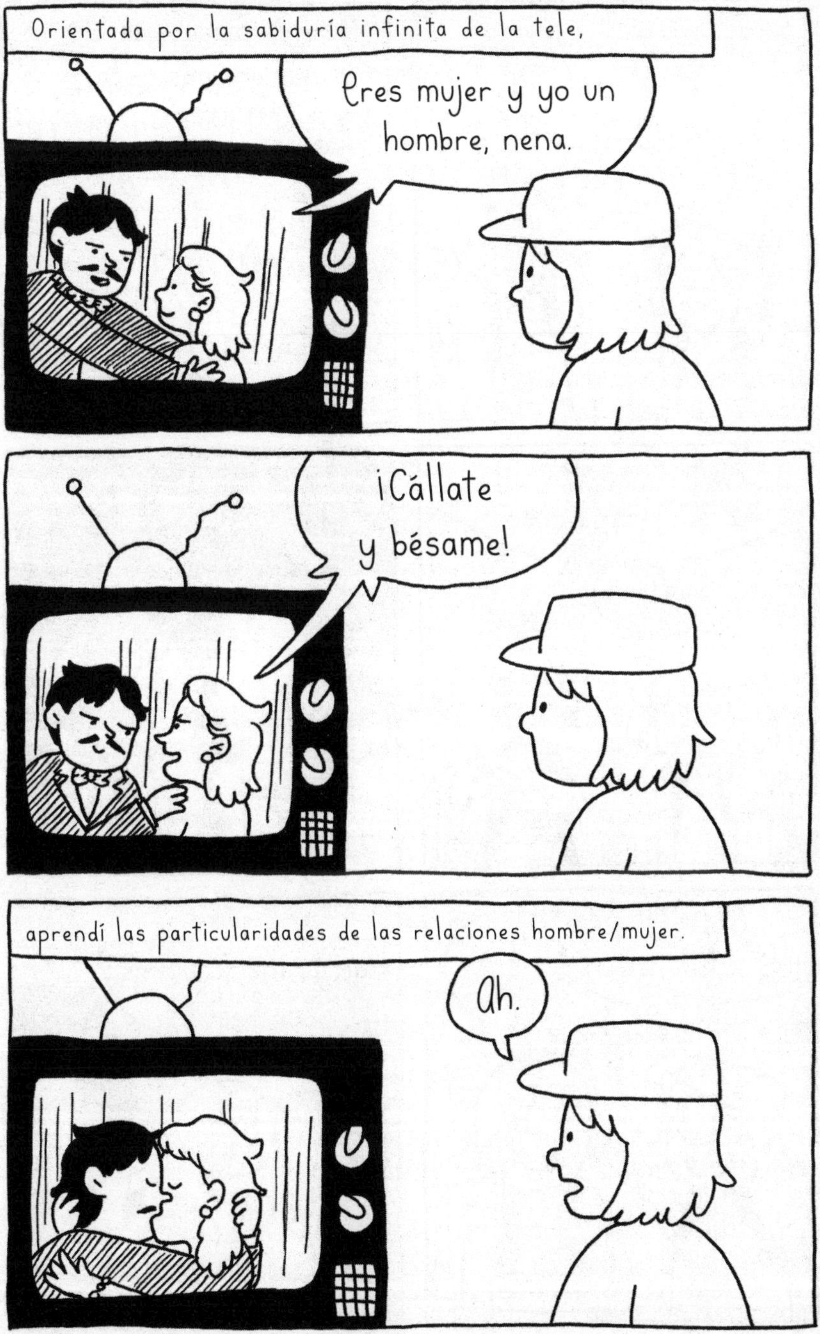
Orientada por la sabiduría infinita de la tele,
Eres mujer y yo un hombre, nena.
¡Cállate y bésame!
aprendí las particularidades de las relaciones hombre/mujer.
Ah.

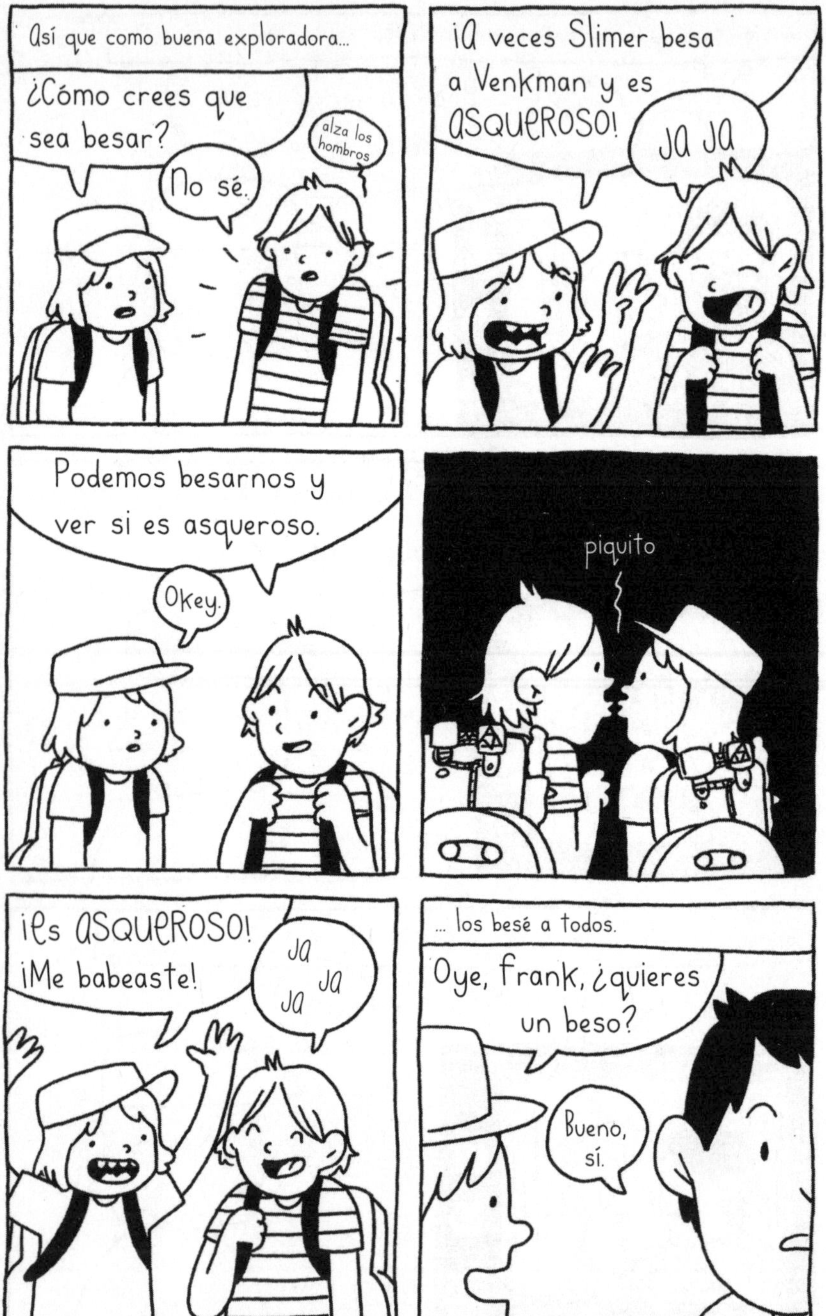
Así que como buena exploradora...
¿Cómo crees que sea besar?
No sé.
alza los hombros
¡A veces Slimer besa a Venkman y es ASQUEROSO!
JA JA
Podemos besarnos y ver si es asqueroso.
Okey.
piquito
¡Es ASQUEROSO! ¡Me babeaste!
JA JA JA
... los besé a todos.
Oye, Frank, ¿quieres un beso?
Bueno, sí.

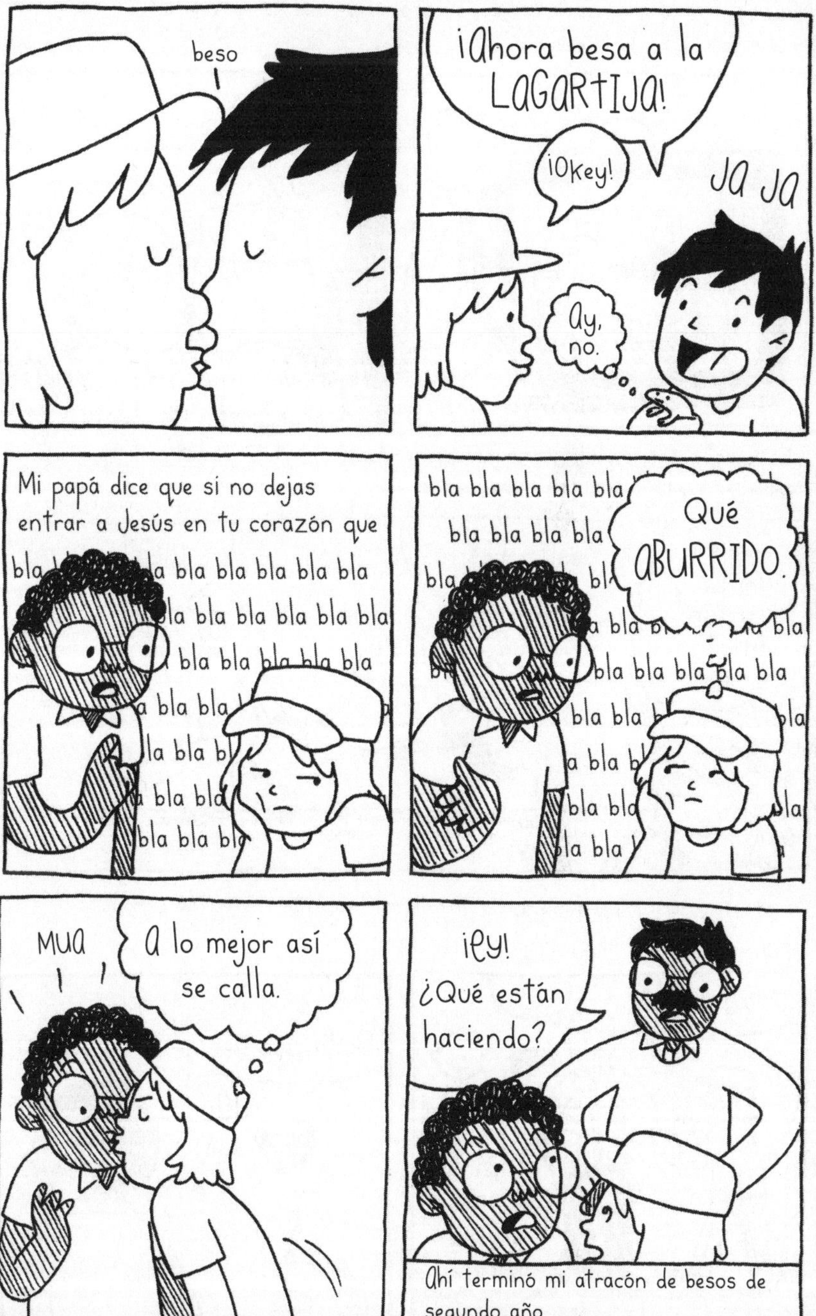
beso
¡Ahora besa a la LAGARTIJA!
¡Okey!
JA JA
Ay, no.
Mi papá dice que si no dejas entrar a Jesús en tu corazón que
bla bla bla bla bla bla bla bla
Qué ABURRIDO.
MUA
A lo mejor así se calla.
¡EY! ¿Qué están haciendo?
Ahí terminó mi atracón de besos de segundo año.

No me importó gran cosa. Besarse no era para nada tan interesante como se veía en la televisión.

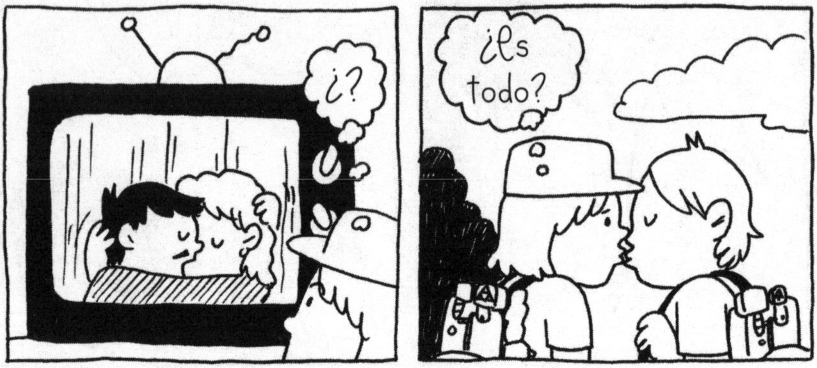
¿?
¿Es todo?

De todos modos, cuando las chicas perseguían a los chicos en el patio para besarlos, sentía una satisfacción extraña.

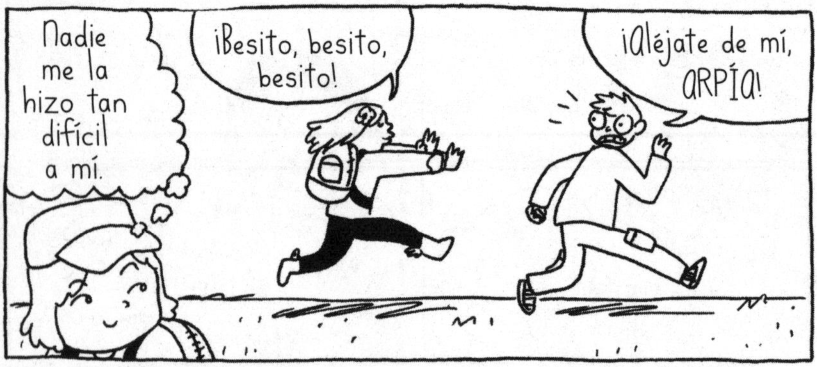
Nadie me la hizo tan difícil a mí.
¡Besito, besito, besito!
¡Aléjate de mí, ARPÍA!

Mi problema era otro: aunque esos niños me habían besado, en la escuela no admitían que éramos amigos.

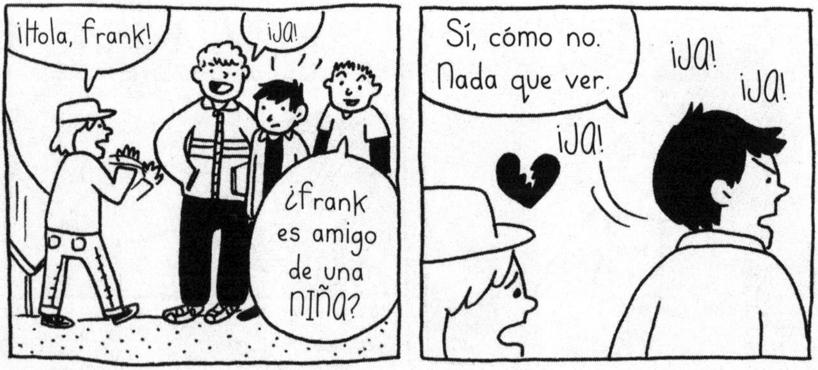
¡Hola, Frank!
¡JA!
¿Frank es amigo de una NIÑA?
Sí, cómo no. Nada que ver.
¡JA!
¡JA!
¡JA!

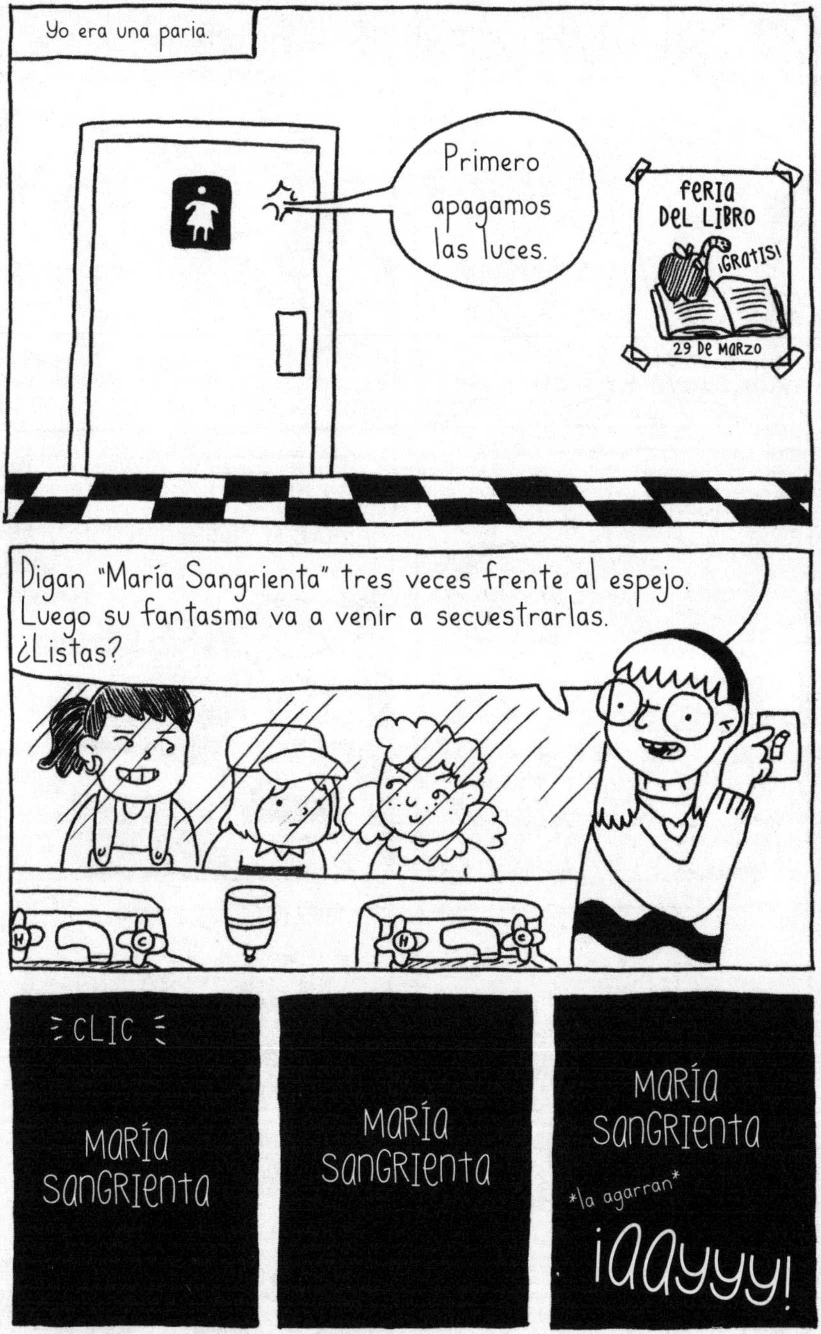

Yo era una paria.
Primero apagamos las luces.
FERIA DEL LIBRO
¡GRATIS!
29 DE MARZO
Digan "María Sangrienta" tres veces frente al espejo. Luego su fantasma va a venir a secuestrarlas. ¿Listas?
CLIC
MARÍA SANGRIENTA
MARÍA SANGRIENTA
MARÍA SANGRIENTA
la agarran
¡AAYYY!

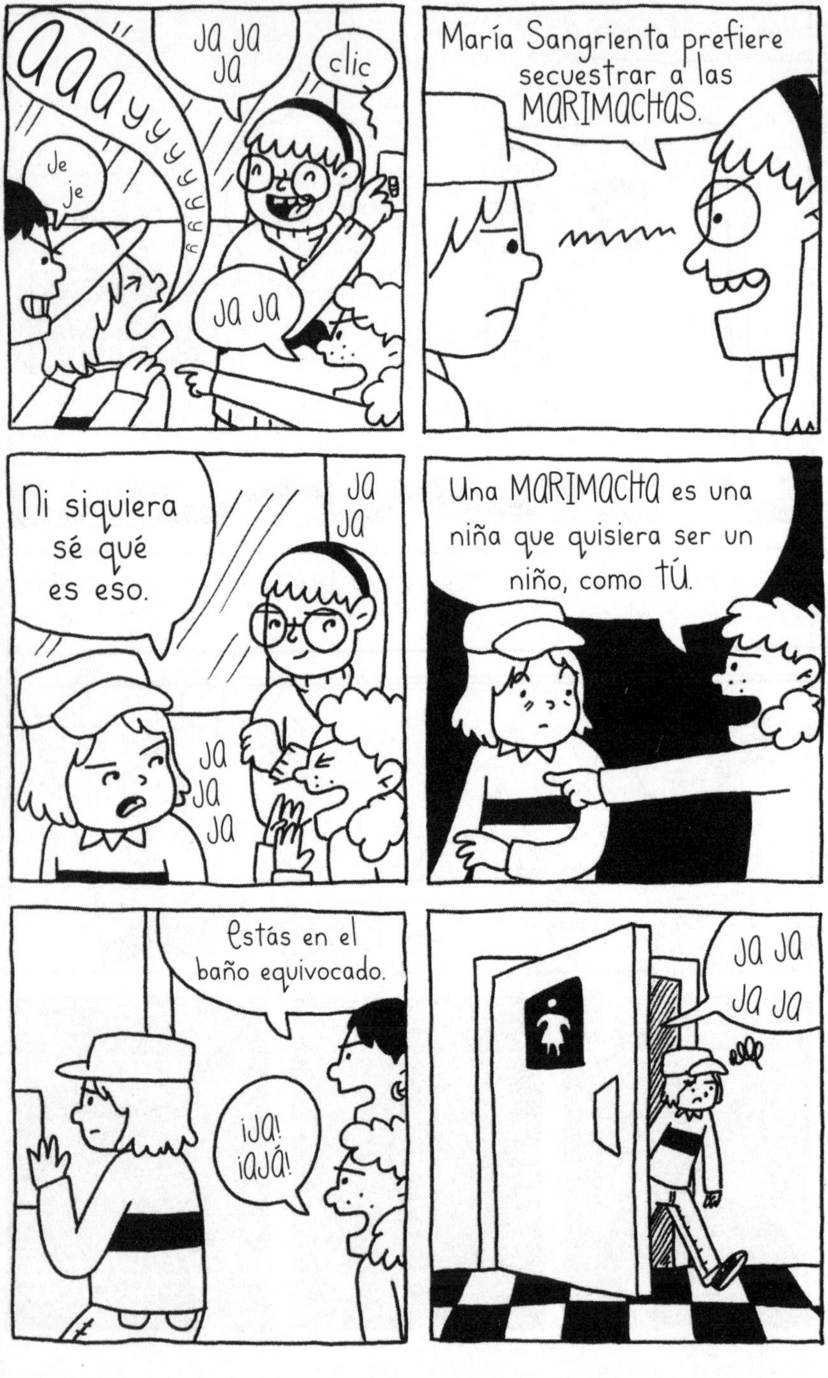
aaayyyyyyyyy
JA JA JA
clic
Je je
JA JA
María Sangrienta prefiere secuestrar a las MARIMACHAS.
Ni siquiera sé qué es eso.
JA JA
JA JA JA
Una MARIMACHA es una niña que quisiera ser un niño, como TÚ.
Estás en el baño equivocado.
¡JA! ¡AJÁ!
JA JA JA JA

Ahora tenía dos cosas de qué preocuparme:

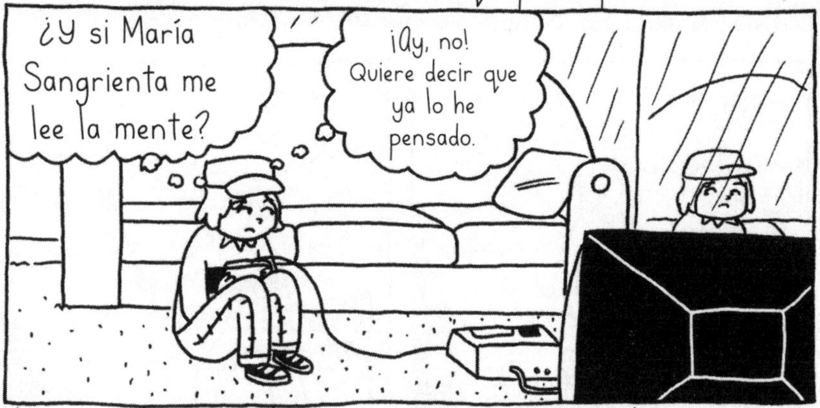

¿Y si María Sangrienta me lee la mente?
¡Ay, no! Quiere decir que ya lo he pensado.

La primera era saber si saldría o no un fantasma vengativo de las vulgares paredes cubiertas de espejos de mi sala.

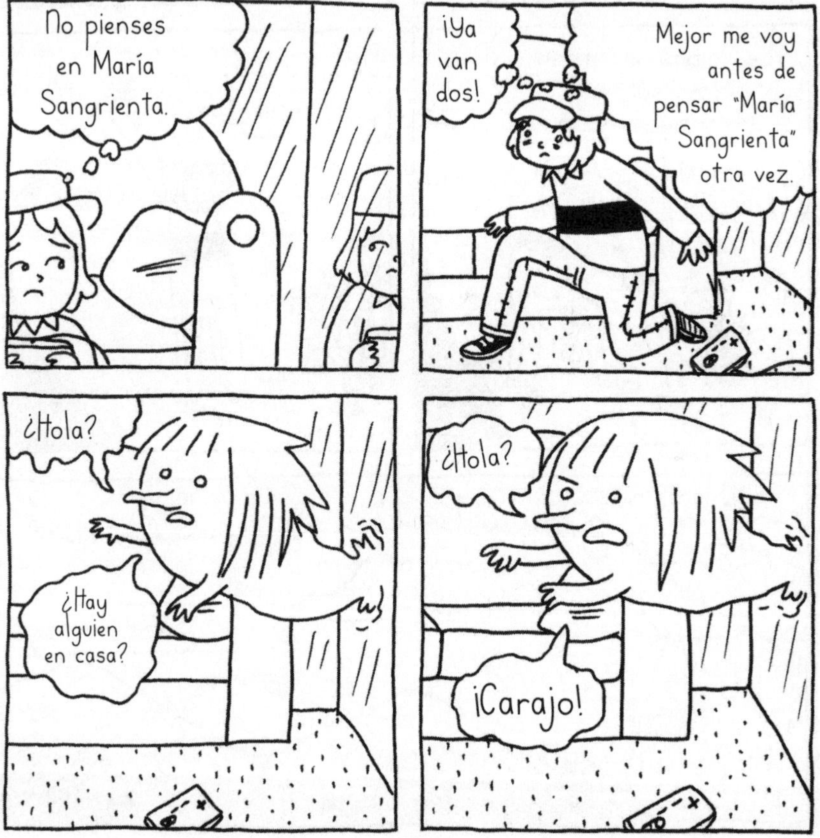

No pienses en María Sangrienta.
¡Ya van dos!
Mejor me voy antes de pensar "María Sangrienta" otra vez.
¿Hola?
¿Hay alguien en casa?
¿Hola?
¡Carajo!

La segunda era saber si esas niñas tenían razón: tal vez SÍ quería ser niño. Si no, ¿por qué He-Man era mi héroe?

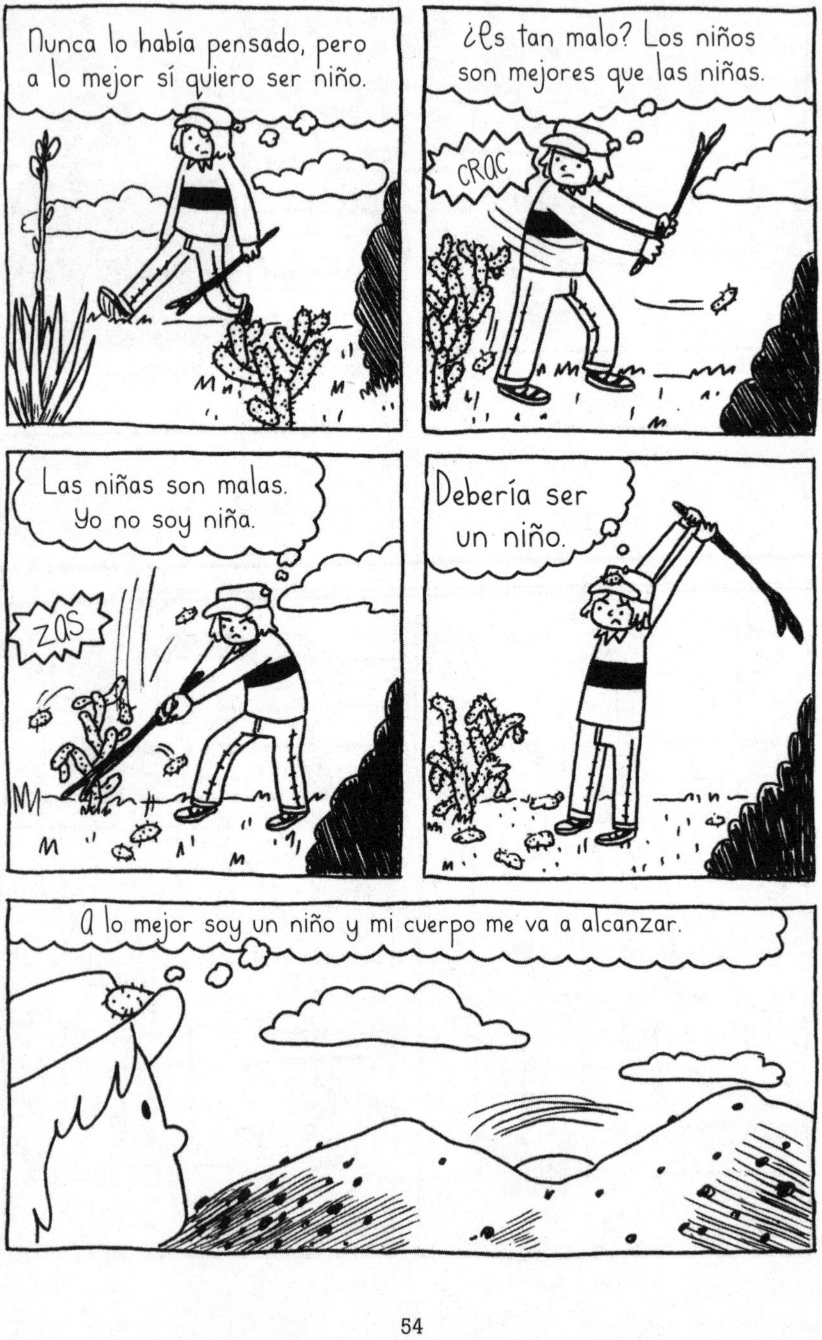
Nunca lo había pensado, pero a lo mejor sí quiero ser niño.
¿Es tan malo? Los niños son mejores que las niñas.
CRAC
Las niñas son malas. Yo no soy niña.
ZAS
Debería ser un niño.
A lo mejor soy un niño y mi cuerpo me va a alcanzar.

Es obvio que mis conocimientos de biología no eran muchos en segundo año, pero no desconocía las expectativas poco realistas.

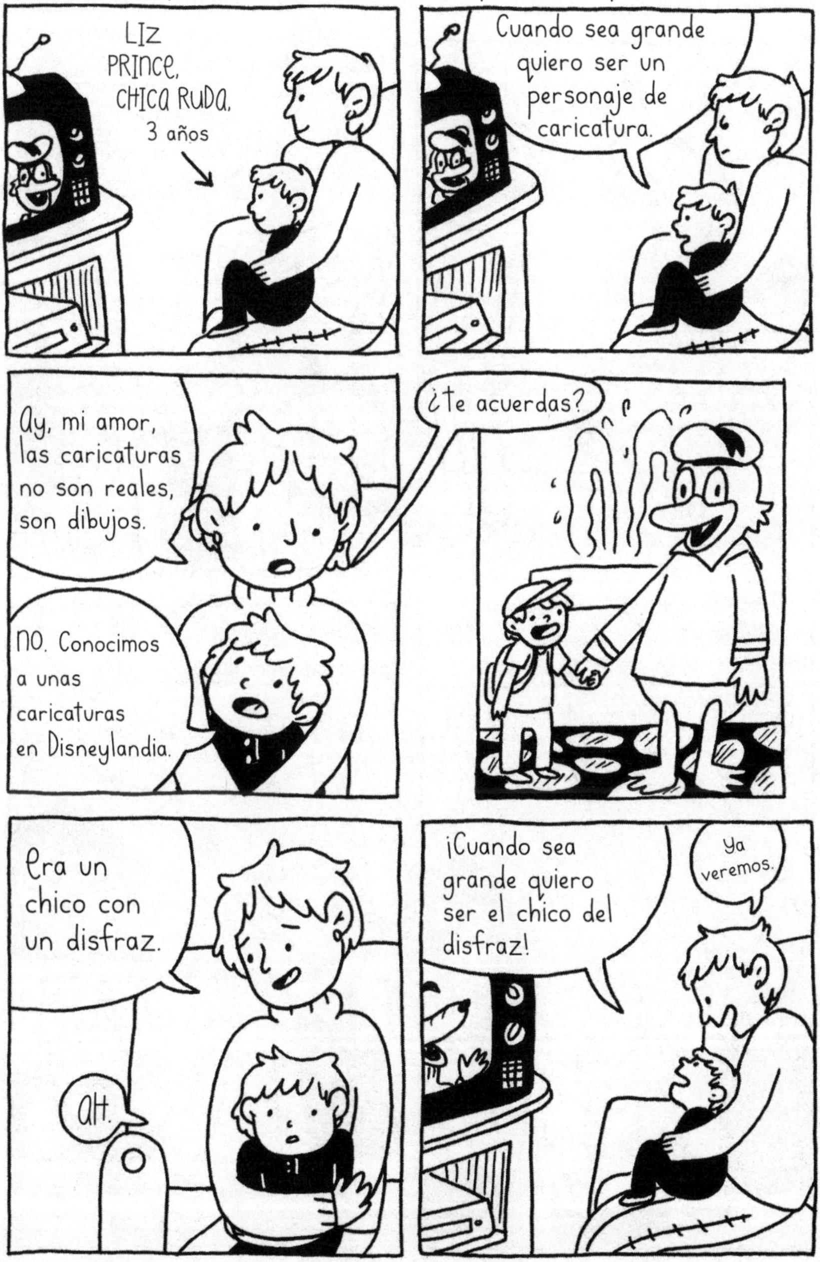
LIZ PRINCE, CHICA RUDA. 3 años
Cuando sea grande quiero ser un personaje de caricatura.
Ay, mi amor, las caricaturas no son reales, son dibujos.
NO. Conocimos a unas caricaturas en Disneylandia.
¿Te acuerdas?
Era un chico con un disfraz.
AH.
¡Cuando sea grande quiero ser el chico del disfraz!
Ya veremos.

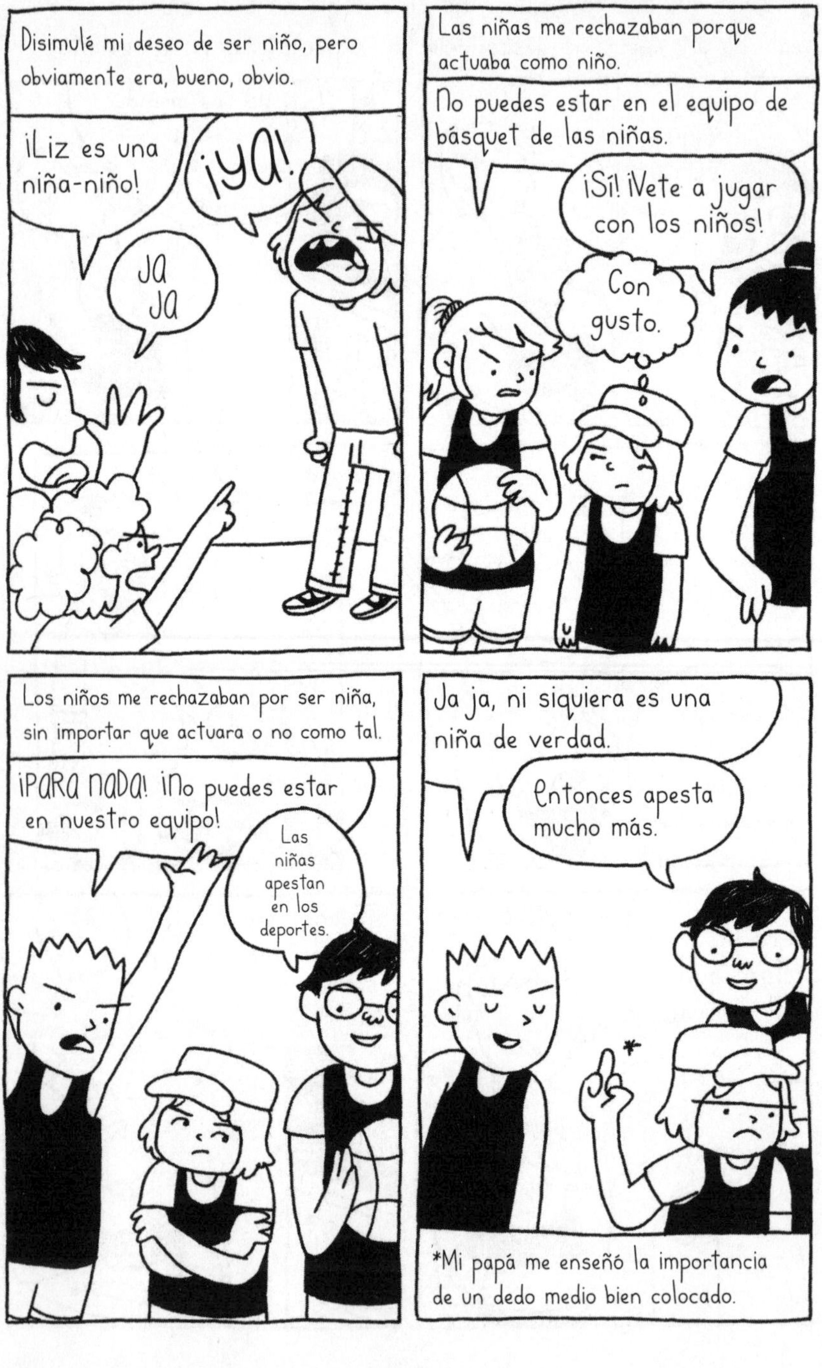
Disimulé mi deseo de ser niño, pero obviamente era, bueno, obvio.
¡Liz es una niña-niño!
¡YA!
JA JA
Las niñas me rechazaban porque actuaba como niño.
No puedes estar en el equipo de básquet de las niñas.
¡Sí! ¡Vete a jugar con los niños!
Con gusto.
Los niños me rechazaban por ser niña, sin importar que actuara o no como tal.
¡PARA NADA! ¡No puedes estar en nuestro equipo!
Las niñas apestan en los deportes.
Ja ja, ni siquiera es una niña de verdad.
Entonces apesta mucho más.
*
*Mi papá me enseñó la importancia de un dedo medio bien colocado.

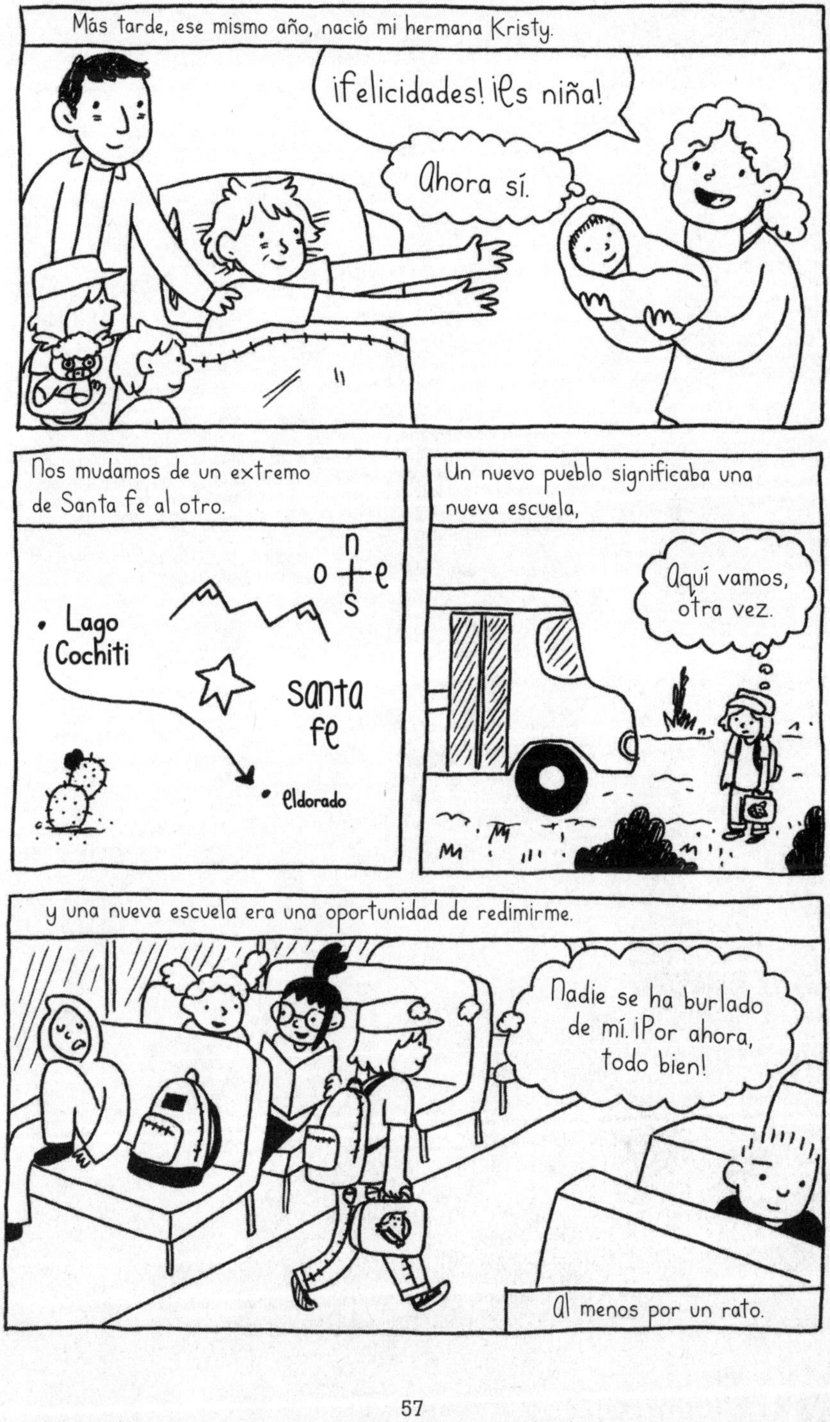
Más tarde, ese mismo año, nació mi hermana Kristy.
¡Felicidades! ¡Es niña!
Ahora sí.
Nos mudamos de un extremo de Santa Fe al otro.
n
o
e
s
Lago Cochiti
Santa Fe
Eldorado
Un nuevo pueblo significaba una nueva escuela,
Aquí vamos, otra vez.
y una nueva escuela era una oportunidad de redimirme.
Nadie se ha burlado de mí. ¡Por ahora, todo bien!
Al menos por un rato.

CAPÍTULO 4

Por primera vez en mi vida, conocí a otras marimachas.

TERRI

ERIN

y

* Está en mi salón.
* Le gustan las ciencias y las caricaturas.
* Quiere un murciélago de mascota.
* Le gusta ver el beisbol.
* Usa cola de caballo.

* Es la mejor amiga de Terri.
* Le gusta Queen y the Police.
* Tiene un perro que te roba la comida del plato.
* Usa cola de caballo.

Nos llevábamos muy bien, a pesar de que yo no usaba cola de caballo.

Terri y yo hicimos docenas de flipbooks y cómics porque las dos queríamos hacer animación de grandes.

Mira, te dibujé un murciélago.

¡Wow! ¡Me encanta!

¡Te voy a dibujar uno!

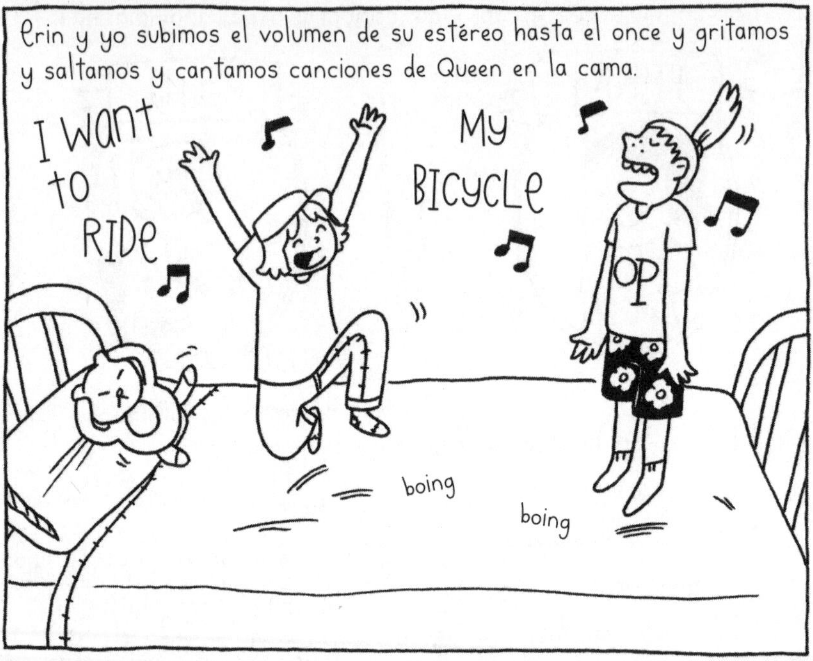
Erin y yo subimos el volumen de su estéreo hasta el once y gritamos y saltamos y cantamos canciones de Queen en la cama.
I want to ride
My bicycle
OP
boing
boing

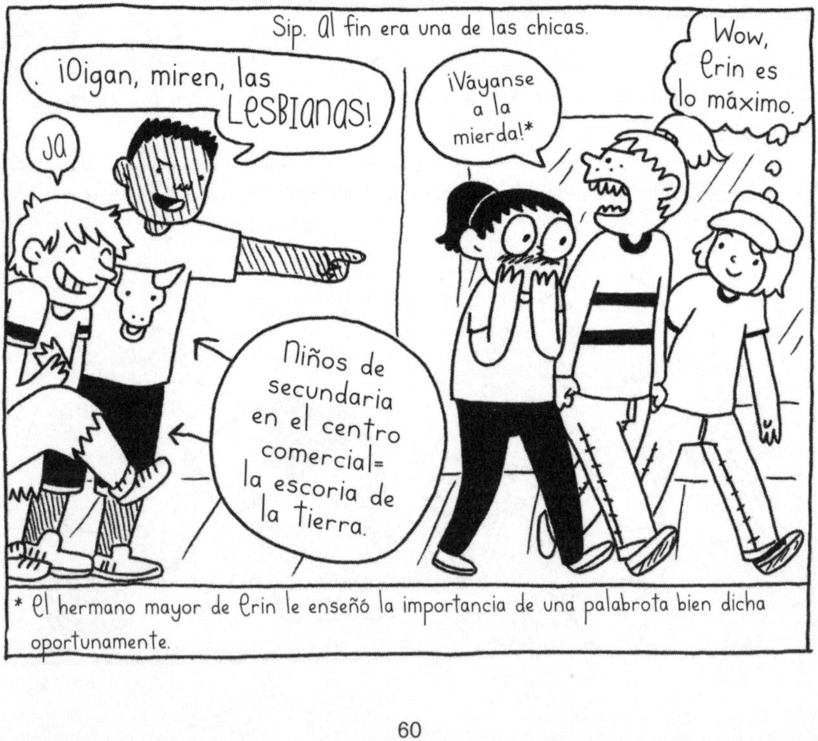
Sip. Al fin era una de las chicas.
¡Oigan, miren, las LESBIANAS!
Ja
Niños de secundaria en el centro comercial= la escoria de la tierra.
¡Váyanse a la mierda!*
Wow, Erin es lo máximo.

* El hermano mayor de Erin le enseñó la importancia de una palabrota bien dicha oportunamente.

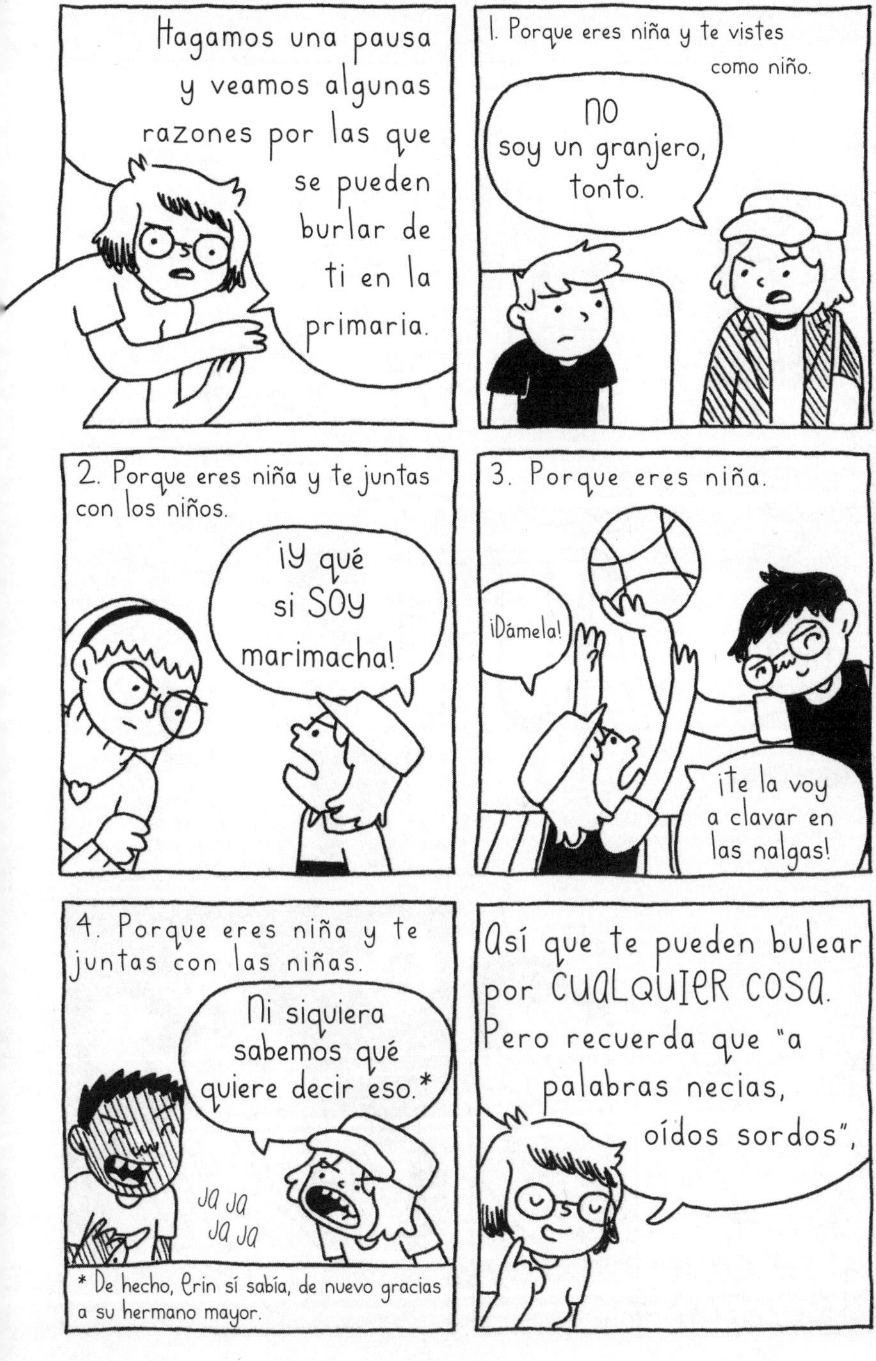
Hagamos una pausa y veamos algunas razones por las que se pueden burlar de ti en la primaria.
1. Porque eres niña y te vistes como niño.
NO soy un granjero, tonto.
2. Porque eres niña y te juntas con los niños.
¡Y qué si SOY marimacha!
3. Porque eres niña.
¡Dámela!
¡Te la voy a clavar en las nalgas!
4. Porque eres niña y te juntas con las niñas.
Ni siquiera sabemos qué quiere decir eso.*
JA JA JA JA
* De hecho, Erin sí sabía, de nuevo gracias a su hermano mayor.
Así que te pueden bulear por CUALQUIER COSA.
Pero recuerda que "a palabras necias, oídos sordos",

Por desgracia, en mi caso fue una invitación para que mis bullies se esforzaran más en molestarme...

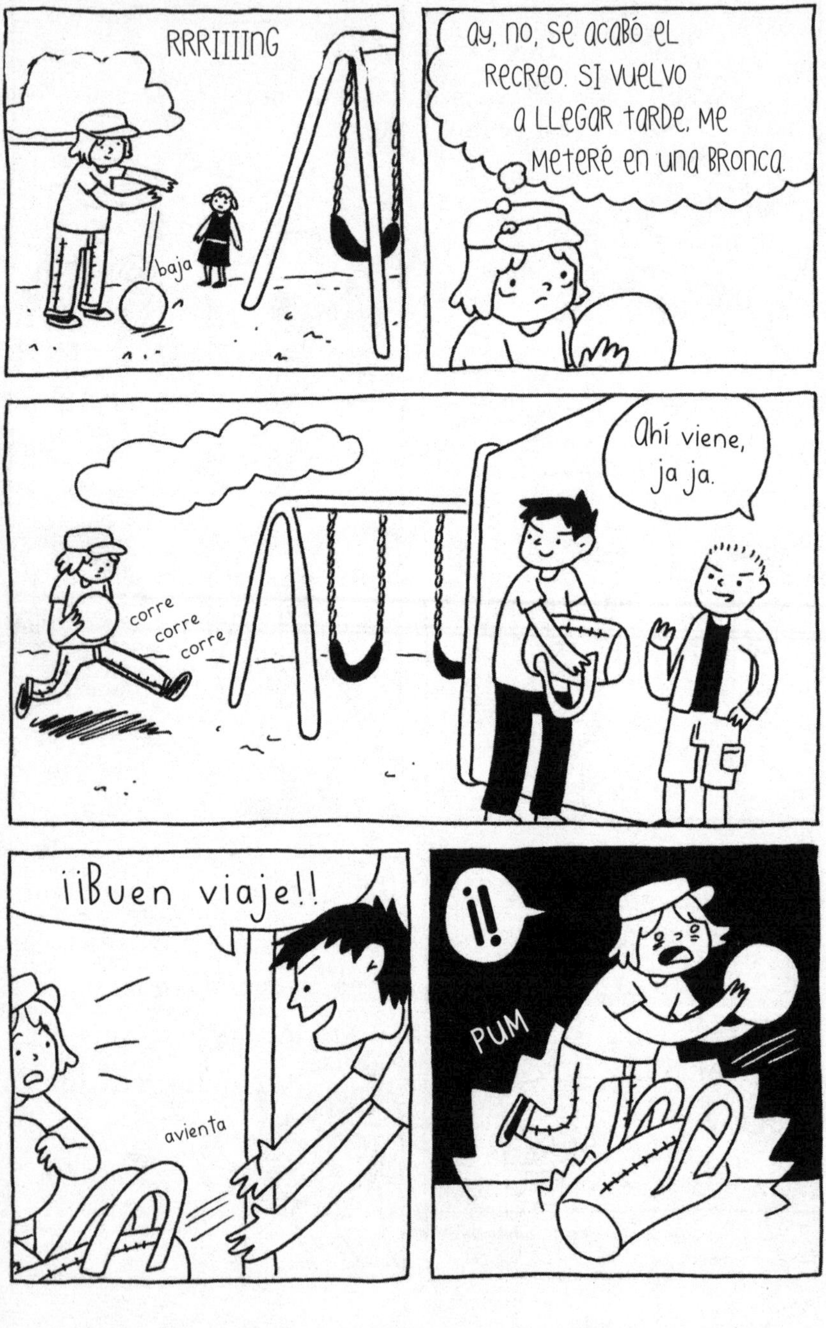
RRRIIIInG
baja
ay, no, se acabó el recreo. Si vuelvo a llegar tarde, me meteré en una bronca.
Ahí viene, ja ja.
corre
corre
corre
¡¡Buen viaje!!
avienta
¡!
PUM

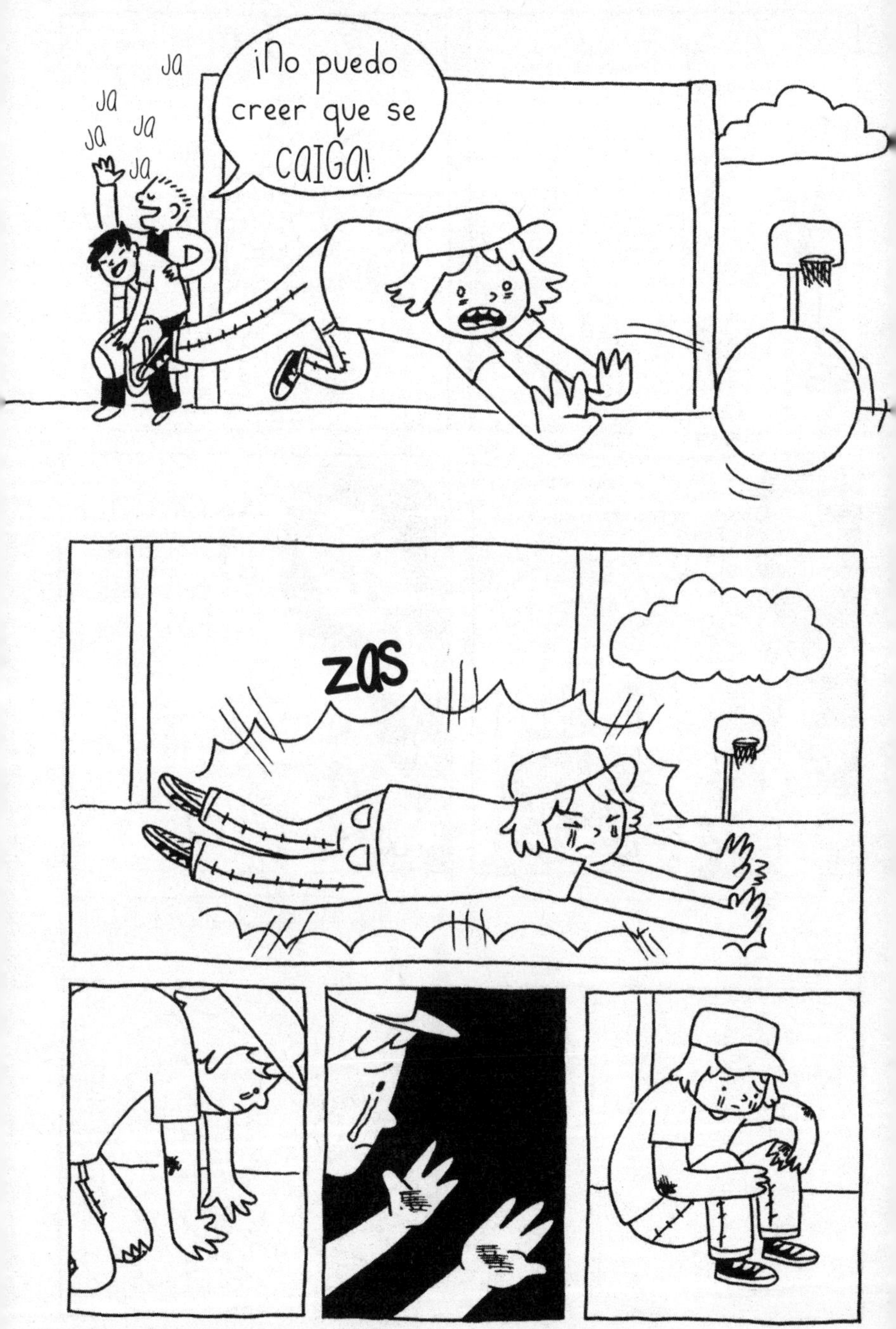
JA
JA
JA JA
JA
¡No puedo creer que se CAIGA!
ZAS

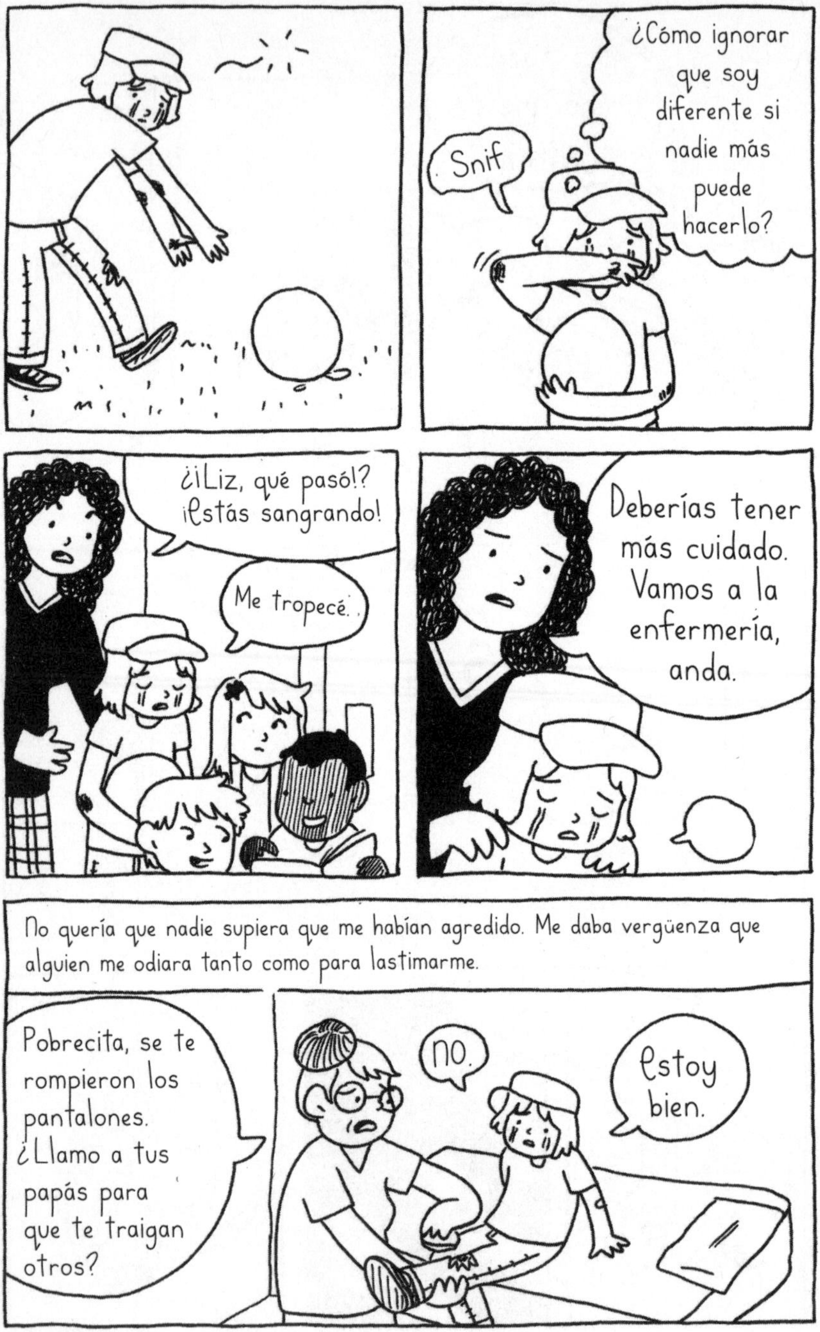
¿Cómo ignorar que soy diferente si nadie más puede hacerlo?
Snif
¿¡Liz, qué pasó!? ¡Estás sangrando!
Me tropecé.
Deberías tener más cuidado. Vamos a la enfermería, anda.
No quería que nadie supiera que me habían agredido. Me daba vergüenza que alguien me odiara tanto como para lastimarme.
Pobrecita, se te rompieron los pantalones. ¿Llamo a tus papás para que te traigan otros?
No.
Estoy bien.

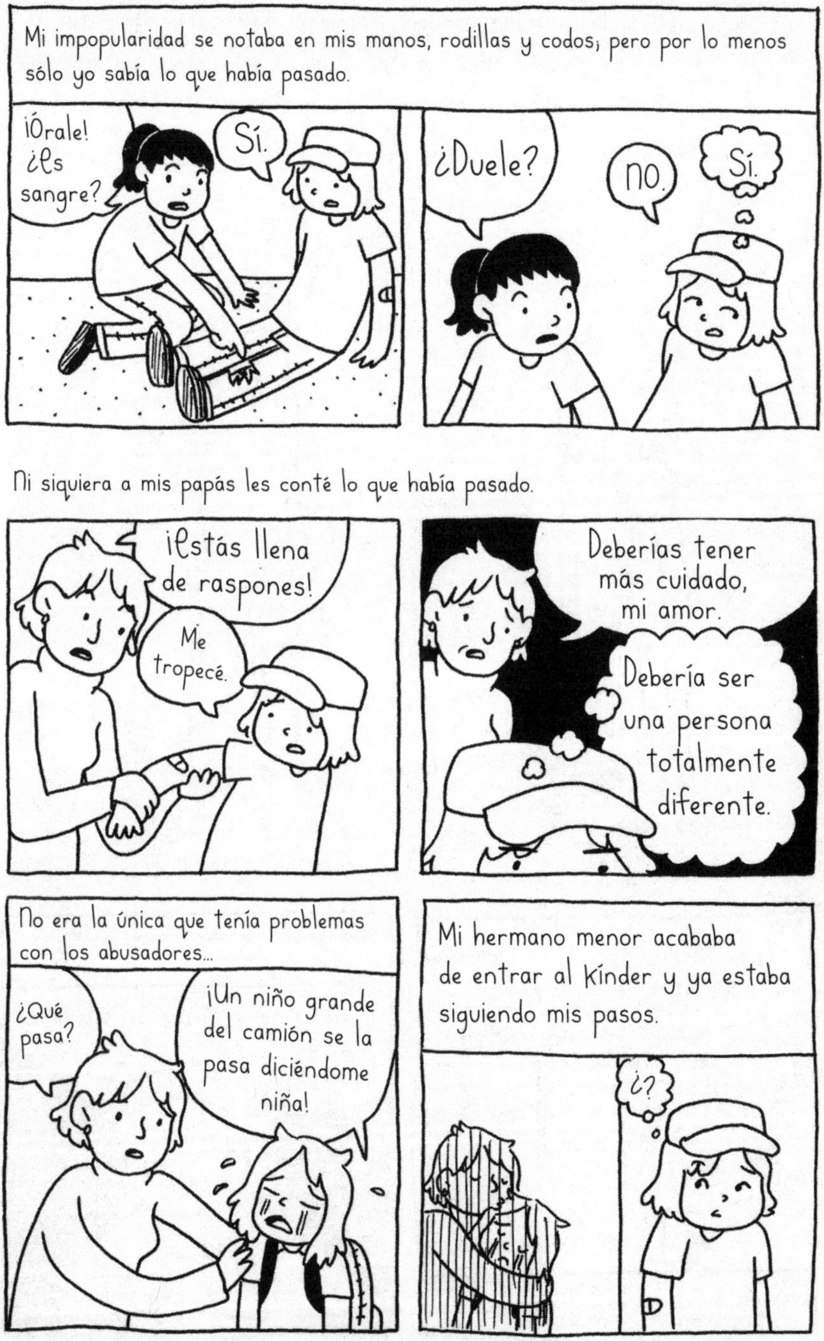
Mi impopularidad se notaba en mis manos, rodillas y codos; pero por lo menos sólo yo sabía lo que había pasado.
¡Órale! ¿Es sangre?
Sí.
¿Duele?
No.
Sí.
Ni siquiera a mis papás les conté lo que había pasado.
¡Estás llena de raspones!
Me tropecé.
Deberías tener más cuidado, mi amor.
Debería ser una persona totalmente diferente.
No era la única que tenía problemas con los abusadores...
¿Qué pasa?
¡Un niño grande del camión se la pasa diciéndome niña!
Mi hermano menor acababa de entrar al kínder y ya estaba siguiendo mis pasos.
¿?

El único delito de mi hermano era tener el pelo largo, que se puso de moda unos años después cuando el grunge se volvió lo máximo, así que Jamie sólo se había adelantado a su tiempo. Tal vez era un gurú de la moda no valorado.

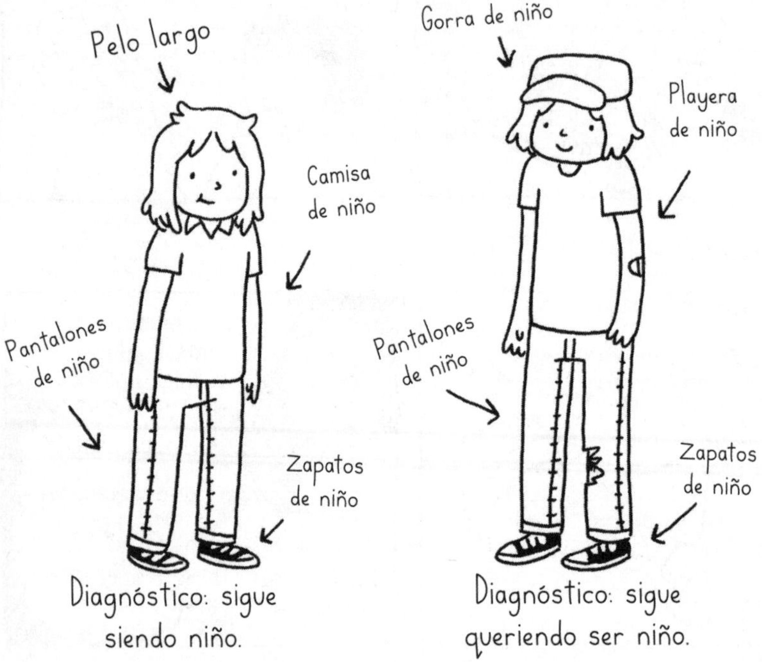

Pelo largo
Camisa de niño
Pantalones de niño
Zapatos de niño
Diagnóstico: sigue siendo niño.
Gorra de niño
Playera de niño
Pantalones de niño
Zapatos de niño
Diagnóstico: sigue queriendo ser niño.

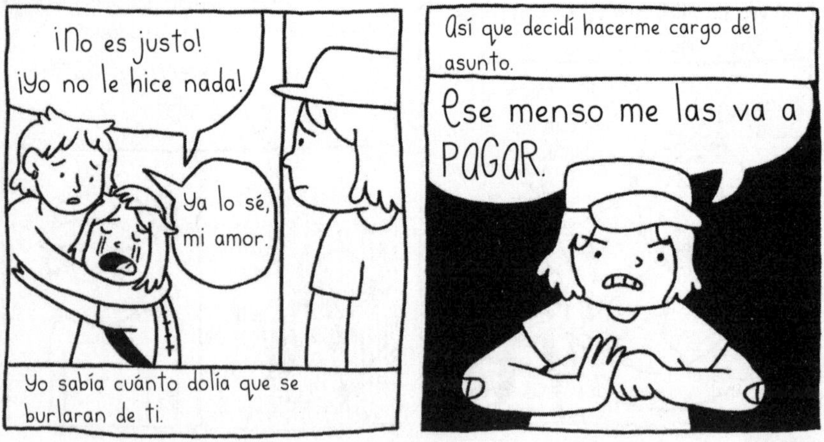

¡No es justo! ¡Yo no le hice nada!
Ya lo sé, mi amor.
Yo sabía cuánto dolía que se burlaran de ti.
Así que decidí hacerme cargo del asunto.
Ese menso me las va a PAGAR.

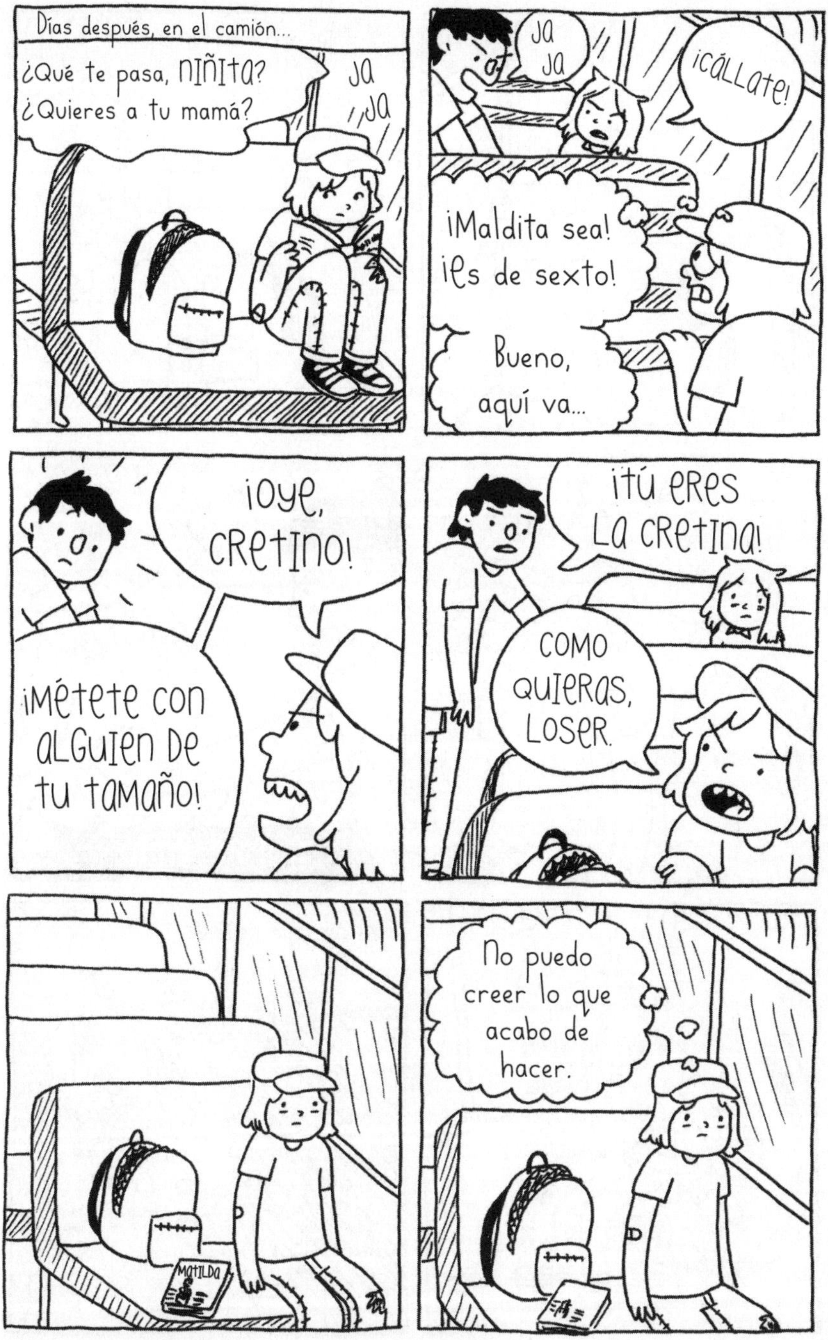
Días después, en el camión...
¿Qué te pasa, NIÑITA? ¿Quieres a tu mamá?
JA JA
JA JA
¡CÁLLATE!
¡Maldita sea! ¡Es de sexto!
Bueno, aquí va...
¡OYE, CRETINO!
¡MÉTETE CON ALGUIEN DE TU TAMAÑO!
¡TÚ ERES LA CRETINA!
COMO QUIERAS, LOSER.
MATILDA
No puedo creer lo que acabo de hacer.

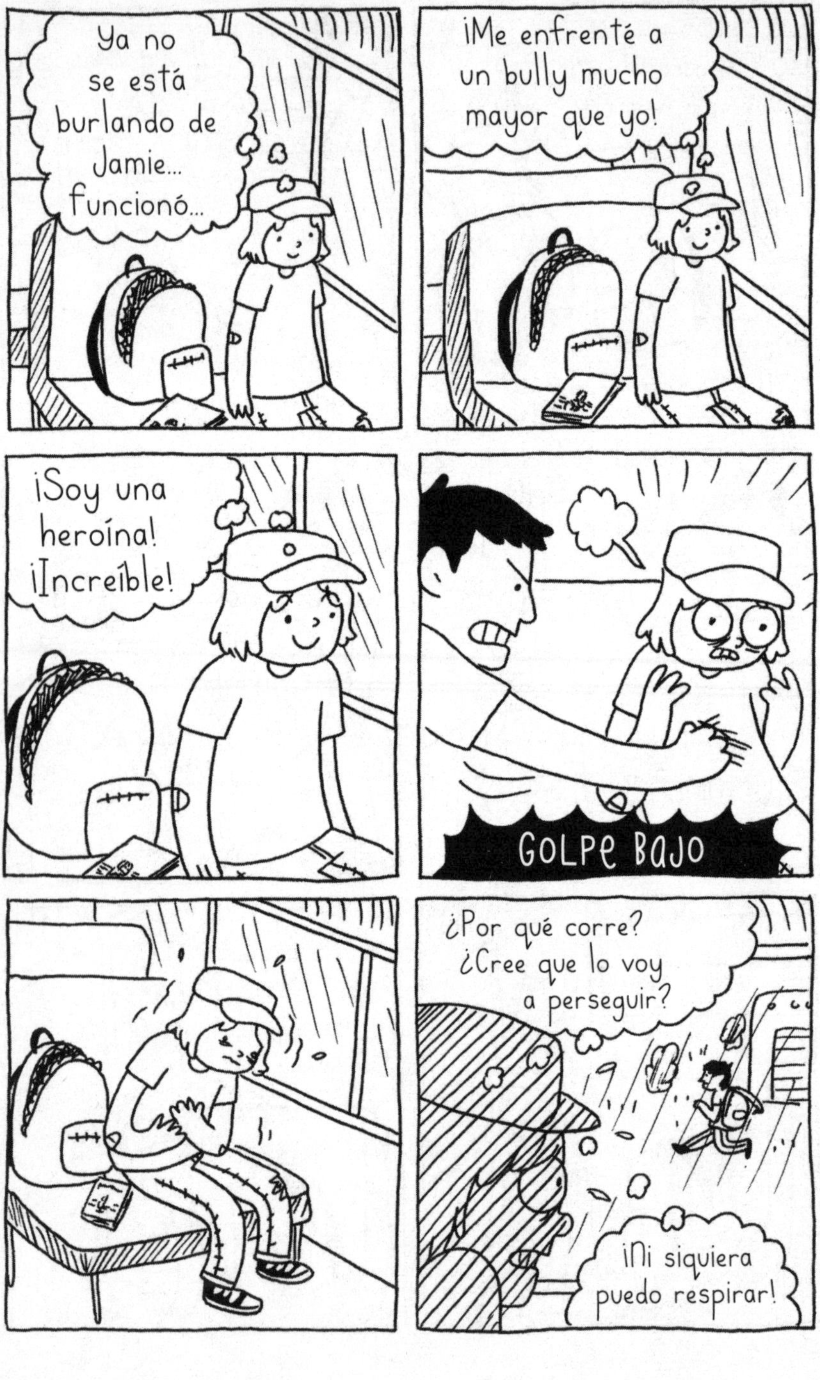
Ya no se está burlando de Jamie... funcionó...
¡Me enfrenté a un bully mucho mayor que yo!
¡Soy una heroína! ¡Increíble!
GOLPE BAJO
¿Por qué corre? ¿Cree que lo voy a perseguir?
¡Ni siquiera puedo respirar!

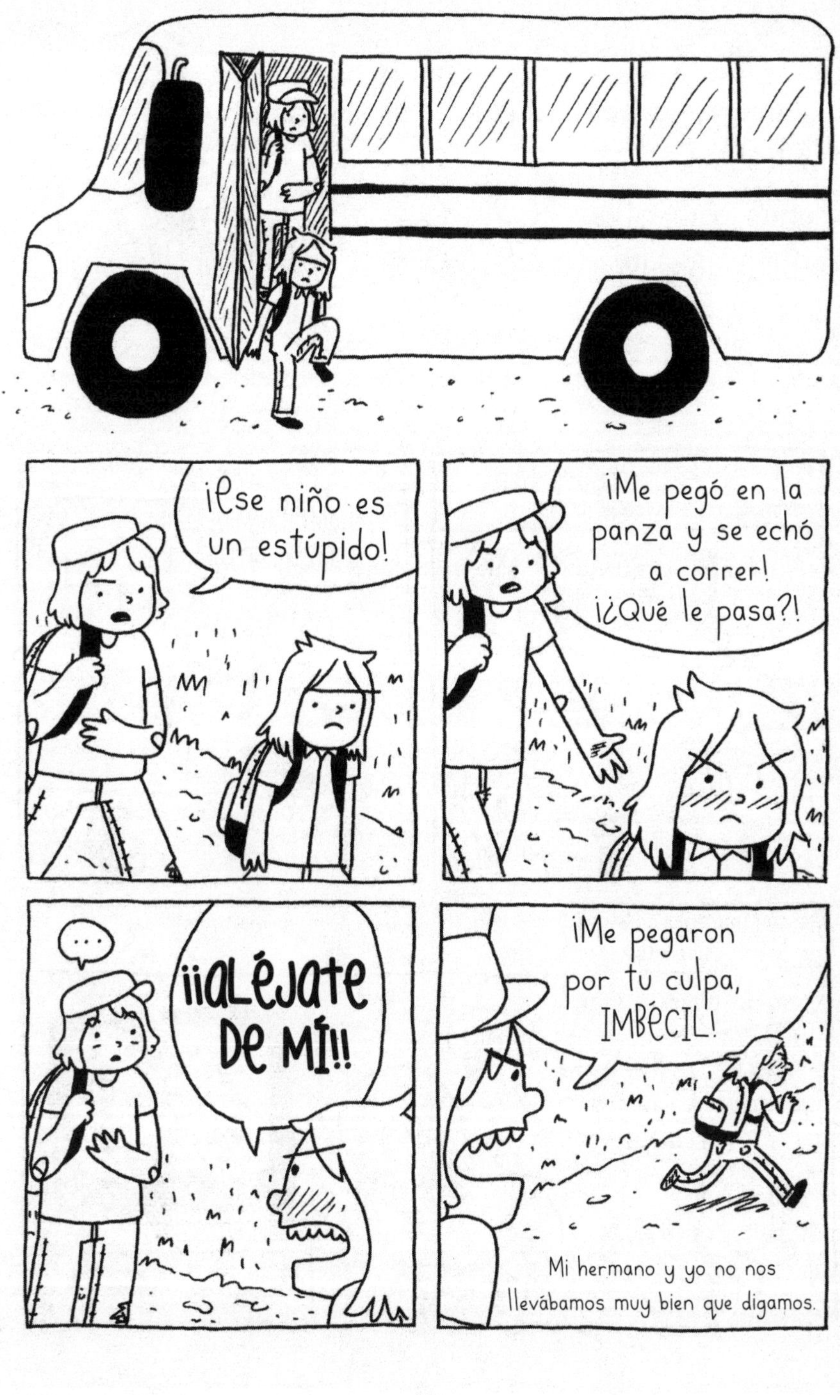
¡Ese niño es un estúpido!
¡Me pegó en la panza y se echó a correr! ¡¿Qué le pasa?!
...
¡¡ALÉJATE DE MÍ!!
¡Me pegaron por tu culpa, IMBÉCIL!
Mi hermano y yo no nos llevábamos muy bien que digamos.

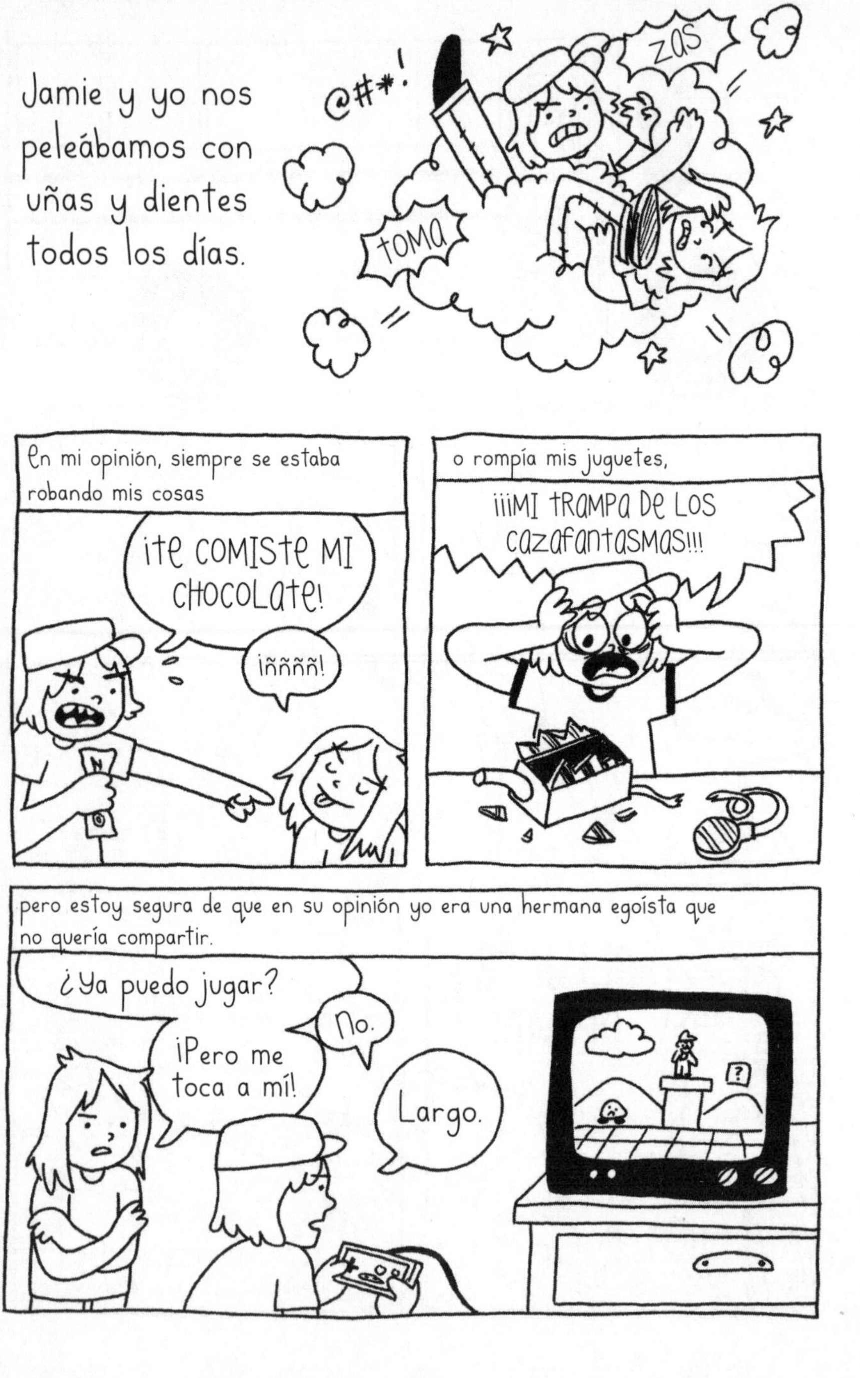
Jamie y yo nos peleábamos con uñas y dientes todos los días.
@#*!
ZAS
TOMA
En mi opinión, siempre se estaba robando mis cosas
¡TE COMISTE MI CHOCOLATE!
¡ÑÑÑÑ!
o rompía mis juguetes,
¡¡¡MI TRAMPA DE LOS CAZAFANTASMAS!!!
pero estoy segura de que en su opinión yo era una hermana egoísta que no quería compartir.
¿Ya puedo jugar?
No.
¡Pero me toca a mí!
Largo.

Creí que mi acto caballeroso compensaría nuestras diferencias. Digo, un niño dos años mayor que yo me acababa de pegar.

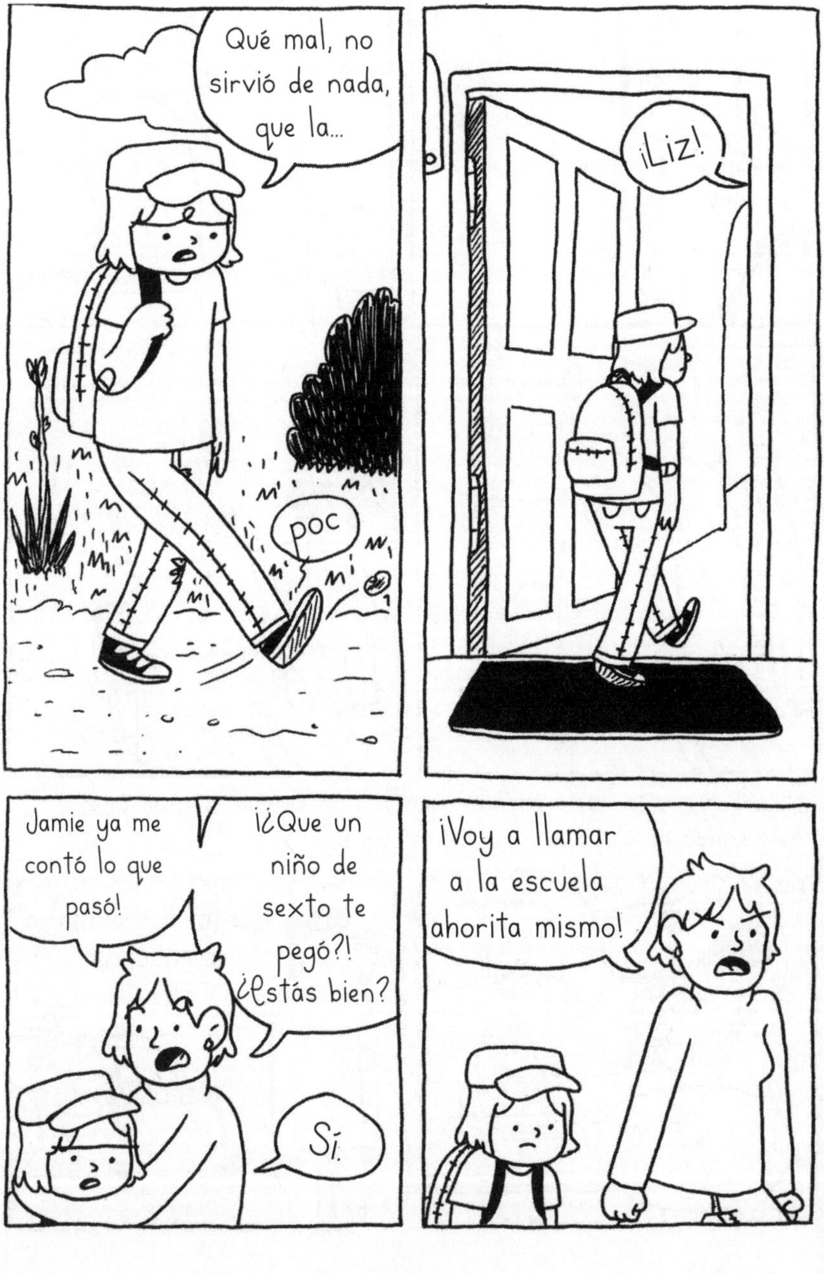
Qué mal, no sirvió de nada, que la...
POC
¡Liz!
Jamie ya me contó lo que pasó!
¡¿Que un niño de sexto te pegó?! ¿Estás bien?
Sí.
¡Voy a llamar a la escuela ahorita mismo!

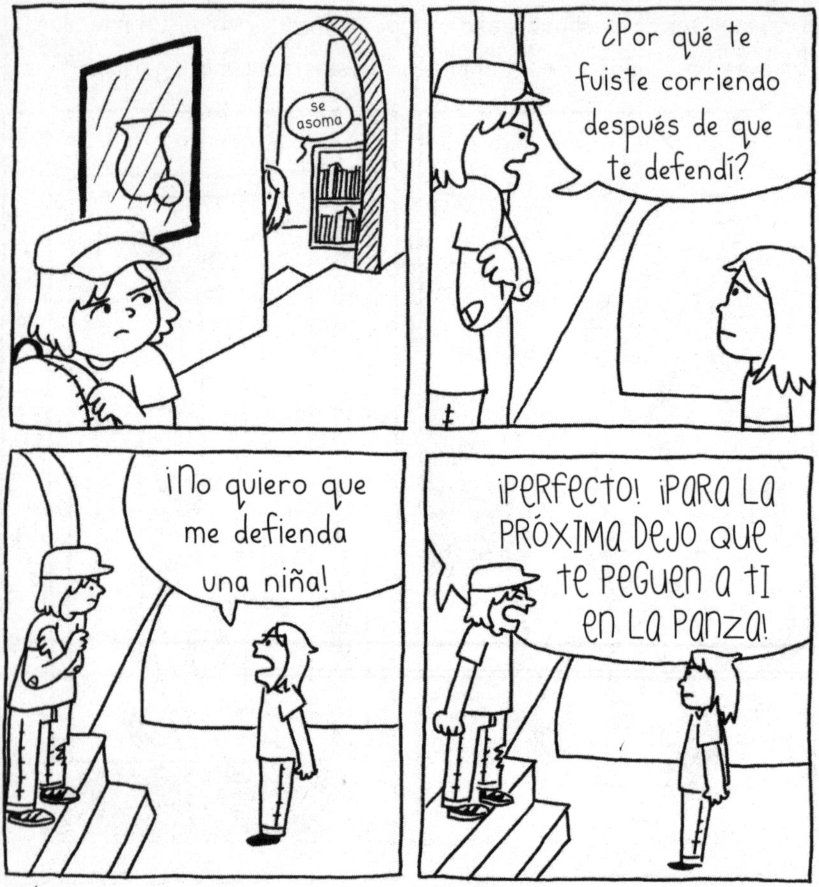
se asoma
¿Por qué te fuiste corriendo después de que te defendí?
¡No quiero que me defienda una niña!
¡PERFECTO! ¡PARA LA PRÓXIMA DEJO QUE TE PEGUEN A TI EN LA PANZA!

Al parecer esto había pasado mientras yo estaba muy ocupada celebrando mi victoria y no me di cuenta.

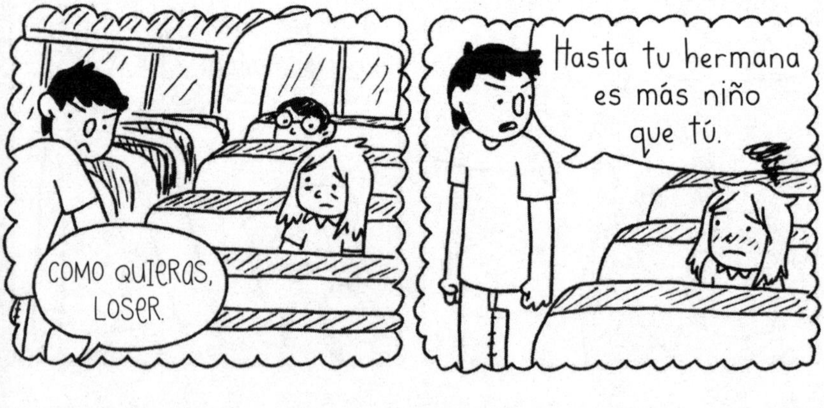
COMO QUIERAS, LOSER.
Hasta tu hermana es más niño que tú.

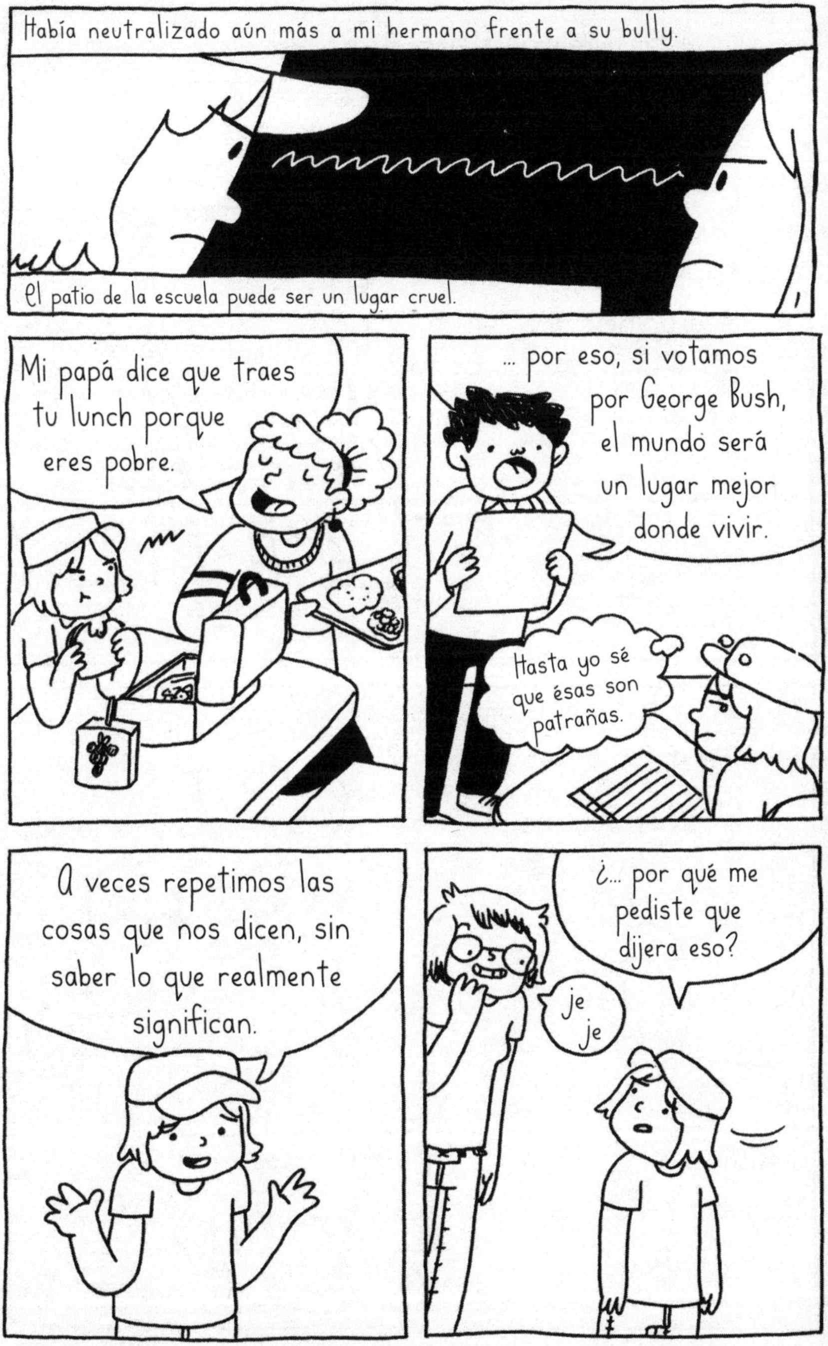
Había neutralizado aún más a mi hermano frente a su bully.
El patio de la escuela puede ser un lugar cruel.
Mi papá dice que traes tu lunch porque eres pobre.
... por eso, si votamos por George Bush, el mundo será un lugar mejor donde vivir.
Hasta yo sé que ésas son patrañas.
A veces repetimos las cosas que nos dicen, sin saber lo que realmente significan.
¿... por qué me pediste que dijera eso?
je je

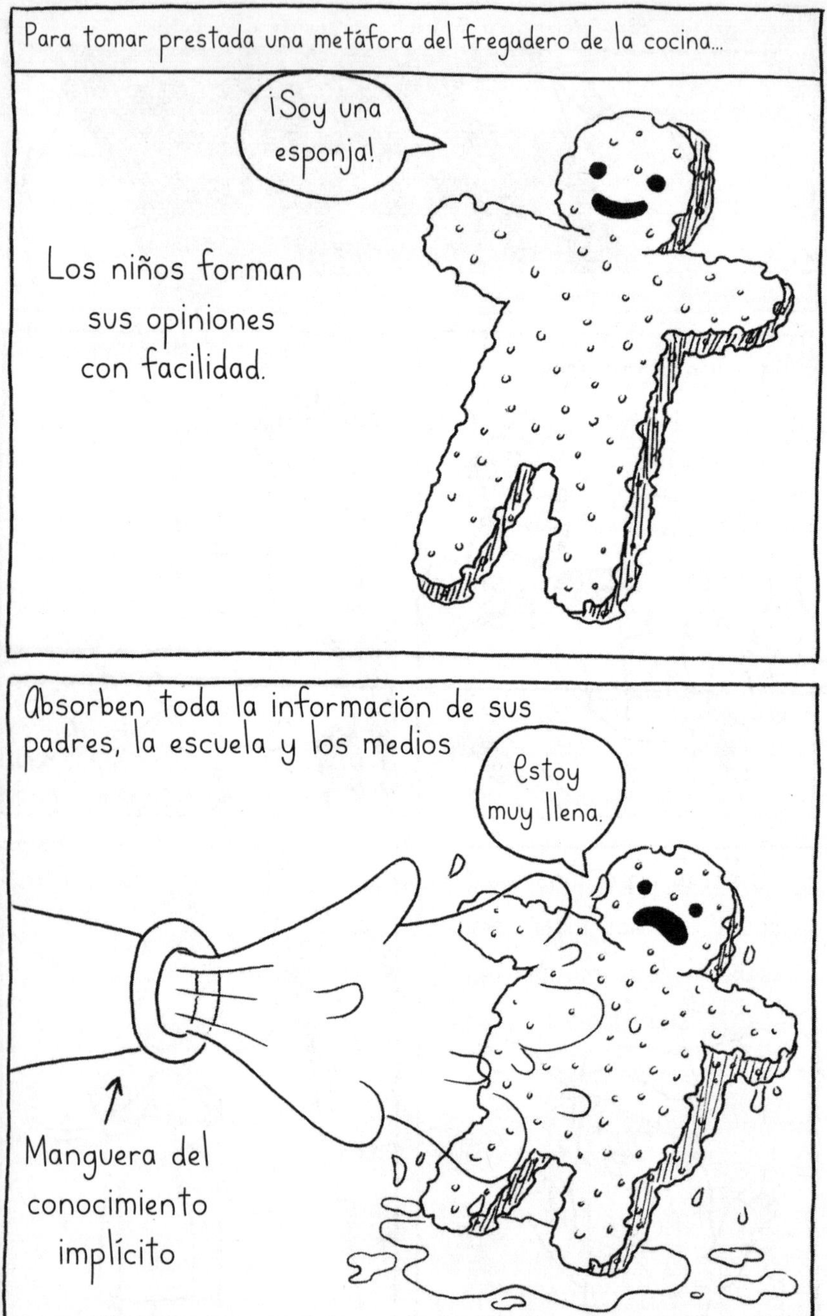
Para tomar prestada una metáfora del fregadero de la cocina...
¡Soy una esponja!
Los niños forman sus opiniones con facilidad.
Absorben toda la información de sus padres, la escuela y los medios
Estoy muy llena.
Manguera del conocimiento implícito

y luego la repiten arrojándola de nuevo al mundo.

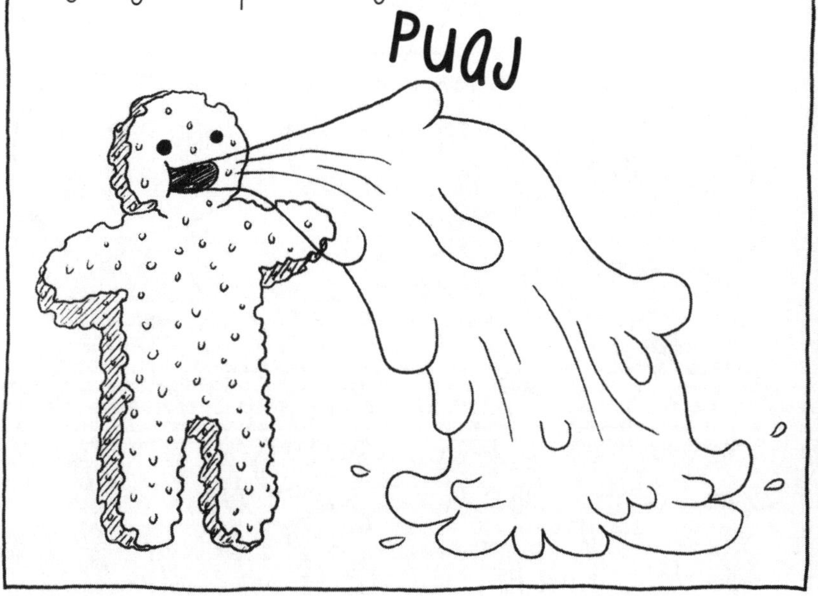
PUAJ

Así que cuando no te ves o actúas como nos han dicho a todos que es la norma,

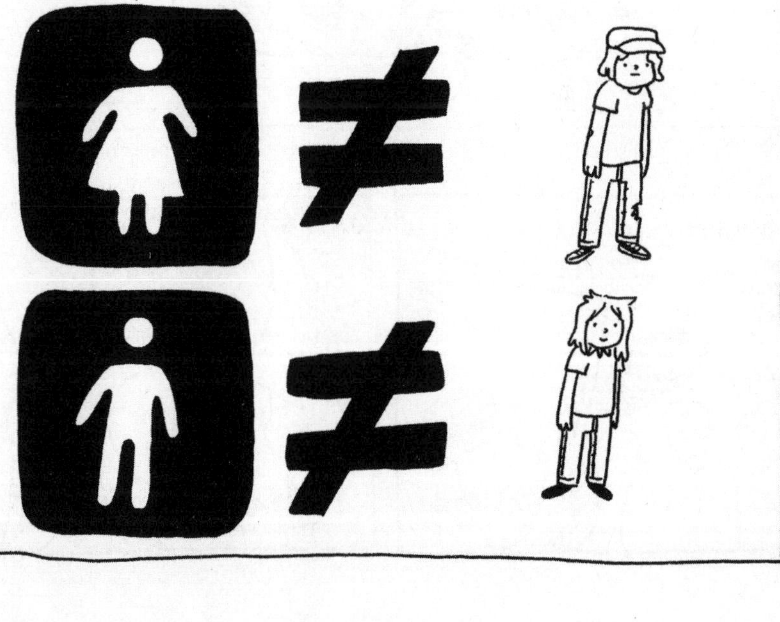

recibes proverbiales vómitos muy seguido.

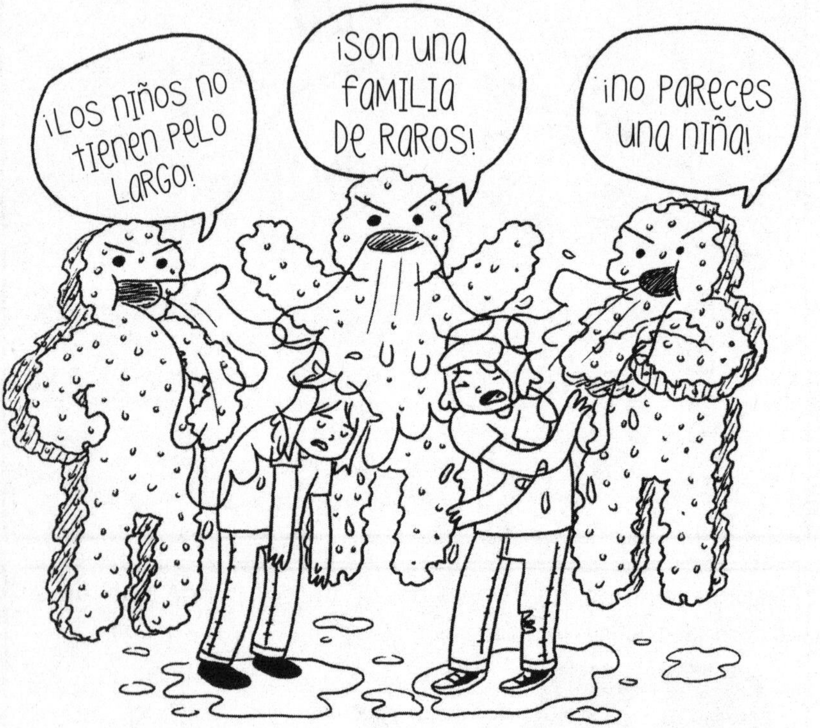
¡LOS NIÑOS NO TIENEN PELO LARGO!
¡SON UNA FAMILIA DE RAROS!
¡NO PARECES UNA NIÑA!

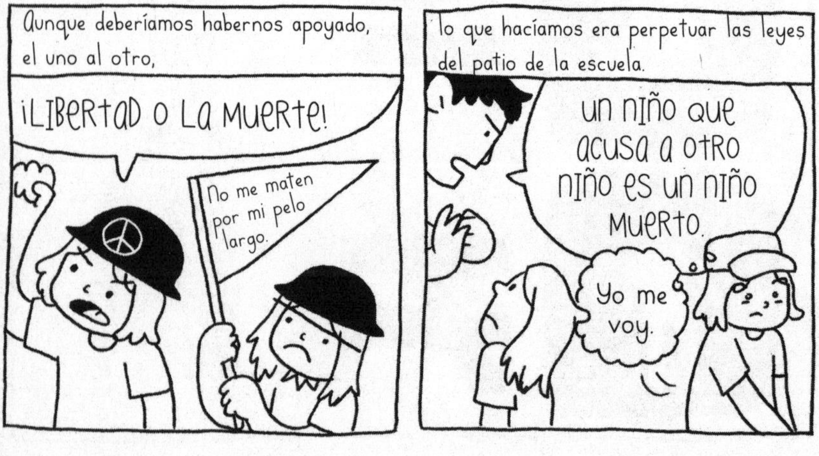
Aunque deberíamos habernos apoyado, el uno al otro,
¡LIBERTAD O LA MUERTE!
No me maten por mi pelo largo.
lo que hacíamos era perpetuar las leyes del patio de la escuela.
UN NIÑO QUE ACUSA A OTRO NIÑO ES UN NIÑO MUERTO.
Yo me voy.

CAPÍTULO 5

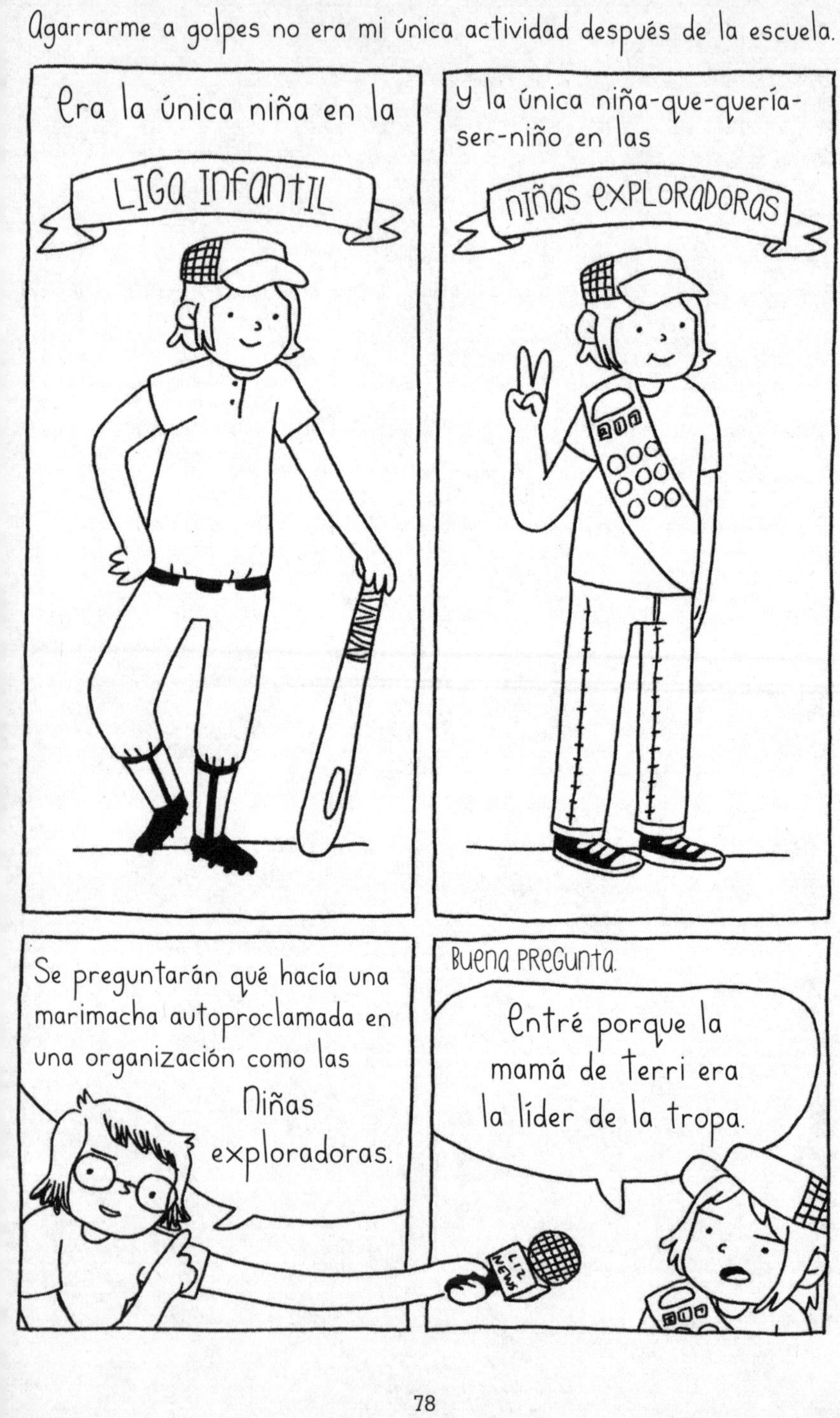
Agarrarme a golpes no era mi única actividad después de la escuela.
Era la única niña en la
LIGA INFANTIL
Y la única niña-que-quería-ser-niño en las
NIÑAS EXPLORADORAS
Se preguntarán qué hacía una marimacha autoproclamada en una organización como las Niñas exploradoras.
Buena pregunta.
Entré porque la mamá de Terri era la líder de la tropa.
LIZ NEWS

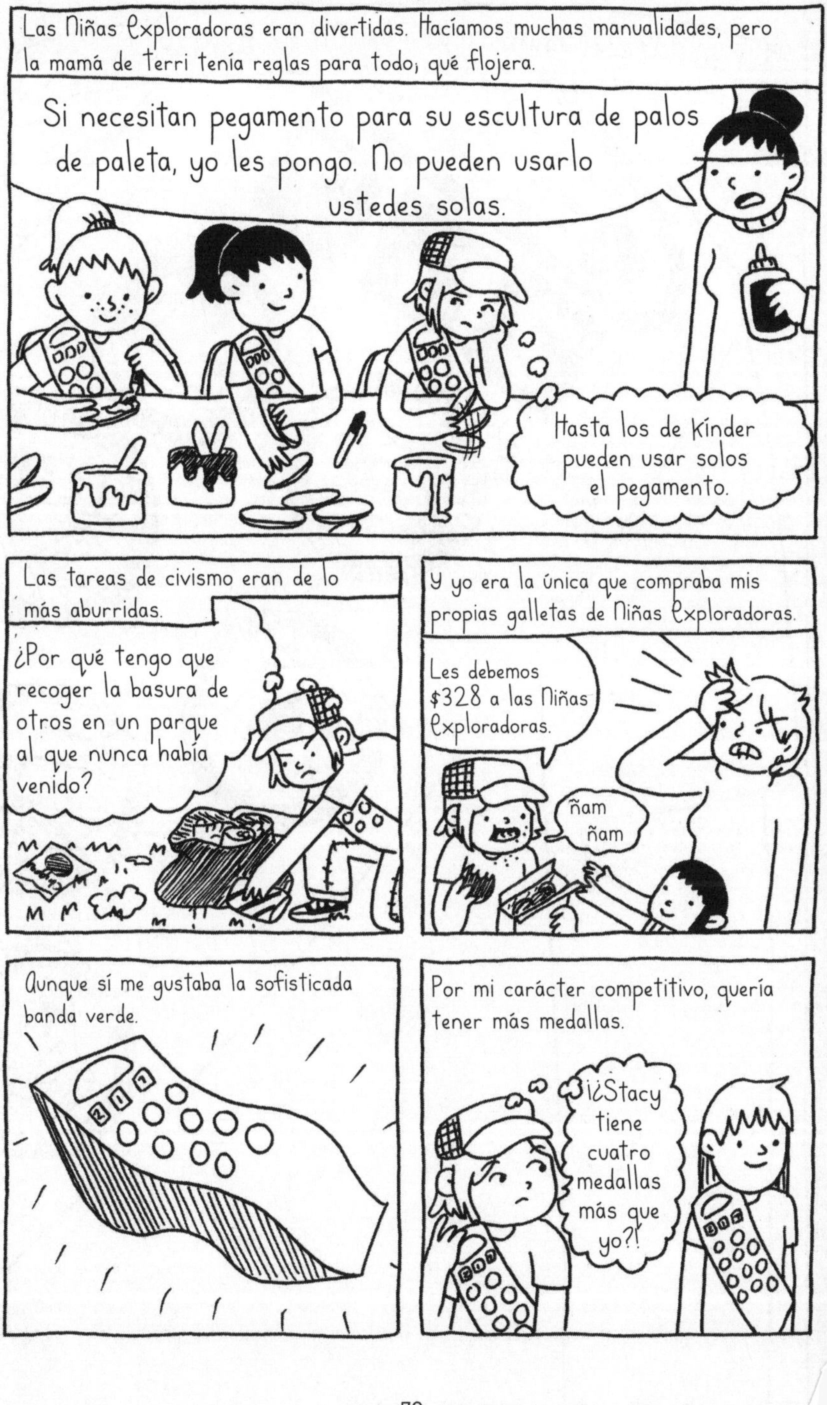

Las Niñas Exploradoras eran divertidas. Hacíamos muchas manualidades, pero la mamá de Terri tenía reglas para todo; qué flojera.
Si necesitan pegamento para su escultura de palos de paleta, yo les pongo. No pueden usarlo ustedes solas.
Hasta los de kínder pueden usar solos el pegamento.
Las tareas de civismo eran de lo más aburridas.
¿Por qué tengo que recoger la basura de otros en un parque al que nunca había venido?
Y yo era la única que compraba mis propias galletas de Niñas Exploradoras.
Les debemos $328 a las Niñas Exploradoras.
ñam ñam
Aunque sí me gustaba la sofisticada banda verde.
Por mi carácter competitivo, quería tener más medallas.
¡¿Stacy tiene cuatro medallas más que yo?!

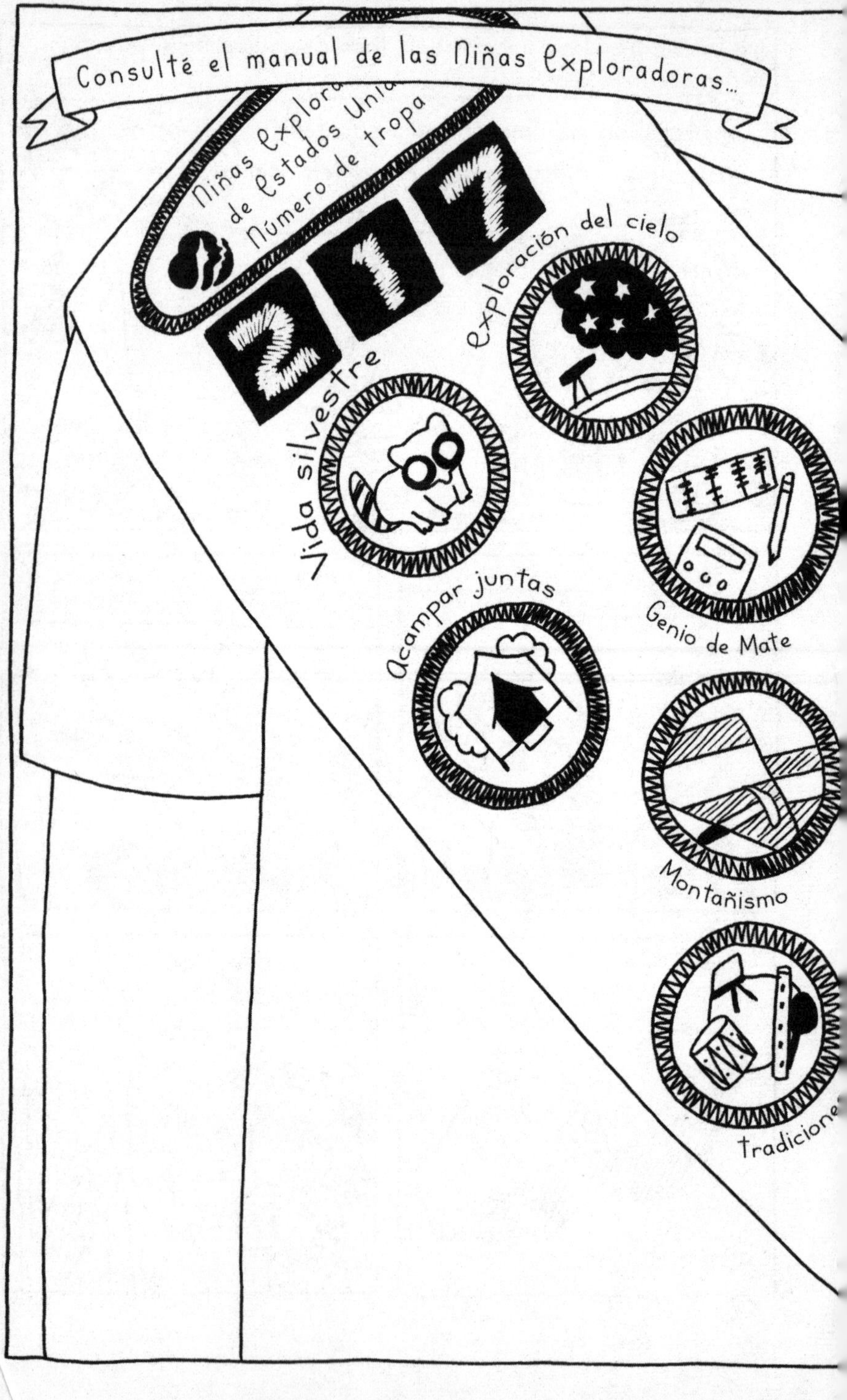
Consulté el manual de las Niñas Exploradoras...
Niñas Explora
de Estados Unid
Número de tropa
217
exploración del cielo
Vida silvestre
Acampar juntas
Genio de Mate
Montañismo
Tradicione

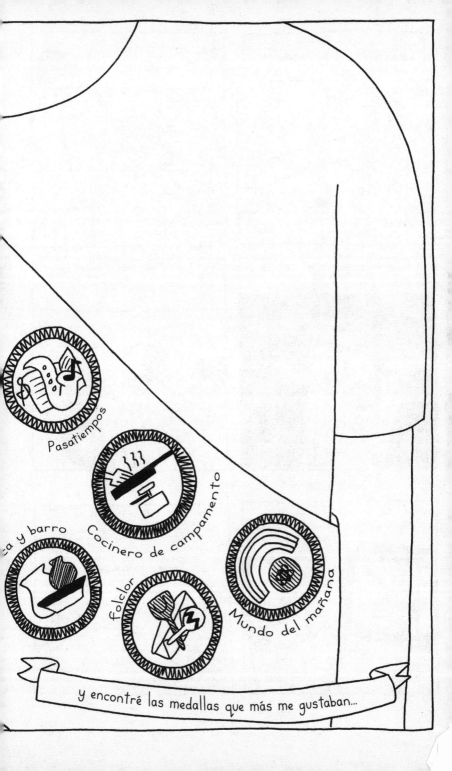

Pasatiempos

Cocinero de campamento

...ca y barro

folclor

Mundo del mañana

y encontré las medallas que más me gustaban...

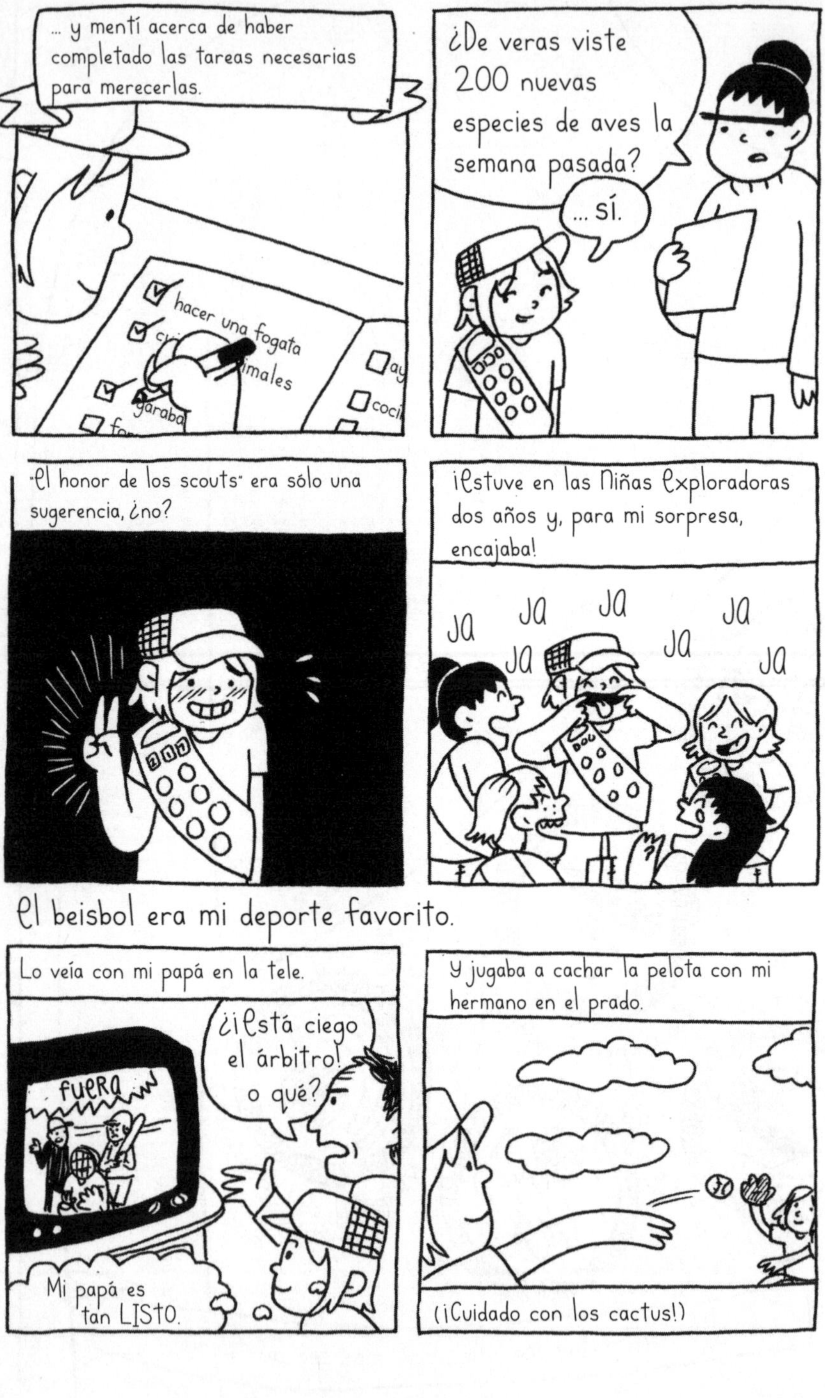
... y mentí acerca de haber completado las tareas necesarias para merecerlas.
hacer una fogata
¿De veras viste 200 nuevas especies de aves la semana pasada?
... sí.
"El honor de los scouts" era sólo una sugerencia, ¿no?
¡Estuve en las Niñas Exploradoras dos años y, para mi sorpresa, encajaba!
JA JA JA JA JA JA JA
El beisbol era mi deporte favorito.
Lo veía con mi papá en la tele.
FUERA
¿¡Está ciego el árbitro! o qué?
Mi papá es tan LISTO.
Y jugaba a cachar la pelota con mi hermano en el prado.
(¡Cuidado con los cactus!)

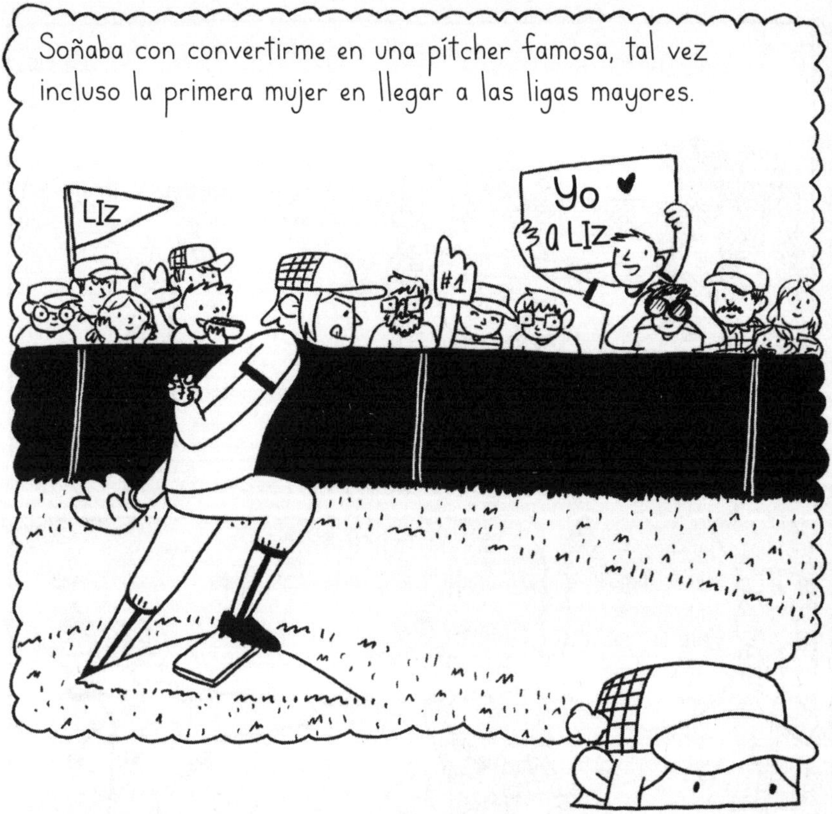
Soñaba con convertirme en una pítcher famosa, tal vez incluso la primera mujer en llegar a las ligas mayores.
LIZ
Yo ♥ a LIZ
#1

Pero para sentirte segura de tus habilidades atléticas, se necesita un entrenador o compañeros de equipo que te echen porras y conviertan tu pasión en talento.

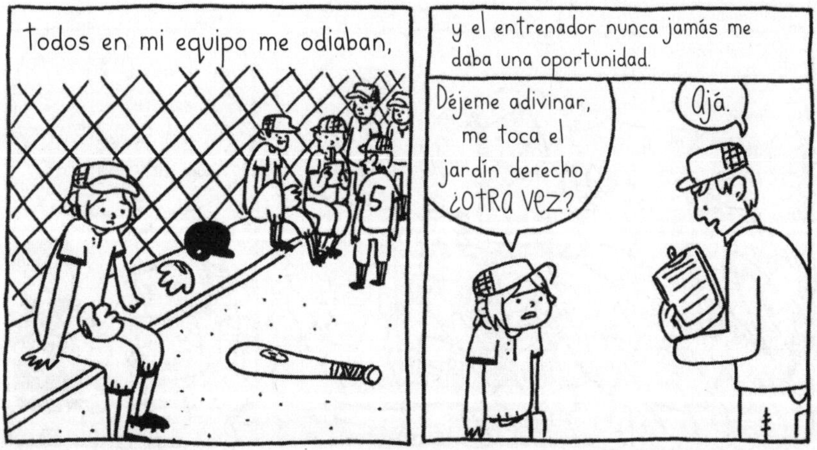
todos en mi equipo me odiaban,
5
y el entrenador nunca jamás me daba una oportunidad.
Déjeme adivinar, me toca el jardín derecho ¿OTRA VEZ?
Ajá.

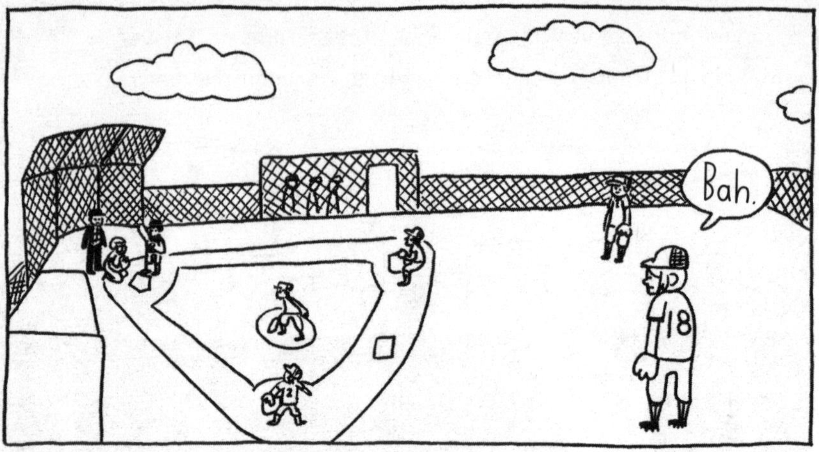
Bah.

Me la pasaba fantaseando durante mi exilio en el campo.

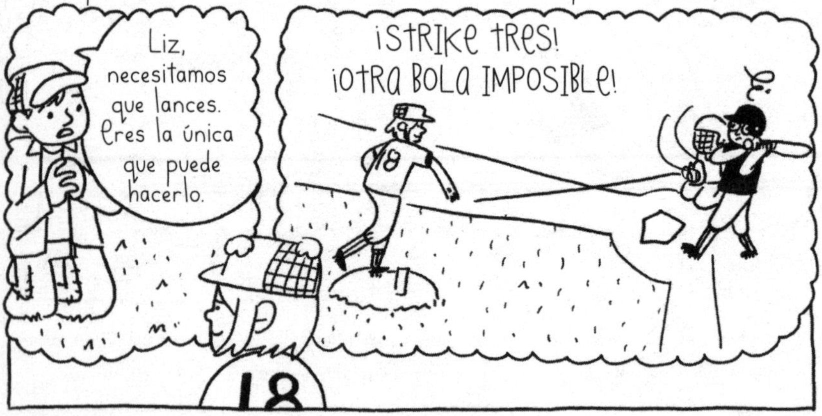
Liz, necesitamos que lances. Eres la única que puede hacerlo.
¡STRIKE TRES! ¡OTRA BOLA IMPOSIBLE!

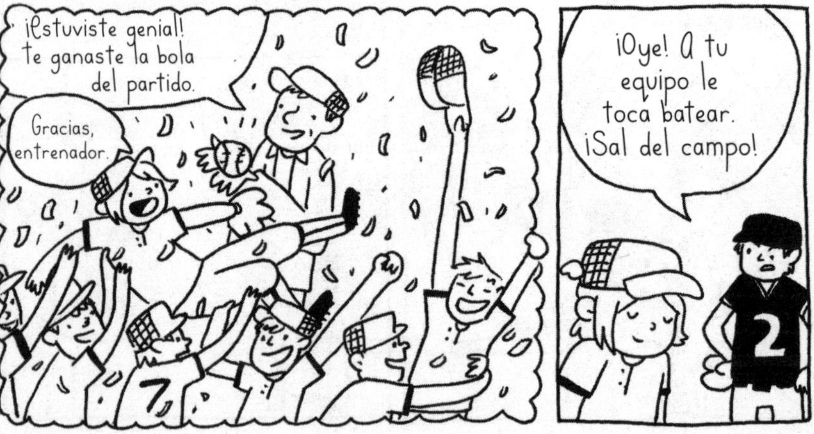
¡Estuviste genial! Te ganaste la bola del partido.
Gracias, entrenador.
¡Oye! A tu equipo le toca batear. ¡Sal del campo!

Me desconcertaba que todos los niños de mi equipo me rehuyeran. ¿No se supone que es más cool una niña que juega beisbol que una que no?

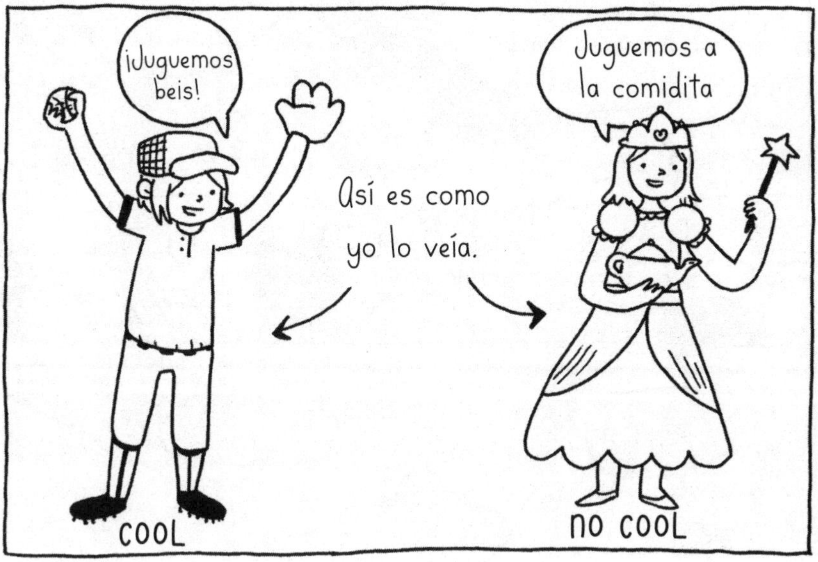
¡Juguemos beis!
Juguemos a la comidita
Así es como yo lo veía.
COOL
NO COOL

En retrospectiva, tal vez no es que les cayera tan mal, sino que para ellos tener una niña en el equipo era una debilidad.

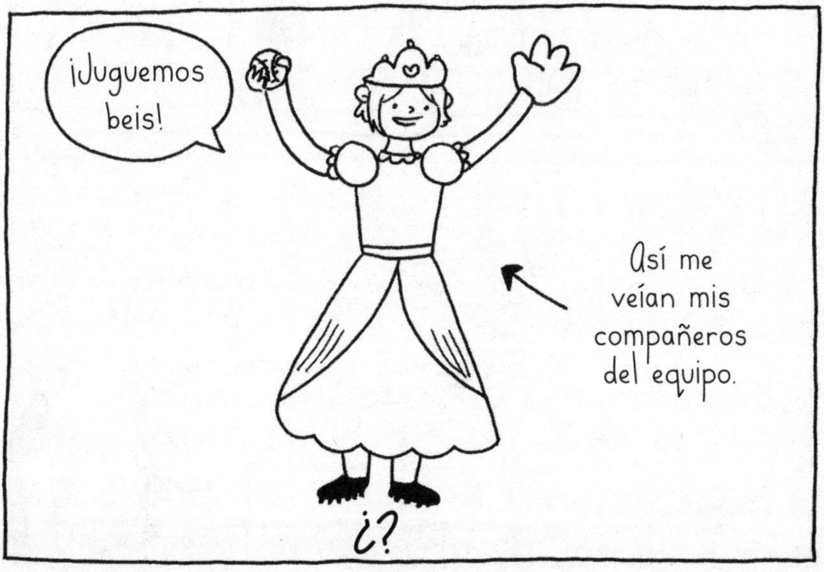
¡Juguemos beis!
Así me veían mis compañeros del equipo.
¿?

¿Y por qué no me iban a considerar una debilidad? Después de todo, yo también creía que las niñas eran débiles.

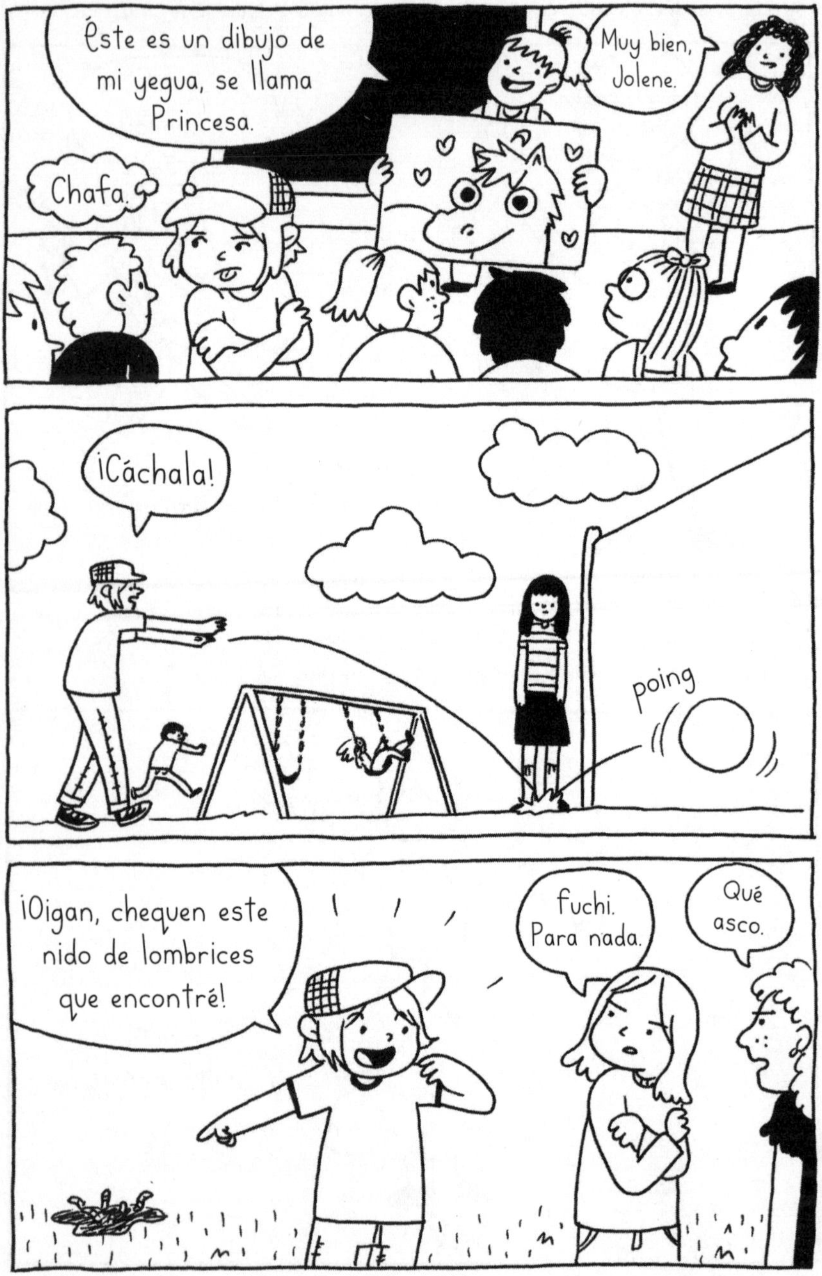

Éste es un dibujo de mi yegua, se llama Princesa.
Muy bien, Jolene.
Chafa.
¡Cáchala!
poing
¡Oigan, chequen este nido de lombrices que encontré!
fuchi. Para nada.
Qué asco.

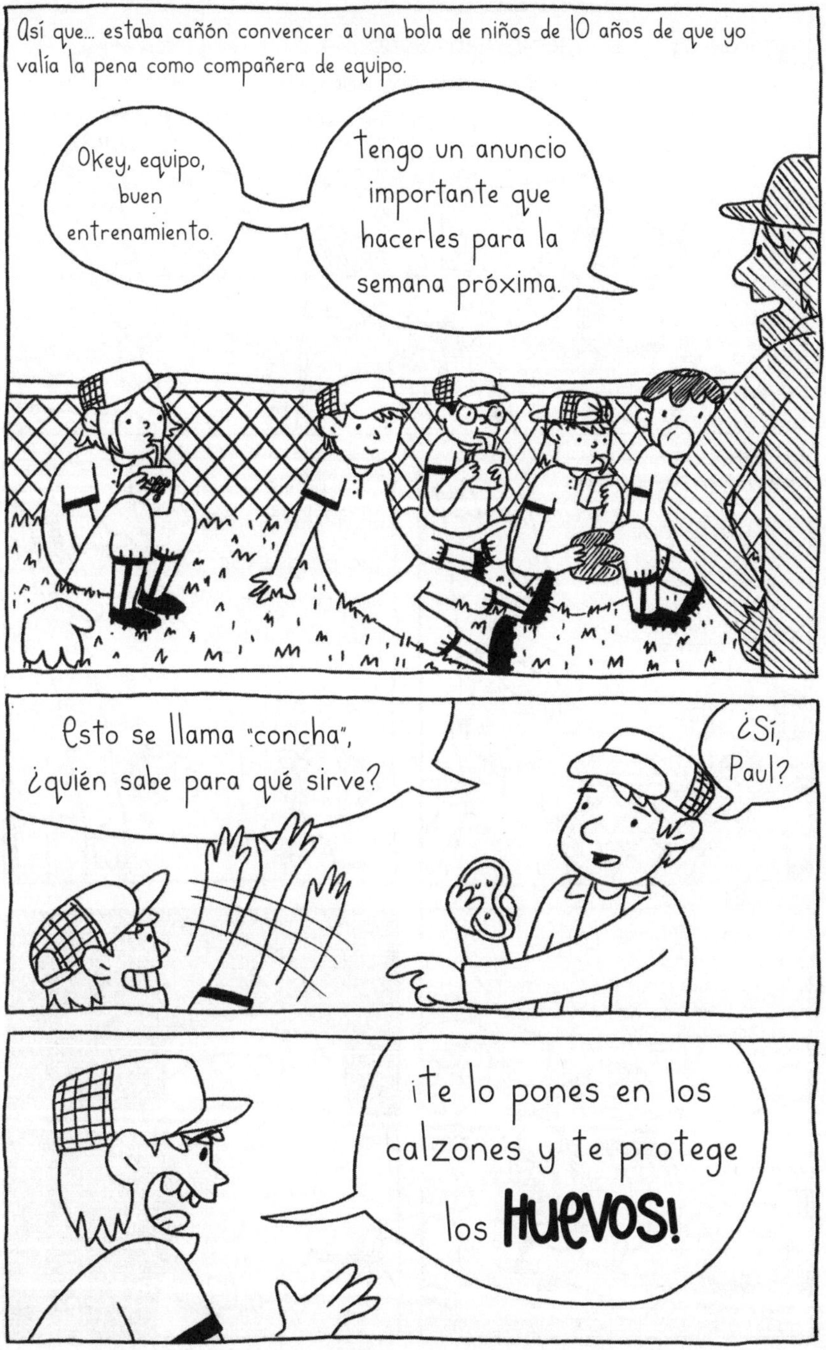
Así que... estaba cañón convencer a una bola de niños de 10 años de que yo valía la pena como compañera de equipo.
Okey, equipo, buen entrenamiento.
Tengo un anuncio importante que hacerles para la semana próxima.
Esto se llama "concha", ¿quién sabe para qué sirve?
¿Sí, Paul?
¡Te lo pones en los calzones y te protege los HUEVOS!

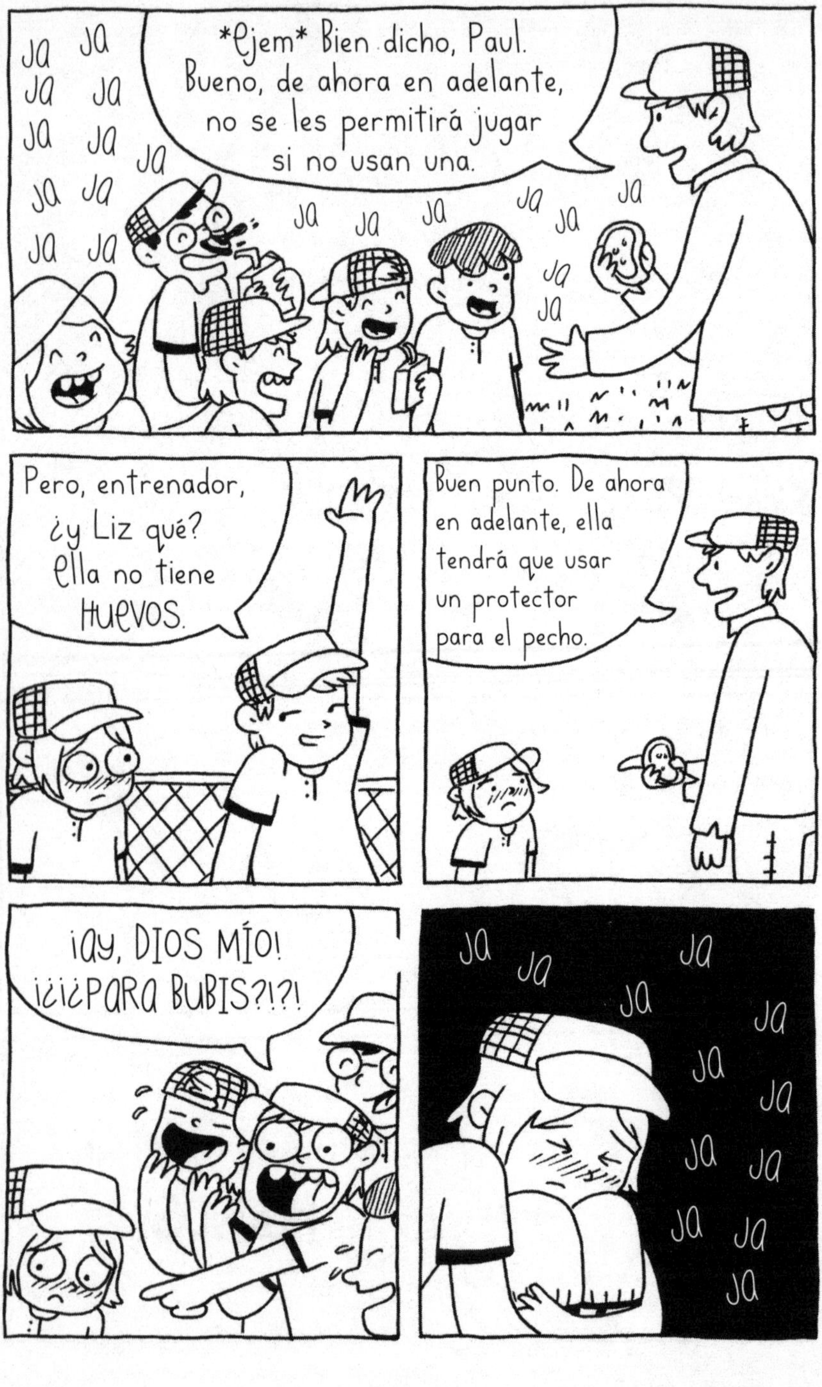

JA JA JA JA JA JA JA JA JA JA JA
Ejem Bien dicho, Paul. Bueno, de ahora en adelante, no se les permitirá jugar si no usan una.
JA JA JA JA JA JA JA JA
Pero, entrenador, ¿y Liz qué? Ella no tiene HUEVOS.
Buen punto. De ahora en adelante, ella tendrá que usar un protector para el pecho.
¡AY, DIOS MÍO! ¡¿¡¿PARA BUBIS?!?!
JA JA JA JA JA JA JA JA JA JA JA JA

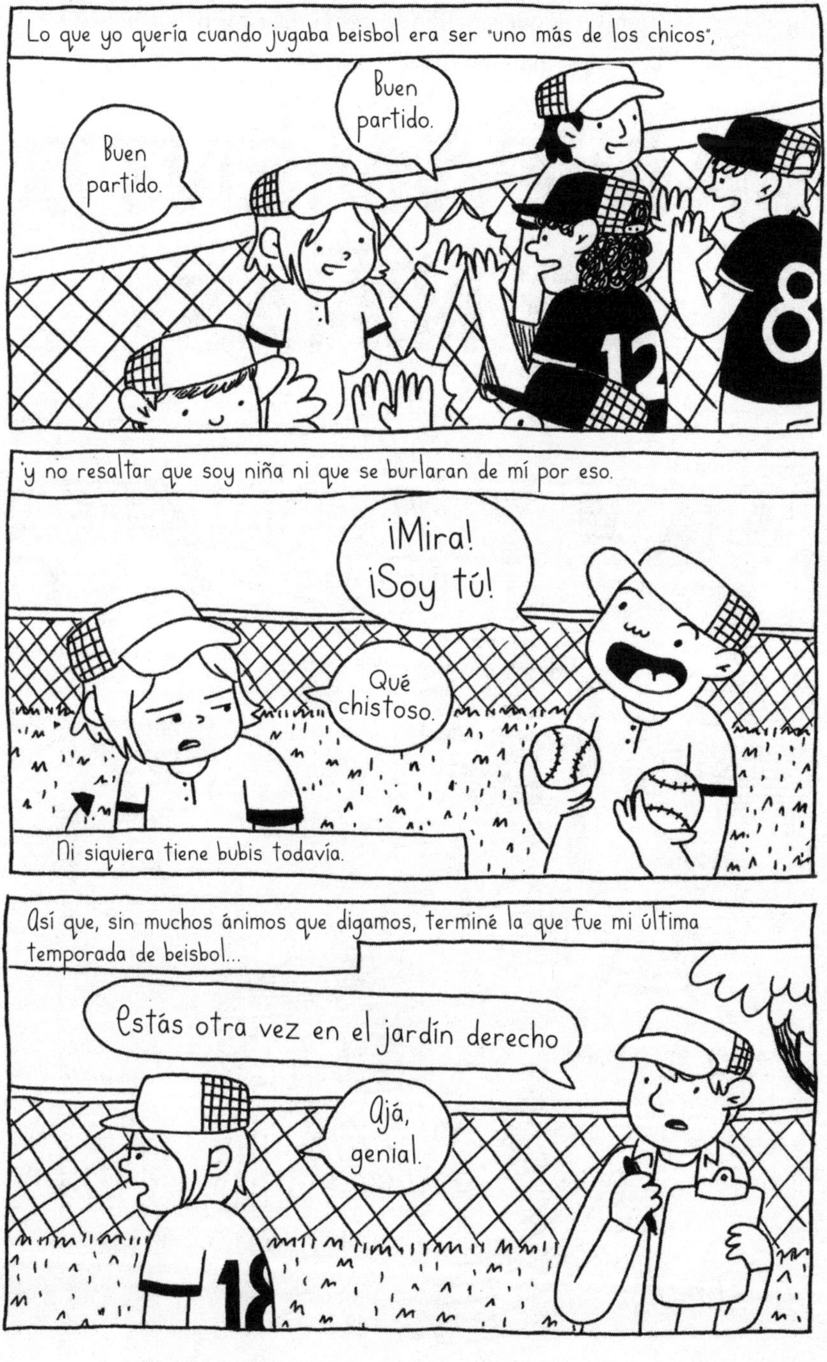
Lo que yo quería cuando jugaba beisbol era ser "uno más de los chicos",
Buen partido.
Buen partido.
y no resaltar que soy niña ni que se burlaran de mí por eso.
¡Mira! ¡Soy tú!
Qué chistoso.
Ni siquiera tiene bubis todavía.
Así que, sin muchos ánimos que digamos, terminé la que fue mi última temporada de beisbol...
Estás otra vez en el jardín derecho
Ajá, genial.

y lo cambié por un lugar en donde pensé que mi marimachez destacaría. Un lugar llamado

CAMPAMENTO DE NIÑAS

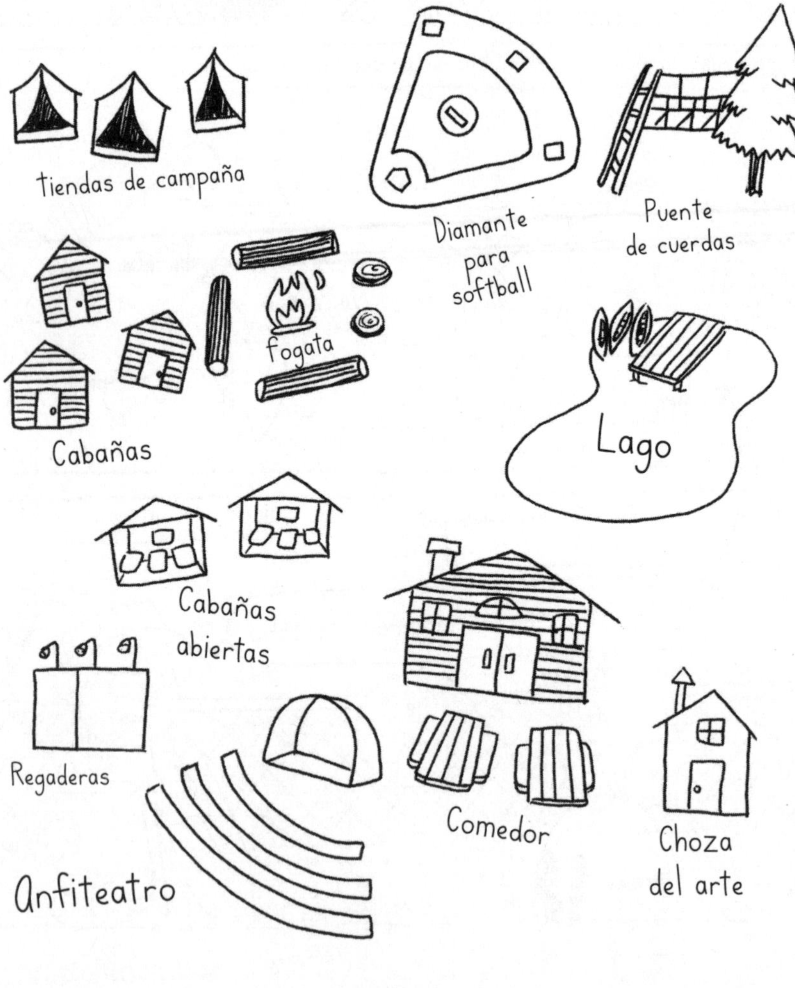
tiendas de campaña
Diamante para softball
Puente de cuerdas
fogata
Cabañas
Lago
Cabañas abiertas
Regaderas
Comedor
Choza del arte
Anfiteatro

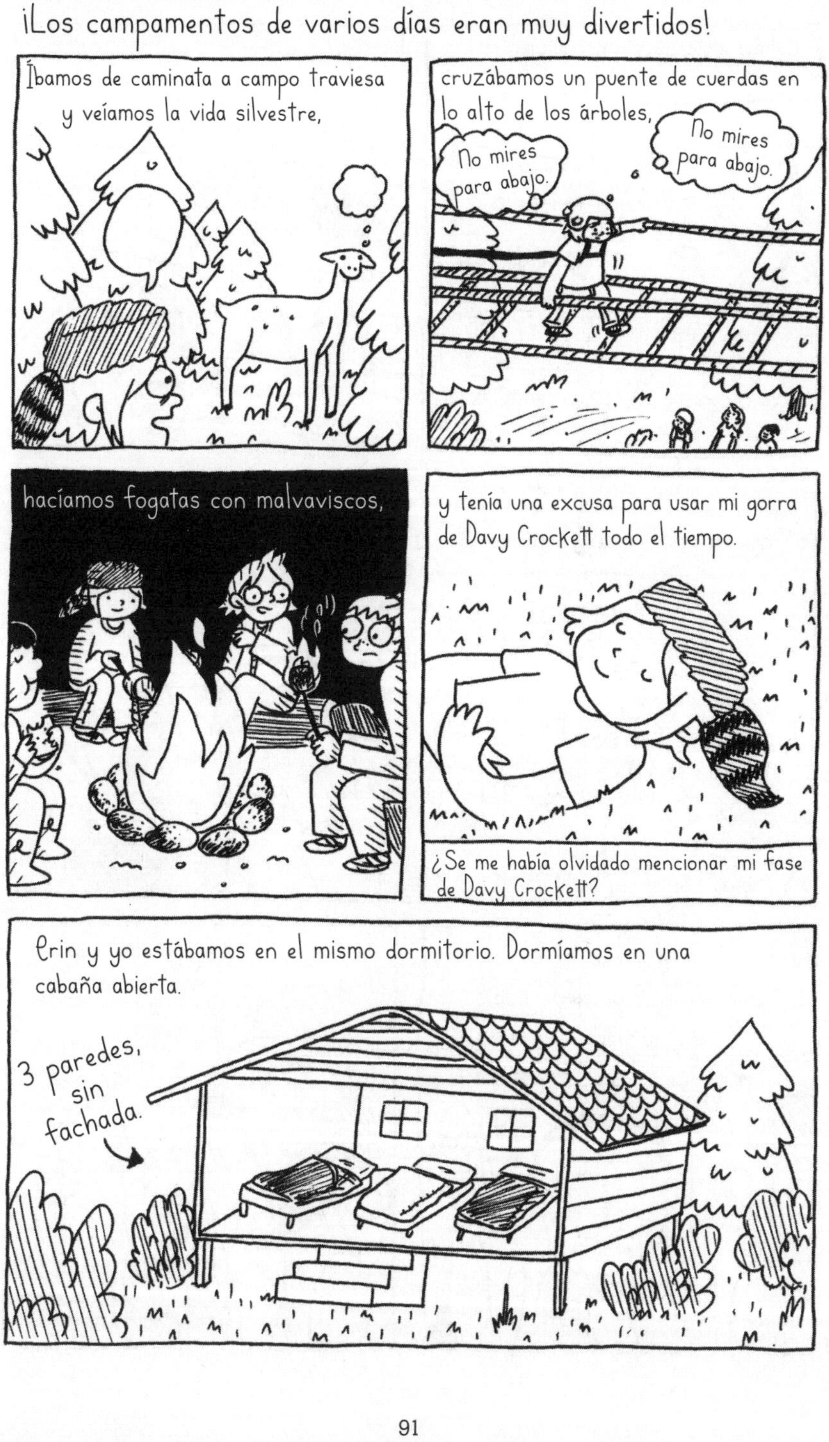
¡Los campamentos de varios días eran muy divertidos!
Íbamos de caminata a campo traviesa y veíamos la vida silvestre,
cruzábamos un puente de cuerdas en lo alto de los árboles,
No mires para abajo.
No mires para abajo.
hacíamos fogatas con malvaviscos,
y tenía una excusa para usar mi gorra de Davy Crockett todo el tiempo.
¿Se me había olvidado mencionar mi fase de Davy Crockett?
Erin y yo estábamos en el mismo dormitorio. Dormíamos en una cabaña abierta.
3 paredes, sin fachada.

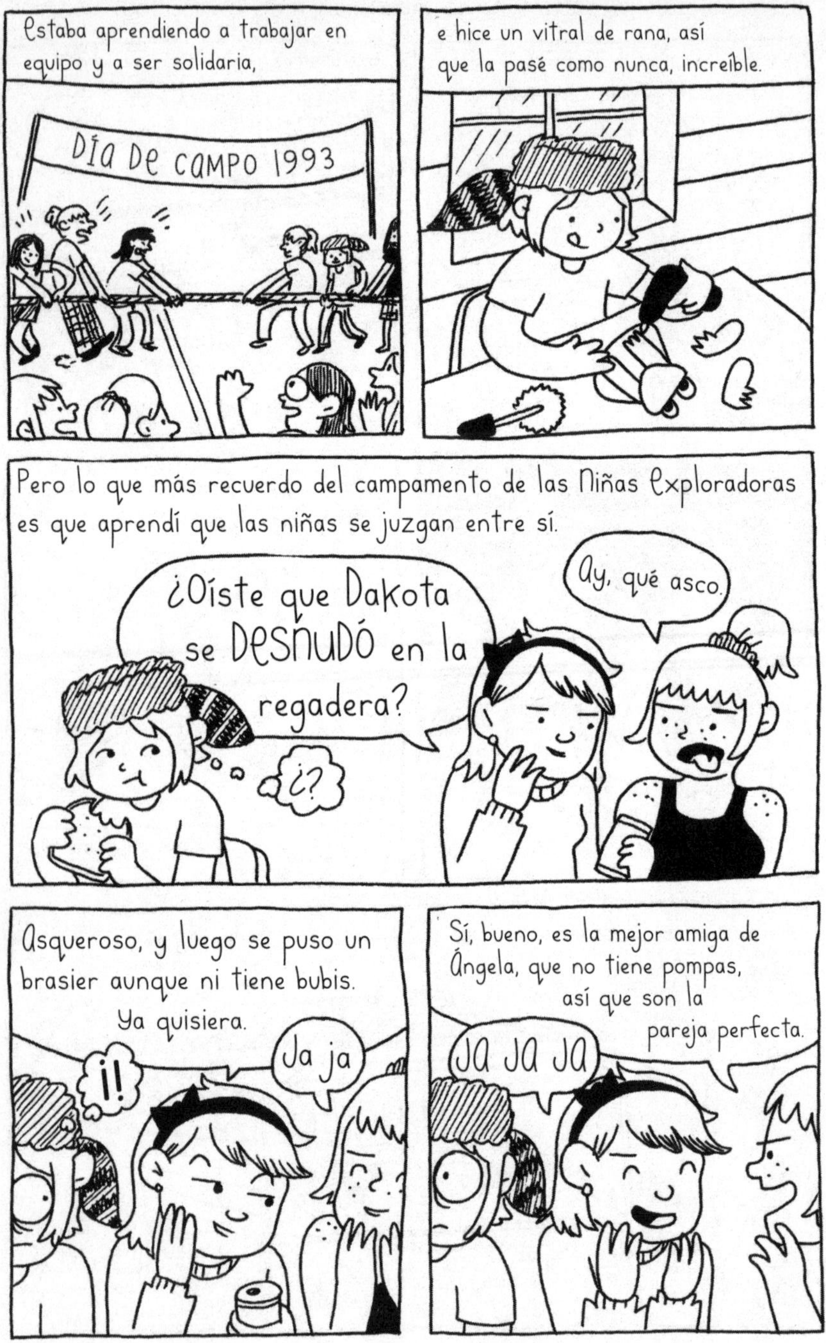
Estaba aprendiendo a trabajar en equipo y a ser solidaria,
DÍA DE CAMPO 1993
e hice un vitral de rana, así que la pasé como nunca, increíble.
Pero lo que más recuerdo del campamento de las Niñas Exploradoras es que aprendí que las niñas se juzgan entre sí.
¿Oíste que Dakota se DESNUDÓ en la regadera?
Ay, qué asco.
¿?
Asqueroso, y luego se puso un brasier aunque ni tiene bubis.
Ya quisiera.
Ja ja
¡!
Sí, bueno, es la mejor amiga de Ángela, que no tiene pompas, así que son la pareja perfecta.
JA JA JA

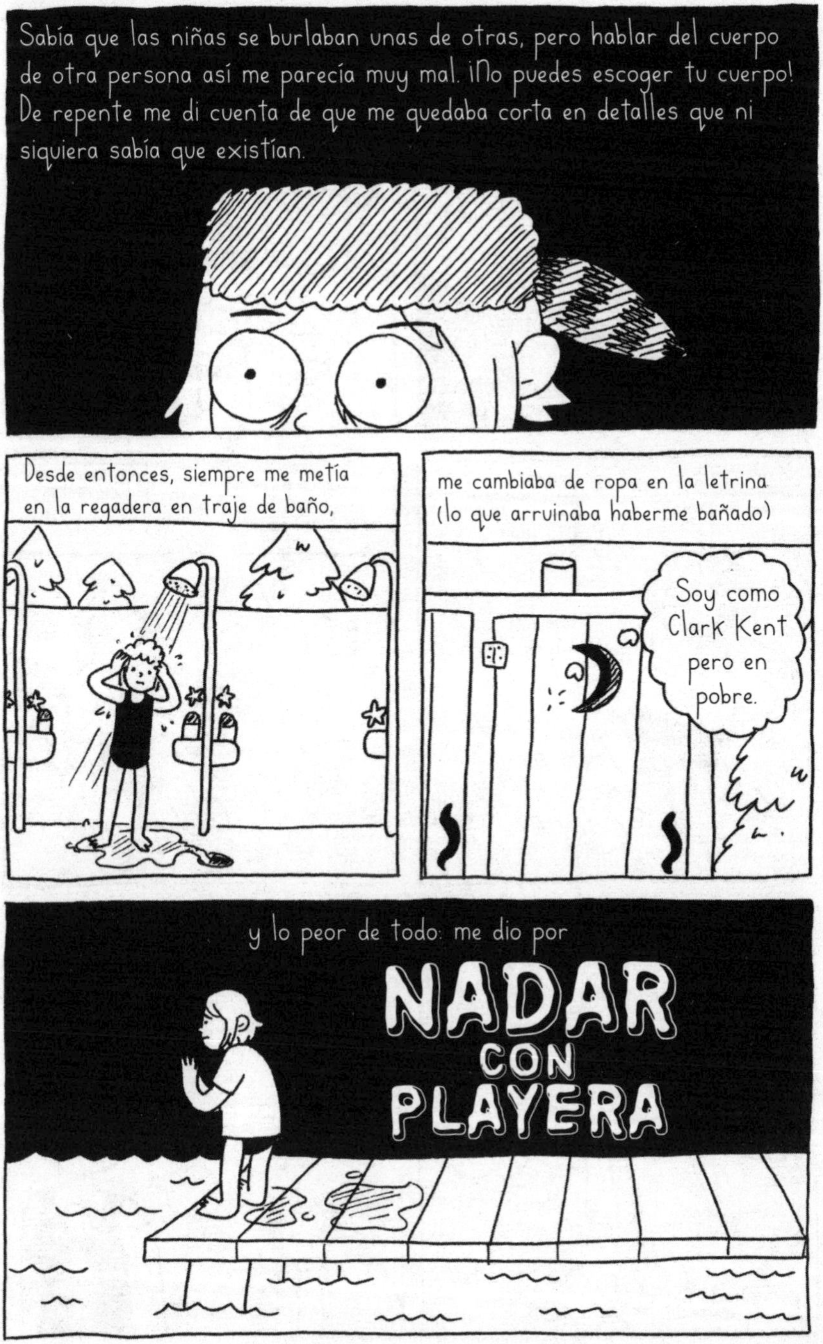
Sabía que las niñas se burlaban unas de otras, pero hablar del cuerpo de otra persona así me parecía muy mal. ¡No puedes escoger tu cuerpo! De repente me di cuenta de que me quedaba corta en detalles que ni siquiera sabía que existían.
Desde entonces, siempre me metía en la regadera en traje de baño,
me cambiaba de ropa en la letrina (lo que arruinaba haberme bañado)
Soy como Clark Kent pero en pobre.
y lo peor de todo: me dio por
NADAR CON PLAYERA

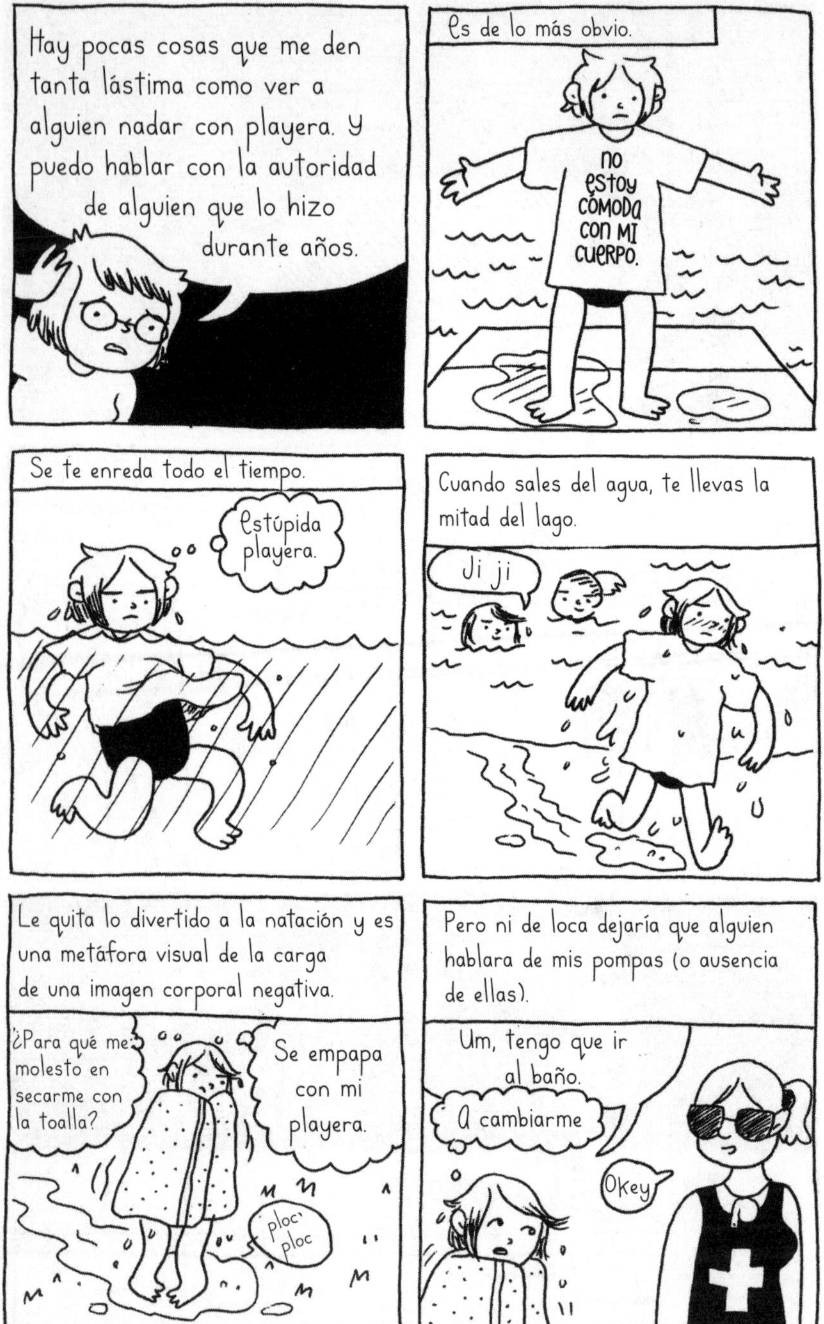
Hay pocas cosas que me den tanta lástima como ver a alguien nadar con playera. Y puedo hablar con la autoridad de alguien que lo hizo durante años.
Es de lo más obvio.
NO ESTOY CÓMODA CON MI CUERPO.
Se te enreda todo el tiempo.
Estúpida playera.
Cuando sales del agua, te llevas la mitad del lago.
Ji ji
Le quita lo divertido a la natación y es una metáfora visual de la carga de una imagen corporal negativa.
¿Para qué me molesto en secarme con la toalla?
Se empapa con mi playera.
ploc ploc
Pero ni de loca dejaría que alguien hablara de mis pompas (o ausencia de ellas).
Um, tengo que ir al baño.
A cambiarme
Okey

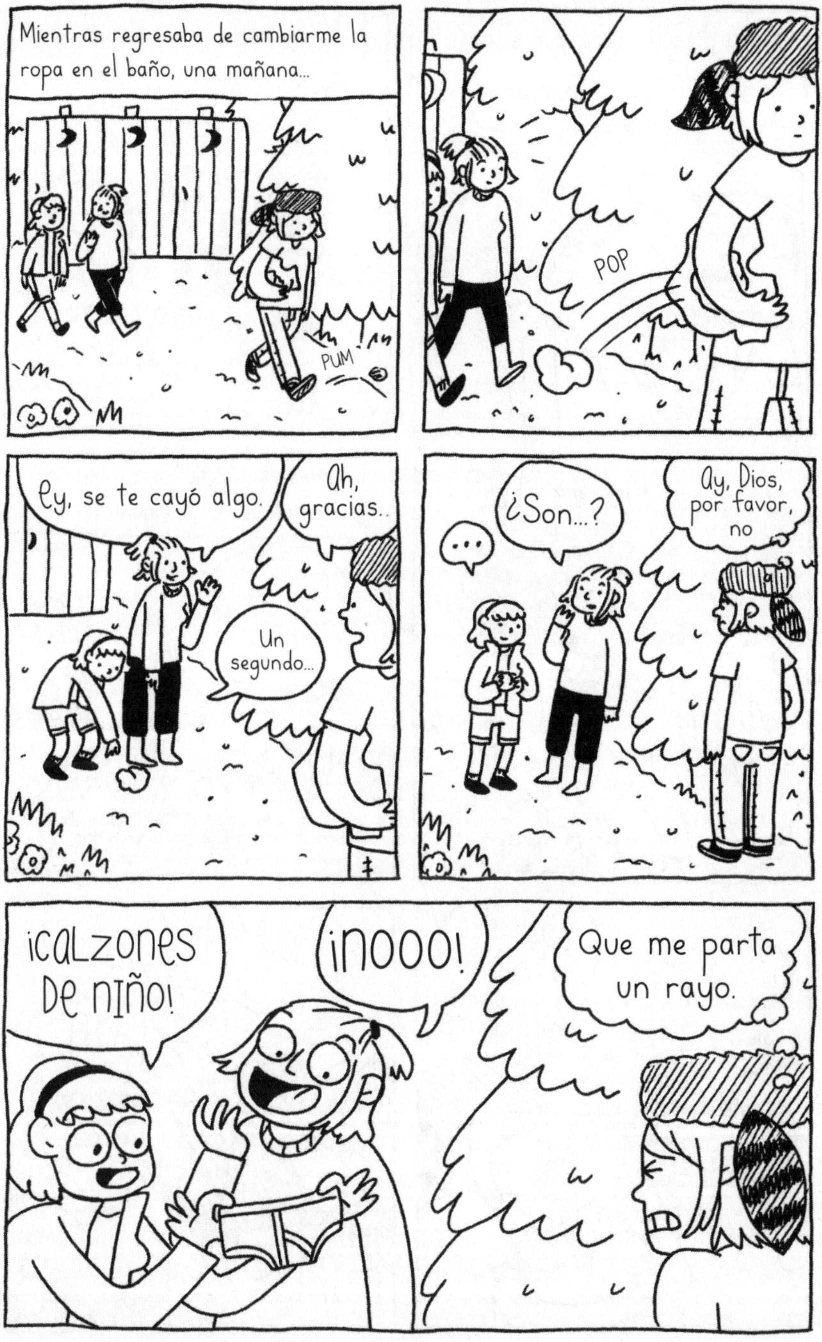
Mientras regresaba de cambiarme la ropa en el baño, una mañana...
PUM
POP
Ey, se te cayó algo.
Ah, gracias..
Un segundo...
...
¿Son...?
Ay, Dios, por favor, no
¡CALZONES DE NIÑO!
¡NOOO!
Que me parta un rayo.

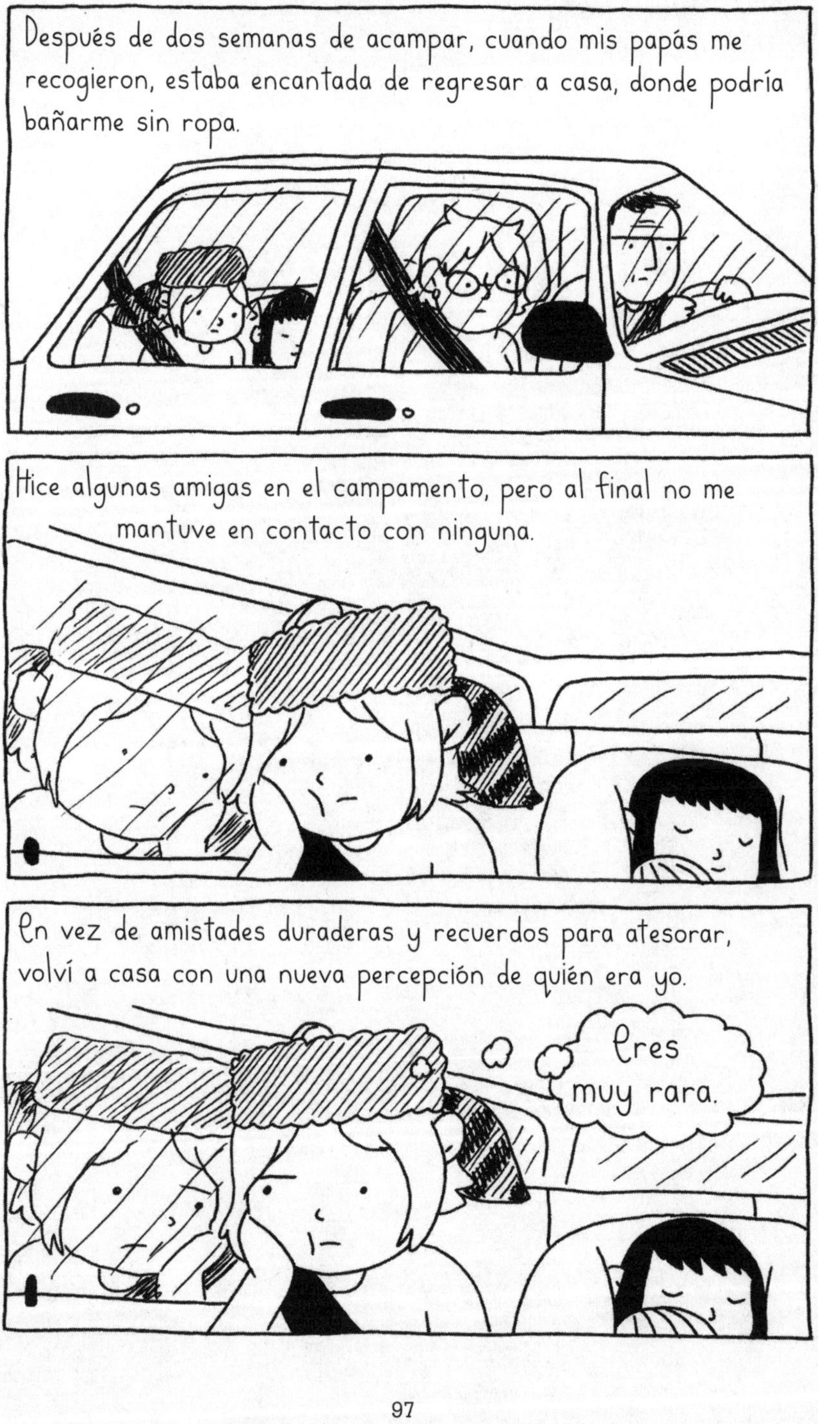
Después de dos semanas de acampar, cuando mis papás me recogieron, estaba encantada de regresar a casa, donde podría bañarme sin ropa.
Hice algunas amigas en el campamento, pero al final no me mantuve en contacto con ninguna.
En vez de amistades duraderas y recuerdos para atesorar, volví a casa con una nueva percepción de quién era yo.
Eres muy rara.

CAPÍTULO 6

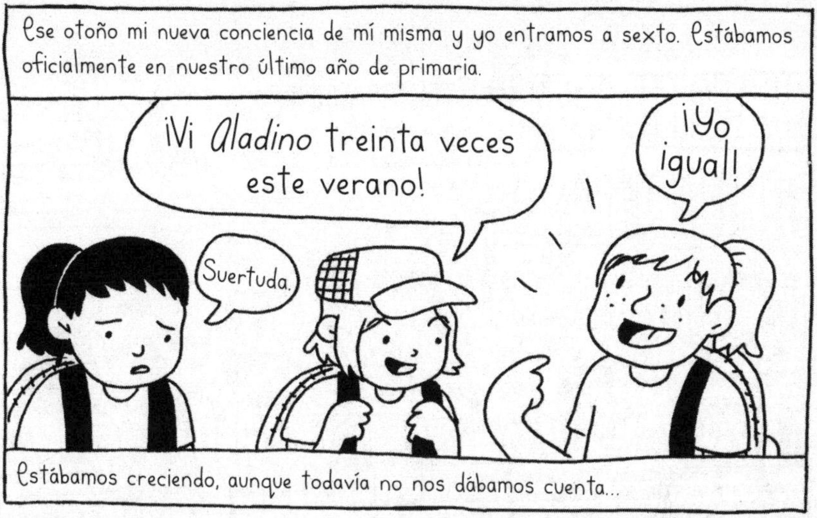
Ese otoño mi nueva conciencia de mí misma y yo entramos a sexto. Estábamos oficialmente en nuestro último año de primaria.
¡Vi *Aladino* treinta veces este verano!
Suertuda.
¡Yo igual!
Estábamos creciendo, aunque todavía no nos dábamos cuenta...

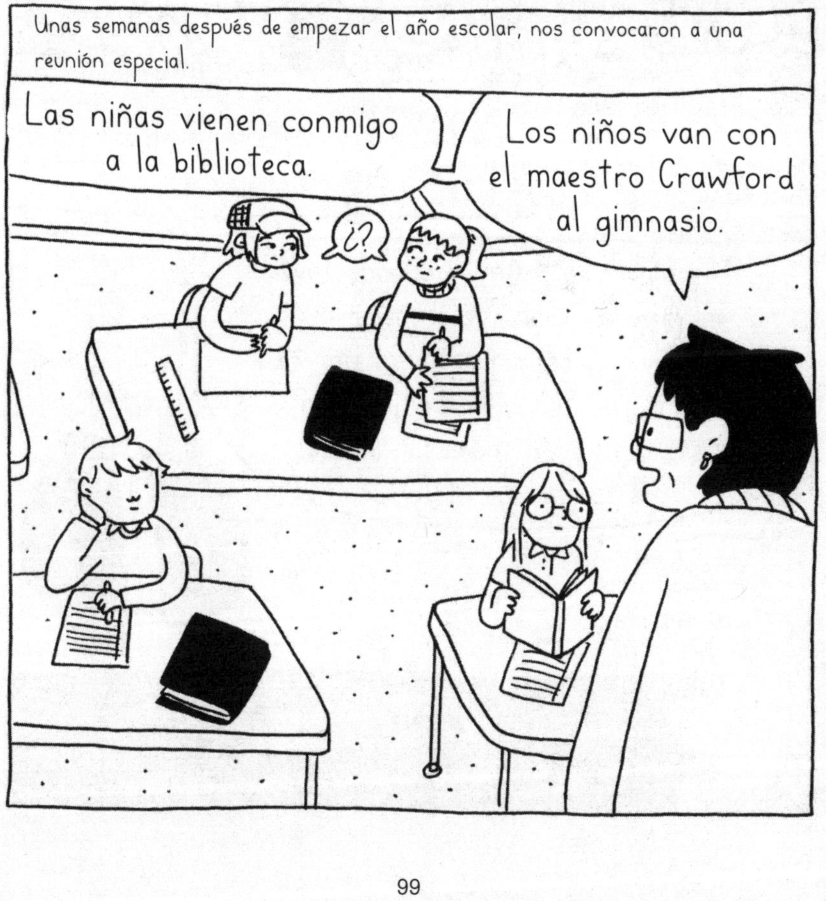
Unas semanas después de empezar el año escolar, nos convocaron a una reunión especial.
Las niñas vienen conmigo a la biblioteca.
Los niños van con el maestro Crawford al gimnasio.
¿?

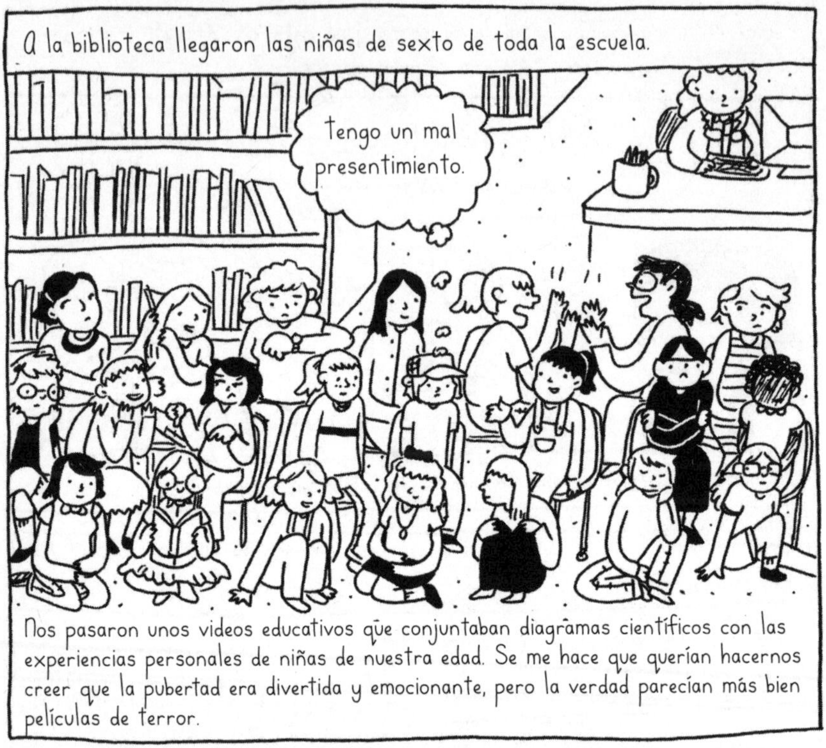
A la biblioteca llegaron las niñas de sexto de toda la escuela.
tengo un mal presentimiento.
Nos pasaron unos videos educativos que conjuntaban diagramas científicos con las experiencias personales de niñas de nuestra edad. Se me hace que querían hacernos creer que la pubertad era divertida y emocionante, pero la verdad parecían más bien películas de terror.

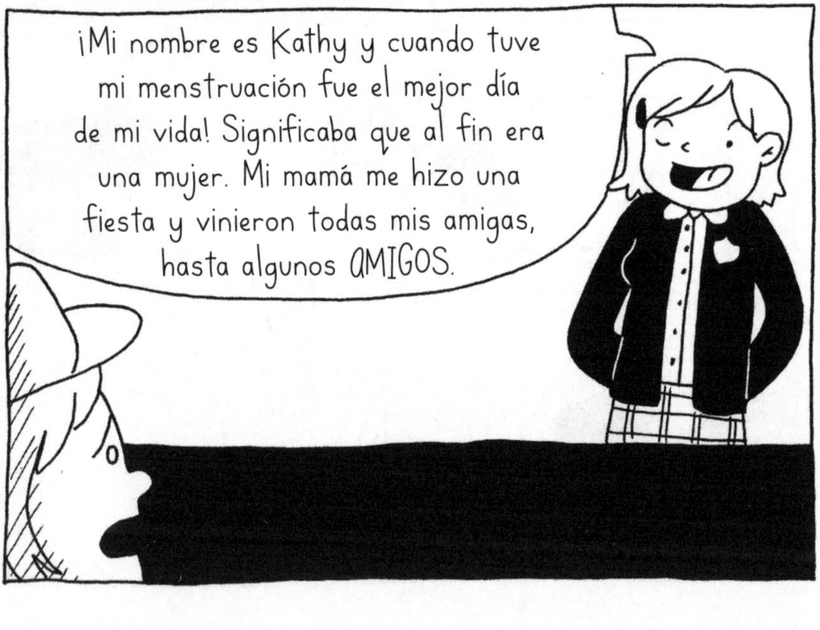
¡Mi nombre es Kathy y cuando tuve mi menstruación fue el mejor día de mi vida! Significaba que al fin era una mujer. Mi mamá me hizo una fiesta y vinieron todas mis amigas, hasta algunos AMIGOS.

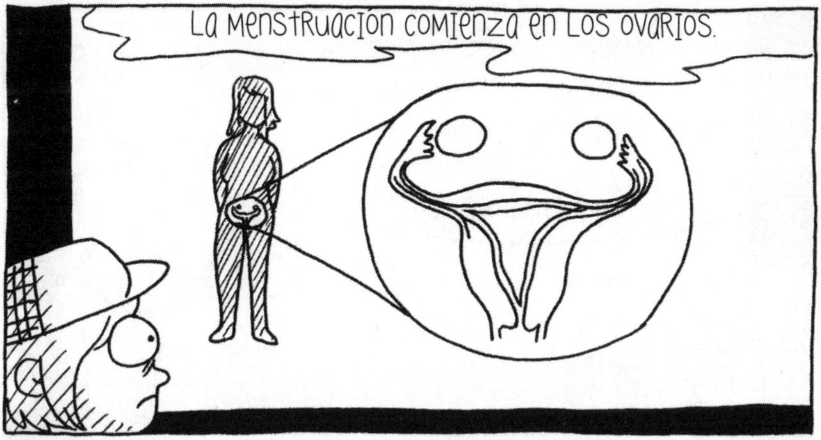
La menstruación comienza en los ovarios.

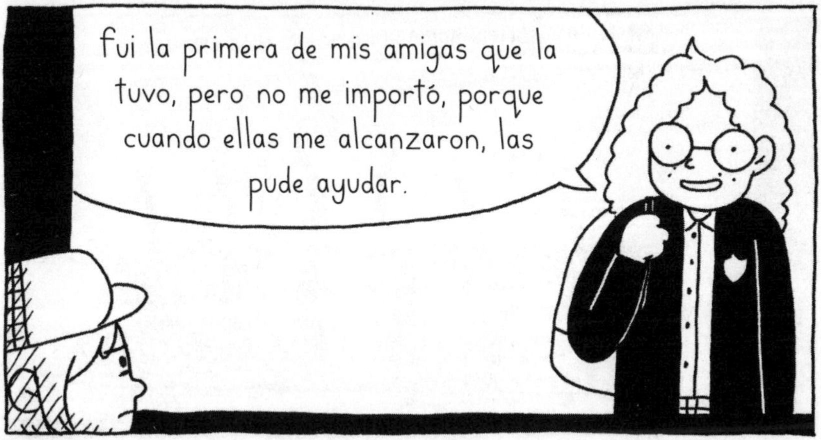
fui la primera de mis amigas que la tuvo, pero no me importó, porque cuando ellas me alcanzaron, las pude ayudar.

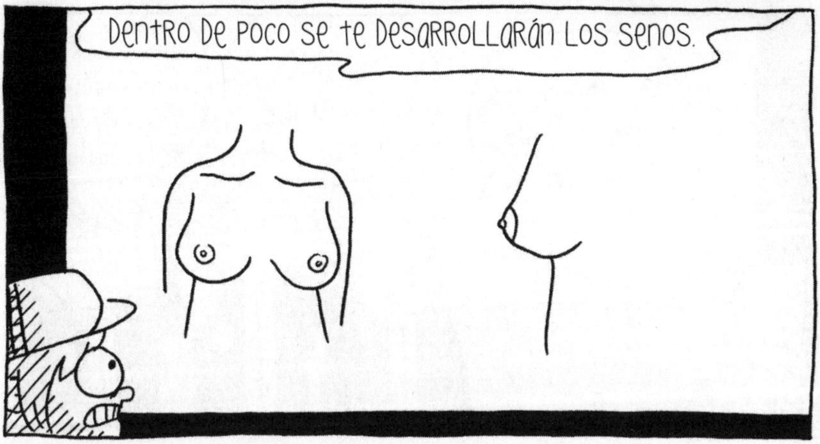
Dentro de poco se te desarrollarán los senos.

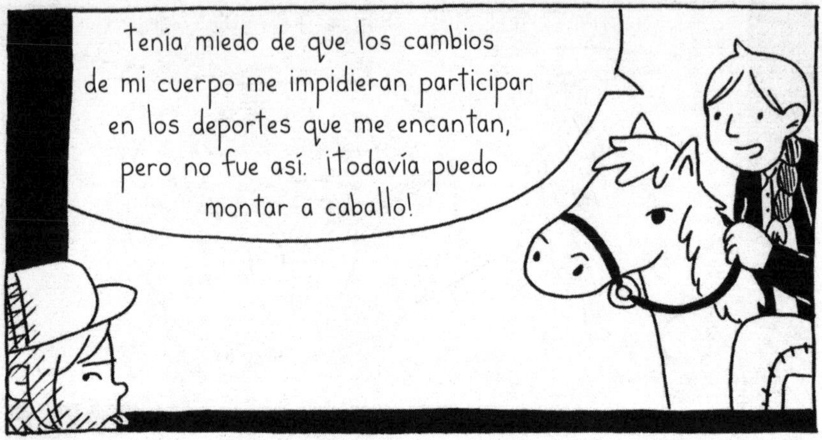
tenía miedo de que los cambios de mi cuerpo me impidieran participar en los deportes que me encantan, pero no fue así. ¡todavía puedo montar a caballo!

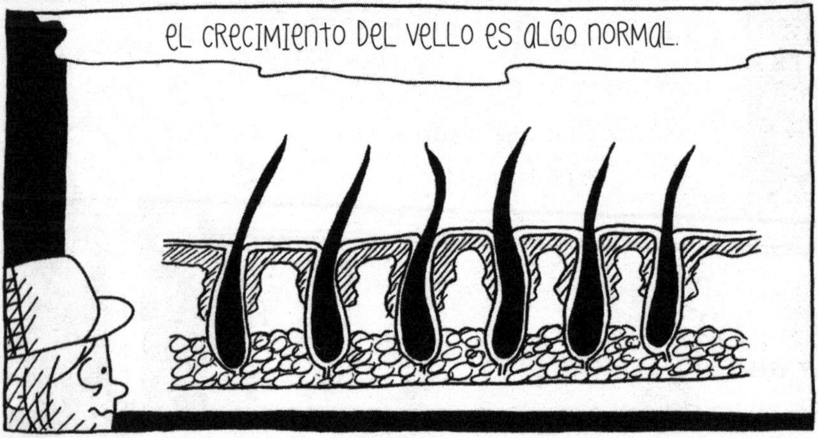
EL CRECIMIENTO DEL VELLO ES ALGO NORMAL.

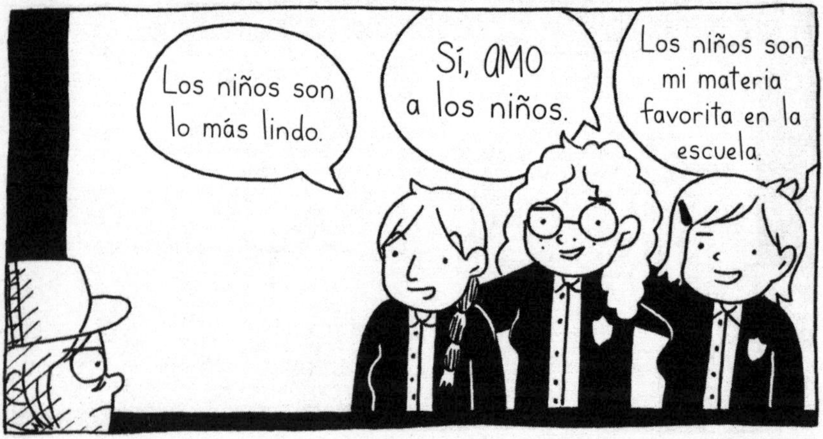
Los niños son lo más lindo.
Sí, AMO a los niños.
Los niños son mi materia favorita en la escuela.

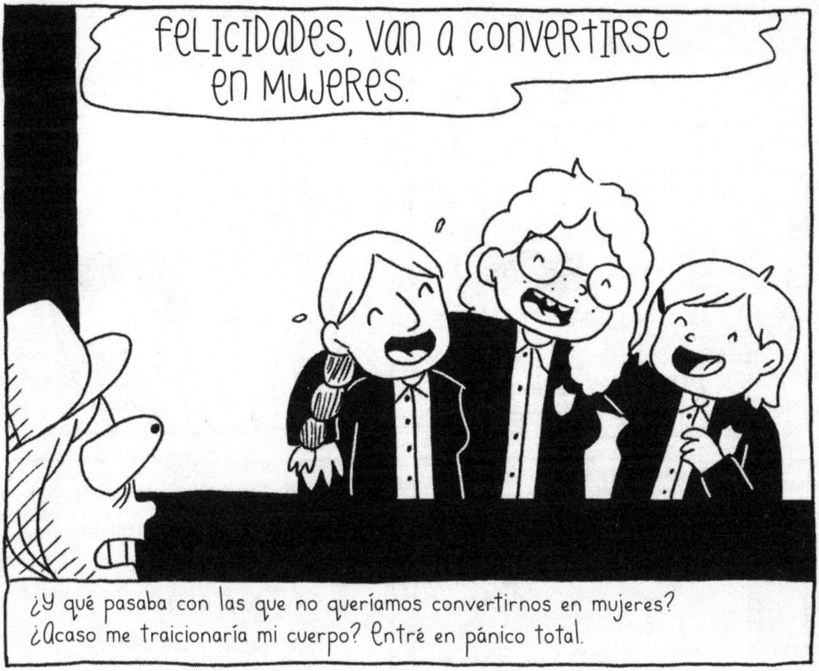
FELICIDADES, VAN A CONVERTIRSE EN MUJERES.
¿Y qué pasaba con las que no queríamos convertirnos en mujeres? ¿Acaso me traicionaría mi cuerpo? Entré en pánico total.

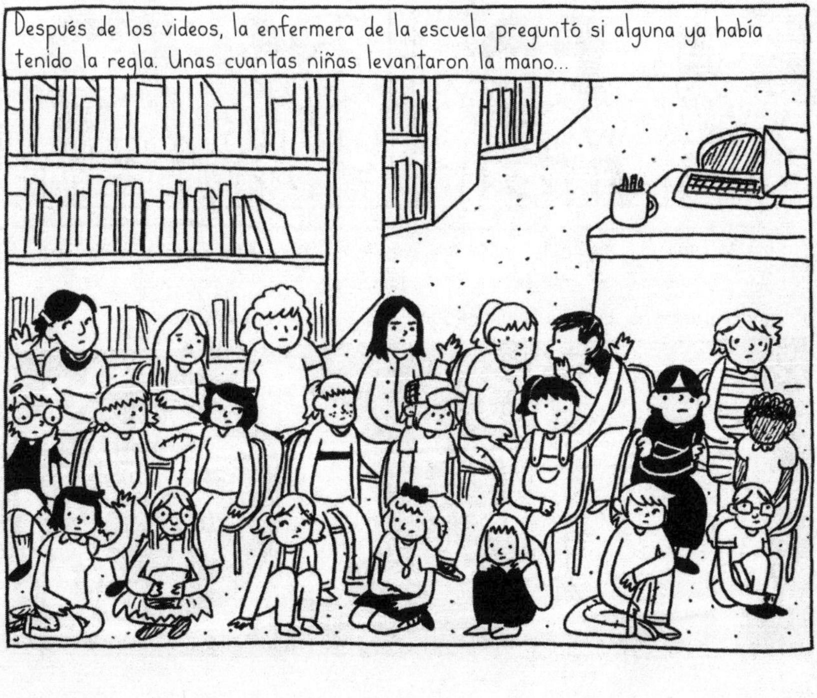
Después de los videos, la enfermera de la escuela preguntó si alguna ya había tenido la regla. Unas cuantas niñas levantaron la mano...

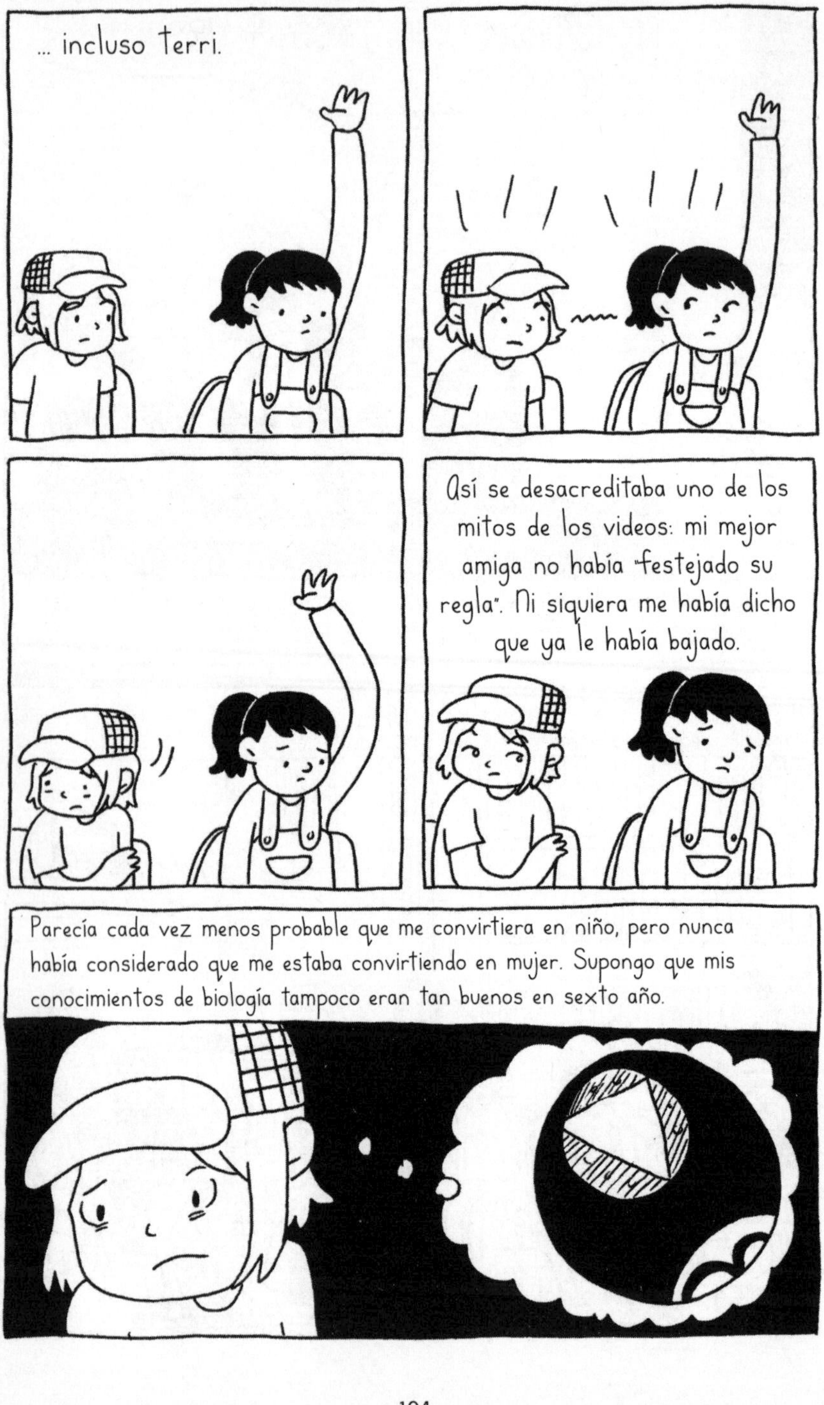
... incluso terri.
Así se desacreditaba uno de los mitos de los videos: mi mejor amiga no había "festejado su regla". Ni siquiera me había dicho que ya le había bajado.
Parecía cada vez menos probable que me convirtiera en niño, pero nunca había considerado que me estaba convirtiendo en mujer. Supongo que mis conocimientos de biología tampoco eran tan buenos en sexto año.

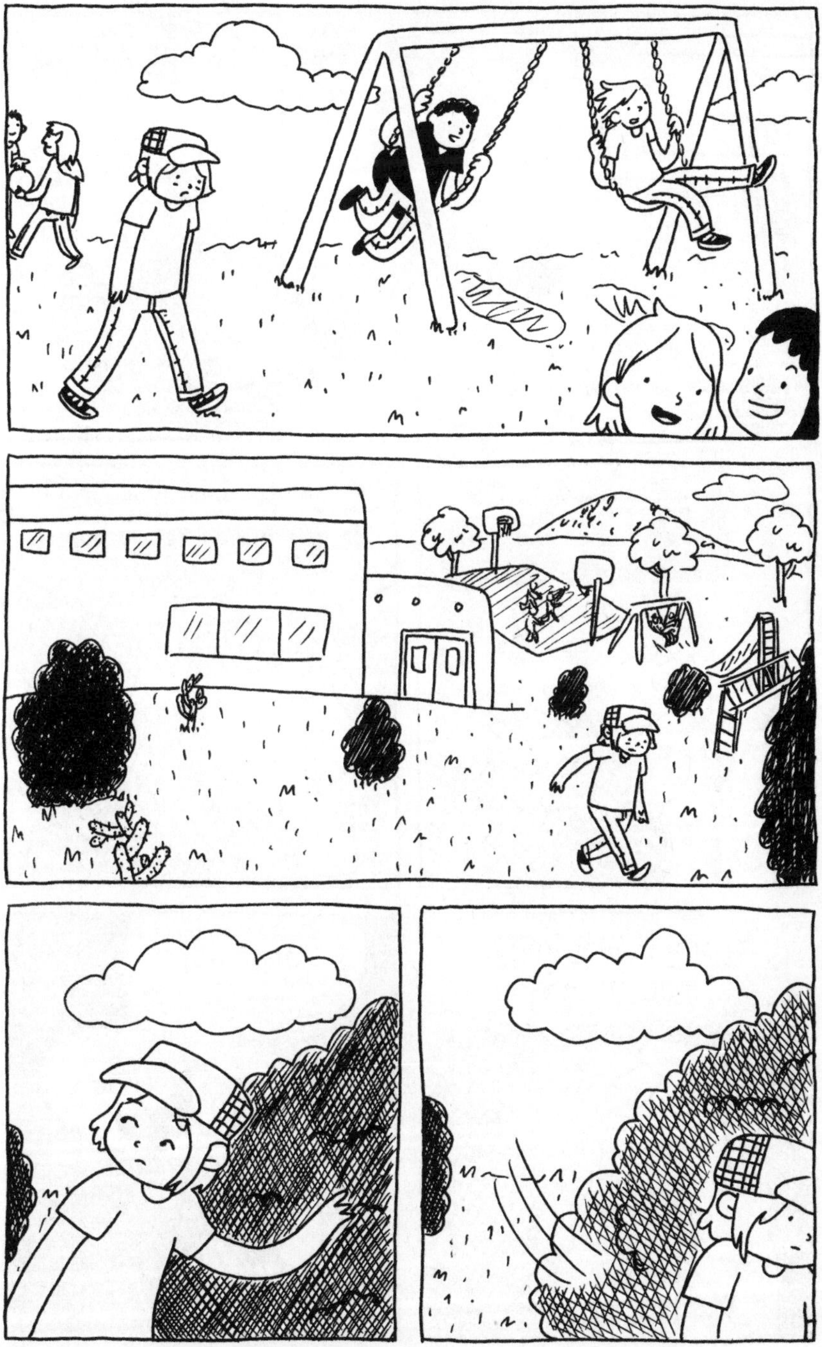

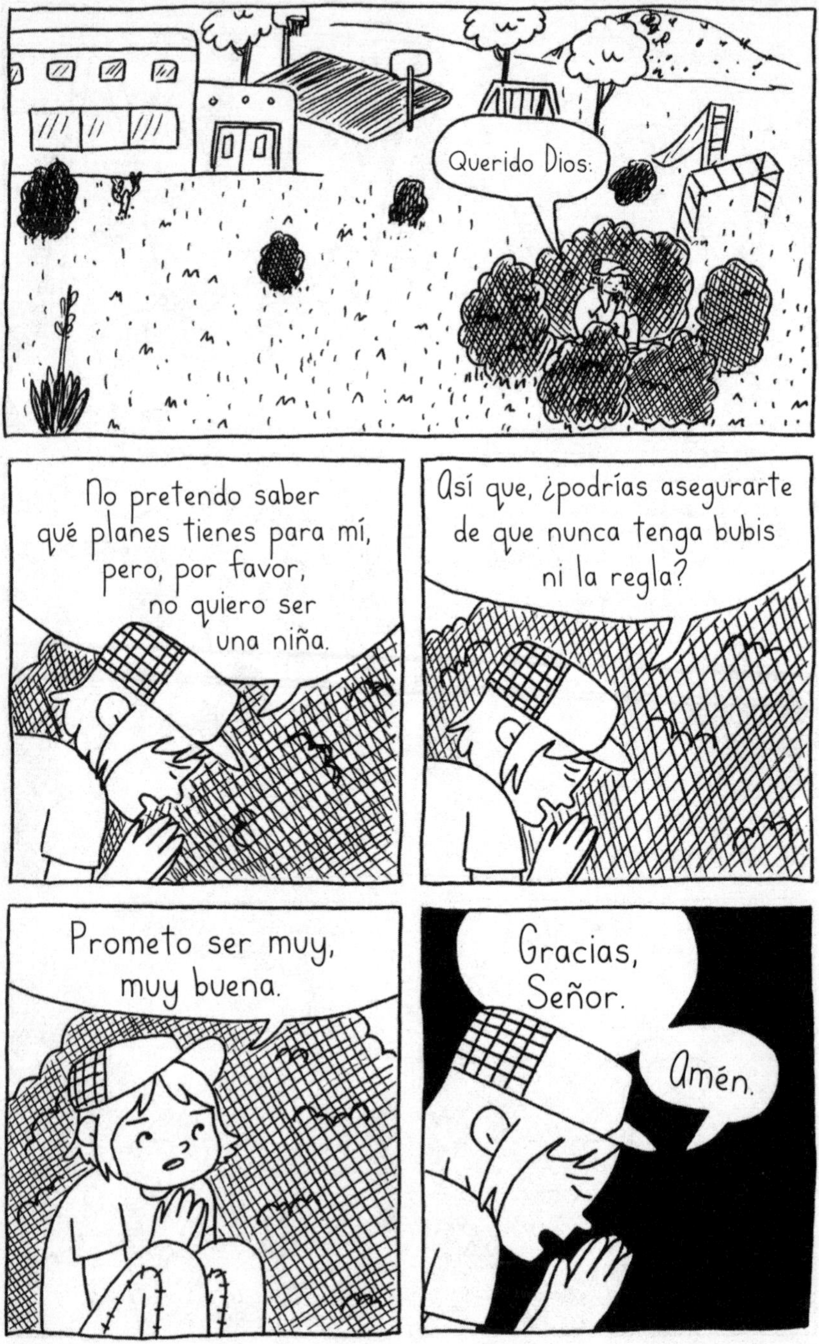
Querido Dios:
No pretendo saber qué planes tienes para mí, pero, por favor, no quiero ser una niña.
Así que, ¿podrías asegurarte de que nunca tenga bubis ni la regla?
Prometo ser muy, muy buena.
Gracias, Señor.
Amén.

Por lo general, mis oraciones parecían más una lista de compras que una petición de tipo espiritual.

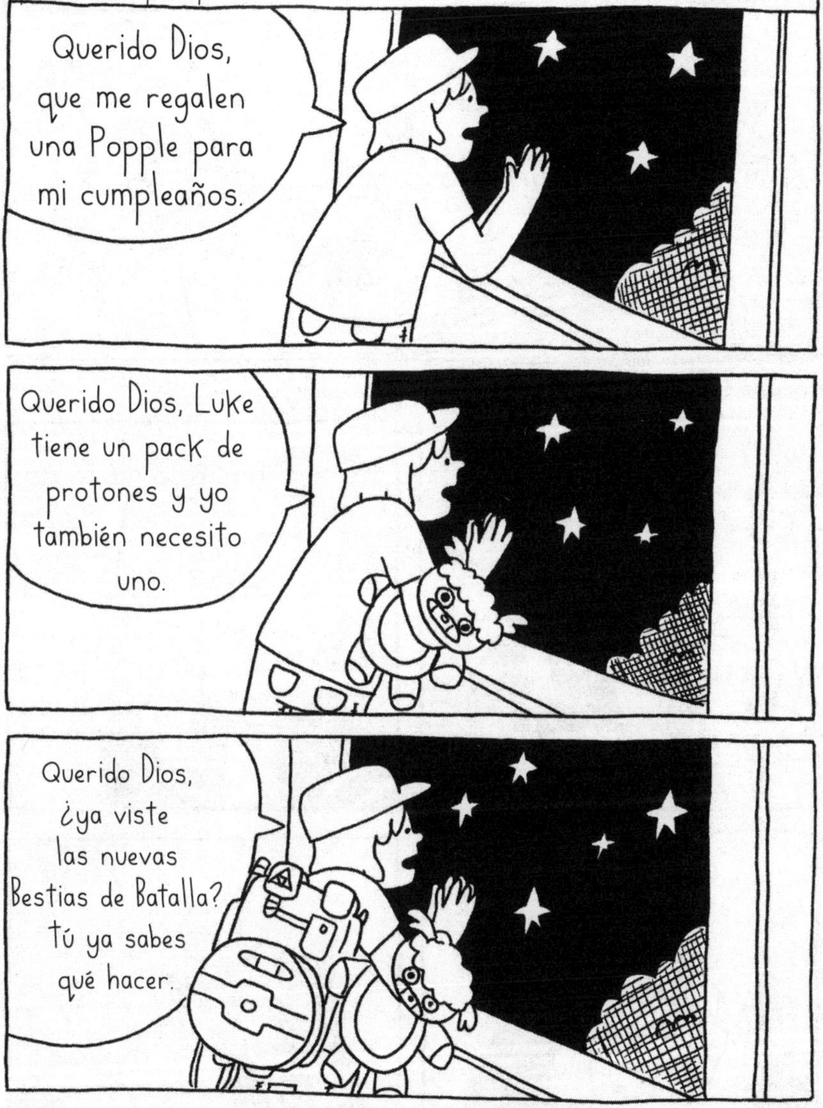
Querido Dios, que me regalen una Popple para mi cumpleaños.
Querido Dios, Luke tiene un pack de protones y yo también necesito uno.
Querido Dios, ¿ya viste las nuevas Bestias de Batalla? tú ya sabes qué hacer.

Para ser más exacta, en realidad le estaba rezando a Santa Claus, pero esta vez era diferente, se trataba de lo que sería MI VIDA y sentía que necesitaba de la intervención divina más que nunca.

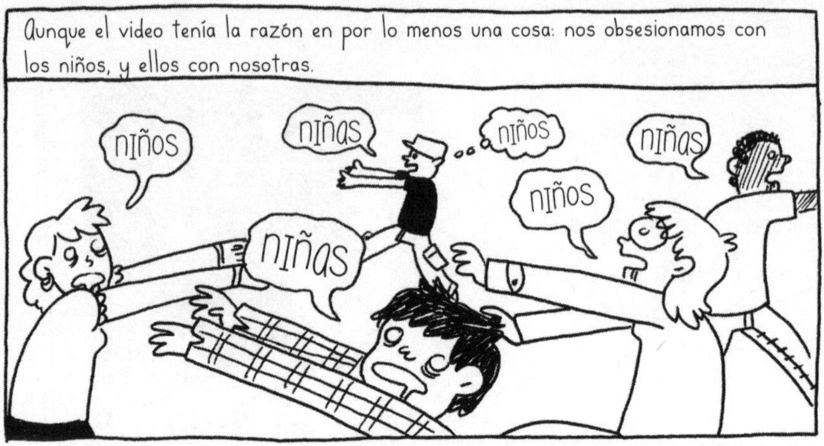
Aunque el video tenía la razón en por lo menos una cosa: nos obsesionamos con los niños, y ellos con nosotras.
niños
niñas
niñas
niños
niños
niñas

Yo no fui inmune a esta epidemia de mal de amores.

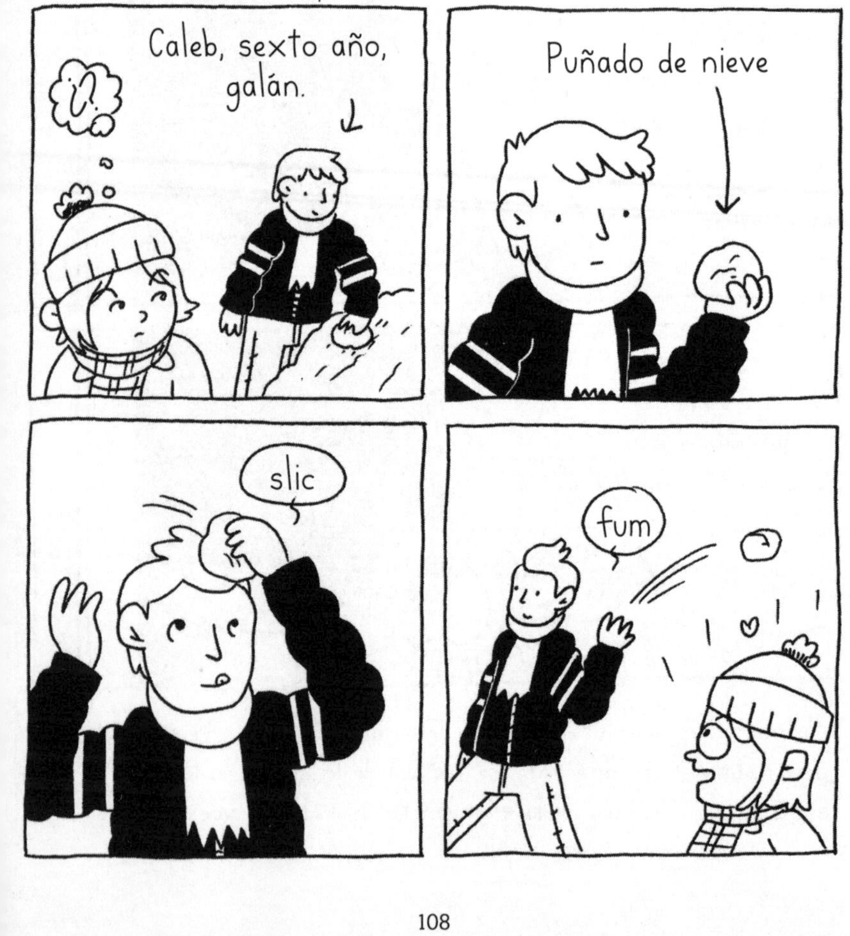
¿?
Caleb, sexto año, galán.
Puñado de nieve
slic
fum

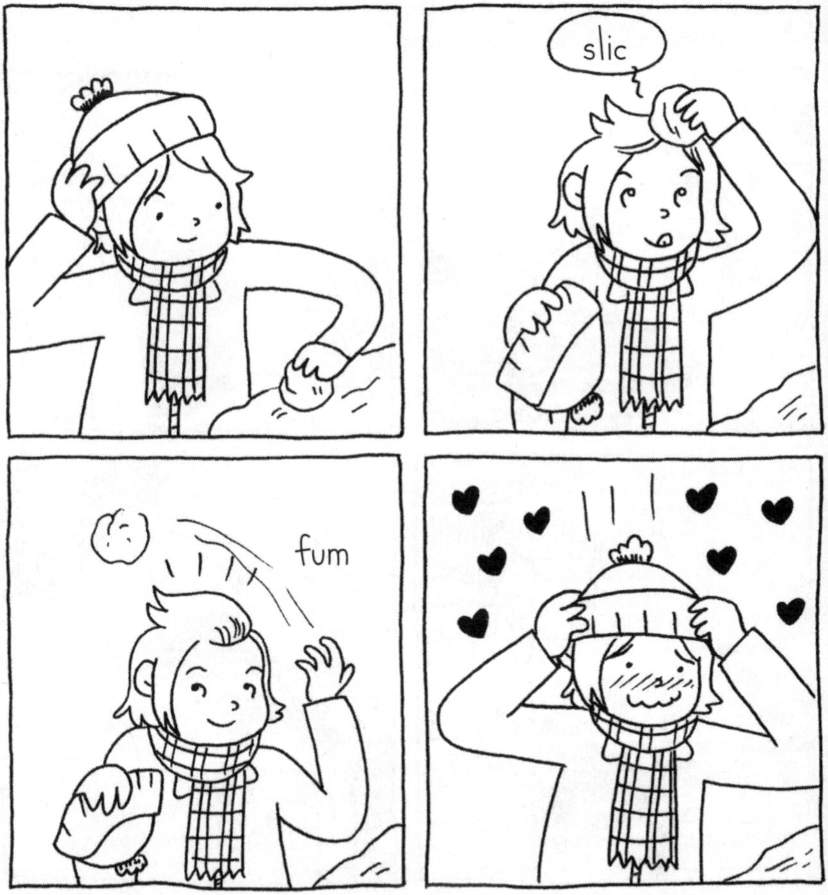
slic
fum

Aprovechaba cualquier oportunidad para hablarle a Caleb.

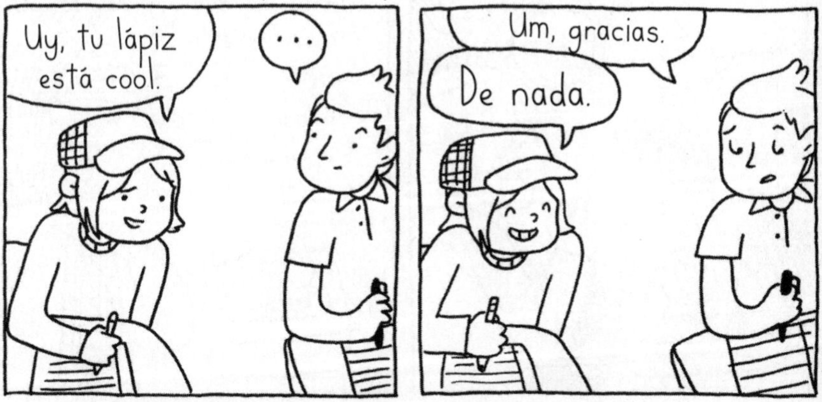
Uy, tu lápiz está cool.
...
Um, gracias.
De nada.

Como parte de mi rutina vigilaba los lugares donde Caleb solía jugar en el patio y me colocaba estratégicamente para interactuar.

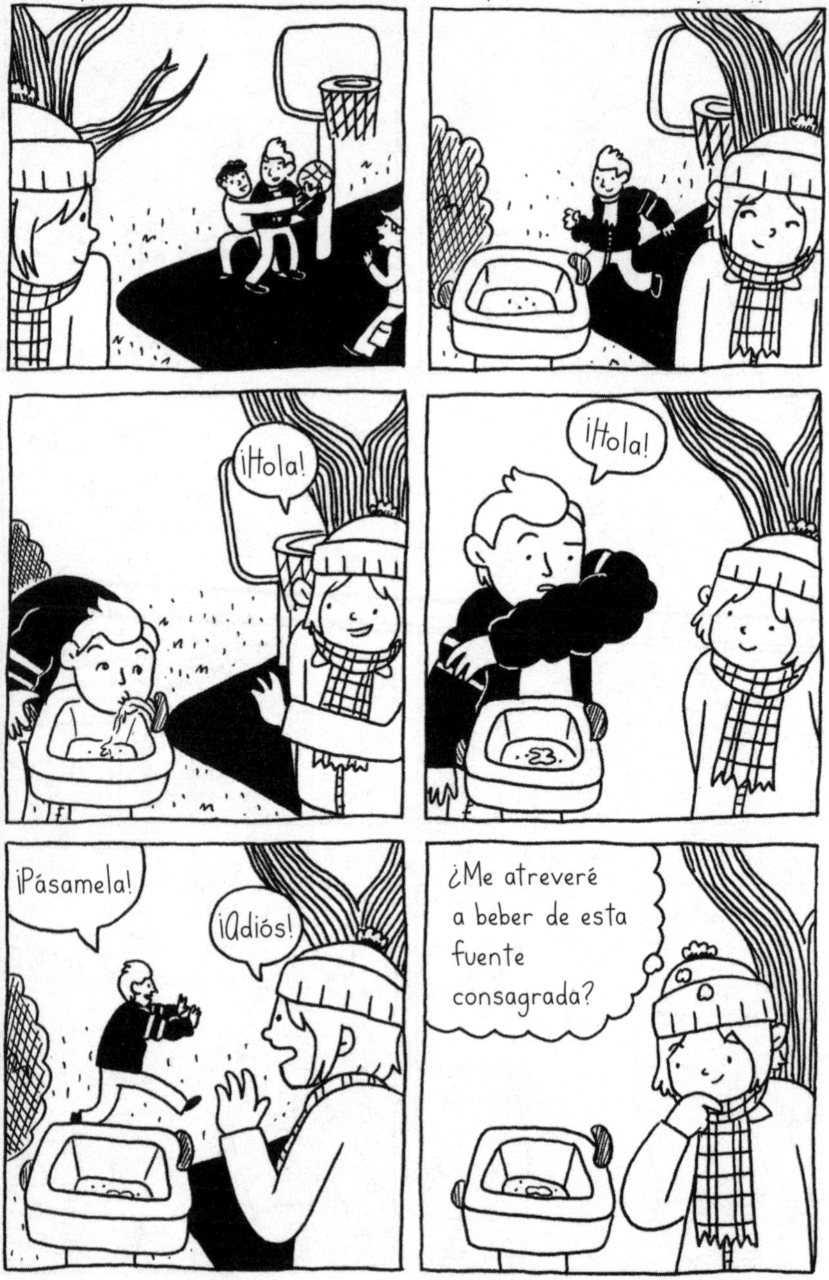
¡Hola!
¡Hola!
¡Pásamela!
¡Adiós!
¿Me atreveré a beber de esta fuente consagrada?

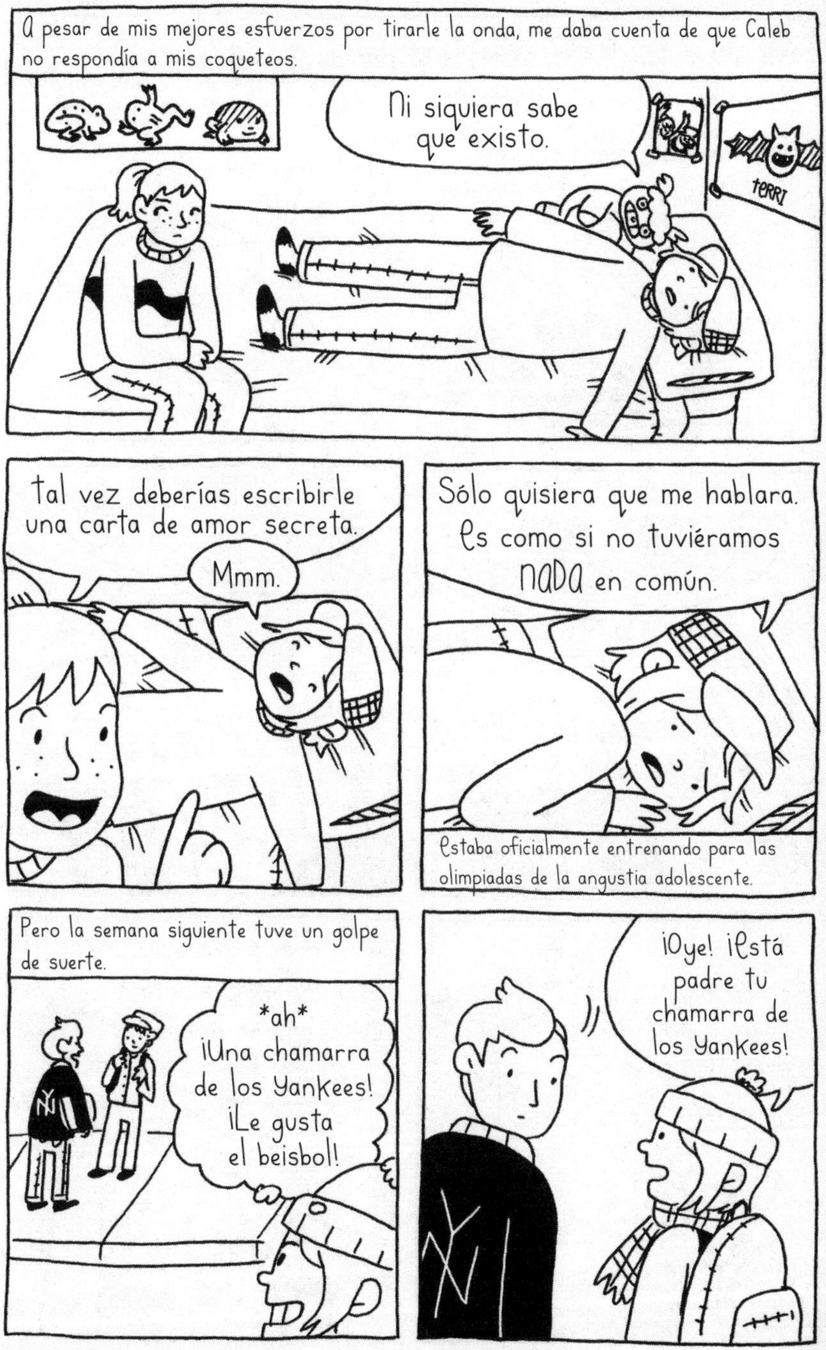
A pesar de mis mejores esfuerzos por tirarle la onda, me daba cuenta de que Caleb no respondía a mis coqueteos.
Ni siquiera sabe que existo.
TERRI
tal vez deberías escribirle una carta de amor secreta.
Mmm.
Sólo quisiera que me hablara. Es como si no tuviéramos NADA en común.
Estaba oficialmente entrenando para las olimpiadas de la angustia adolescente.
Pero la semana siguiente tuve un golpe de suerte.
ah ¡Una chamarra de los Yankees! ¡Le gusta el beisbol!
¡Oye! ¡Está padre tu chamarra de los Yankees!

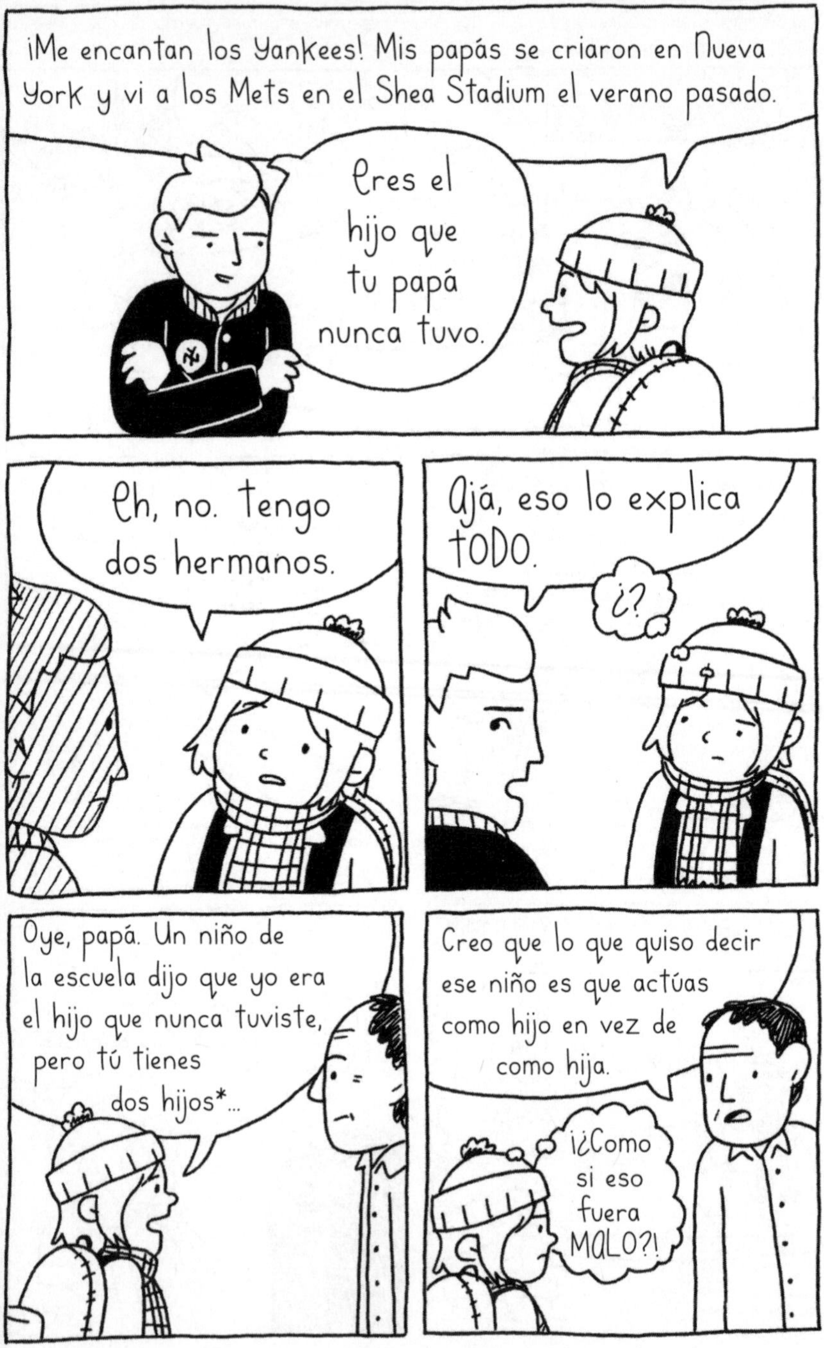
¡Me encantan los Yankees! Mis papás se criaron en Nueva York y vi a los Mets en el Shea Stadium el verano pasado.
Eres el hijo que tu papá nunca tuvo.
Eh, no. Tengo dos hermanos.
Ajá, eso lo explica TODO.
¿?
Oye, papá. Un niño de la escuela dijo que yo era el hijo que nunca tuviste, pero tú tienes dos hijos*...
Creo que lo que quiso decir ese niño es que actúas como hijo en vez de como hija.
¡¿Como si eso fuera MALO?!

* Mi papá tiene un hijo de un matrimonio anterior.

Así que Caleb se burló de mí por ser marimacha. Me decepcionó un poco, pero había otros peces en el mar.

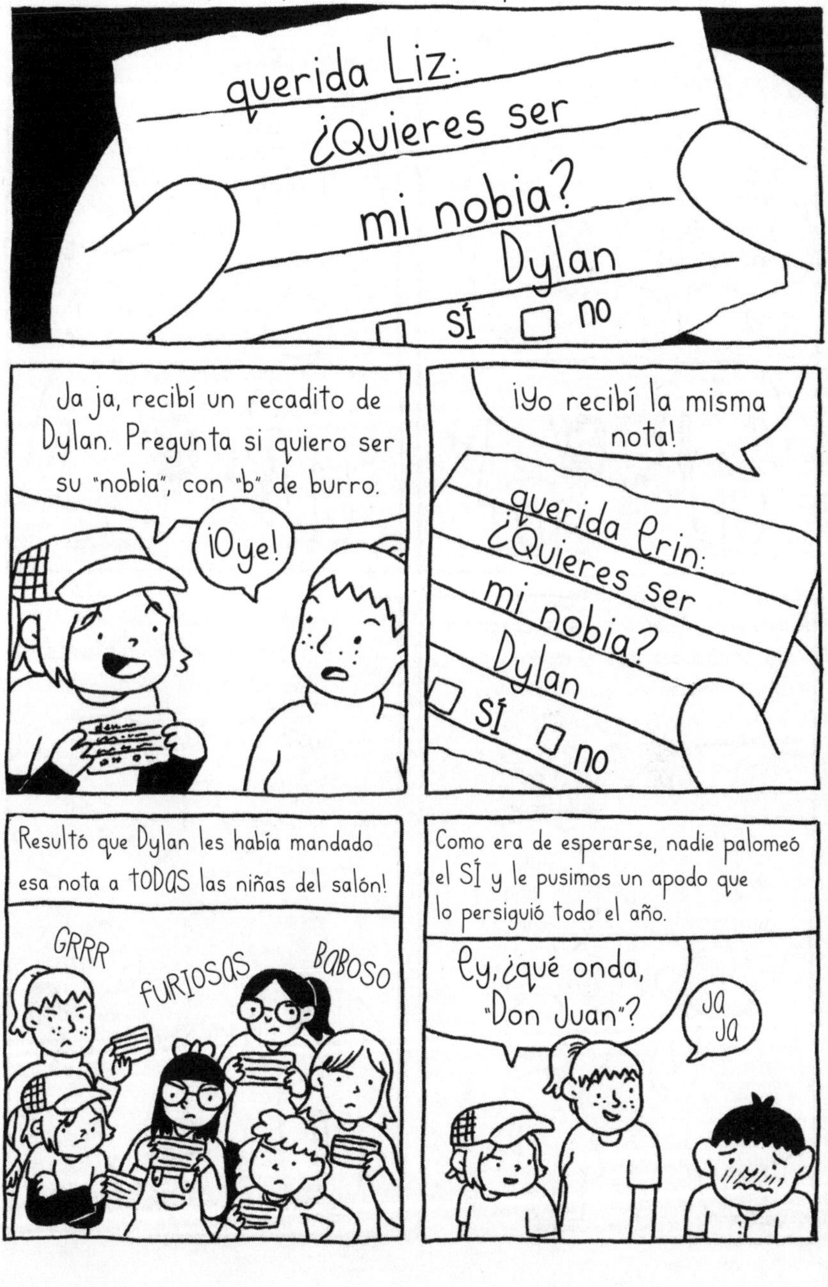
querida Liz:
¿Quieres ser mi nobia?
Dylan
sí no
Ja ja, recibí un recadito de Dylan. Pregunta si quiero ser su "nobia", con "b" de burro.
¡Oye!
¡Yo recibí la misma nota!
querida Erin:
¿Quieres ser mi nobia?
Dylan
sí no
Resultó que Dylan les había mandado esa nota a TODAS las niñas del salón!
GRRR
FURIOSAS
BABOSO
Como era de esperarse, nadie palomeó el SÍ y le pusimos un apodo que lo persiguió todo el año.
Ey, ¿qué onda, "Don Juan"?
JA JA

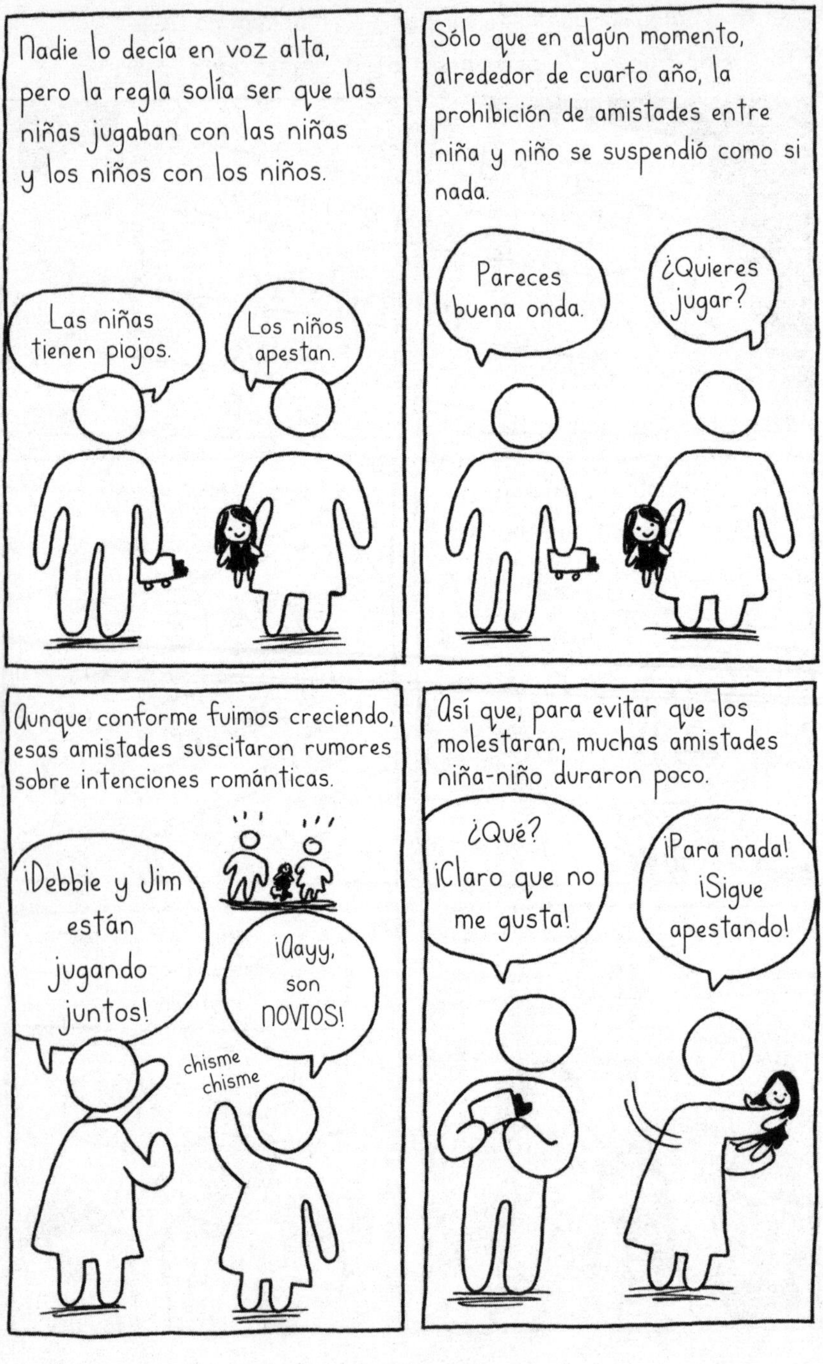
Nadie lo decía en voz alta, pero la regla solía ser que las niñas jugaban con las niñas y los niños con los niños.
Las niñas tienen piojos.
Los niños apestan.
Sólo que en algún momento, alrededor de cuarto año, la prohibición de amistades entre niña y niño se suspendió como si nada.
Pareces buena onda.
¿Quieres jugar?
Aunque conforme fuimos creciendo, esas amistades suscitaron rumores sobre intenciones románticas.
¡Debbie y Jim están jugando juntos!
¡Aayy, son NOVIOS!
chisme chisme
Así que, para evitar que los molestaran, muchas amistades niña-niño duraron poco.
¿Qué? ¡Claro que no me gusta!
¡Para nada! ¡Sigue apestando!

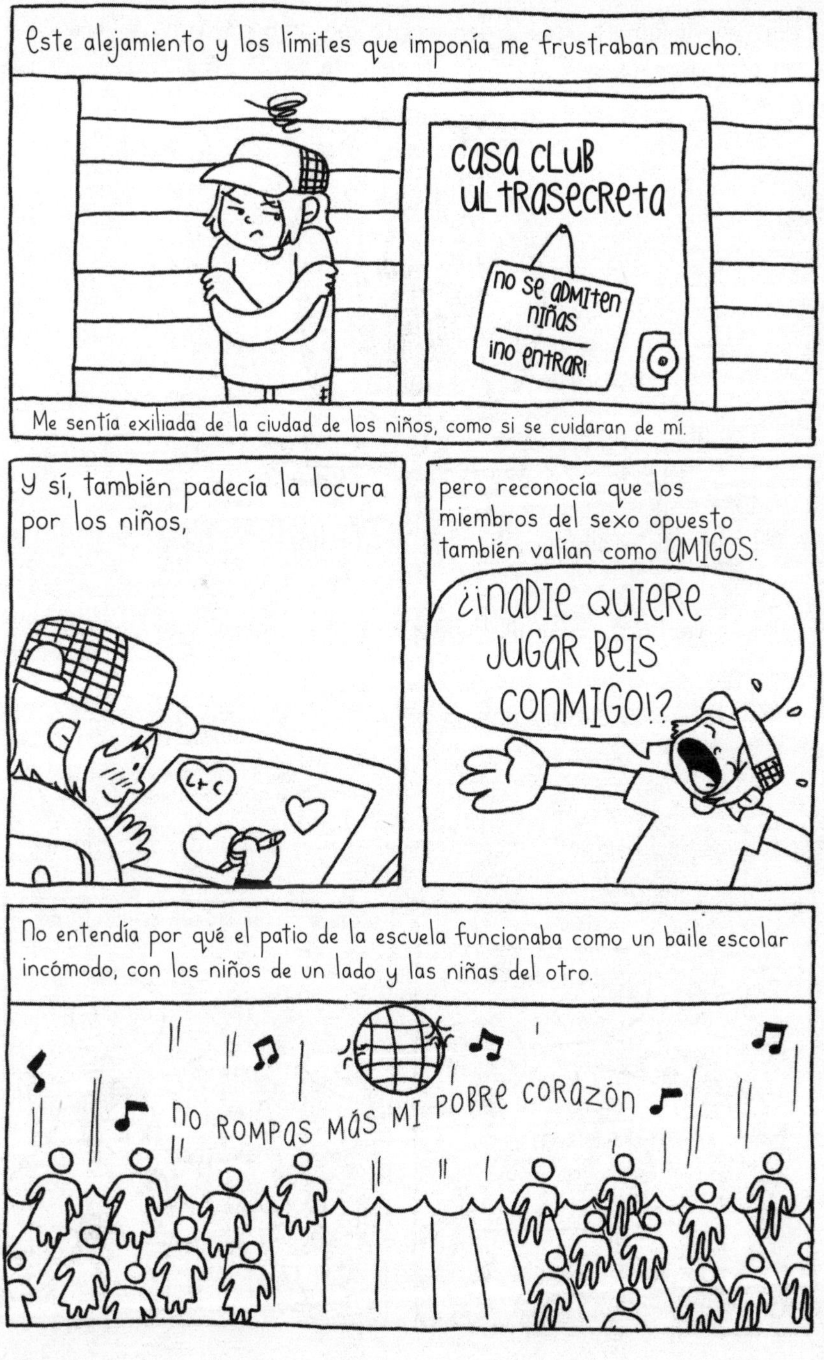
Este alejamiento y los límites que imponía me frustraban mucho.
CASA CLUB ULTRASECRETA
NO SE ADMITEN NIÑAS
¡NO ENTRAR!
Me sentía exiliada de la ciudad de los niños, como si se cuidaran de mí.
Y sí, también padecía la locura por los niños,
L+C
pero reconocía que los miembros del sexo opuesto también valían como AMIGOS.
¿¡NADIE QUIERE JUGAR BEIS CONMIGO!?
No entendía por qué el patio de la escuela funcionaba como un baile escolar incómodo, con los niños de un lado y las niñas del otro.
NO ROMPAS MÁS MI POBRE CORAZÓN

Por eso la amistad de Tyler era lo máximo para mí. Él era mi amigo después y durante la escuela.

TYLER

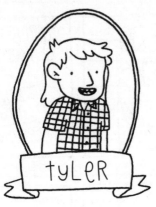

* Le encanta dibujar al genio de Aladino.

* Compartió mi fase de Huck Finn (él hacía de Tom Sawyer).

* Está en mi clase combinada de 4.°, 5.°, y 6.°, pero va un año antes que yo.

* Evan, su hermano menor, es el mejor amigo del mío, Jamie.

Dibujábamos juntos en clase.
Te hice este dibujo.
Para: Liz
Nunca has tenido un amigo como yo.
De: Tyler
¡Qué padre!
A veces pasaba la hora del lunch con Terri, Erin y yo.
¡Ey, soy una morsa!
Ja ja ja

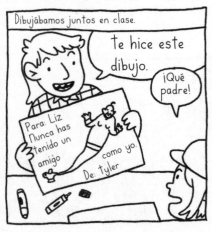

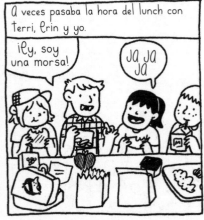

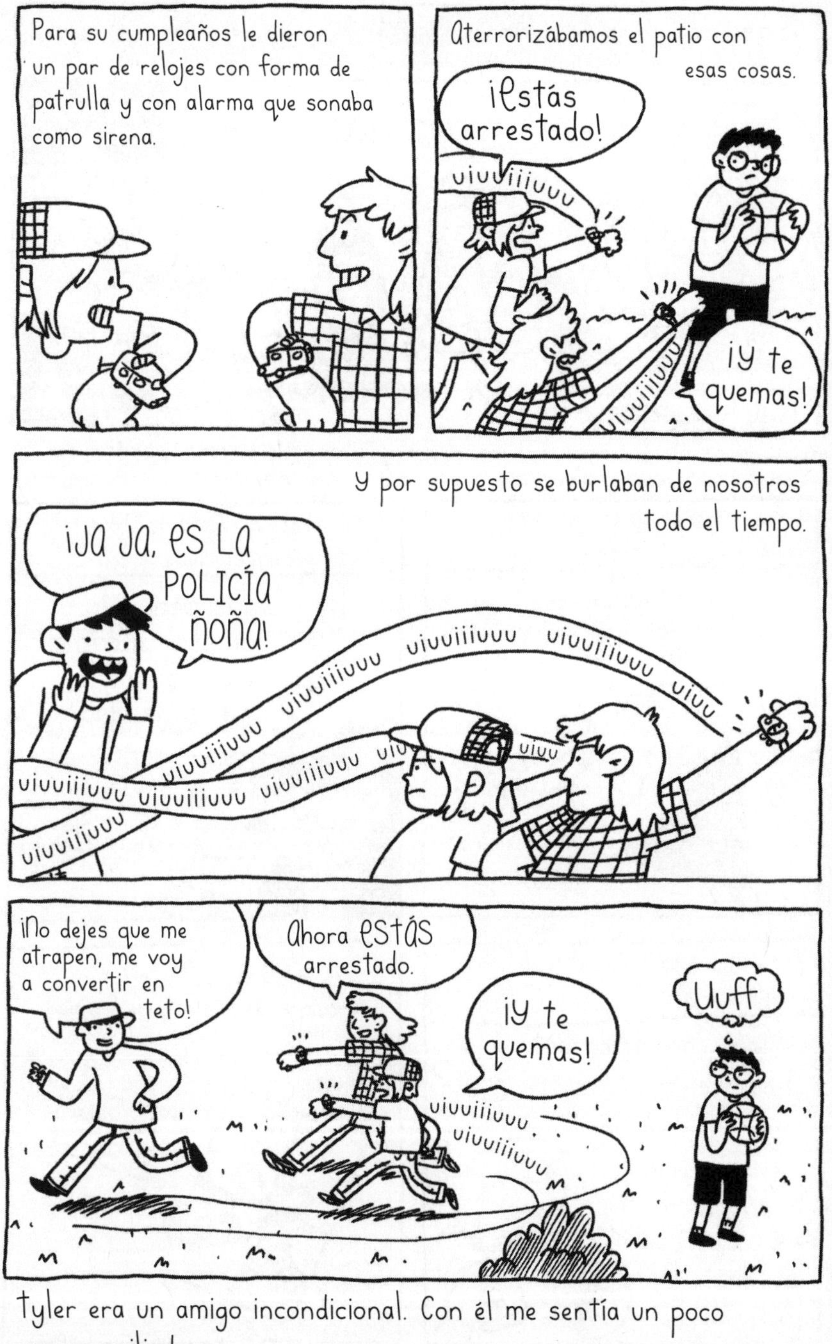
Para su cumpleaños le dieron un par de relojes con forma de patrulla y con alarma que sonaba como sirena.
Aterrorizábamos el patio con esas cosas.
¡Estás arrestado!
uiuuiiiuuu
¡Y te quemas!
uiuuiiiuuu
Y por supuesto se burlaban de nosotros todo el tiempo.
¡JA JA, ES LA POLICÍA ÑOÑA!
uiuuiiiuuu uiuuiiiuuu uiuuiiiuuu uiuuiiiuuu uiuu
uiuuiiiuuu uiuuiiiuuu uiuuiiiuuu uiuuiiiuuu uiu uiuu
uiuuiiiuuu
¡No dejes que me atrapen, me voy a convertir en teto!
Ahora ESTÁS arrestado.
¡Y te quemas!
uiuuiiiuuu.
uiuuiiiuuu
Uuff

tyler era un amigo incondicional. Con él me sentía un poco menos exiliada.

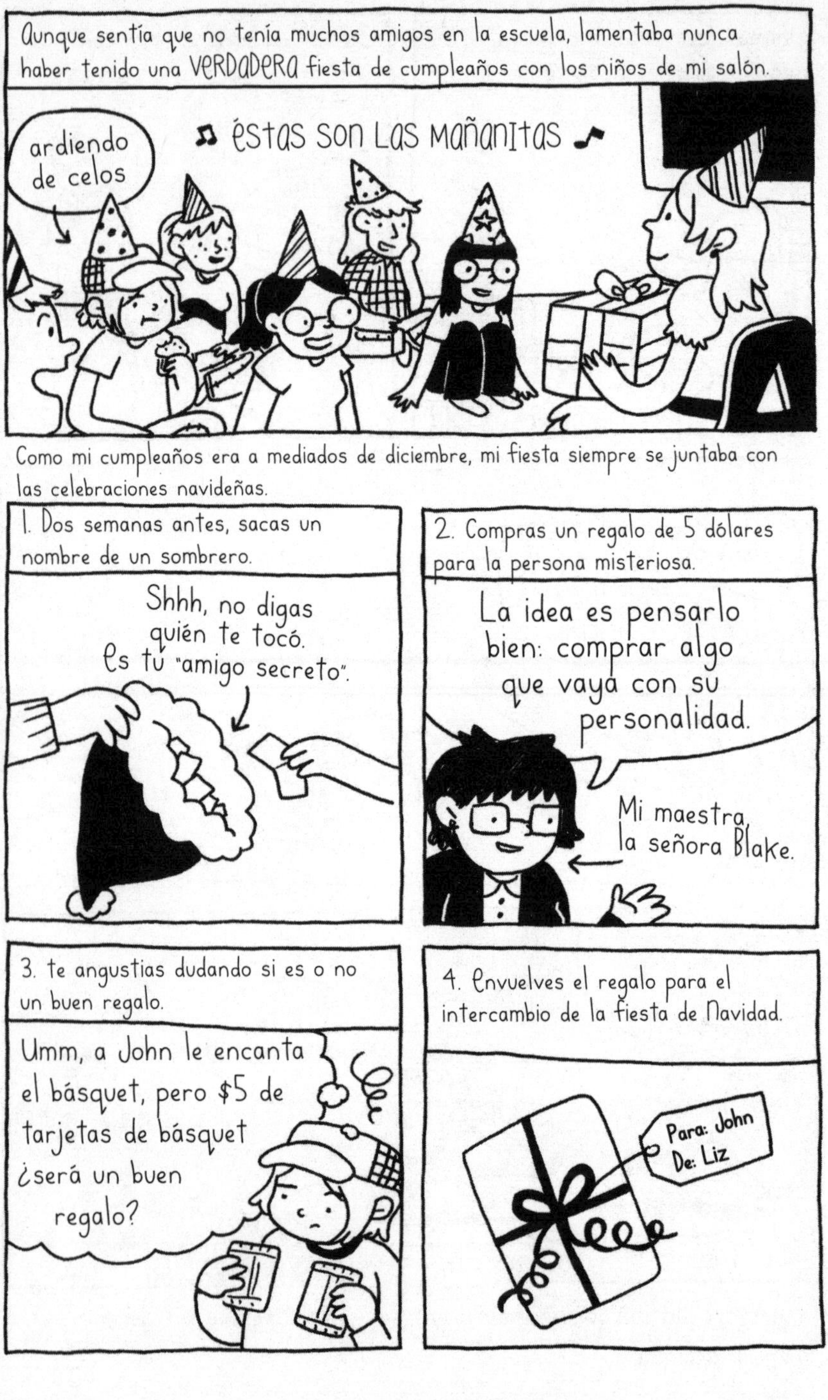
Aunque sentía que no tenía muchos amigos en la escuela, lamentaba nunca haber tenido una VERDADERA fiesta de cumpleaños con los niños de mi salón.
ardiendo de celos
éstas son las mañanitas
Como mi cumpleaños era a mediados de diciembre, mi fiesta siempre se juntaba con las celebraciones navideñas.
1. Dos semanas antes, sacas un nombre de un sombrero.
Shhh, no digas quién te tocó. Es tu "amigo secreto".
2. Compras un regalo de 5 dólares para la persona misteriosa.
La idea es pensarlo bien: comprar algo que vaya con su personalidad.
Mi maestra, la señora Blake.
3. Te angustias dudando si es o no un buen regalo.
Umm, a John le encanta el básquet, pero $5 de tarjetas de básquet ¿será un buen regalo?
4. Envuelves el regalo para el intercambio de la fiesta de Navidad.
Para: John
De: Liz

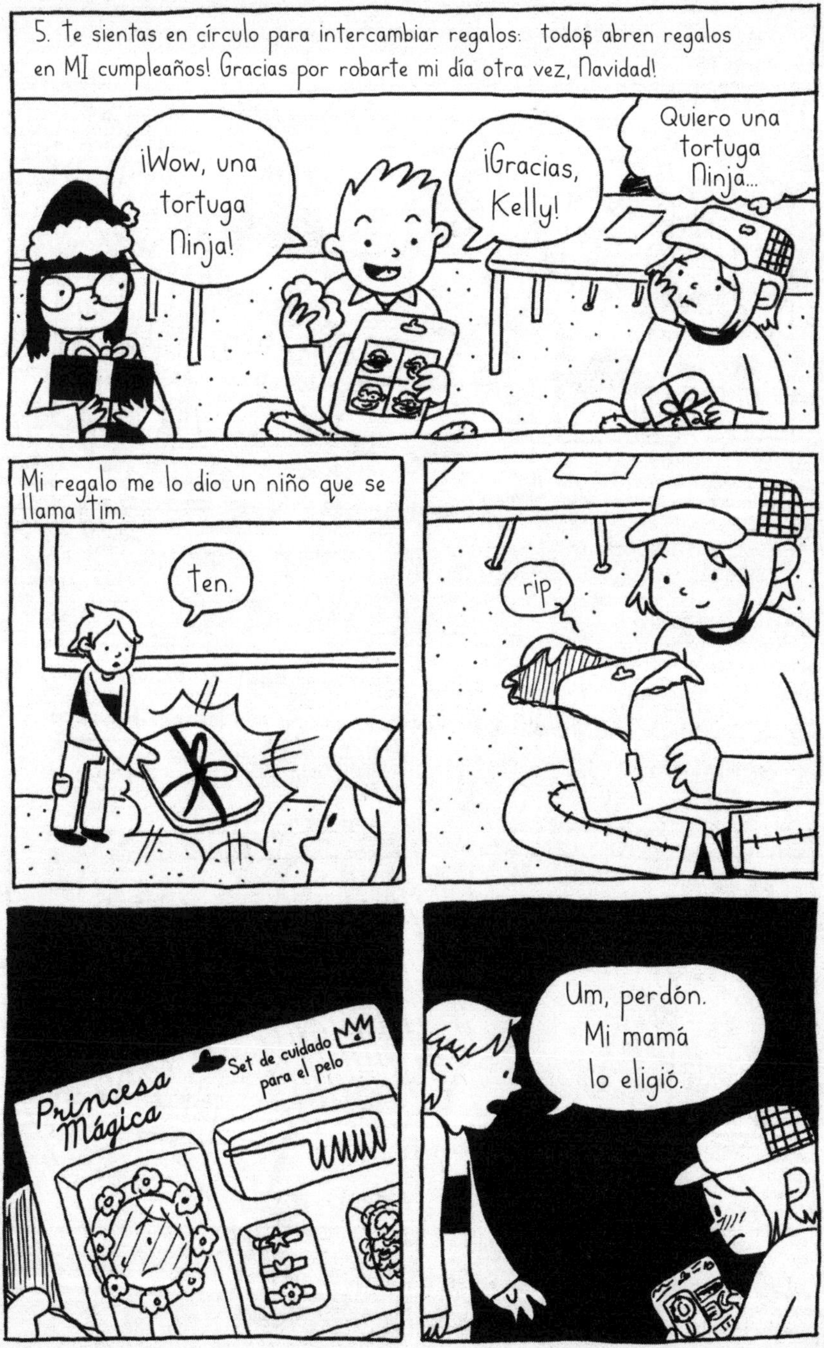
5. te sientas en círculo para intercambiar regalos: todos abren regalos en MI cumpleaños! Gracias por robarte mi día otra vez, Navidad!
¡Wow, una tortuga Ninja!
¡Gracias, Kelly!
Quiero una tortuga Ninja...
Mi regalo me lo dio un niño que se llama Tim.
ten.
rip
Princesa Mágica
Set de cuidado para el pelo
Um, perdón. Mi mamá lo eligió.

Por suerte, mi fiesta de cumpleaños ese fin de semana lo compensó en grande.

¡Hola, diario!
¡Hoy fue mi fiesta de cumpleaños! Vinieron Terri, Erin y Tyler (con Evan para que jugara con mi hermano, gracias a Dios). Me trajeron muchos buenos regalos.

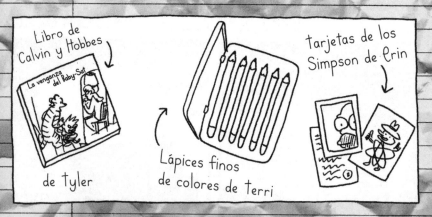

Libro de Calvin y Hobbes

La venganza del baby-Sat

de tyler

Lápices finos de colores de terri

tarjetas de los Simpson de Erin

Y este diario que estoy usando ahorita.
¡Gracias, mamá!

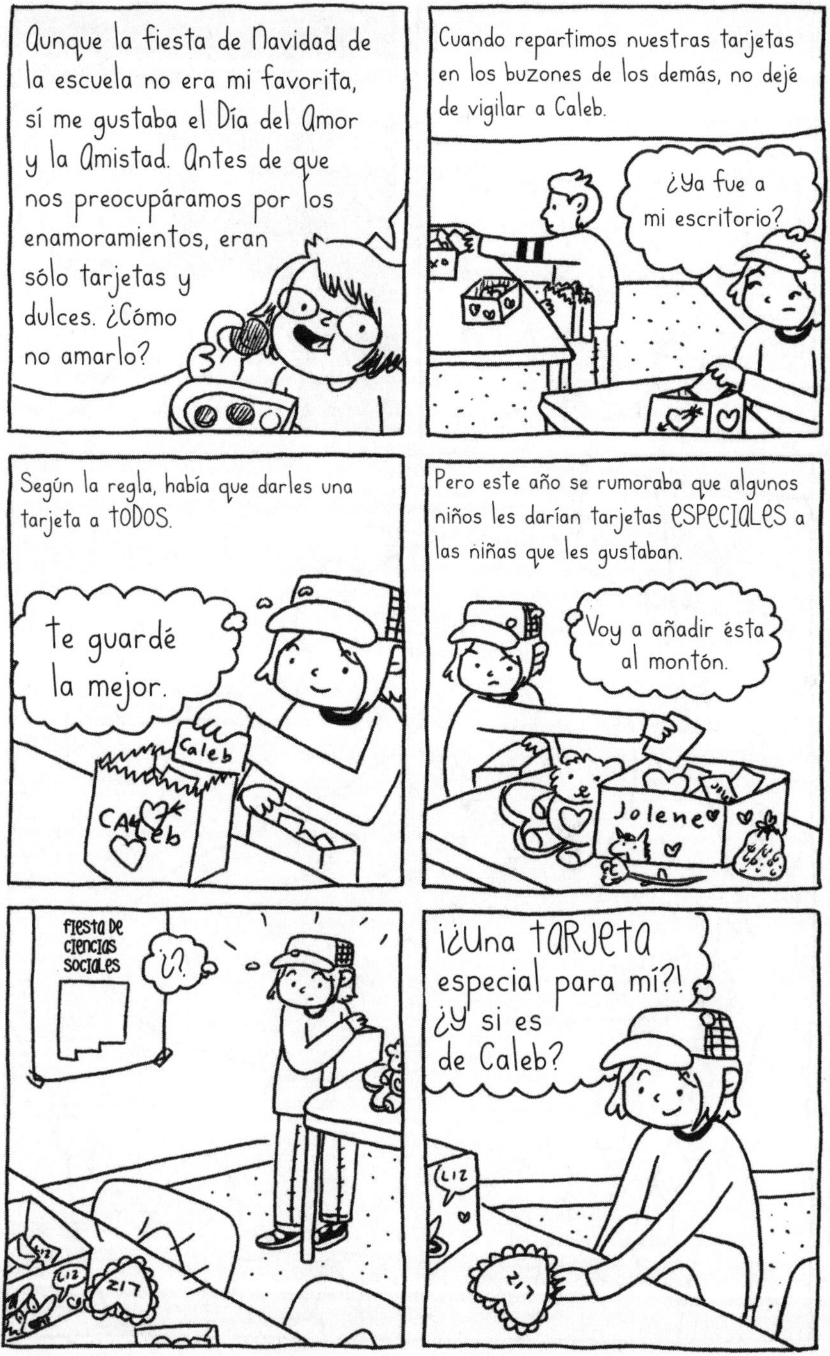
Aunque la fiesta de Navidad de la escuela no era mi favorita, sí me gustaba el Día del Amor y la Amistad. Antes de que nos preocupáramos por los enamoramientos, eran sólo tarjetas y dulces. ¿Cómo no amarlo?
Cuando repartimos nuestras tarjetas en los buzones de los demás, no dejé de vigilar a Caleb.
¿Ya fue a mi escritorio?
XO
Según la regla, había que darles una tarjeta a TODOS.
te guardé la mejor.
Caleb
CALeb
Pero este año se rumoraba que algunos niños les darían tarjetas ESPECIALES a las niñas que les gustaban.
Voy a añadir ésta al montón.
Jolene
FIESTA DE CIENCIAS SOCIALES
¿?
LIZ
LIZ
LIZ
¡¿Una TARJETA especial para mí?!
¿Y si es de Caleb?
LIZ
LIZ

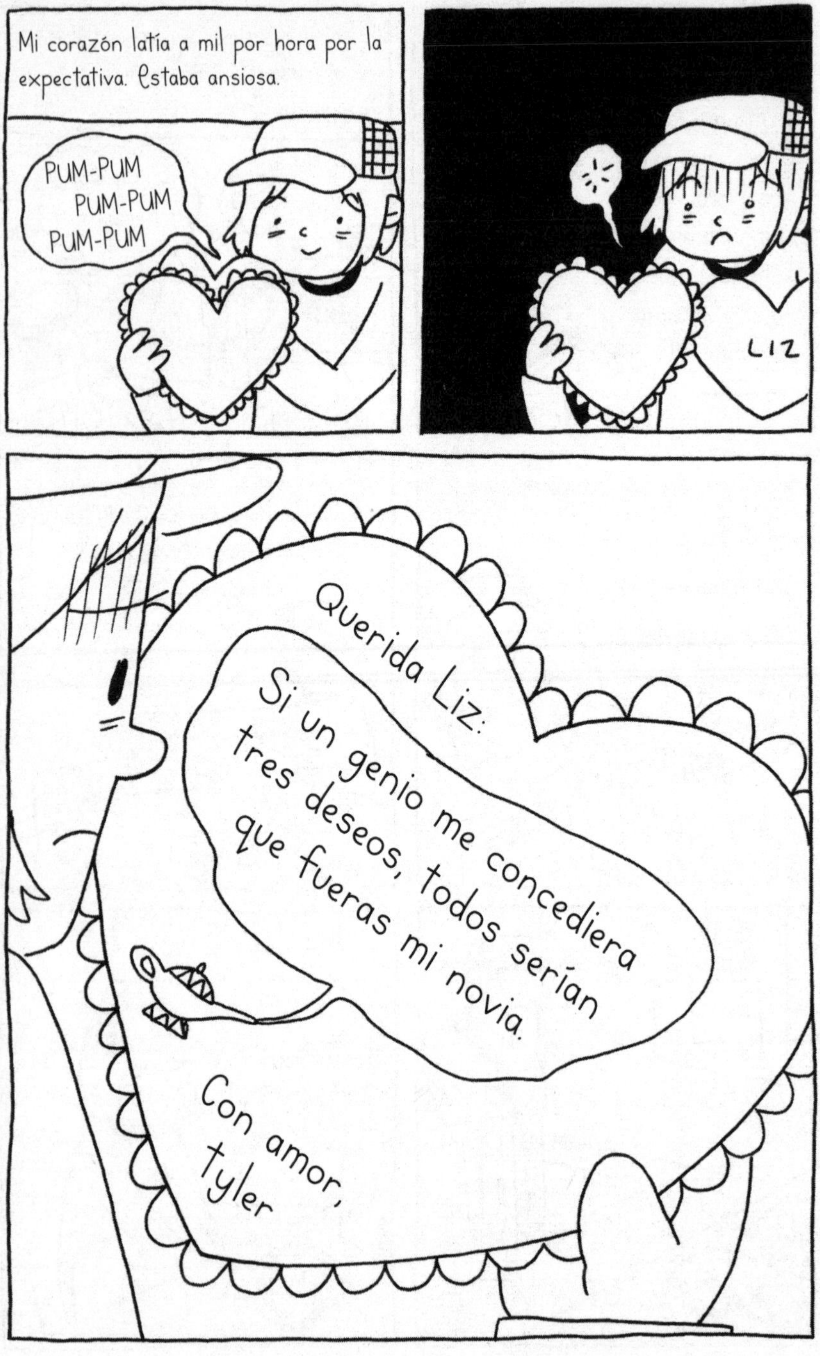
Mi corazón latía a mil por hora por la expectativa. Estaba ansiosa.
PUM-PUM PUM-PUM PUM-PUM
LIZ
Querida Liz:
Si un genio me concediera tres deseos, todos serían que fueras mi novia.
Con amor,
Tyler

Se me había roto el corazón por dos razones:

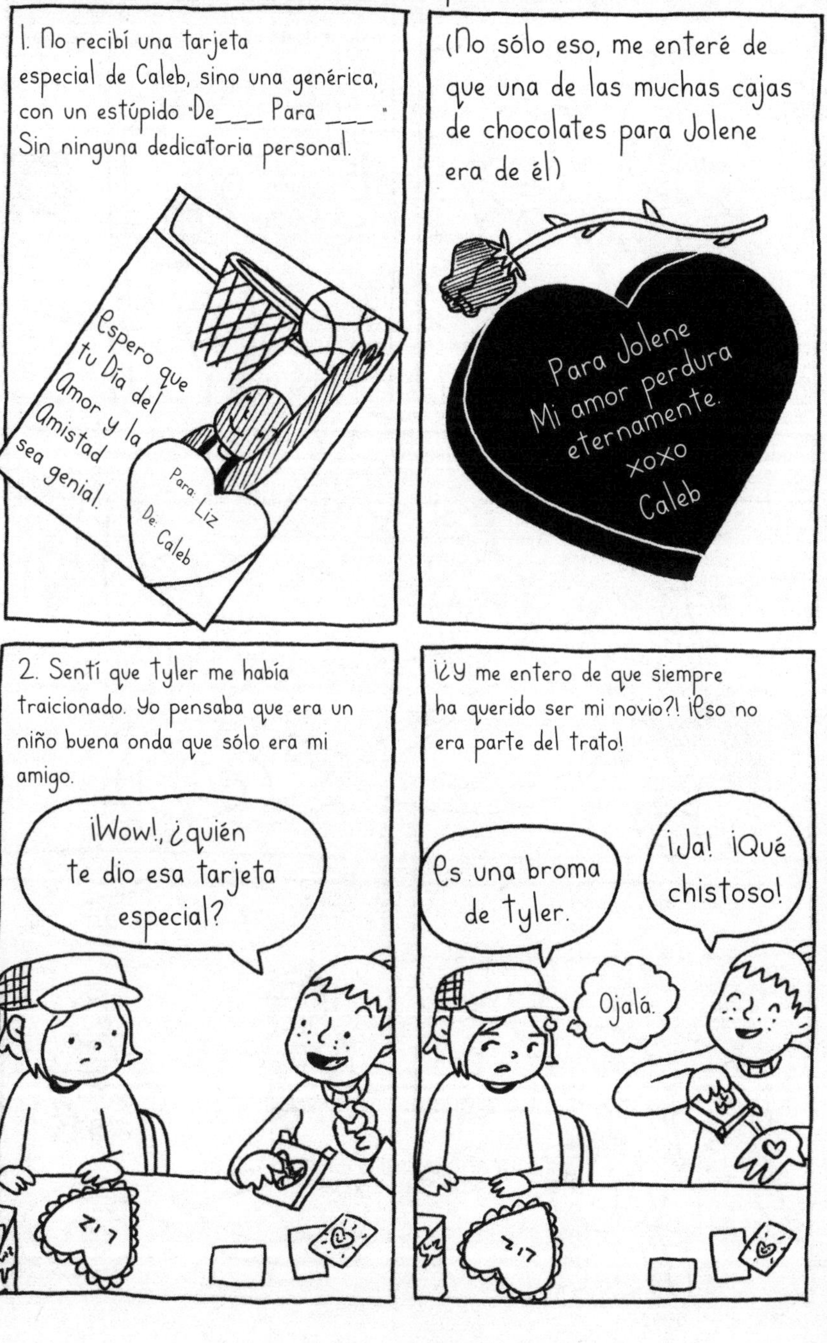
1. No recibí una tarjeta especial de Caleb, sino una genérica, con un estúpido "De___ Para ___" Sin ninguna dedicatoria personal.
Espero que tu Día del Amor y la Amistad sea genial.
Para: Liz
De: Caleb
(No sólo eso, me enteré de que una de las muchas cajas de chocolates para Jolene era de él)
Para Jolene
Mi amor perdura eternamente.
xoxo
Caleb
2. Sentí que tyler me había traicionado. Yo pensaba que era un niño buena onda que sólo era mi amigo.
¡Wow!, ¿quién te dio esa tarjeta especial?
Liz
¡¿Y me entero de que siempre ha querido ser mi novio?! ¡Eso no era parte del trato!
Es una broma de tyler.
¡Ja! ¡Qué chistoso!
Ojalá.
Liz

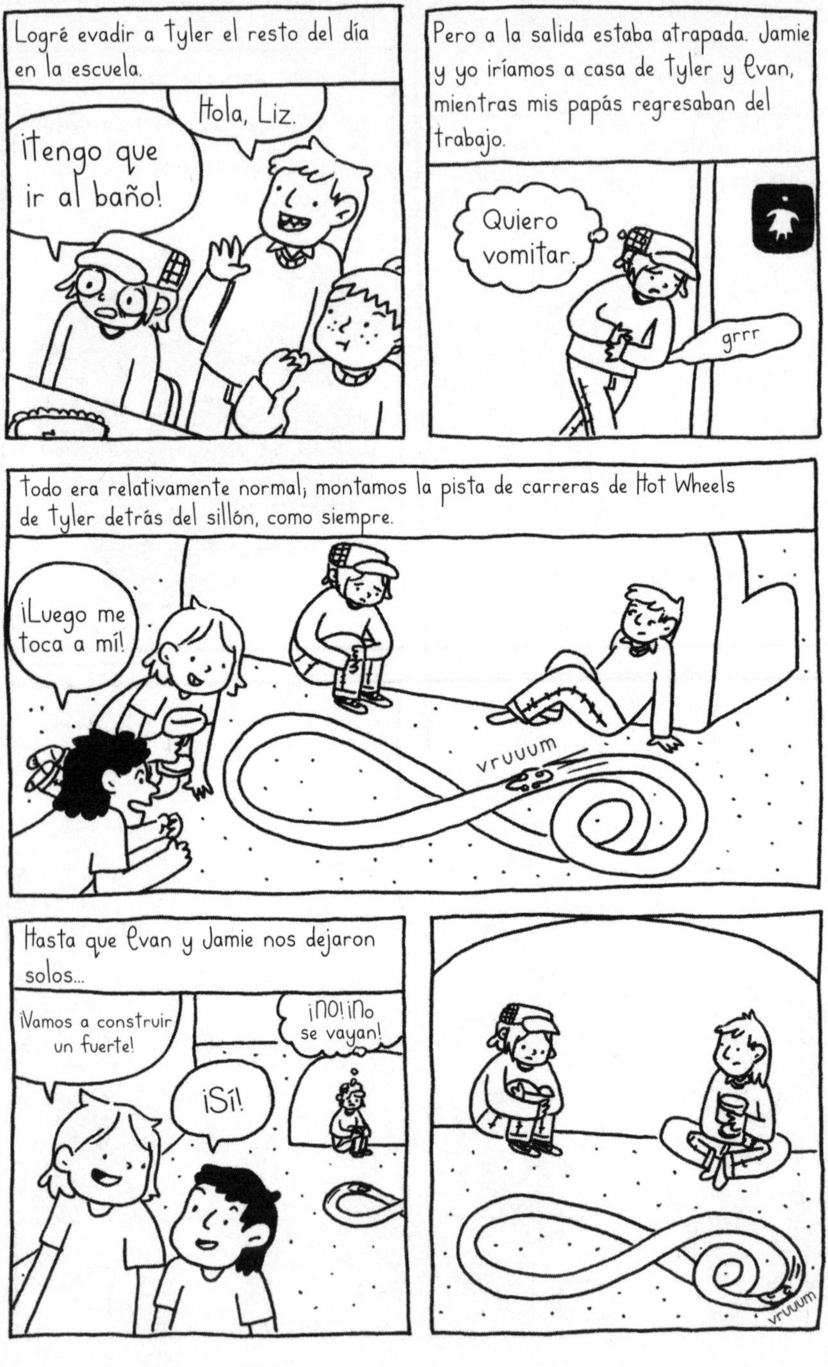
Logré evadir a Tyler el resto del día en la escuela.
Hola, Liz.
¡Tengo que ir al baño!
Pero a la salida estaba atrapada. Jamie y yo iríamos a casa de Tyler y Evan, mientras mis papás regresaban del trabajo.
Quiero vomitar.
grrr
Todo era relativamente normal; montamos la pista de carreras de Hot Wheels de Tyler detrás del sillón, como siempre.
¡Luego me toca a mí!
vruuum
Hasta que Evan y Jamie nos dejaron solos...
¡Vamos a construir un fuerte!
¡Sí!
¡NO! ¡No se vayan!
vruuum

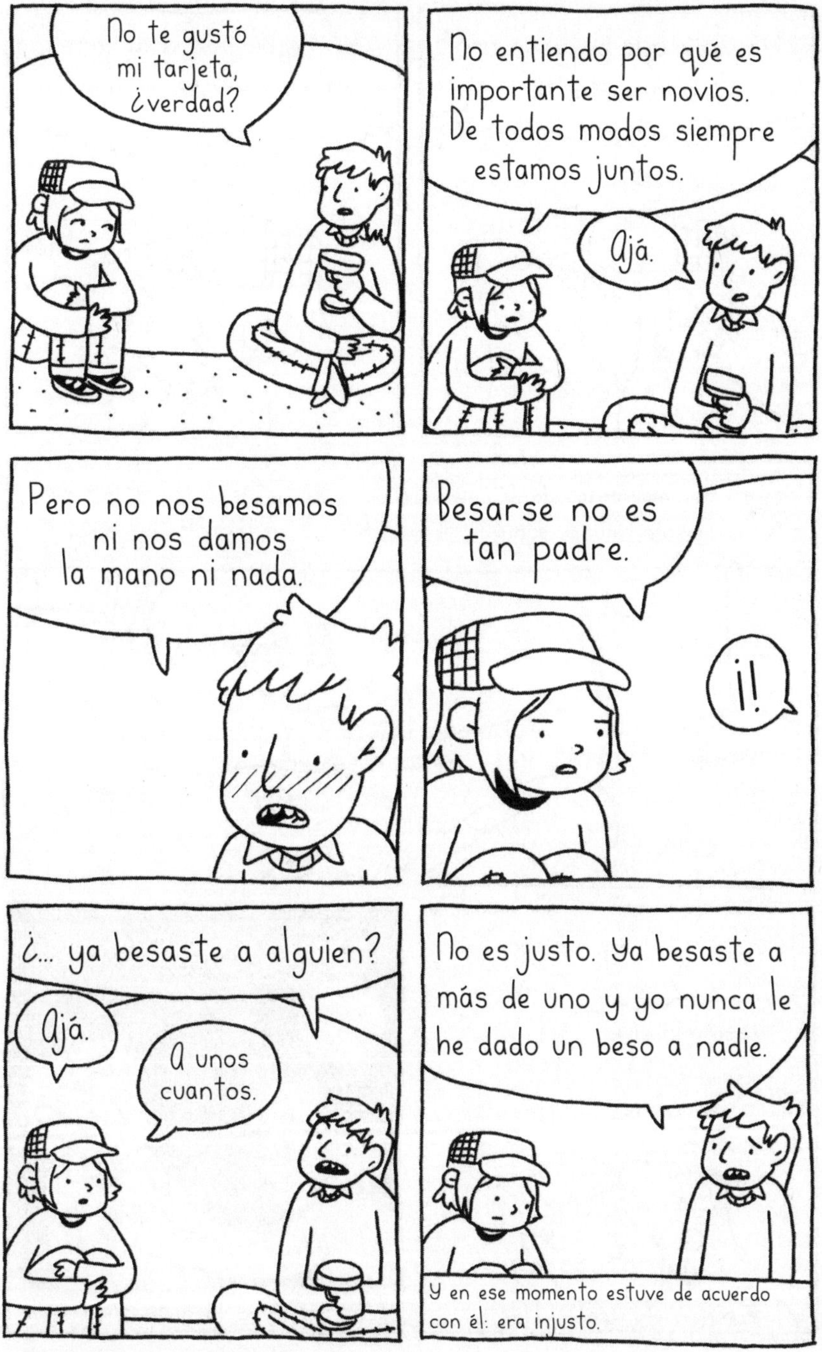
No te gustó mi tarjeta, ¿verdad?
No entiendo por qué es importante ser novios. De todos modos siempre estamos juntos.
Ajá.
Pero no nos besamos ni nos damos la mano ni nada.
Besarse no es tan padre.
¡!
¿... ya besaste a alguien?
Ajá.
A unos cuantos.
No es justo. Ya besaste a más de uno y yo nunca le he dado un beso a nadie.
Y en ese momento estuve de acuerdo con él: era injusto.

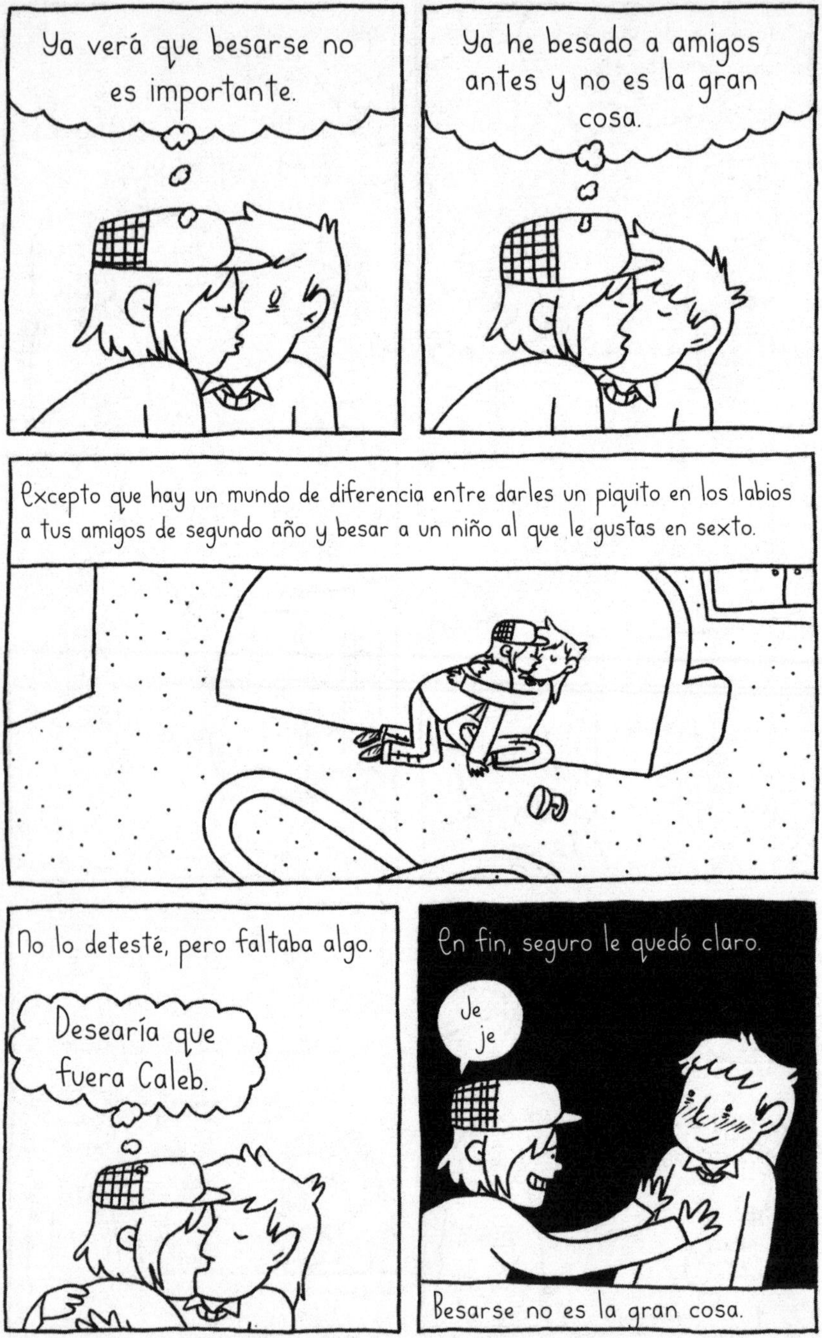
Ya verá que besarse no es importante.
Ya he besado a amigos antes y no es la gran cosa.
Excepto que hay un mundo de diferencia entre darles un piquito en los labios a tus amigos de segundo año y besar a un niño al que le gustas en sexto.
No lo detesté, pero faltaba algo.
Desearía que fuera Caleb.
En fin, seguro le quedó claro.
Je je
Besarse no es la gran cosa.

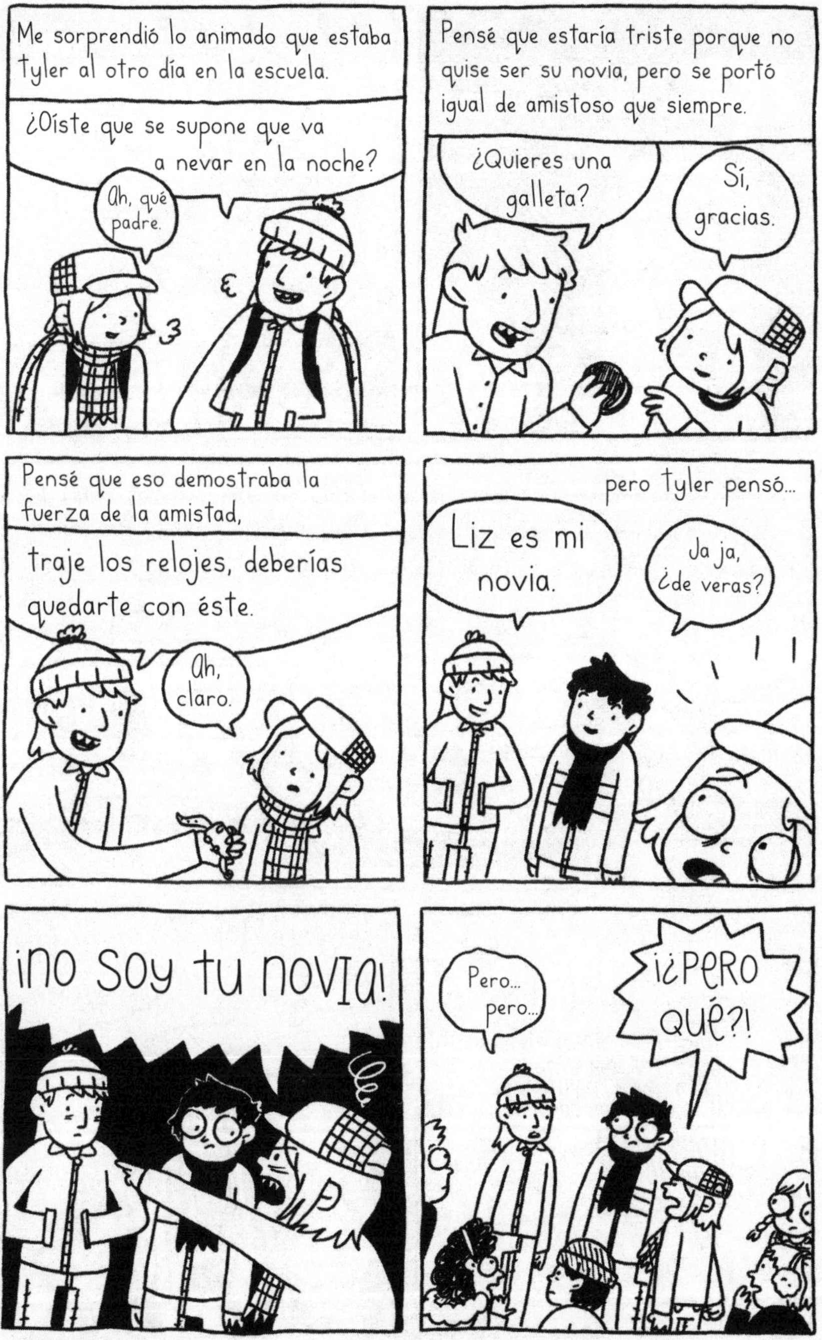

Me sorprendió lo animado que estaba tyler al otro día en la escuela.
¿Oíste que se supone que va a nevar en la noche?
Ah, qué padre.
Pensé que estaría triste porque no quise ser su novia, pero se portó igual de amistoso que siempre.
¿Quieres una galleta?
Sí, gracias.
Pensé que eso demostraba la fuerza de la amistad,
traje los relojes, deberías quedarte con éste.
Ah, claro.
pero tyler pensó...
Liz es mi novia.
Ja ja, ¿de veras?
¡NO SOY TU NOVIA!
Pero... pero...
¡¿PERO QUÉ?!

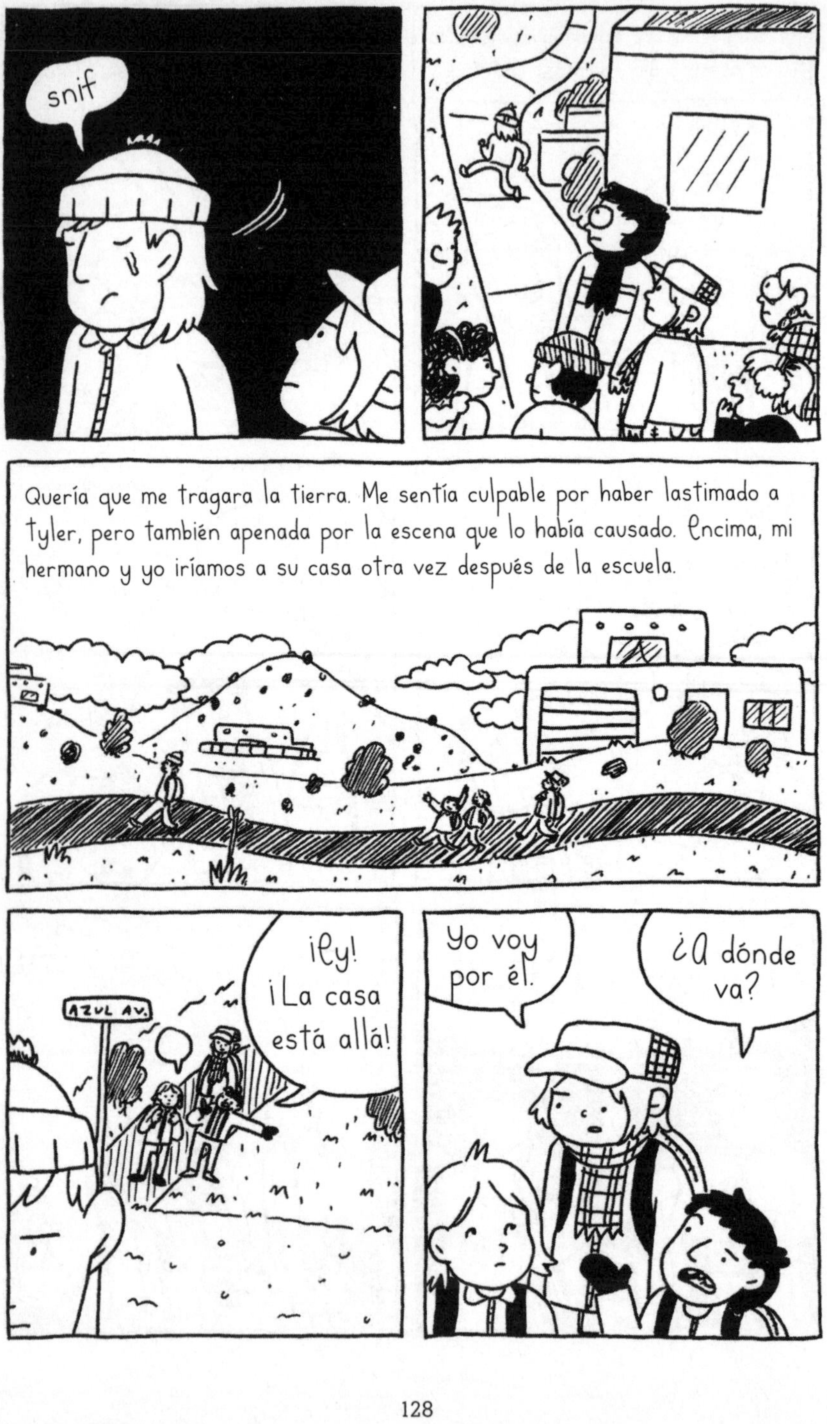
snif
Quería que me tragara la tierra. Me sentía culpable por haber lastimado a Tyler, pero también apenada por la escena que lo había causado. Encima, mi hermano y yo iríamos a su casa otra vez después de la escuela.
AZUL AV.
¡Ey! ¡La casa está allá!
Yo voy por él.
¿A dónde va?

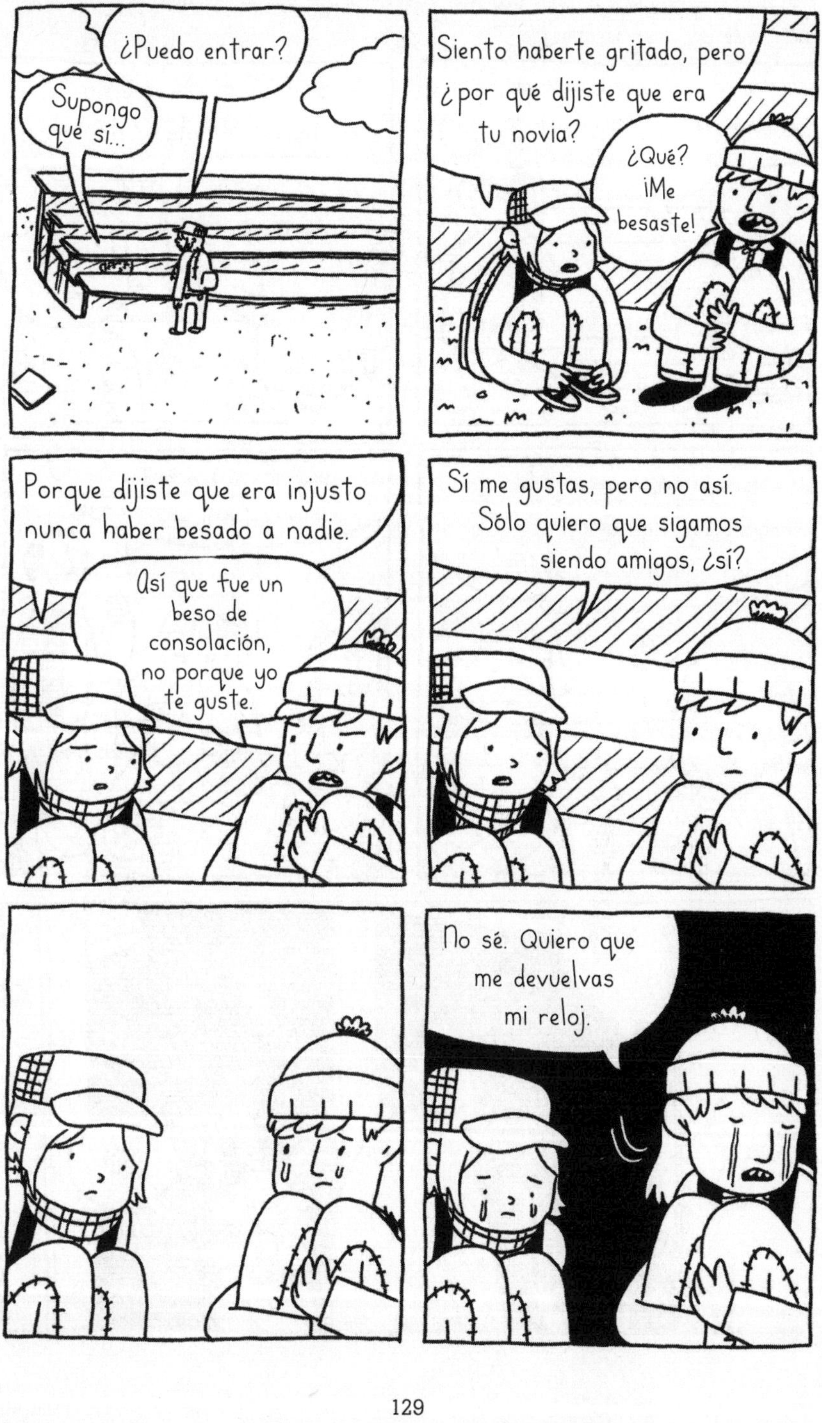
¿Puedo entrar?
Supongo que sí...
Siento haberte gritado, pero ¿por qué dijiste que era tu novia?
¿Qué? ¡Me besaste!
Porque dijiste que era injusto nunca haber besado a nadie.
Así que fue un beso de consolación, no porque yo te guste.
Sí me gustas, pero no así. Sólo quiero que sigamos siendo amigos, ¿sí?
No sé. Quiero que me devuelvas mi reloj.

Me habría gustado que un video nos enseñara que cuando le gustas a alguien, se puede arruinar la amistad.

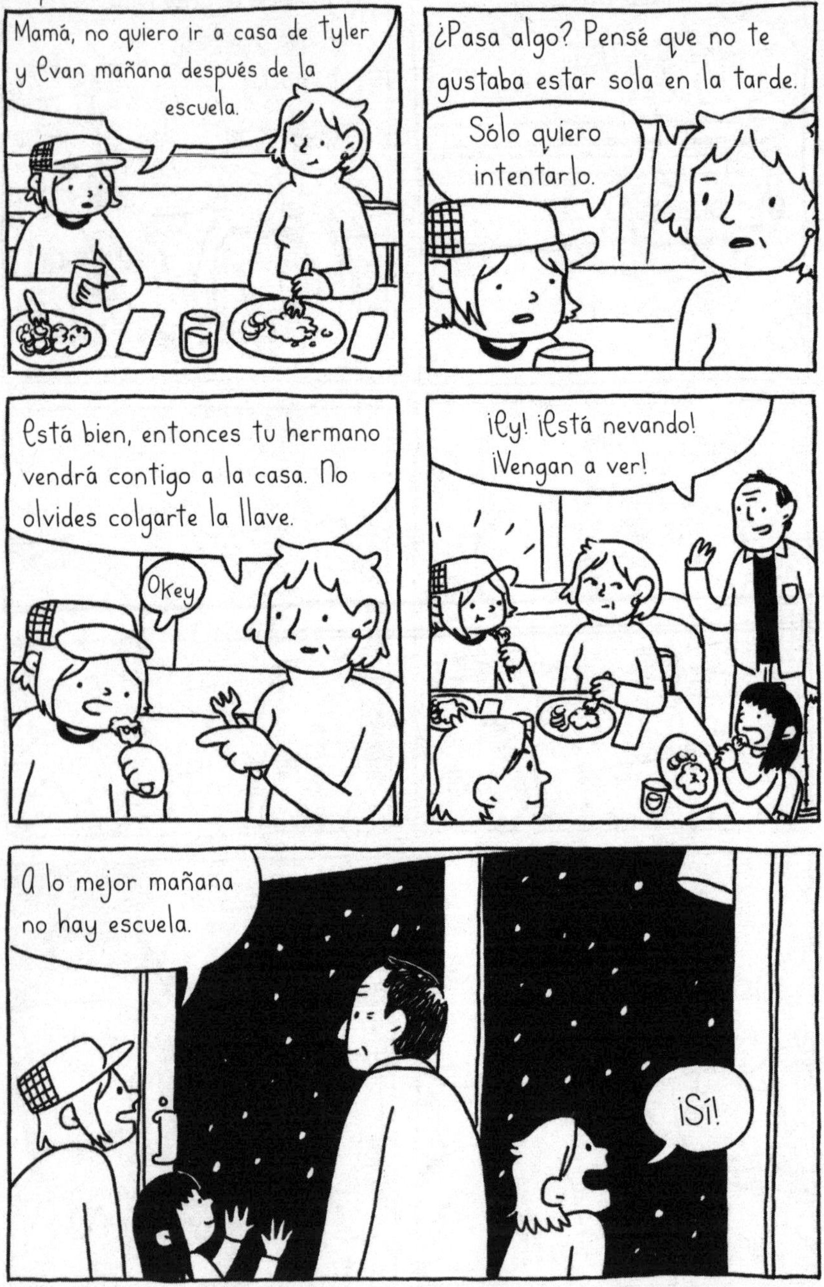
Mamá, no quiero ir a casa de Tyler y Evan mañana después de la escuela.
¿Pasa algo? Pensé que no te gustaba estar sola en la tarde.
Sólo quiero intentarlo.
Está bien, entonces tu hermano vendrá contigo a la casa. No olvides colgarte la llave.
Okey
¡Ey! ¡Está nevando! ¡Vengan a ver!
A lo mejor mañana no hay escuela.
¡Sí!

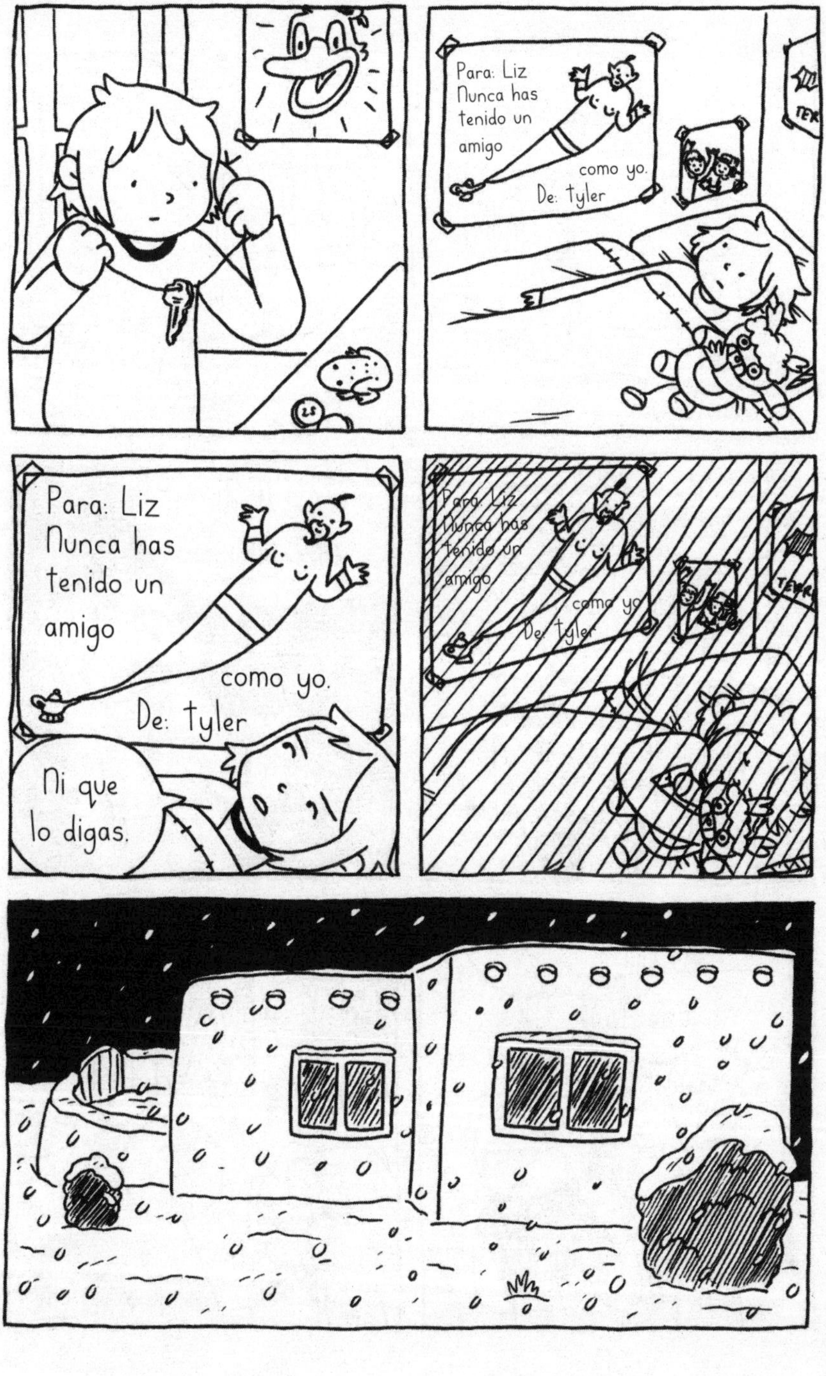
Para: Liz
Nunca has
tenido un
amigo
como yo.
De: tyler
Para: Liz
Nunca has
tenido un
amigo
como yo.
De: tyler
Ni que lo digas.
Para: Liz
Nunca has
tenido un
amigo
como yo.
De: tyler

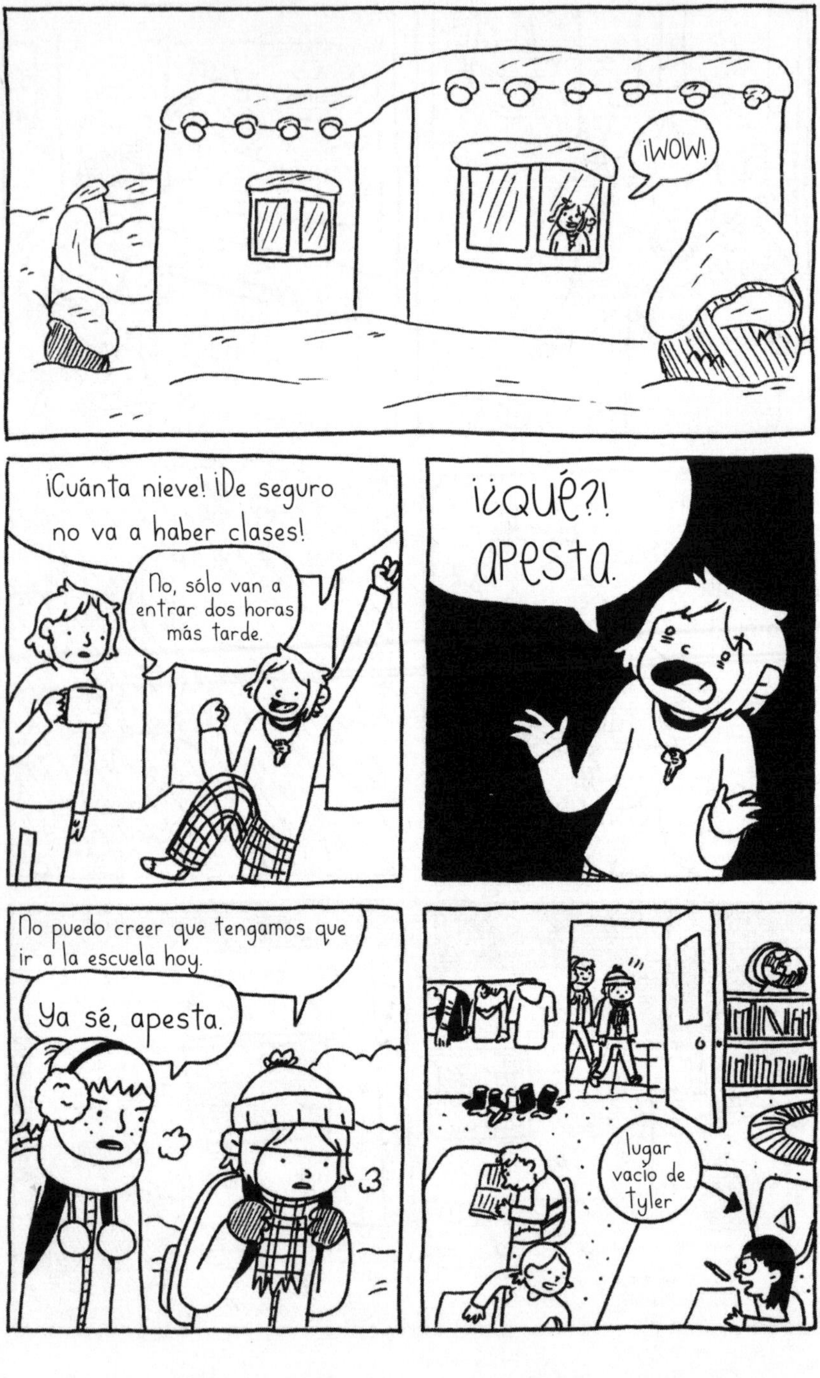
¡WOW!
¡Cuánta nieve! ¡De seguro no va a haber clases!
No, sólo van a entrar dos horas más tarde.
¡¿QUÉ?! apesta.
No puedo creer que tengamos que ir a la escuela hoy.
Ya sé, apesta.
lugar vacío de Tyler

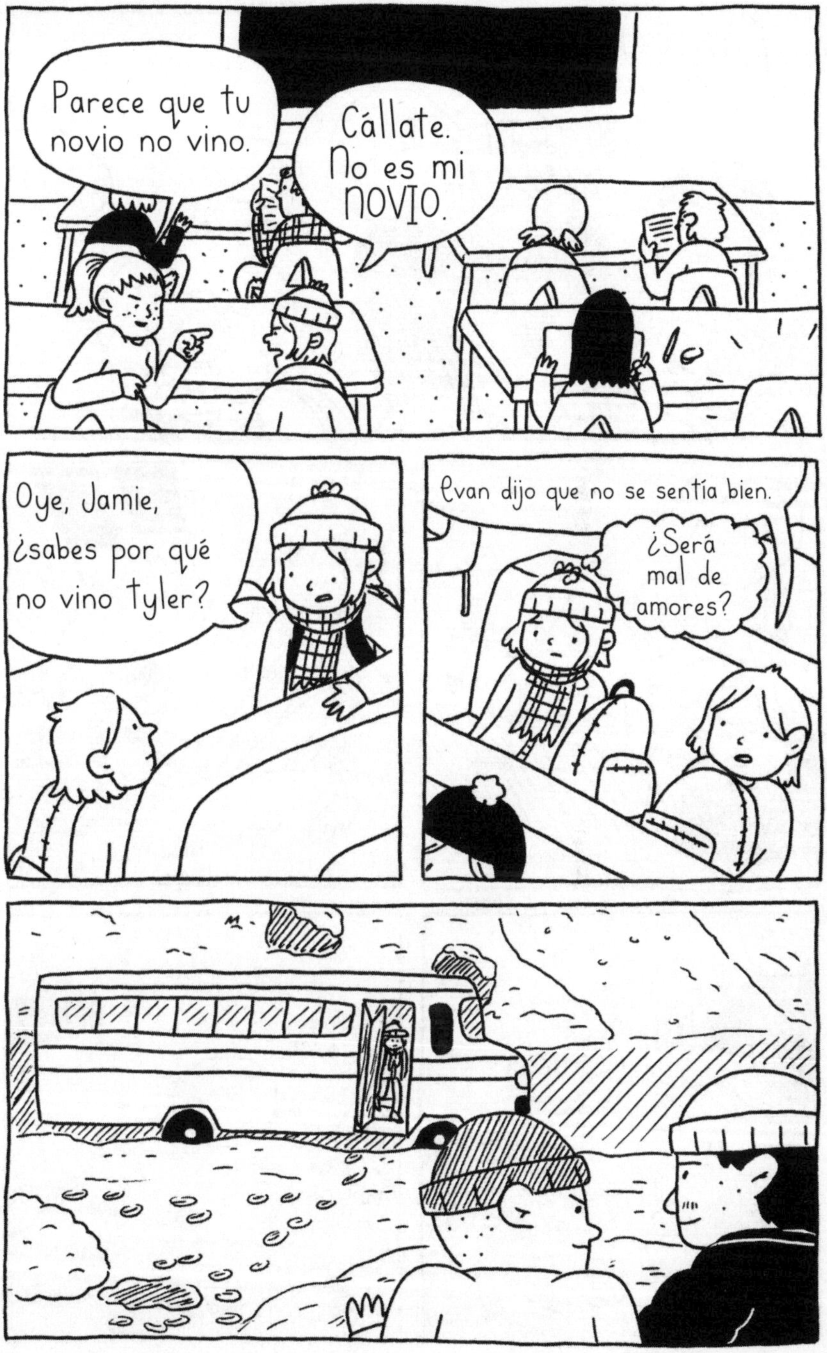
Parece que tu novio no vino.
Cállate. No es mi NOVIO.
Oye, Jamie, ¿sabes por qué no vino Tyler?
Evan dijo que no se sentía bien.
¿Será mal de amores?

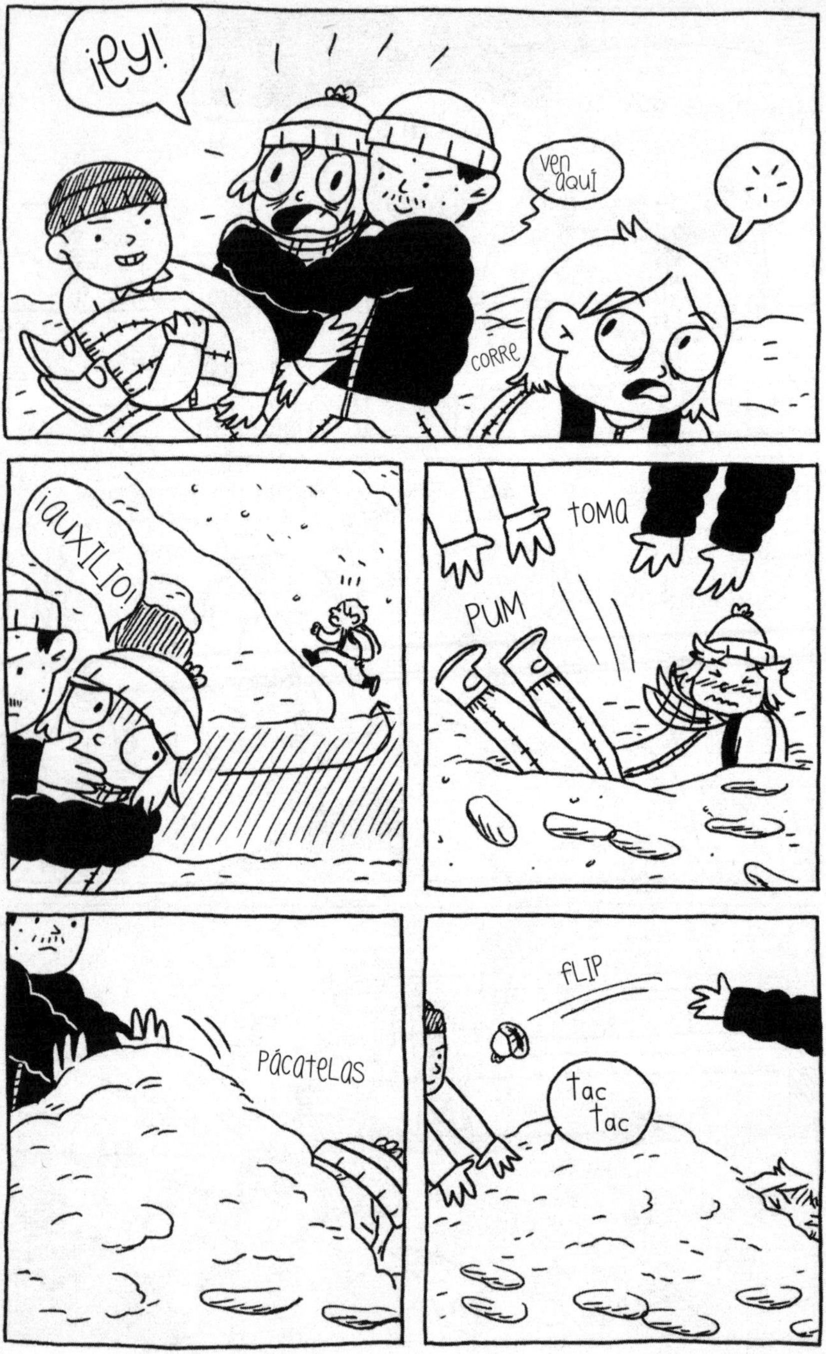
¡EY!
ven aquí
CORRE
¡AUXILIO!
toma
PUM
pácatelas
fLIP
tac tac

Mientras mis atacantes huían, vi que uno de ellos era un niño de secundaria que vivía en mi calle.

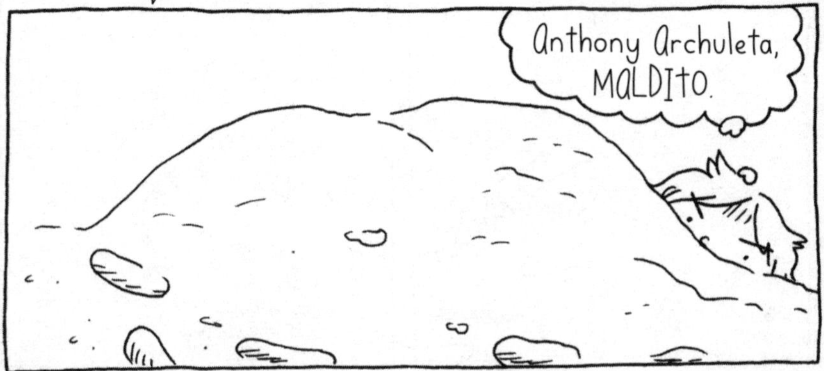
Anthony Archuleta, MALDITO.

Me daba miedo moverme: ¿qué tal que estaban esperando una excusa para enterrarme todavía más?

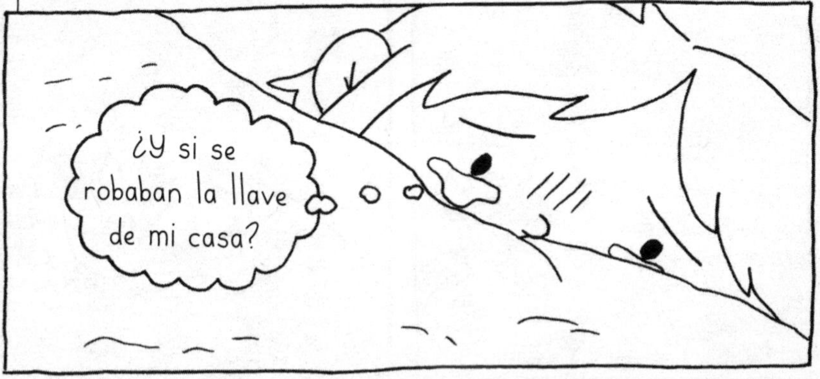
¿Y si se robaban la llave de mi casa?

tenía el brazo izquierdo doblado debajo de mí. Me dolía tanto que pensé que se me había roto.

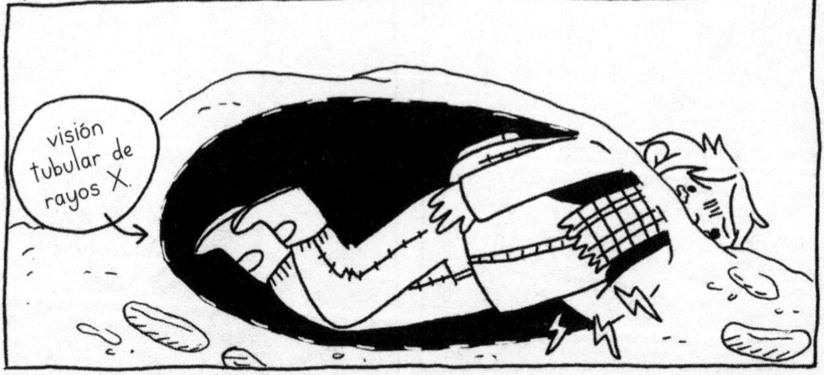
visión tubular de rayos X.

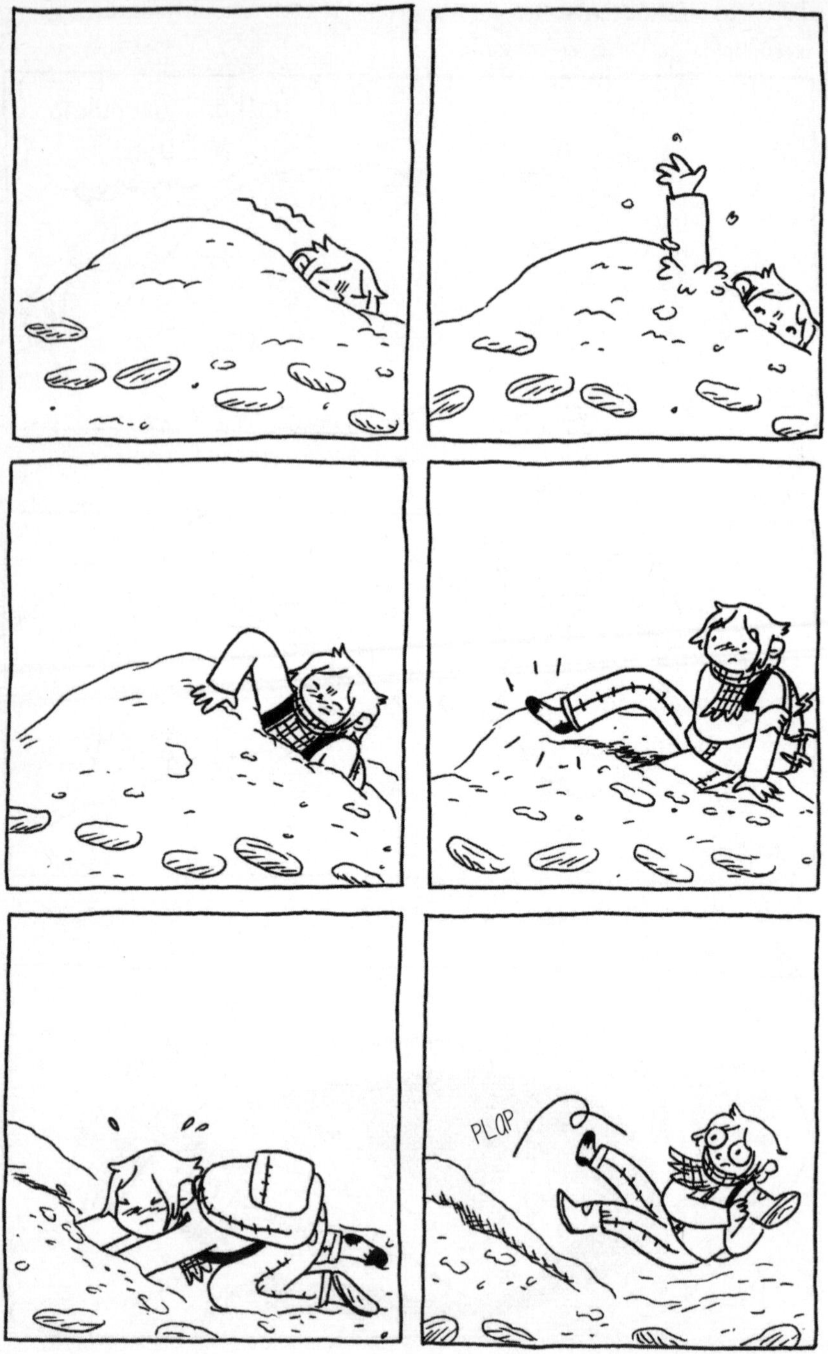
PLAP

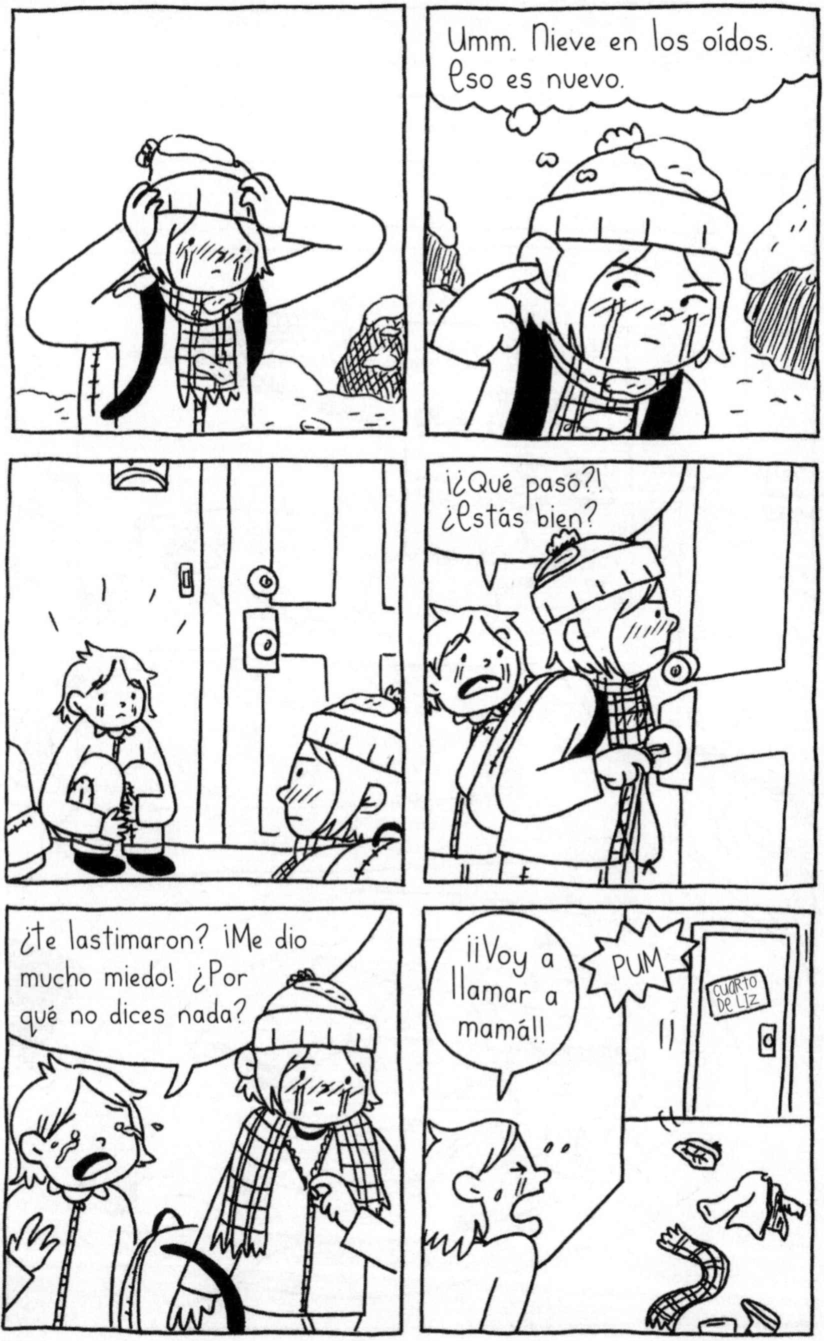
Umm. Nieve en los oídos. Eso es nuevo.
¡¿Qué pasó?! ¿Estás bien?
¿Te lastimaron? ¡Me dio mucho miedo! ¿Por qué no dices nada?
¡¡Voy a llamar a mamá!!
PUM
CUARTO DE LIZ

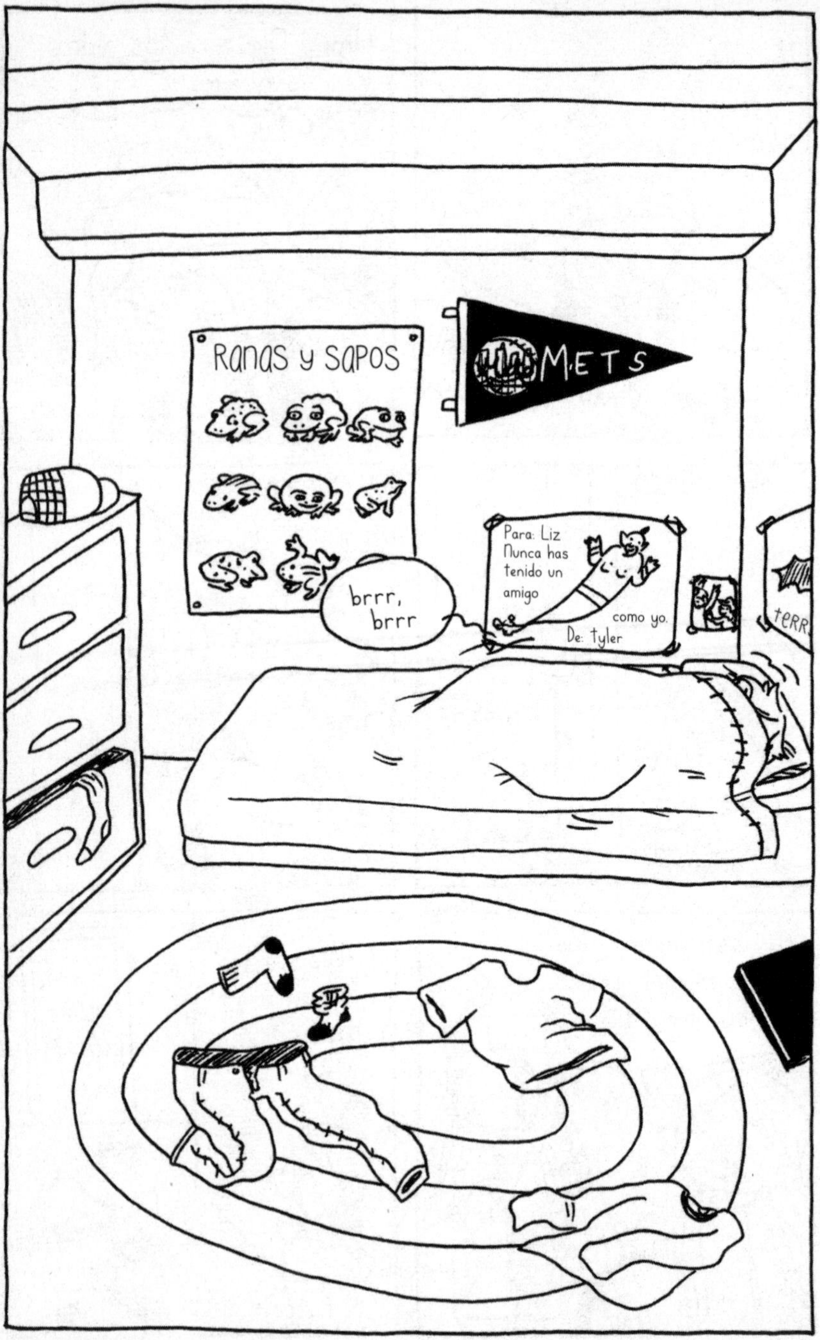
Ranas y sapos
METS
brrr,
brrr
Para: Liz
Nunca has
tenido un
amigo
como yo.
De: tyler

CAPÍTULO 7

Querido diario: Tyler ya no es mi amigo. Se la pasa todo el tiempo con ese niño, Billy.

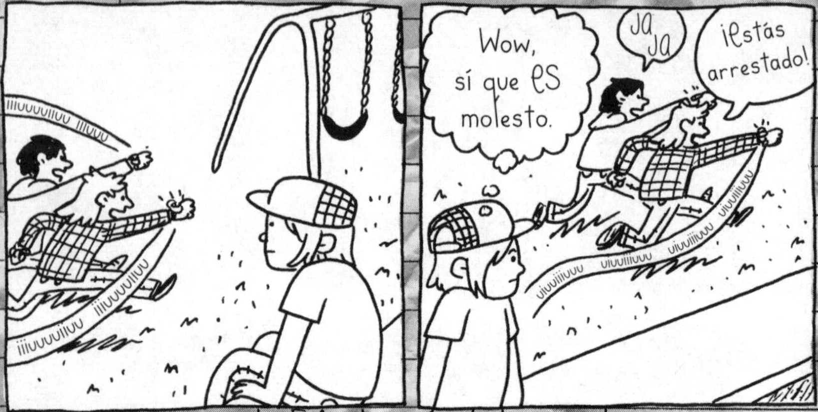
Wow, sí que es molesto.
ja ja
¡Estás arrestado!

Ahora voy a casa de Erin después de la escuela, y su perro se roba mi comida a cada rato.

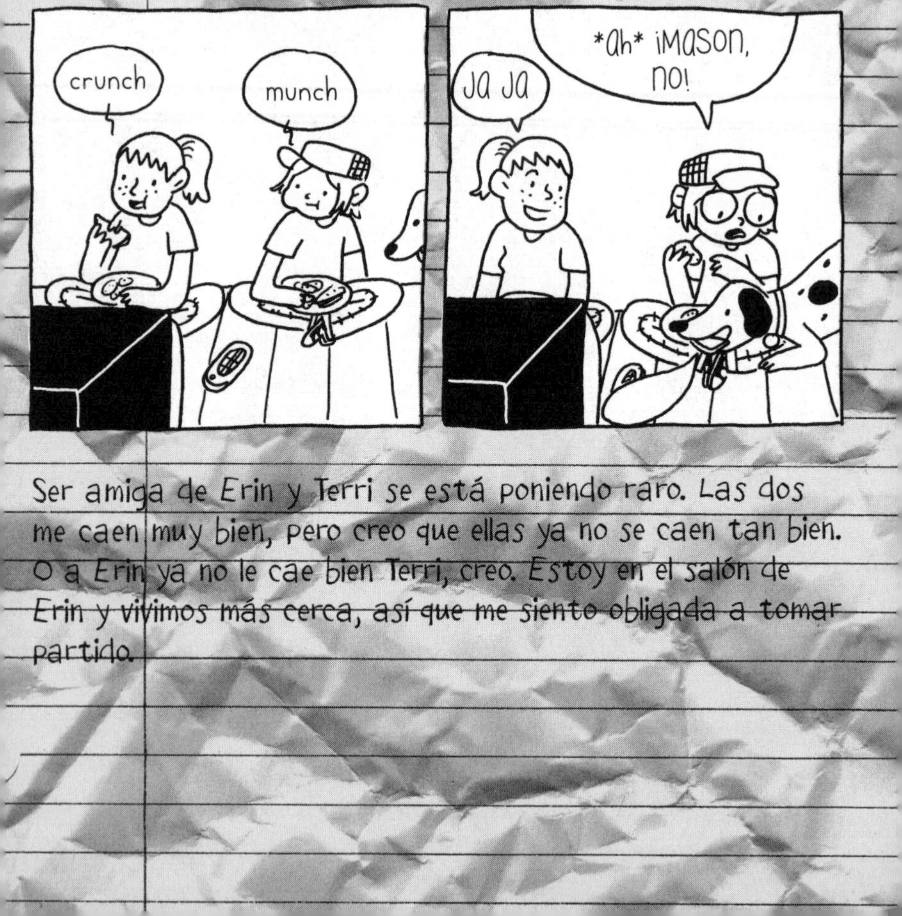
crunch
munch
ja ja
ah ¡Mason, no!

Ser amiga de Erin y Terri se está poniendo raro. Las dos me caen muy bien, pero creo que ellas ya no se caen tan bien. O a Erin ya no le cae bien Terri, creo. Estoy en el salón de Erin y vivimos más cerca, así que me siento obligada a tomar partido.

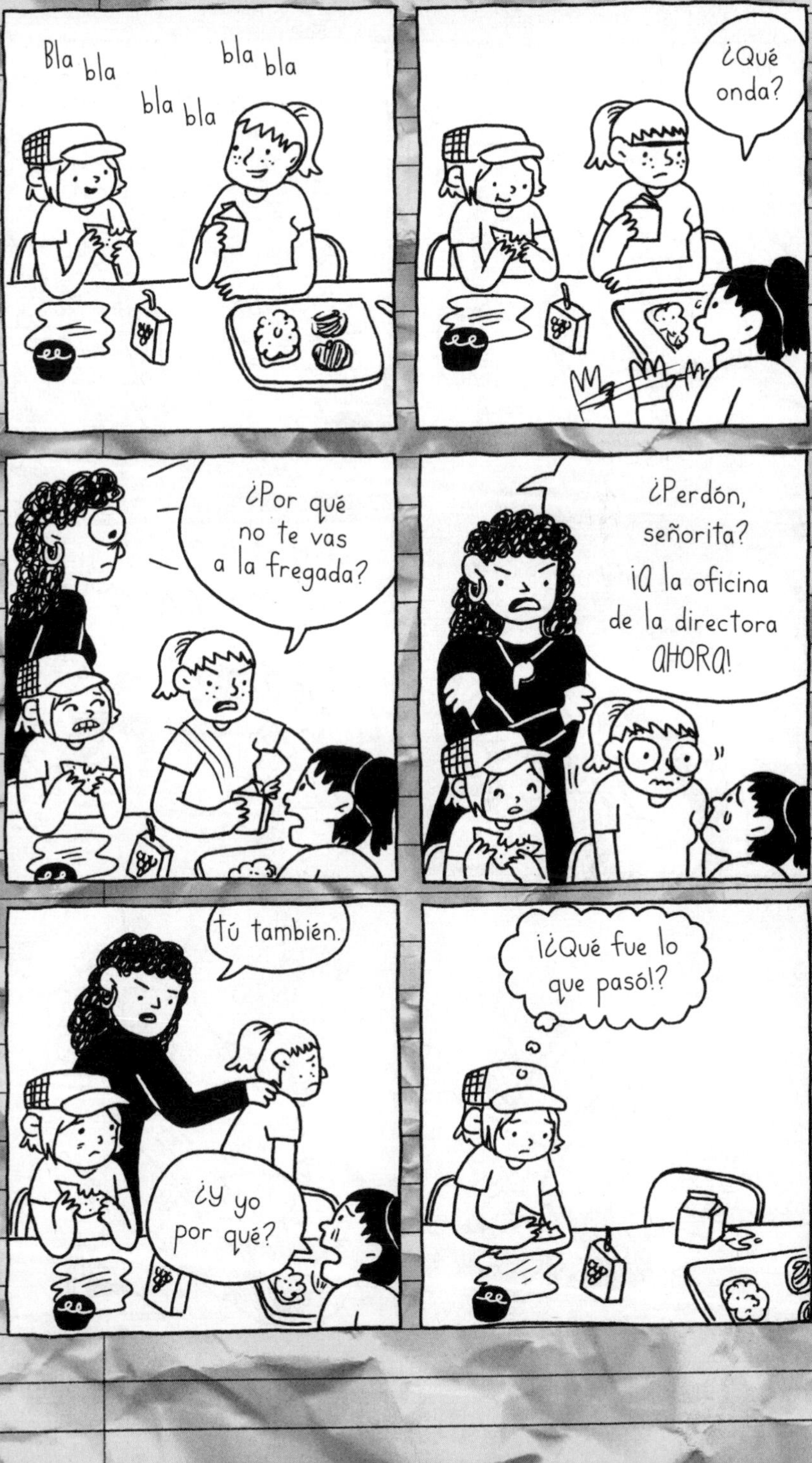
Bla bla
bla bla
bla bla
¿Qué onda?
¿Por qué no te vas a la fregada?
¿Perdón, señorita?
¡A la oficina de la directora AHORA!
Tú también.
¿Y yo por qué?
¡¿Qué fue lo que pasó!?

A veces Erin también es una idiota conmigo.

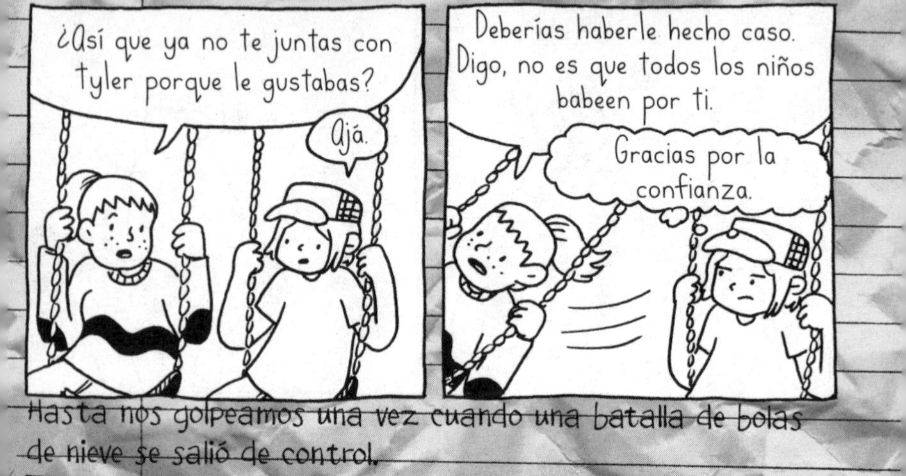
¿Así que ya no te juntas con tyler porque le gustabas?
Ajá.
Deberías haberle hecho caso. Digo, no es que todos los niños babeen por ti.
Gracias por la confianza.

~~Hasta nos golpeamos una vez cuando una batalla de bolas de nieve se salió de control.~~

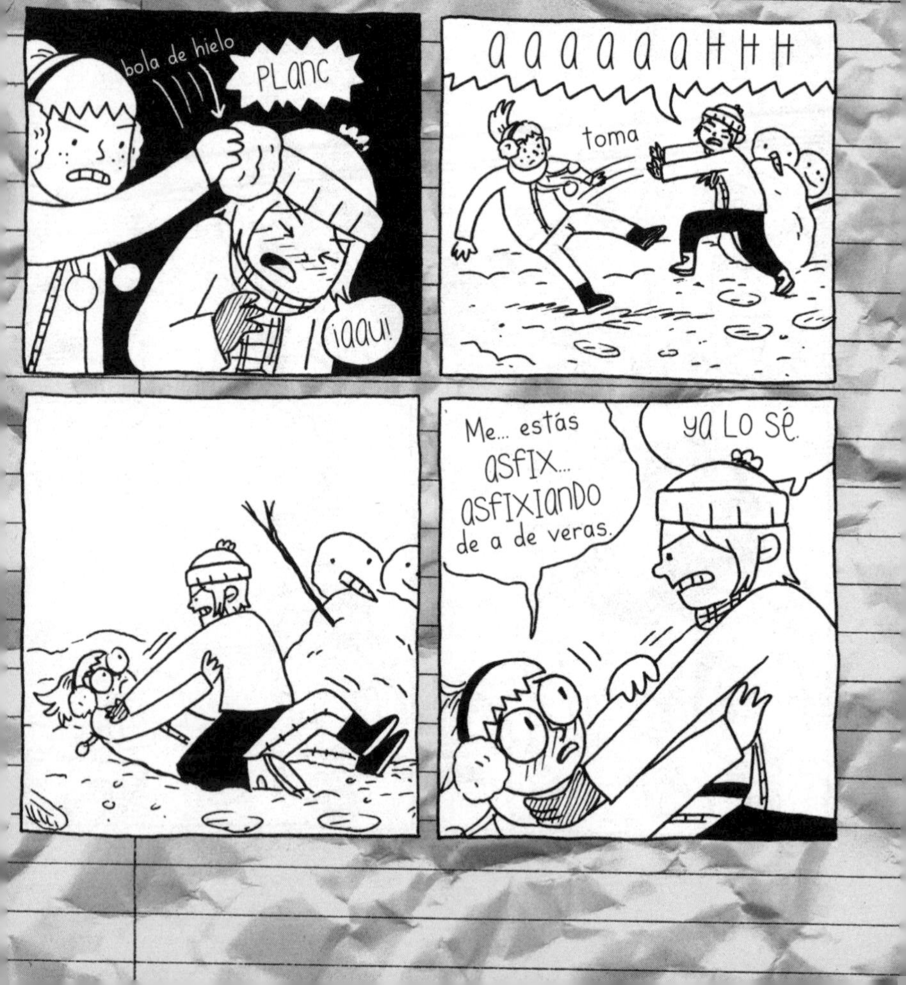
bola de hielo
PLANC
¡AAU!
AAAAAAHHH
toma
Me... estás ASFIX... ASFIXIANDO de a de veras.
YA LO SÉ.

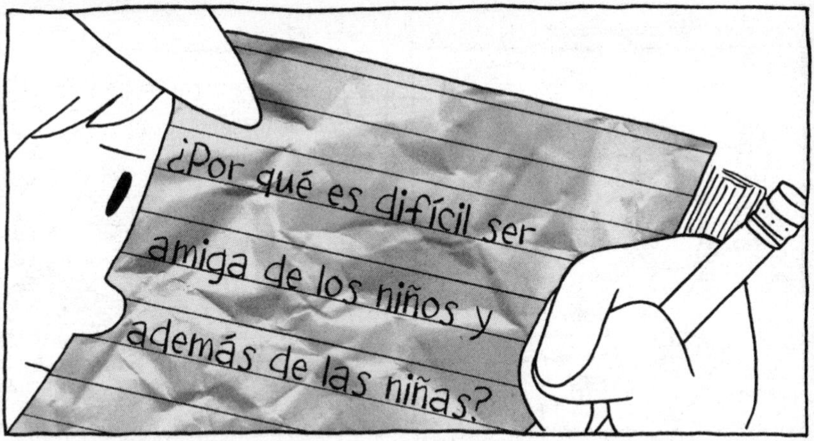
¿Por qué es difícil ser amiga de los niños y además de las niñas?

A medida que se acercaba el fin de año, las pláticas sobre la secundaria a la que irían todos invadieron el patio.

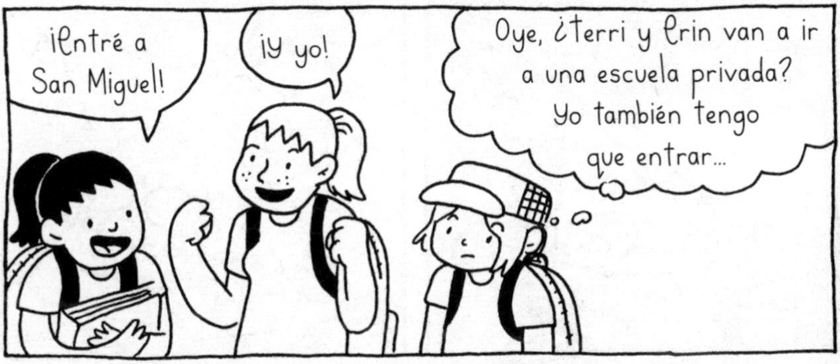
¡Entré a San Miguel!
¡Y yo!
Oye, ¿Terri y Erin van a ir a una escuela privada? Yo también tengo que entrar...

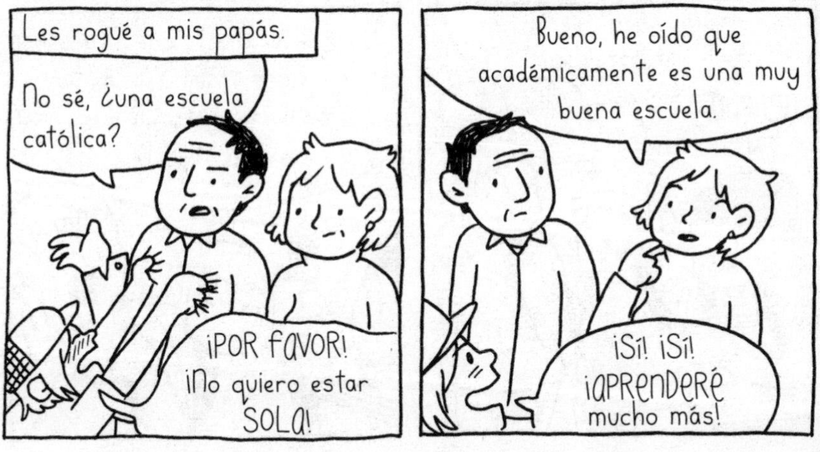
Les rogué a mis papás.
No sé, ¿una escuela católica?
¡POR FAVOR! ¡No quiero estar SOLA!
Bueno, he oído que académicamente es una muy buena escuela.
¡Sí! ¡Sí! ¡APRENDERÉ mucho más!

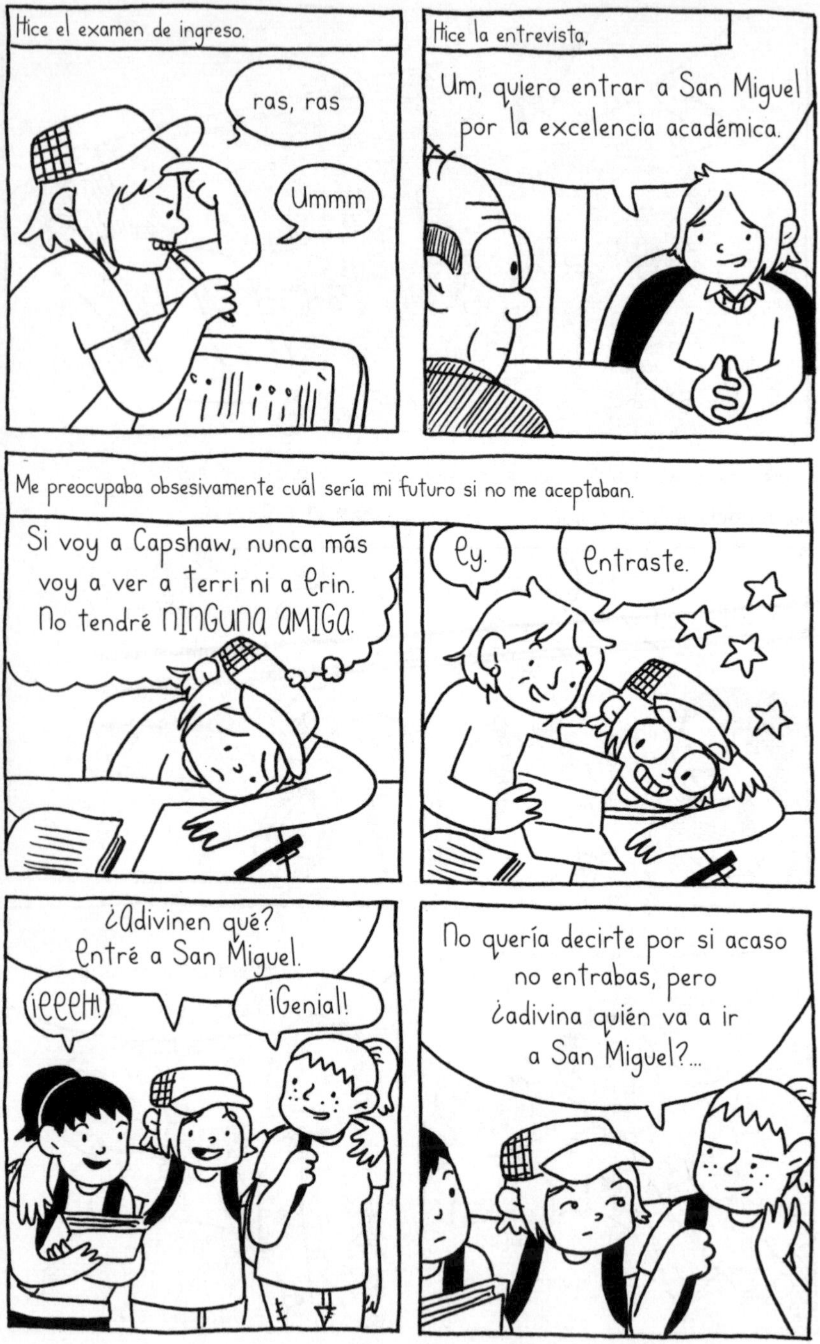
Hice el examen de ingreso.
ras, ras
Ummm
Hice la entrevista,
Um, quiero entrar a San Miguel por la excelencia académica.
Me preocupaba obsesivamente cuál sería mi futuro si no me aceptaban.
Si voy a Capshaw, nunca más voy a ver a Terri ni a Erin. No tendré NINGUNA AMIGA.
Ey.
Entraste.
¿Adivinen qué? Entré a San Miguel.
¡EEEH!
¡Genial!
No quería decirte por si acaso no entrabas, pero ¿adivina quién va a ir a San Miguel?...

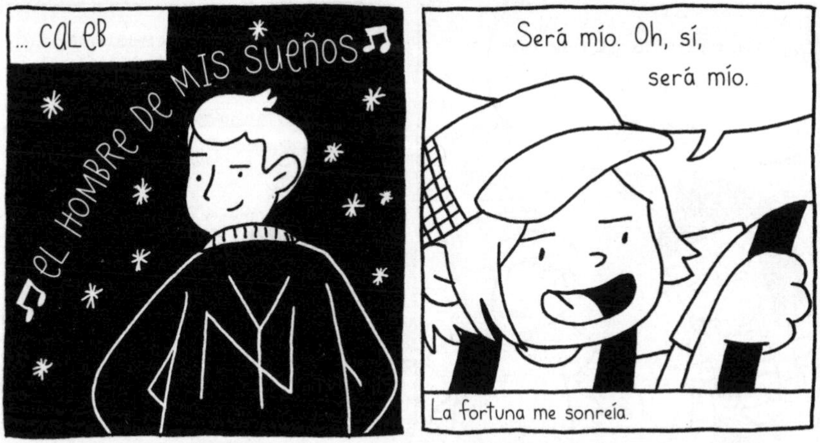
... Caleb
EL HOMBRE DE MIS SUEÑOS
Será mío. Oh, sí, será mío.
La fortuna me sonreía.

Según un juego de teléfono descompuesto, parecía que había alguna esperanza para mi crush por Caleb.

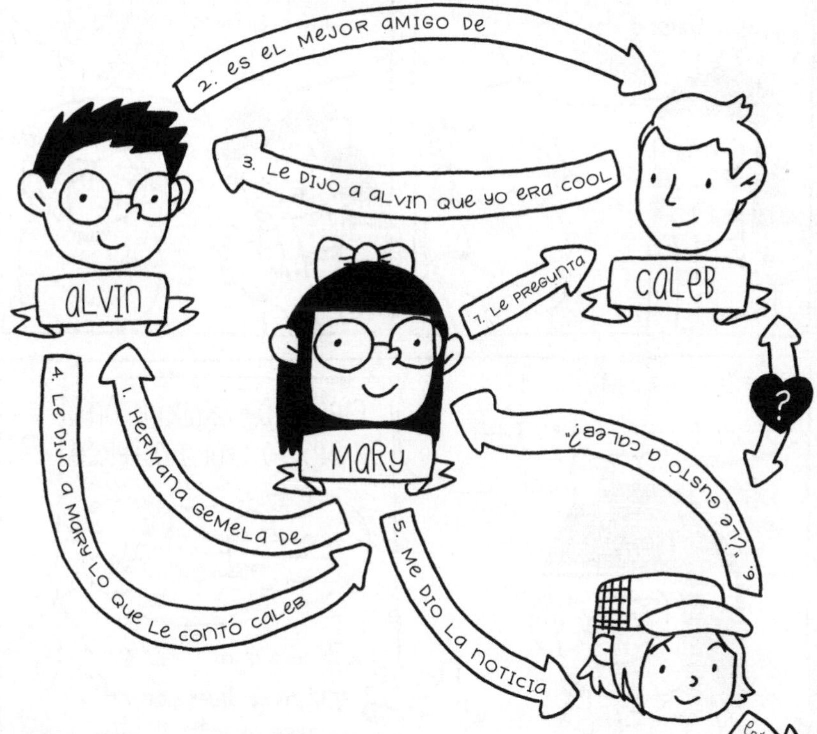
2. es el mejor amigo de
3. Le dijo a Alvin que yo era cool
Alvin
Caleb
Mary
1. Hermana gemela de
4. Le dijo a Mary lo que le contó Caleb
5. Me dio la noticia
6. "¿Le gusto a Caleb?"
7. Le pregunta
?
Entonces

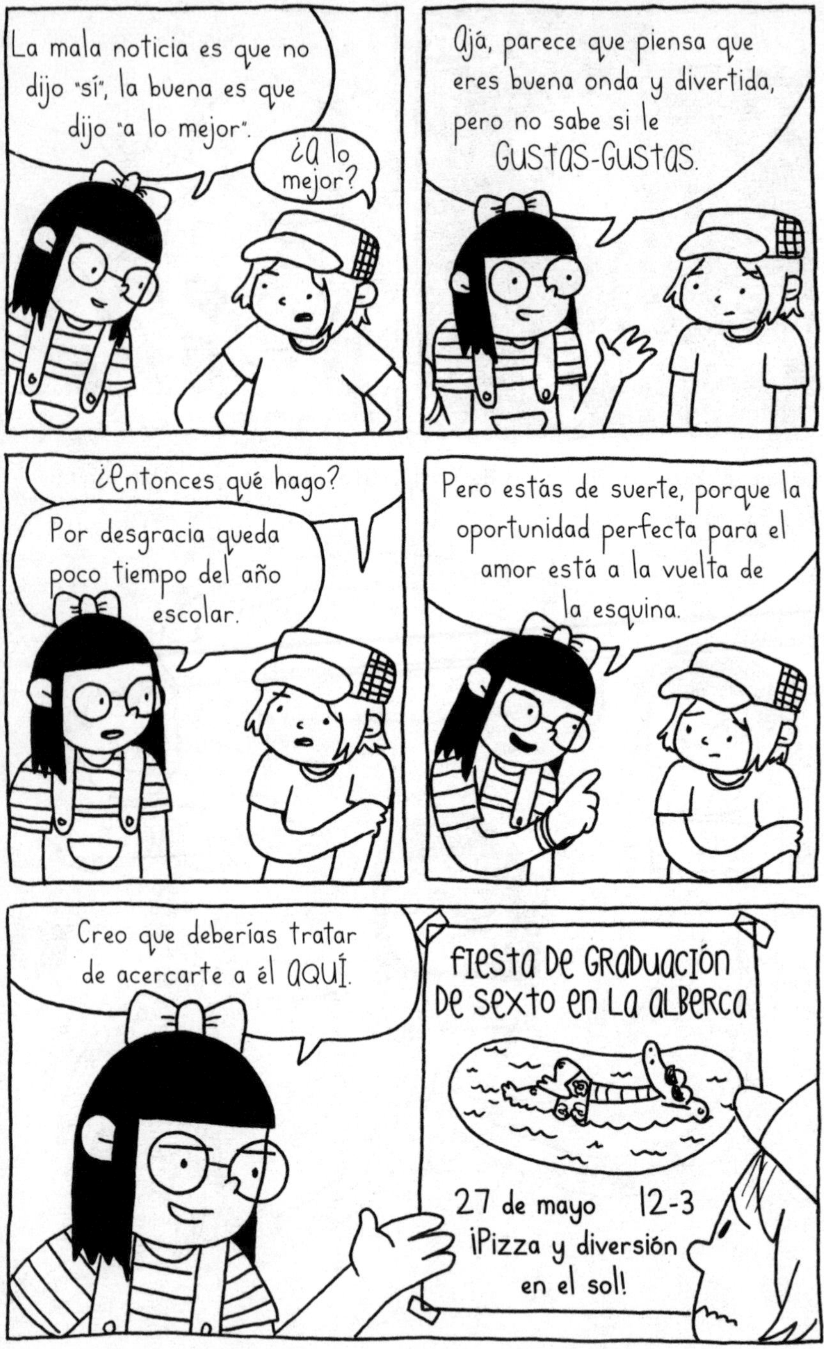
La mala noticia es que no dijo "sí", la buena es que dijo "a lo mejor".
¿A lo mejor?
Ajá, parece que piensa que eres buena onda y divertida, pero no sabe si le GUSTAS-GUSTAS.
¿Entonces qué hago?
Por desgracia queda poco tiempo del año escolar.
Pero estás de suerte, porque la oportunidad perfecta para el amor está a la vuelta de la esquina.
Creo que deberías tratar de acercarte a él AQUÍ.
FIESTA DE GRADUACIÓN DE SEXTO EN LA ALBERCA
27 de mayo 12-3
¡Pizza y diversión en el sol!

Esto era 1,000 veces peor que el campamento de las Niñas Exploradoras. Por lo menos ahí no tenía que preocuparme de lo que los NIÑOS pudieran pensar de mi cuerpo. ¿Y se suponía que además debía tratar de ligarme a alguien? Era una LOCURA.

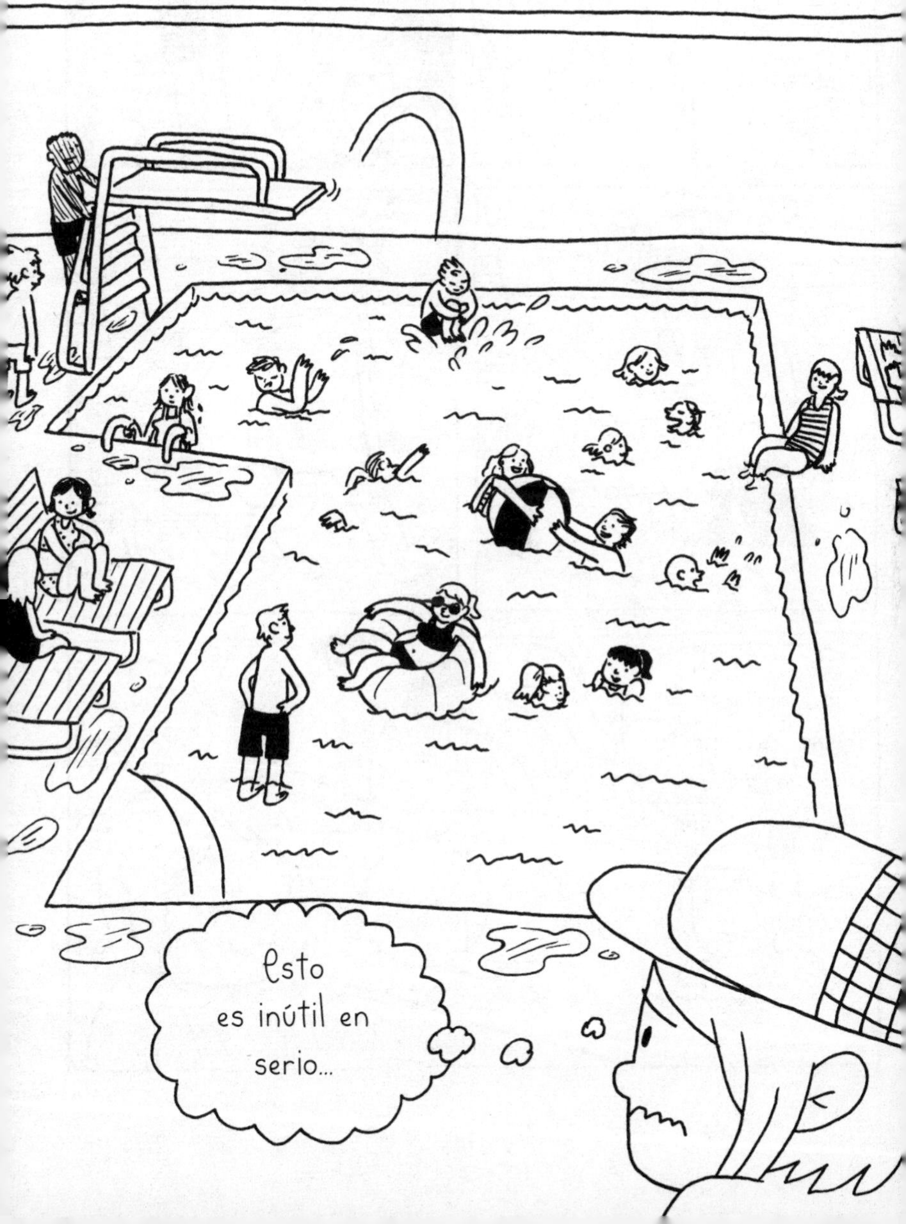
Esto es inútil en serio...

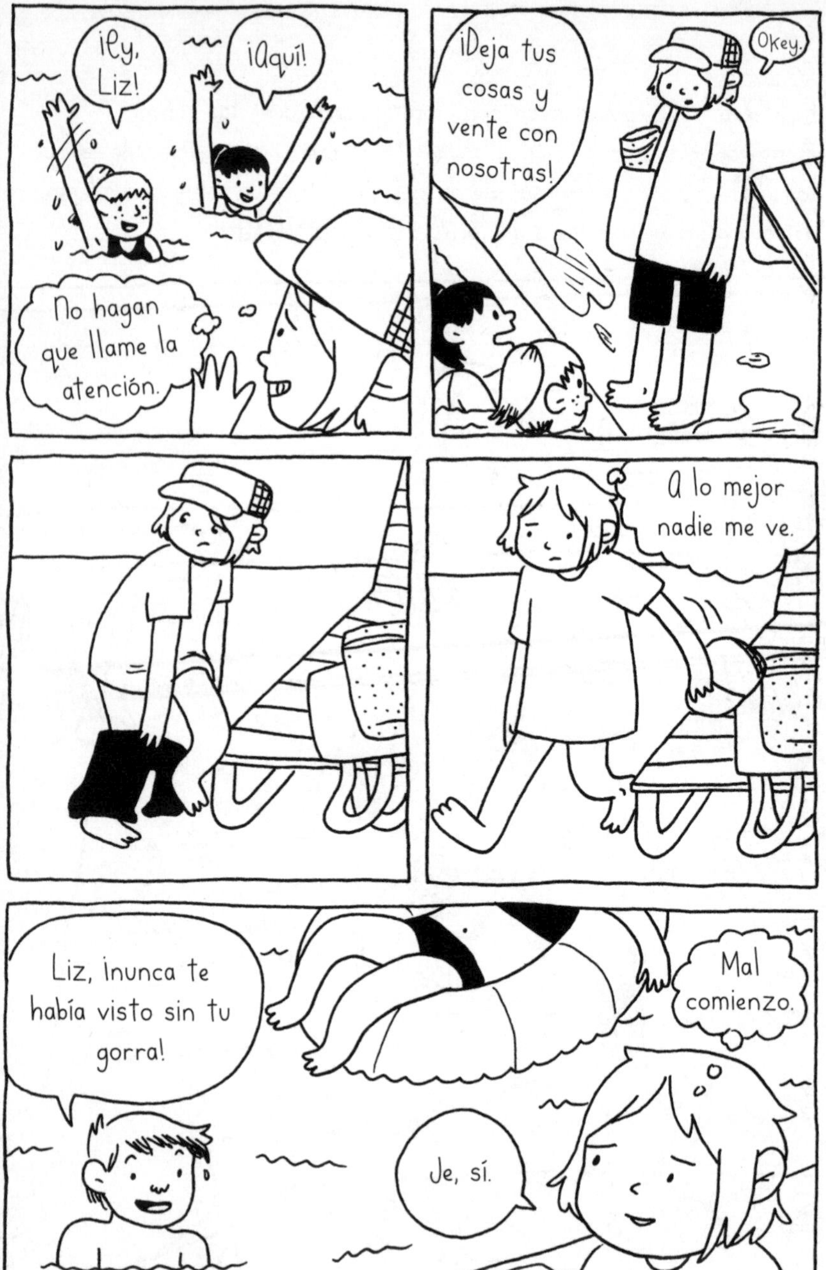
¡Ey, Liz!
¡Aquí!
No hagan que llame la atención.
¡Deja tus cosas y vente con nosotras!
Okey.
A lo mejor nadie me ve.
Liz, ¡nunca te había visto sin tu gorra!
Mal comienzo.
Je, sí.

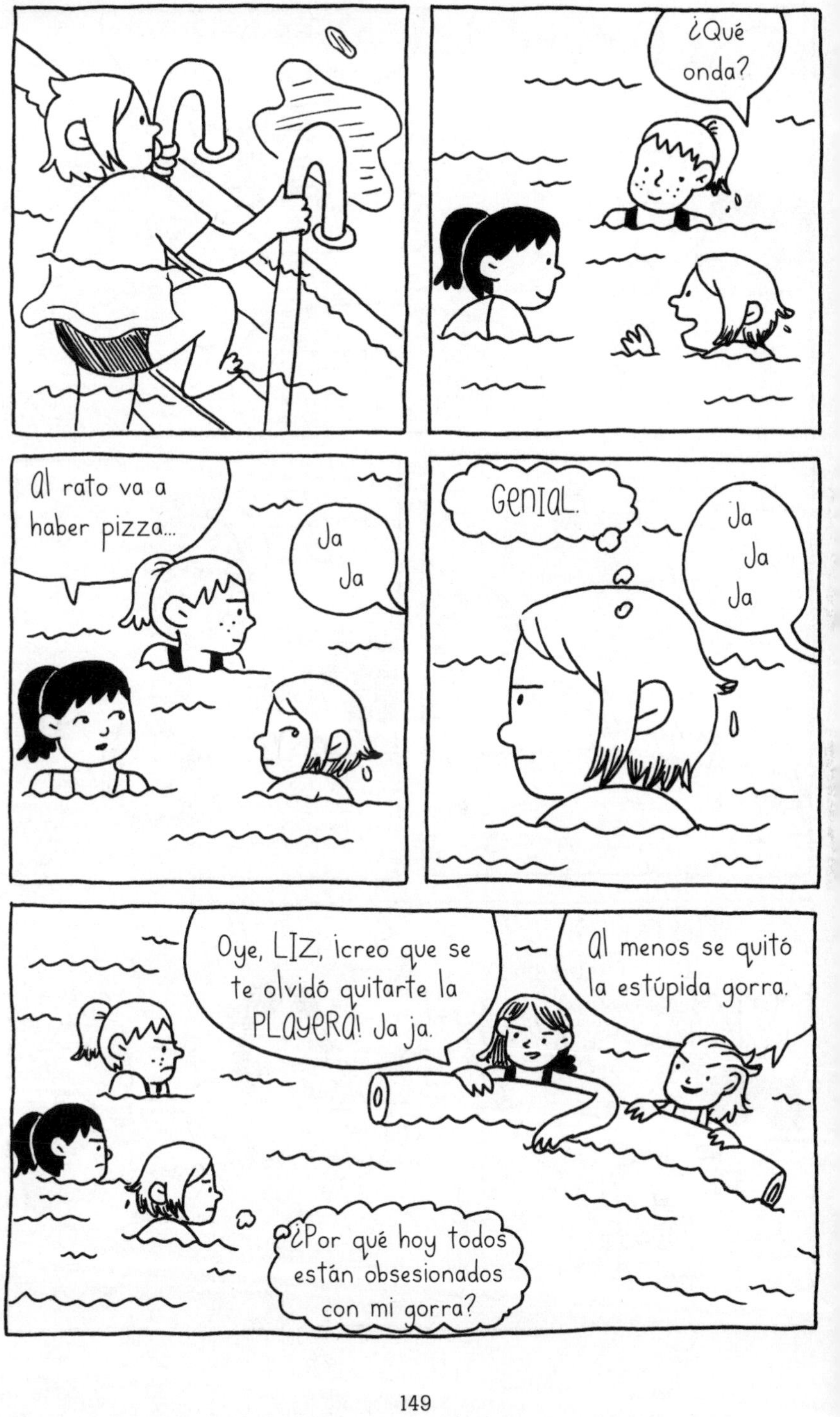
¿Qué onda?
Al rato va a haber pizza...
Ja Ja
GENIAL.
Ja Ja Ja
Oye, LIZ, ¡creo que se te olvidó quitarte la PLAYERA! Ja ja.
Al menos se quitó la estúpida gorra.
¿Por qué hoy todos están obsesionados con mi gorra?

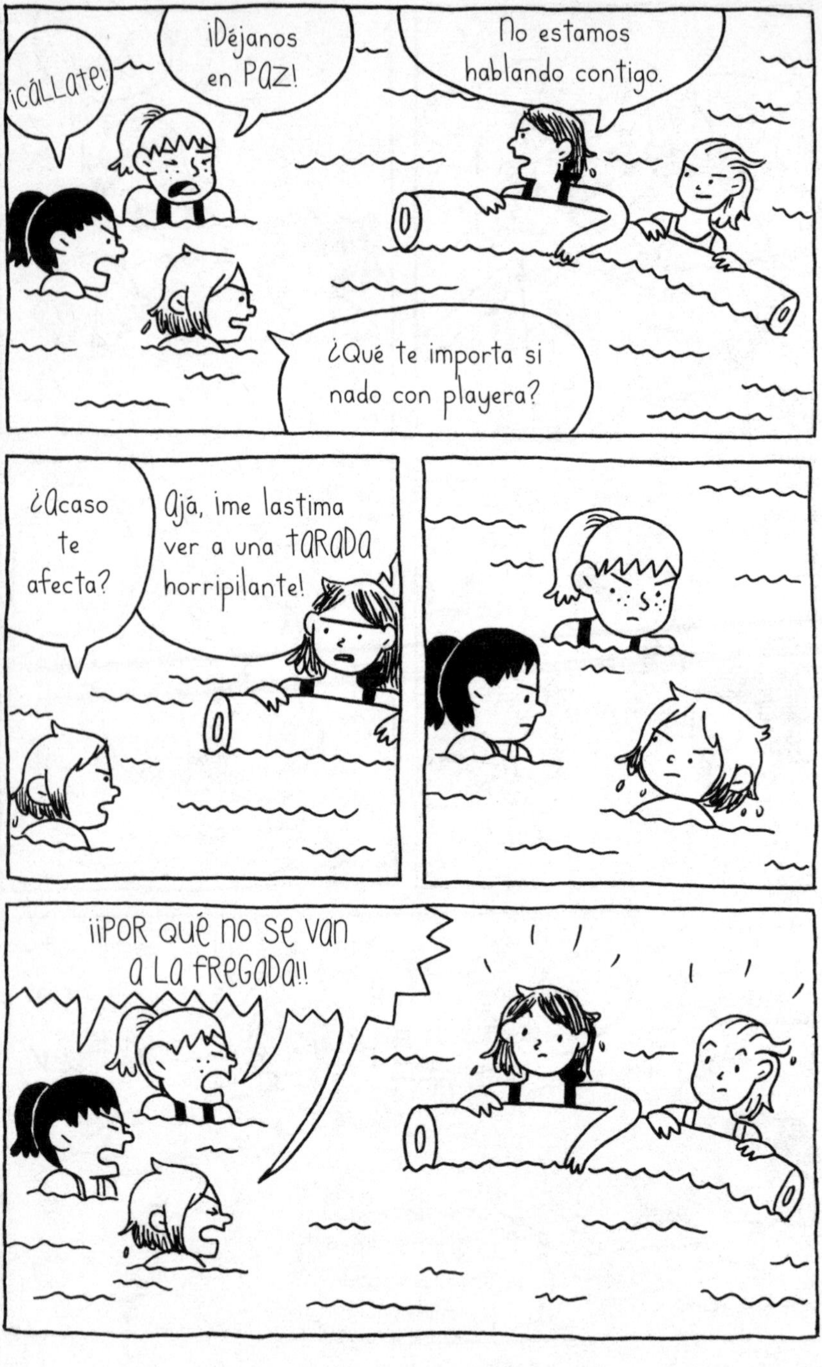
¡CÁLLATE!
¡Déjanos en PAZ!
No estamos hablando contigo.
¿Qué te importa si nado con playera?
¿Acaso te afecta?
Ajá, ¡me lastima ver a una TARADA horripilante!
¡¡POR QUÉ NO SE VAN A LA FREGADA!!

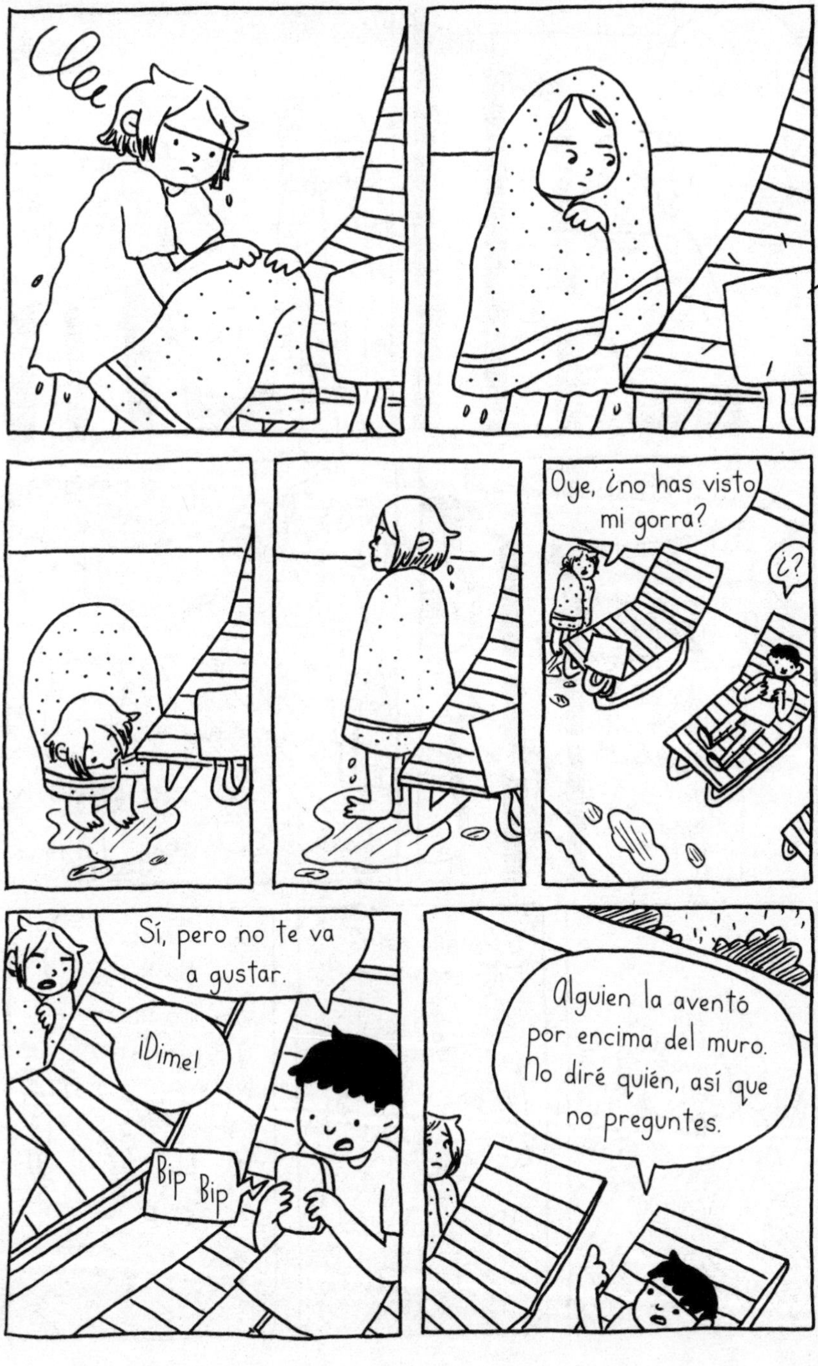
Oye, ¿no has visto mi gorra?
¿?
Sí, pero no te va a gustar.
¡Dime!
Bip Bip
Alguien la aventó por encima del muro. No diré quién, así que no preguntes.

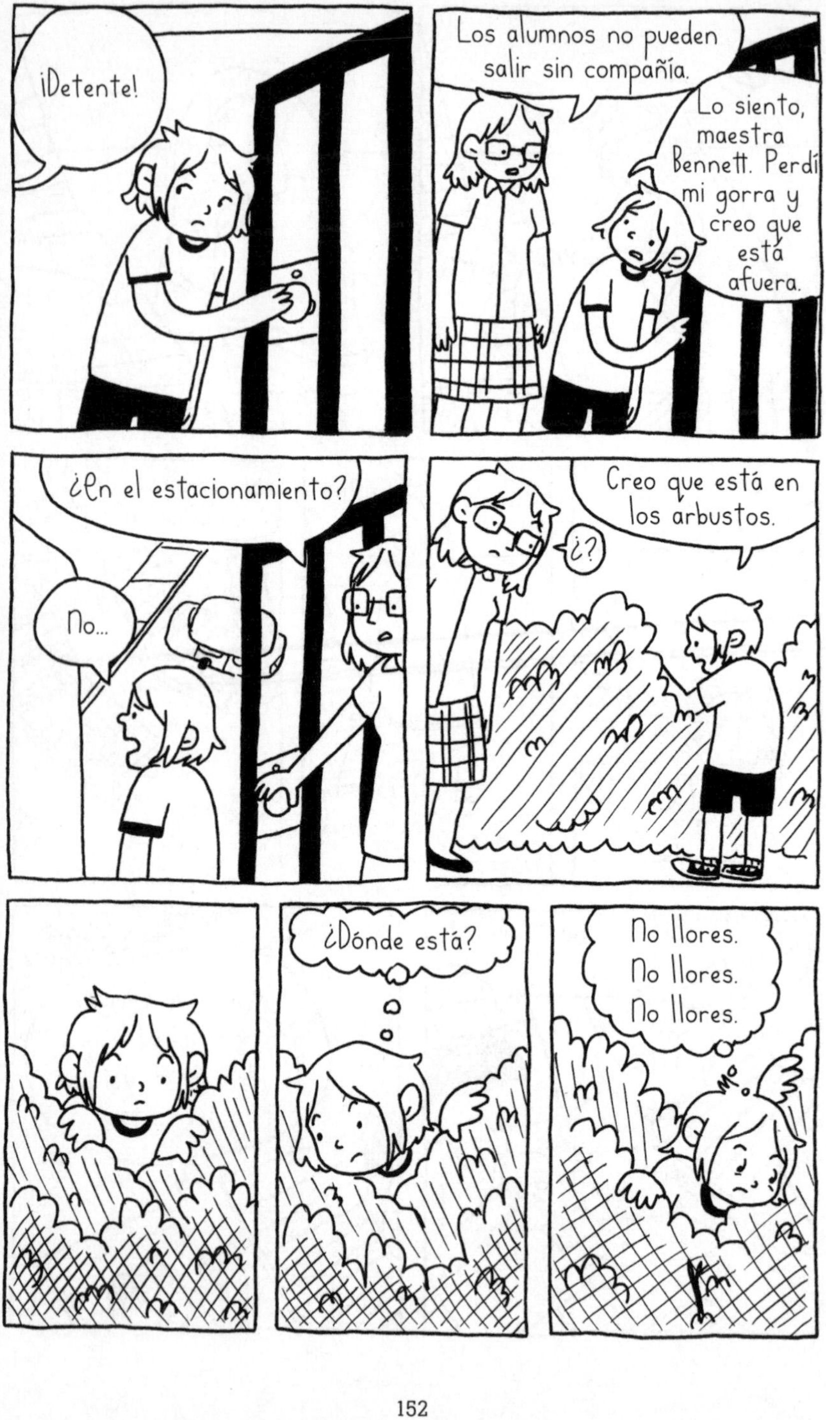
¡Detente!
Los alumnos no pueden salir sin compañía.
Lo siento, maestra Bennett. Perdí mi gorra y creo que está afuera.
¿En el estacionamiento?
No...
¿?
Creo que está en los arbustos.
¿Dónde está?
No llores. No llores. No llores.

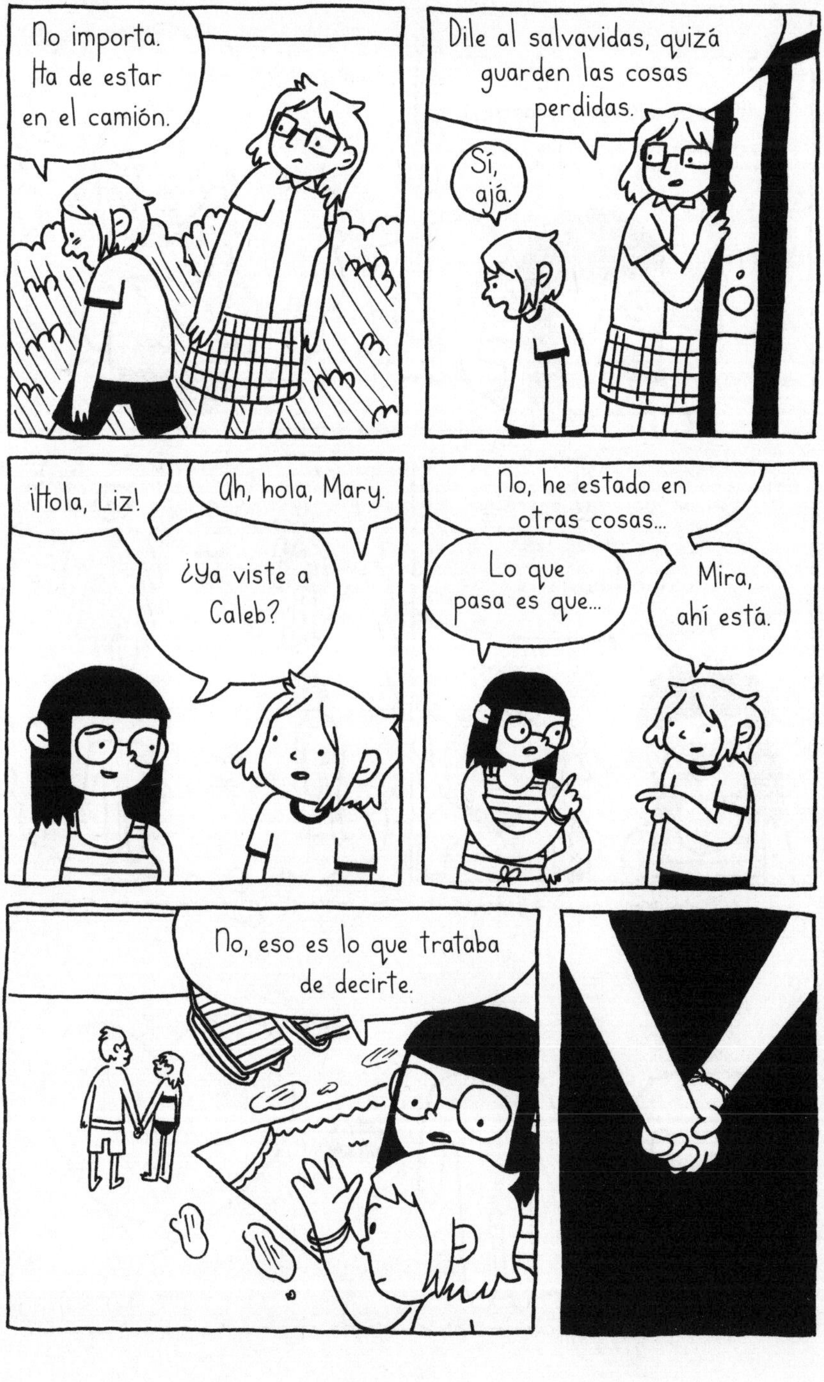
No importa. Ha de estar en el camión.
Dile al salvavidas, quizá guarden las cosas perdidas.
Sí, ajá.
¡Hola, Liz!
Ah, hola, Mary.
¿Ya viste a Caleb?
No, he estado en otras cosas...
Lo que pasa es que...
Mira, ahí está.
No, eso es lo que trataba de decirte.

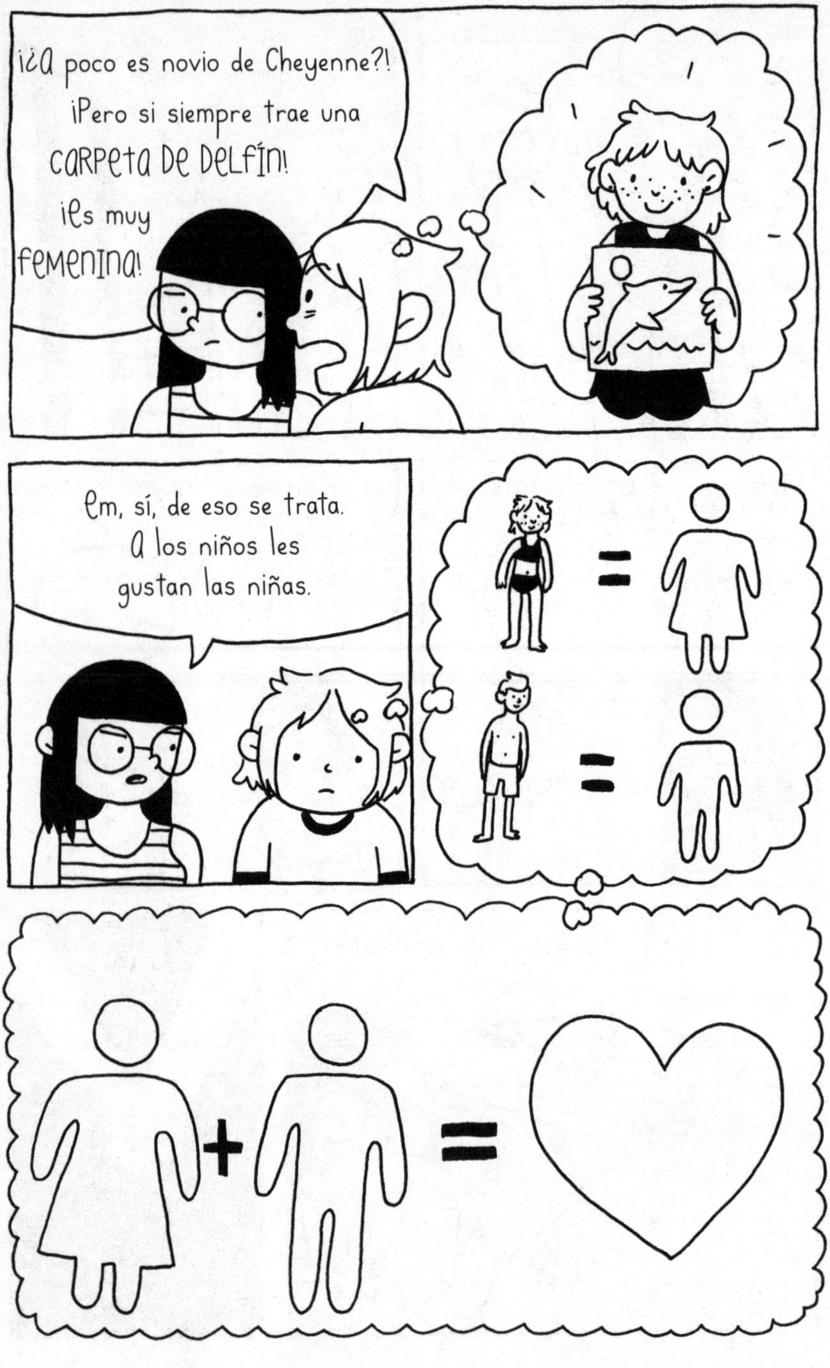
¡¿A poco es novio de Cheyenne?!
¡Pero si siempre trae una CARPETA DE DELFÍN!
¡Es muy FEMENINA!
Em, sí, de eso se trata. A los niños les gustan las niñas.

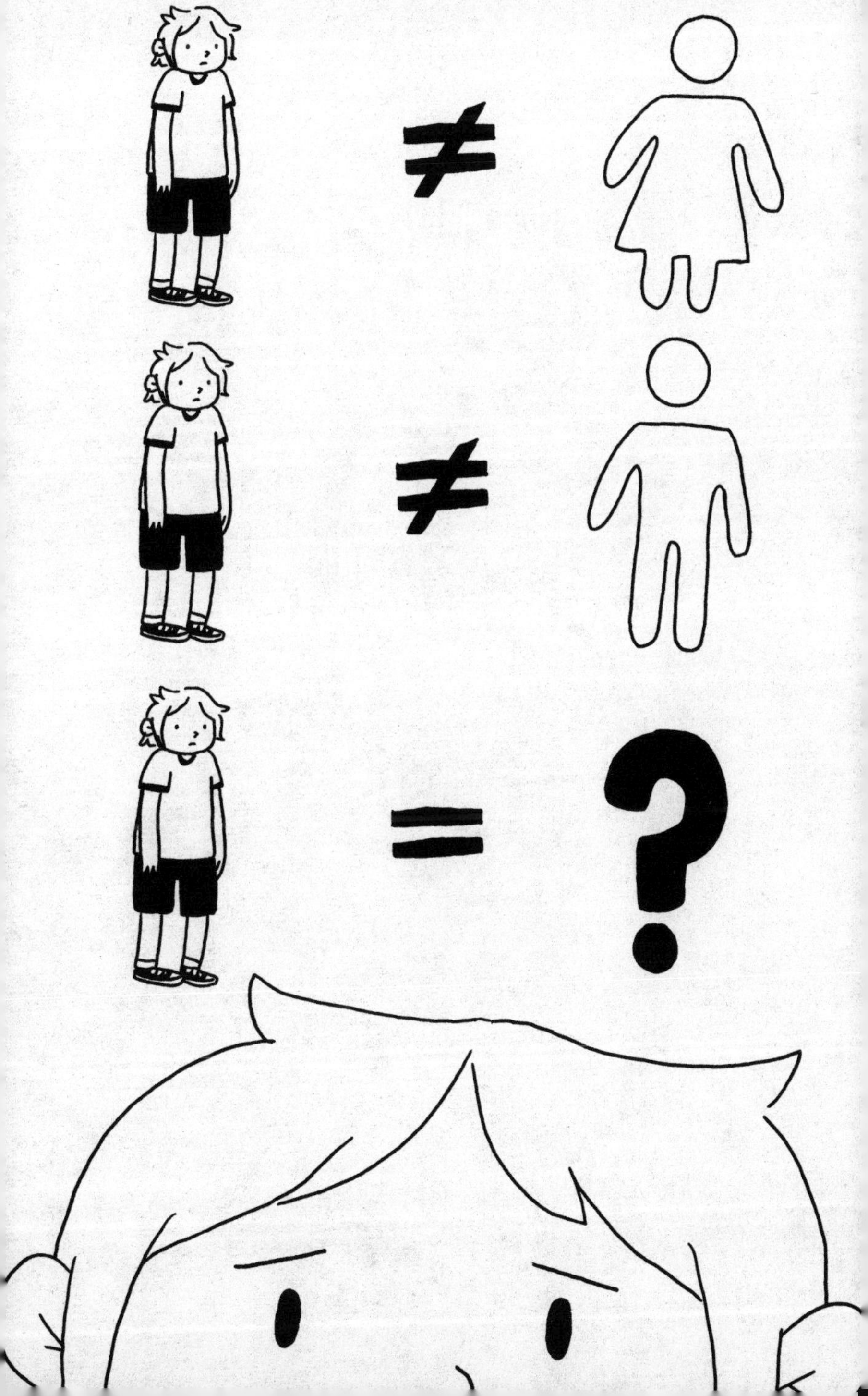

CAPÍTULO 8

fue increíblemente fácil hacer nuevas amistades en la secundaria. Seguía siendo amiga de Terri y Erin, pero las cosas estaban cambiando. Luchábamos por nuestros propios espacios en la cadena alimenticia social.

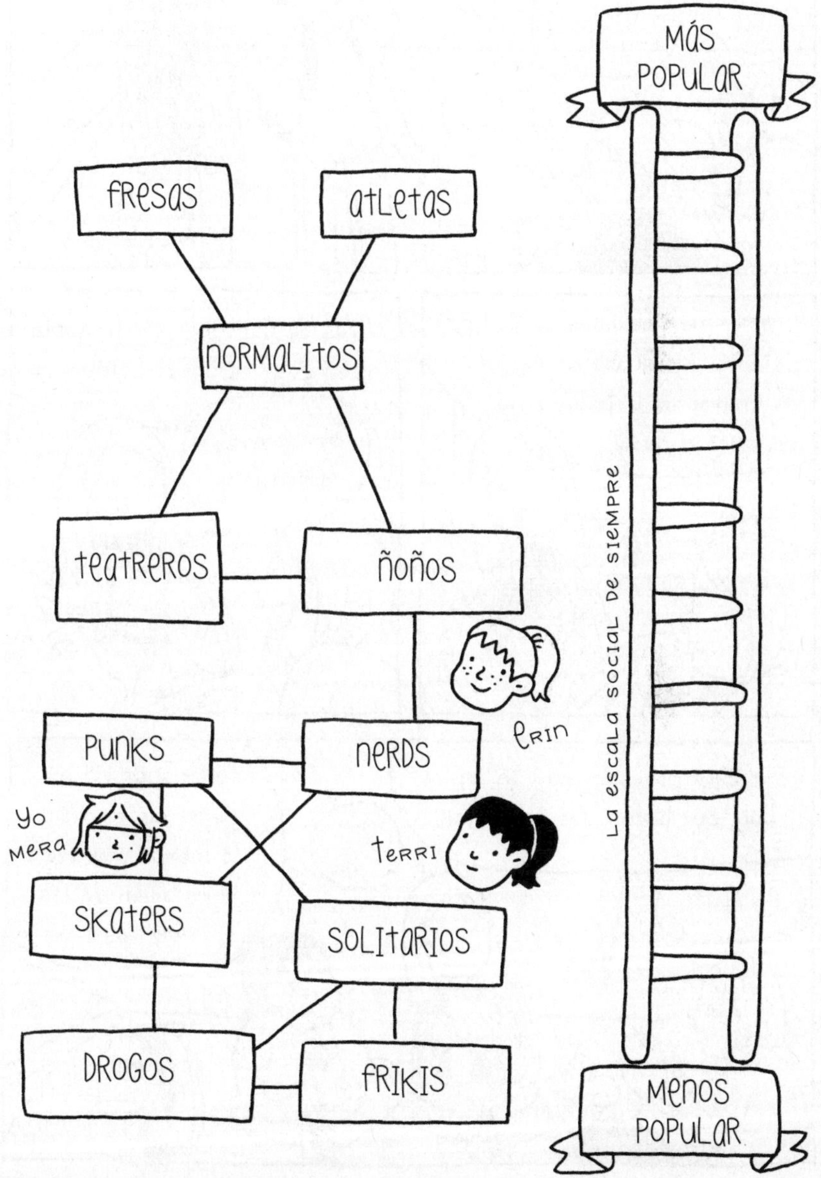
fresas
atletas
normalitos
teatreros
ñoños
punks
nerds
skaters
solitarios
drogos
frikis
Erin
Yo mera
Terri
Más popular
La escala social de siempre
Menos popular

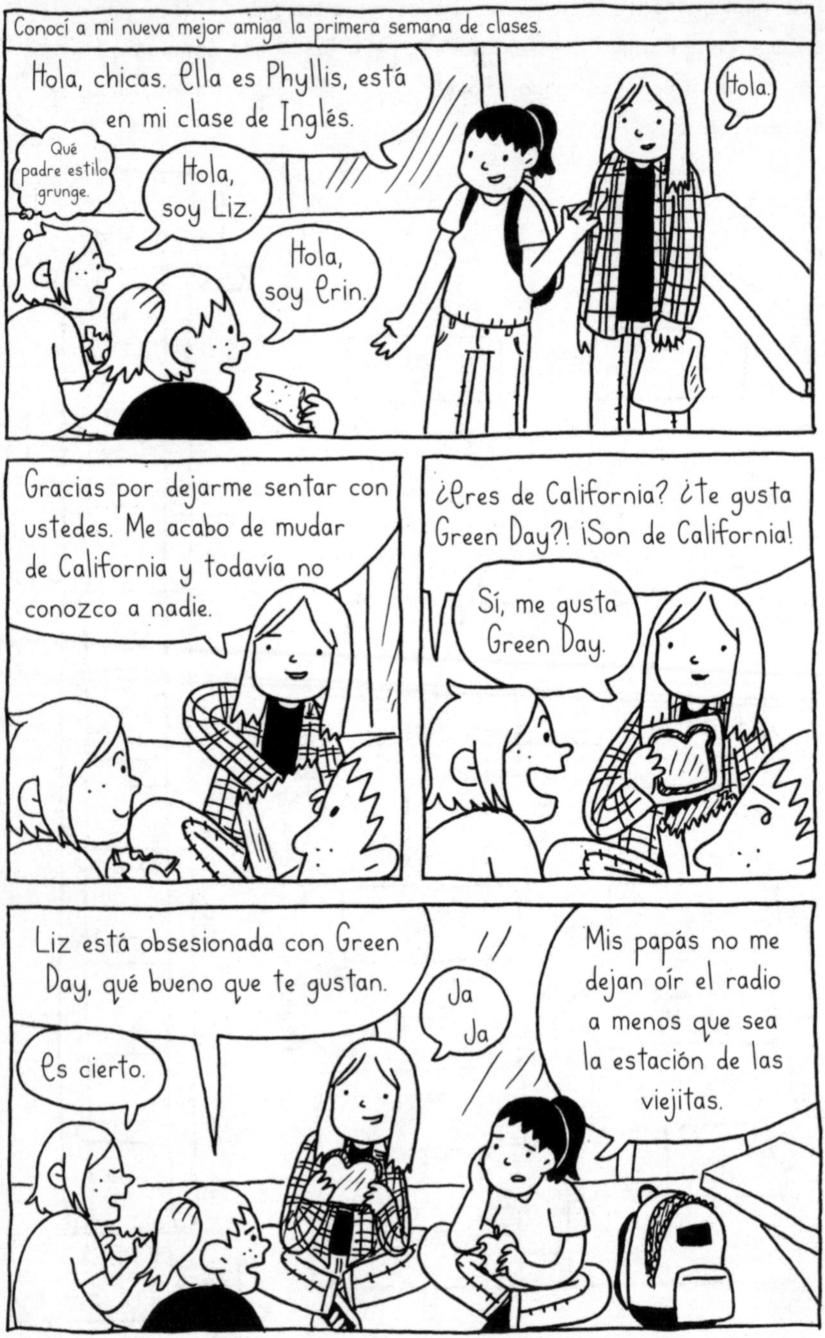

Conocí a mi nueva mejor amiga la primera semana de clases.
Hola, chicas. Ella es Phyllis, está en mi clase de Inglés.
Hola.
Qué padre estilo grunge.
Hola, soy Liz.
Hola, soy Erin.
Gracias por dejarme sentar con ustedes. Me acabo de mudar de California y todavía no conozco a nadie.
¿Eres de California? ¿te gusta Green Day?! ¡Son de California!
Sí, me gusta Green Day.
Liz está obsesionada con Green Day, qué bueno que te gustan.
Es cierto.
Ja Ja
Mis papás no me dejan oír el radio a menos que sea la estación de las viejitas.

Phyllis vivía a una cuadra de la tienda de juguetes de mi mamá, así que cruzábamos la ciudad en el mismo camión todos los días después de la escuela.

PHyLLIS

* Lee cómics alternativos de los setenta.

* Sabe de grafiti, gracias a su hermano mayor.

* Le interesa andar en patineta.

* Le roba cigarros a su mamá.

* Es mucho menos inocente de lo que parece.

Con Phyllis salió mi lado rebelde.

¿Así?

Ajá, ahora sólo te falta inhalar.

¡Eso hago!

No es cierto

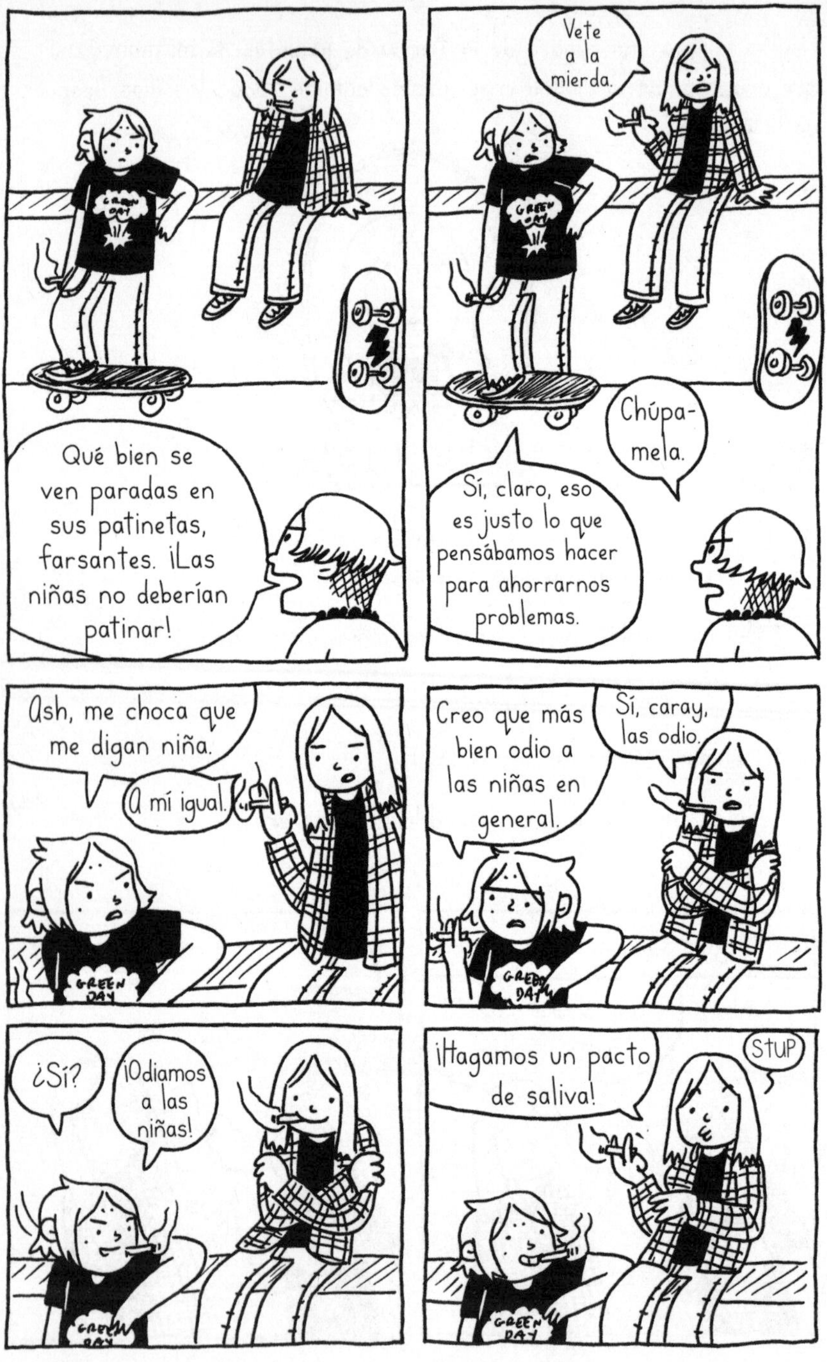
Qué bien se ven paradas en sus patinetas, farsantes. ¡Las niñas no deberían patinar!
Vete a la mierda.
Chúpamela.
Sí, claro, eso es justo lo que pensábamos hacer para ahorrarnos problemas.
Ash, me choca que me digan niña.
A mí igual.
Creo que más bien odio a las niñas en general.
Sí, caray, las odio.
¿Sí?
¡Odiamos a las niñas!
¡Hagamos un pacto de saliva!
STUP
GREEN DAY

Era cierto: estaba empezando odiar a las niñas.

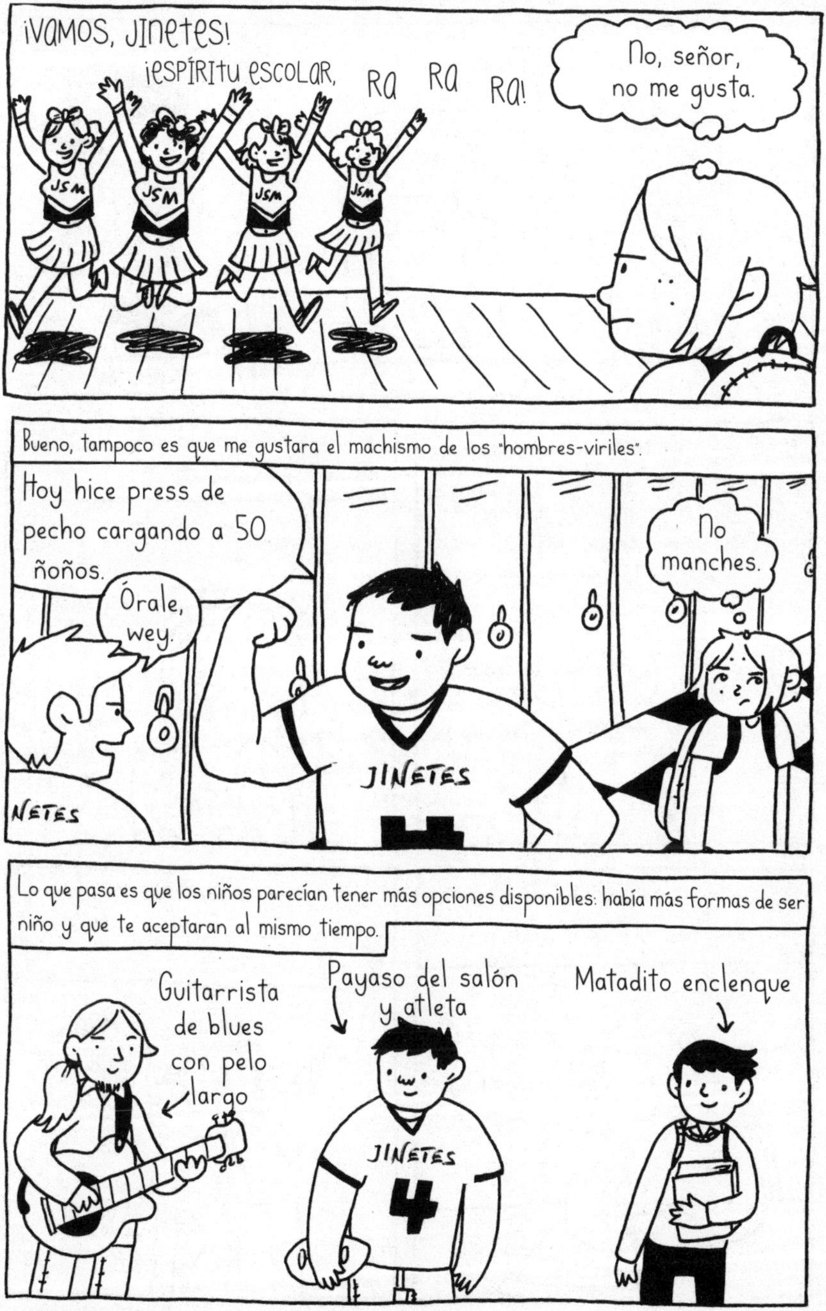
¡VAMOS, JINETES!
¡ESPÍRITU ESCOLAR,
RA RA RA!
No, señor, no me gusta.
JSM
Bueno, tampoco es que me gustara el machismo de los "hombres-viriles".
Hoy hice press de pecho cargando a 50 ñoños.
Órale, wey.
No manches.
JINETES
NETES
Lo que pasa es que los niños parecían tener más opciones disponibles: había más formas de ser niño y que te aceptaran al mismo tiempo.
Guitarrista de blues con pelo largo
Payaso del salón y atleta
Matadito enclenque
JINETES
4

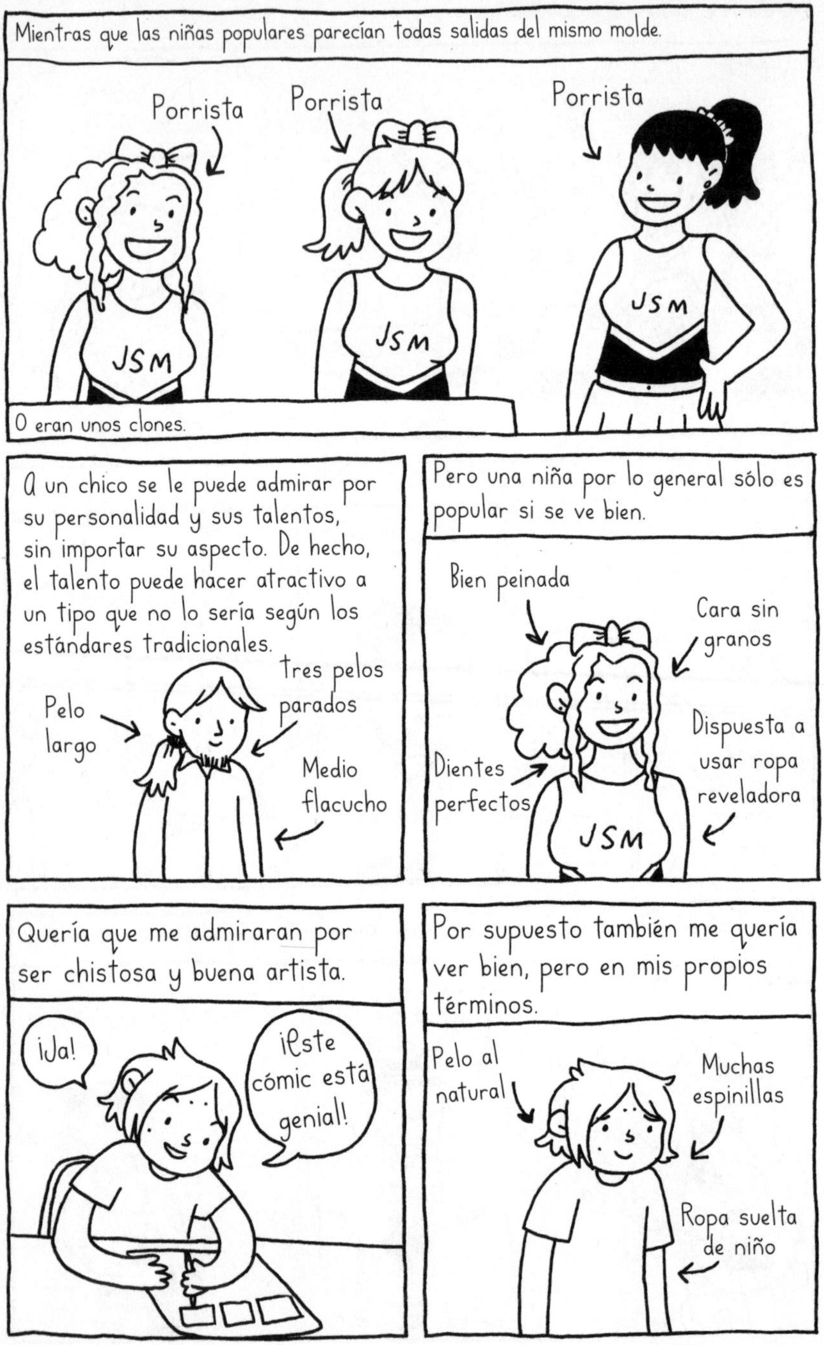
Mientras que las niñas populares parecían todas salidas del mismo molde.
Porrista
Porrista
Porrista
JSM
JSM
JSM
O eran unos clones.
A un chico se le puede admirar por su personalidad y sus talentos, sin importar su aspecto. De hecho, el talento puede hacer atractivo a un tipo que no lo sería según los estándares tradicionales.
Pelo largo
Tres pelos parados
Medio flacucho
Pero una niña por lo general sólo es popular si se ve bien.
Bien peinada
Cara sin granos
Dientes perfectos
Dispuesta a usar ropa reveladora
JSM
Quería que me admiraran por ser chistosa y buena artista.
¡Ja!
¡Este cómic está genial!
Por supuesto también me quería ver bien, pero en mis propios términos.
Pelo al natural
Muchas espinillas
Ropa suelta de niño

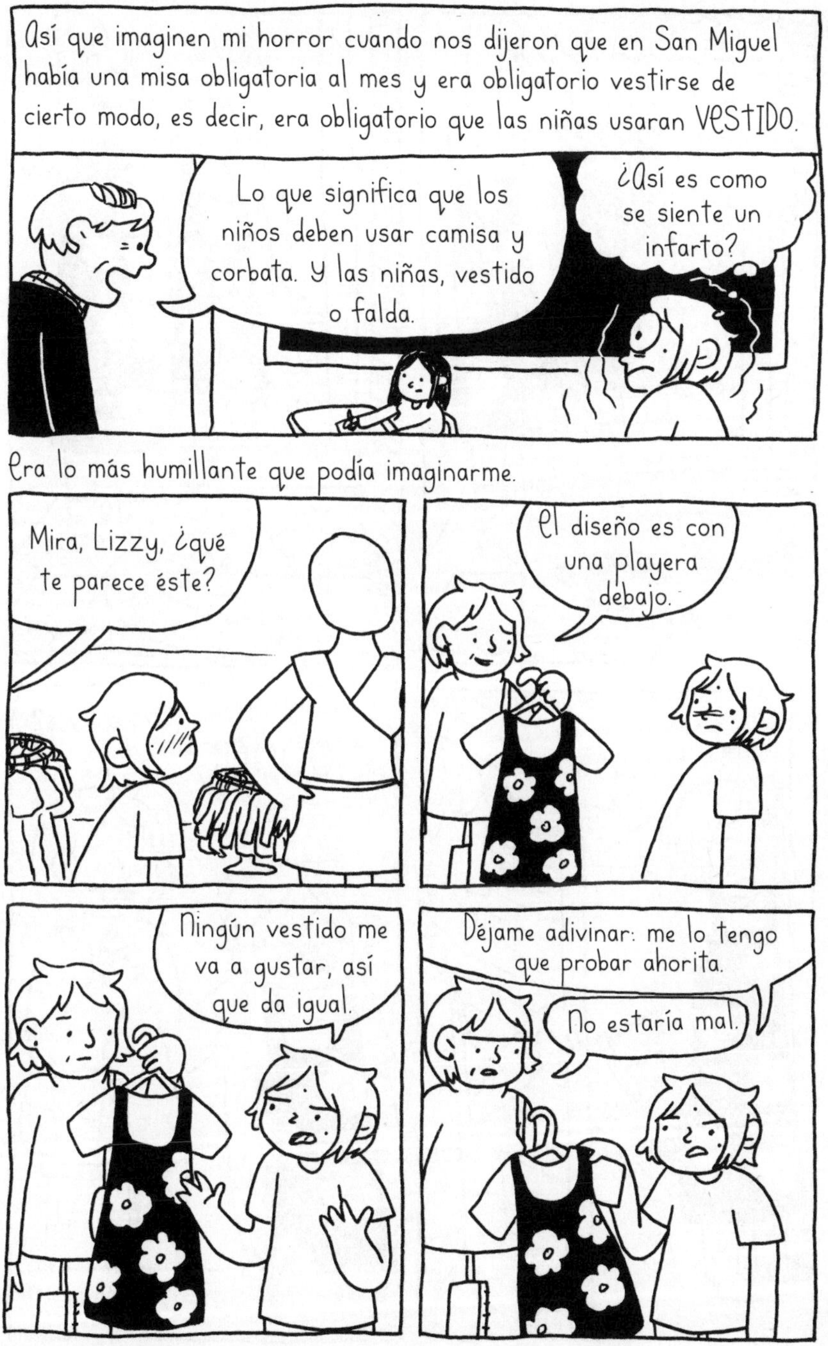
Así que imaginen mi horror cuando nos dijeron que en San Miguel había una misa obligatoria al mes y era obligatorio vestirse de cierto modo, es decir, era obligatorio que las niñas usaran VESTIDO.
Lo que significa que los niños deben usar camisa y corbata. Y las niñas, vestido o falda.
¿Así es como se siente un infarto?
Era lo más humillante que podía imaginarme.
Mira, Lizzy, ¿qué te parece éste?
El diseño es con una playera debajo.
Ningún vestido me va a gustar, así que da igual.
Déjame adivinar: me lo tengo que probar ahorita.
No estaría mal.

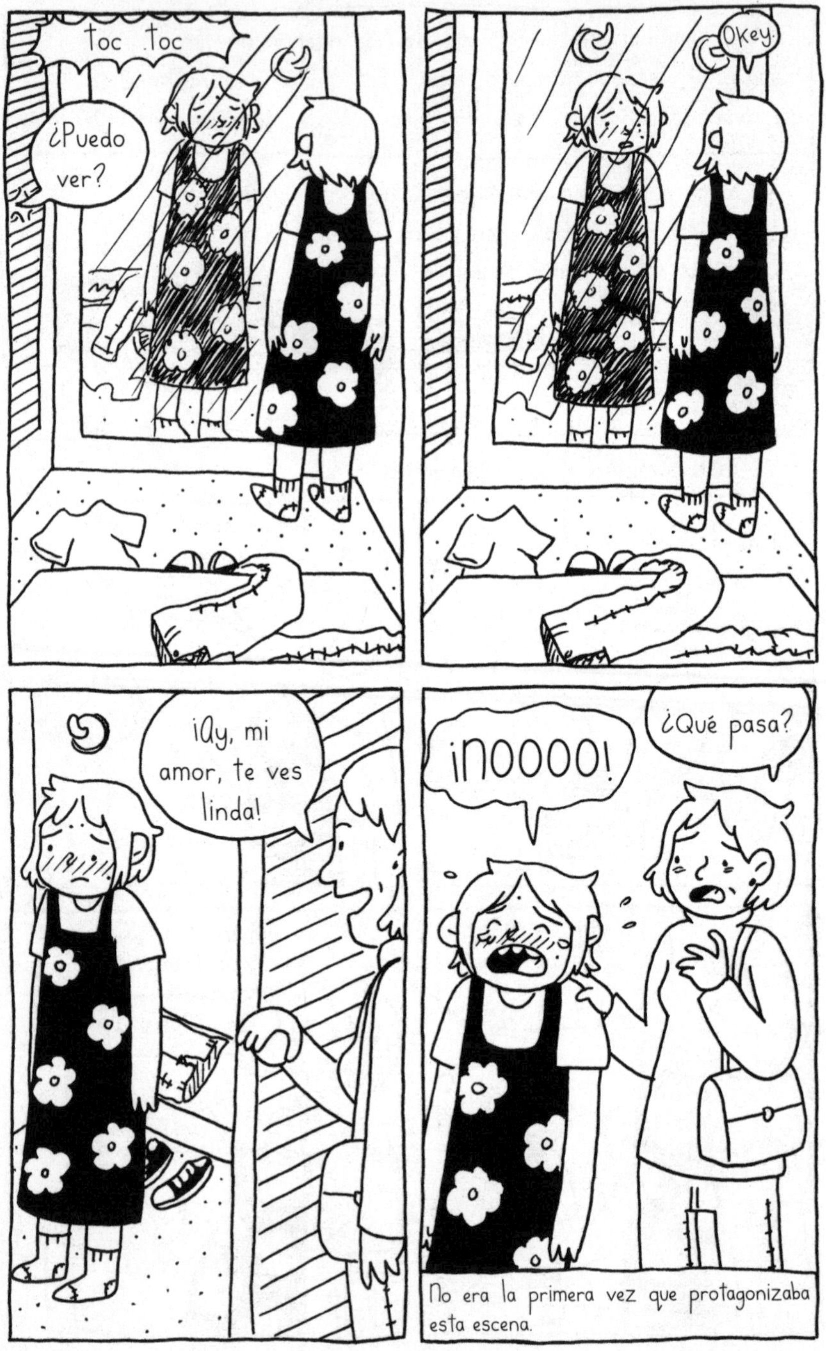
toc toc
¿Puedo ver?
Okey.
¡Ay, mi amor, te ves linda!
¡NOOOO!
¿Qué pasa?
No era la primera vez que protagonizaba esta escena.

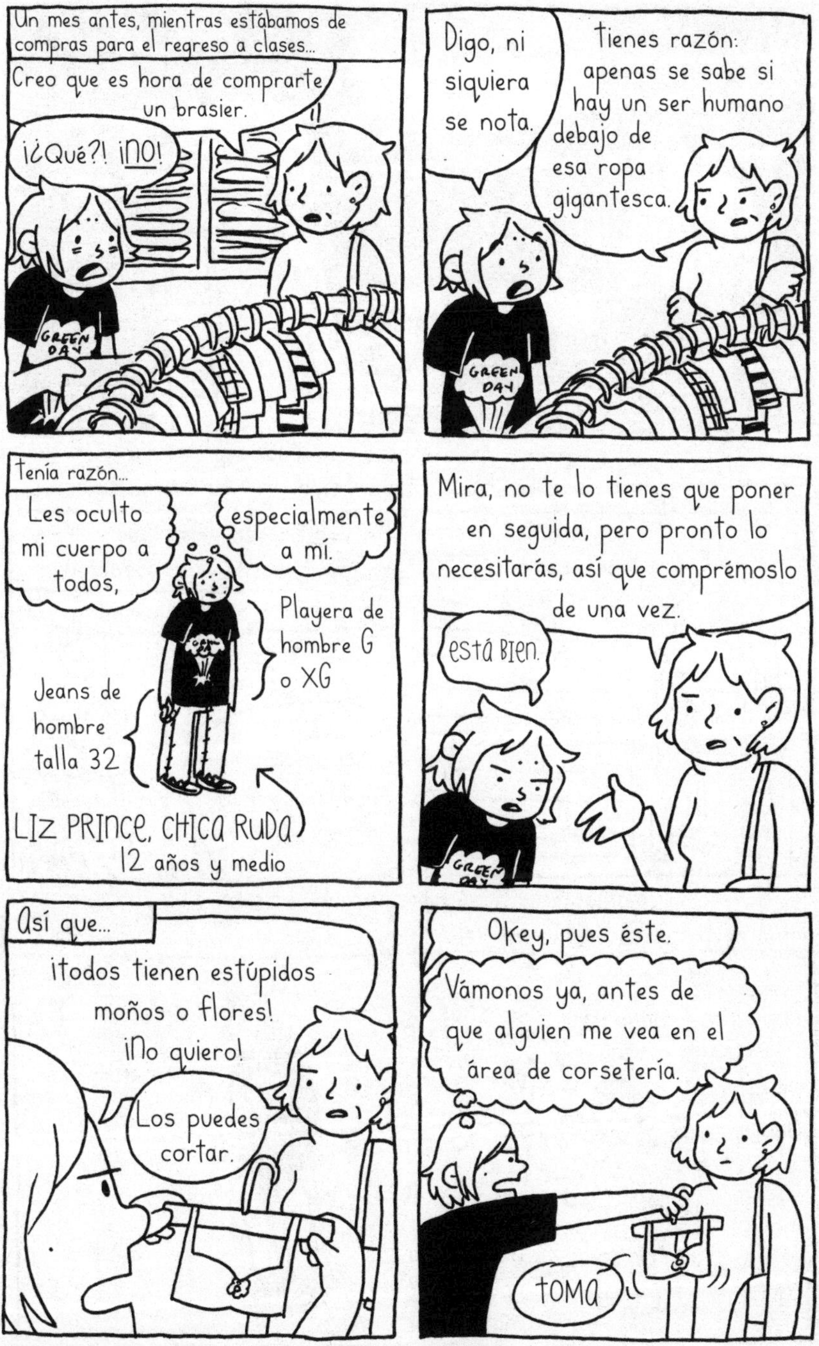
Un mes antes, mientras estábamos de compras para el regreso a clases...
Creo que es hora de comprarte un brasier.
¡¿Qué?! ¡NO!
Digo, ni siquiera se nota.
tienes razón: apenas se sabe si hay un ser humano debajo de esa ropa gigantesca.
GREEN DAY
tenía razón...
Les oculto mi cuerpo a todos,
especialmente a mí.
Playera de hombre G o XG
Jeans de hombre talla 32
LIZ PRINCE, CHICA RUDA
12 años y medio
Mira, no te lo tienes que poner en seguida, pero pronto lo necesitarás, así que comprémoslo de una vez.
está BIEN.
Así que...
¡todos tienen estúpidos moños o flores! ¡No quiero!
Los puedes cortar.
Okey, pues éste.
Vámonos ya, antes de que alguien me vea en el área de corsetería.
TOMA

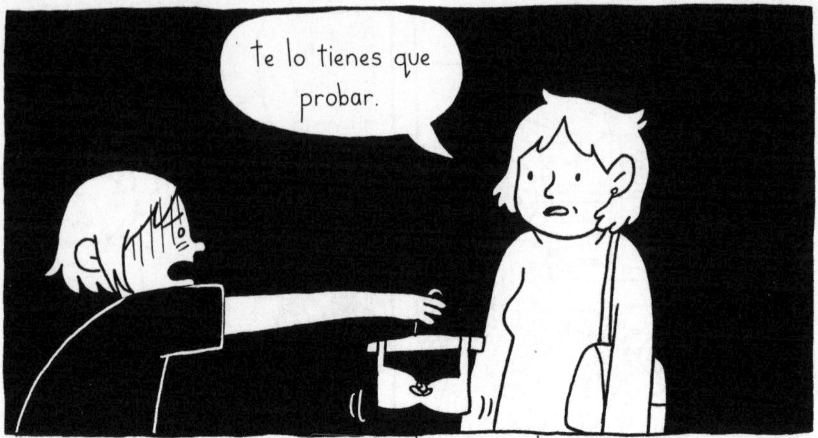
te lo tienes que probar.

Algunas veces me he preguntado si le arruiné la experiencia a mi mamá: comprar mi primer brasier debería haber sido un rito de iniciación.

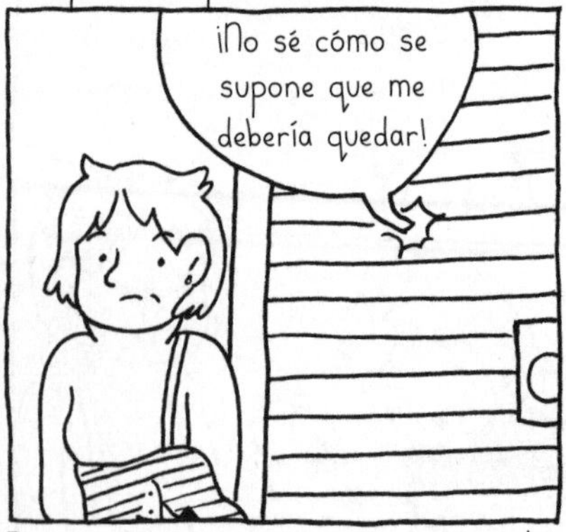
¡No sé cómo se supone que me debería quedar!

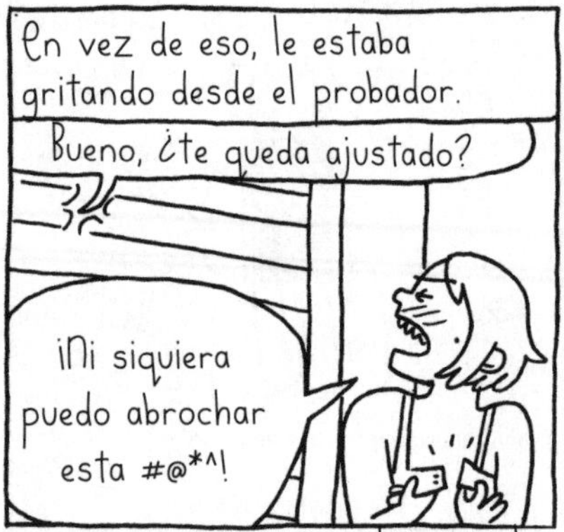
En vez de eso, le estaba gritando desde el probador.
Bueno, ¿te queda ajustado?
¡Ni siquiera puedo abrochar esta #@*^!

Por suerte, mi mamá tenía a mi hermana menor para cumplir con el papel de hija como debía ser.

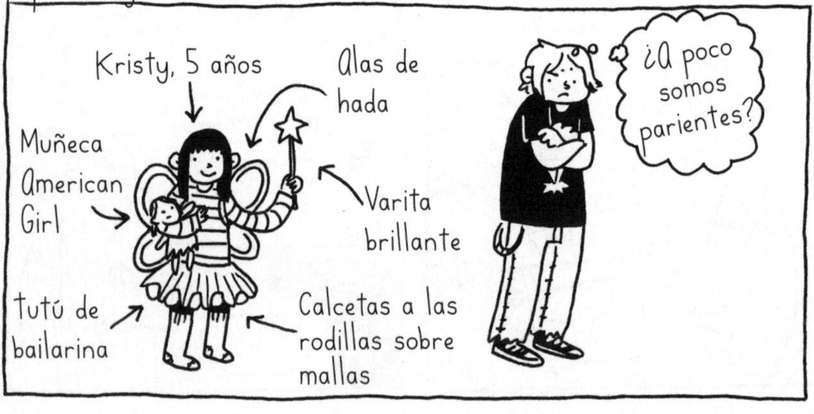
Kristy, 5 años
Alas de hada
Muñeca American Girl
Varita brillante
tutú de bailarina
Calcetas a las rodillas sobre mallas
¿A poco somos parientes?

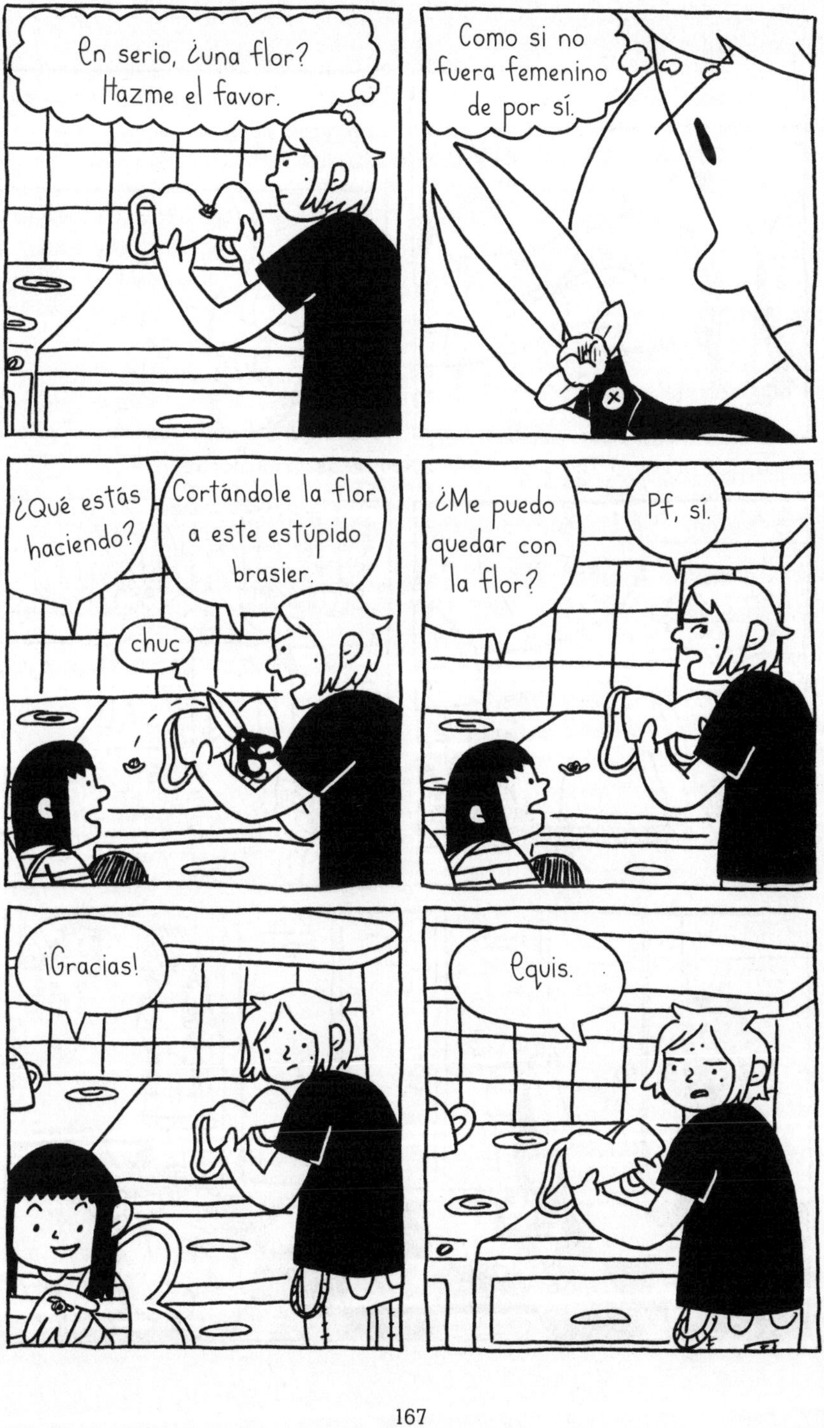
En serio, ¿una flor? Hazme el favor.
Como si no fuera femenino de por sí.
¿Qué estás haciendo?
Cortándole la flor a este estúpido brasier.
chuc
¿Me puedo quedar con la flor?
Pf, sí.
¡Gracias!
Equis.

Me resistía a ser niña en todo sentido, pero el día de misa iba a tener que integrarme.

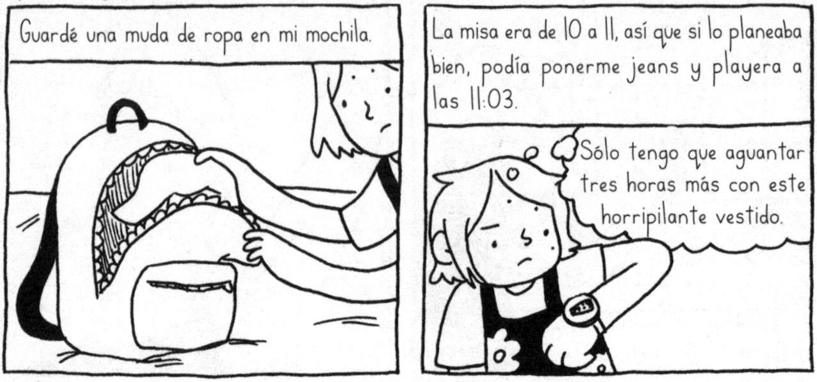
Guardé una muda de ropa en mi mochila.
La misa era de 10 a 11, así que si lo planeaba bien, podía ponerme jeans y playera a las 11:03.
Sólo tengo que aguantar tres horas más con este horripilante vestido.

Sólo que primero tenía que sobrevivir esas tres horas...

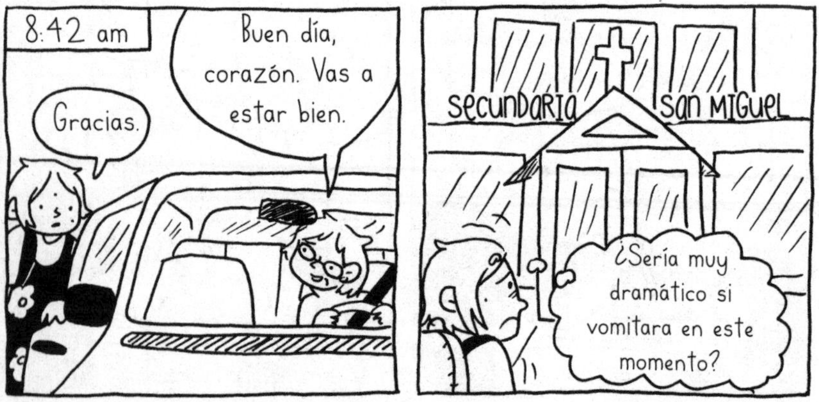
8:42 am
Buen día, corazón. Vas a estar bien.
Gracias.
SECUNDARIA SAN MIGUEL
¿Sería muy dramático si vomitara en este momento?

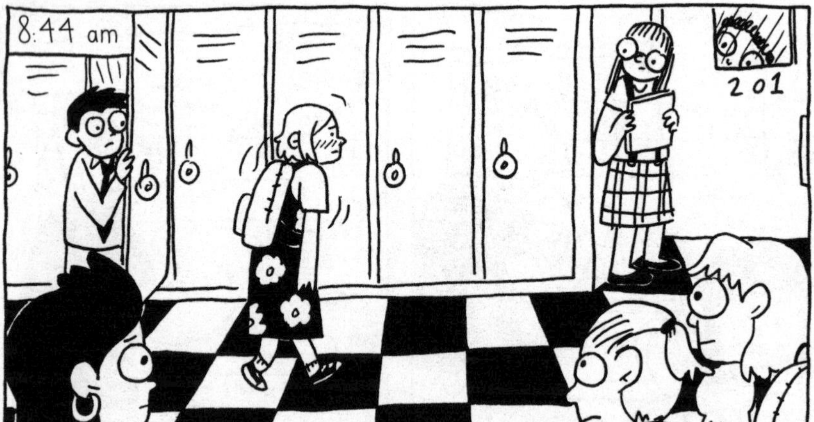
8:44 am
201

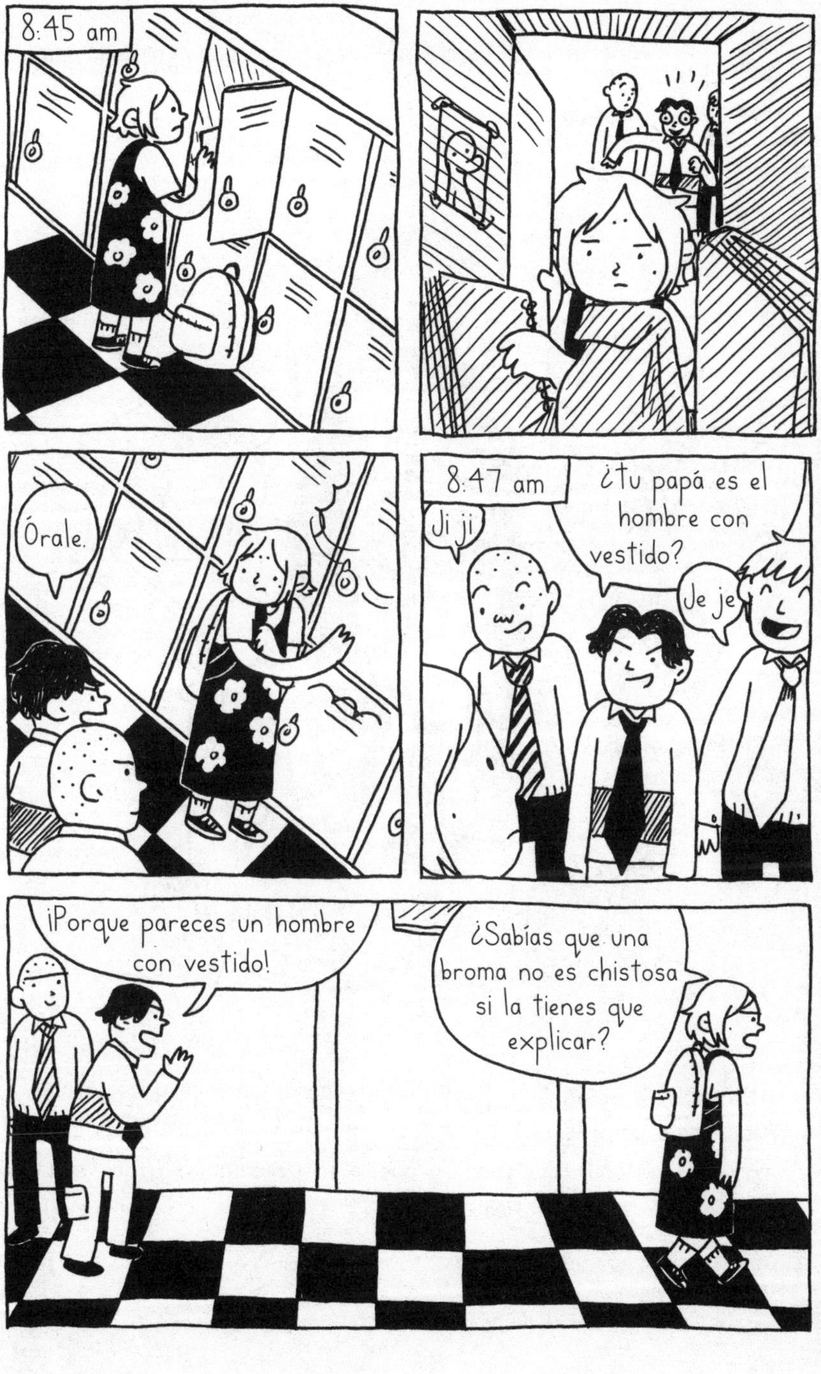
8:45 am
Órale.
8:47 am
Ji ji
¿Tu papá es el hombre con vestido?
Je je
¡Porque pareces un hombre con vestido!
¿Sabías que una broma no es chistosa si la tienes que explicar?

e L HOMBRE con vestido es una Leyenda urBana De Santa fe.

Cuenta la historia que su esposa murió repentinamente y que él usa su ropa como homenaje. tal vez trabajaba en los Laboratorios Los Álamos. Me contaron que escribía poesía en pergaminos y que se la regala a la gente que platica con él.

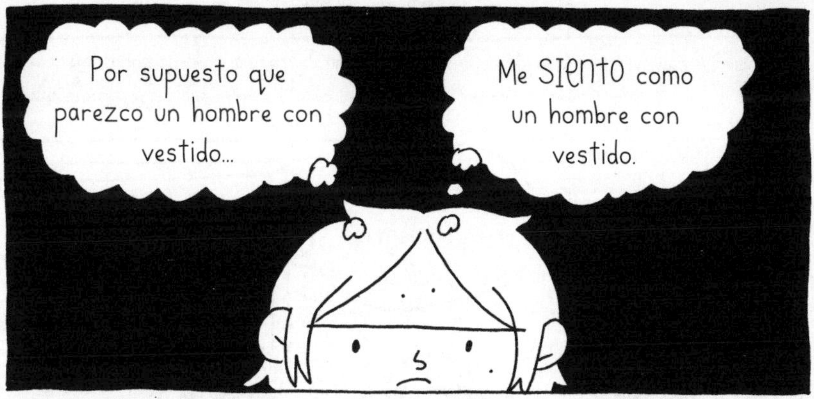
Por supuesto que parezco un hombre con vestido...
Me SIENTO como un hombre con vestido.

Mis cálculos habían sido correctos y para las 11:05 ya traía puesta otra vez mi ropa favorita.

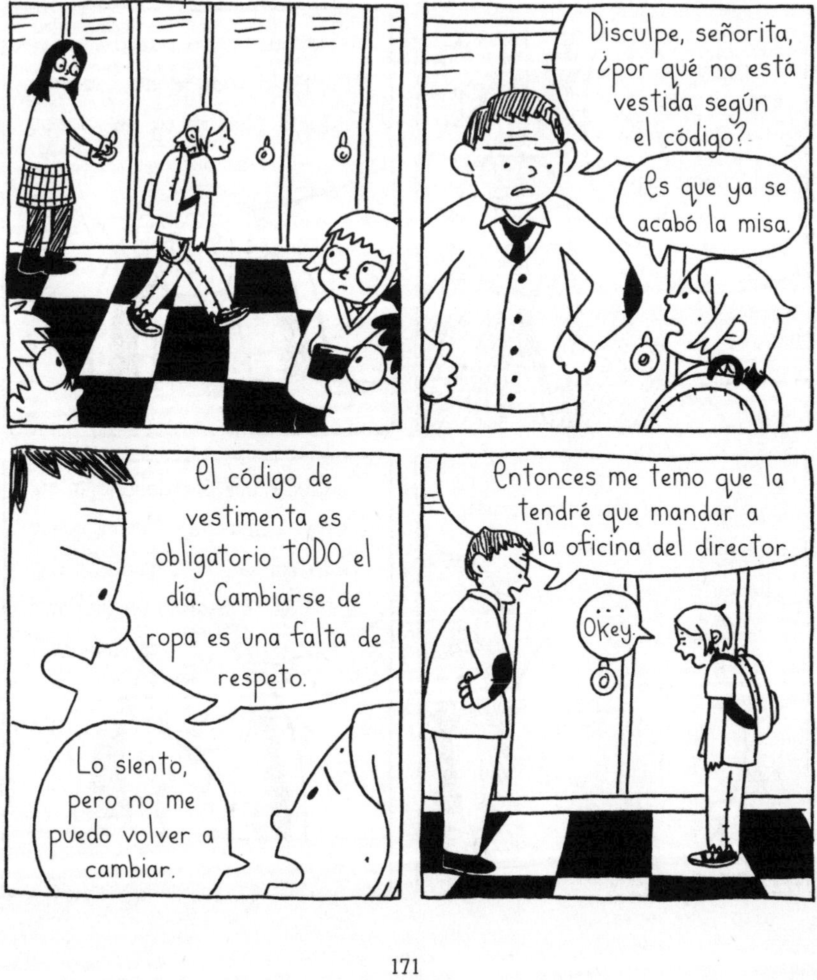
Disculpe, señorita, ¿por qué no está vestida según el código?
Es que ya se acabó la misa.
El código de vestimenta es obligatorio TODO el día. Cambiarse de ropa es una falta de respeto.
Lo siento, pero no me puedo volver a cambiar.
Entonces me temo que la tendré que mandar a la oficina del director.
... Okey.

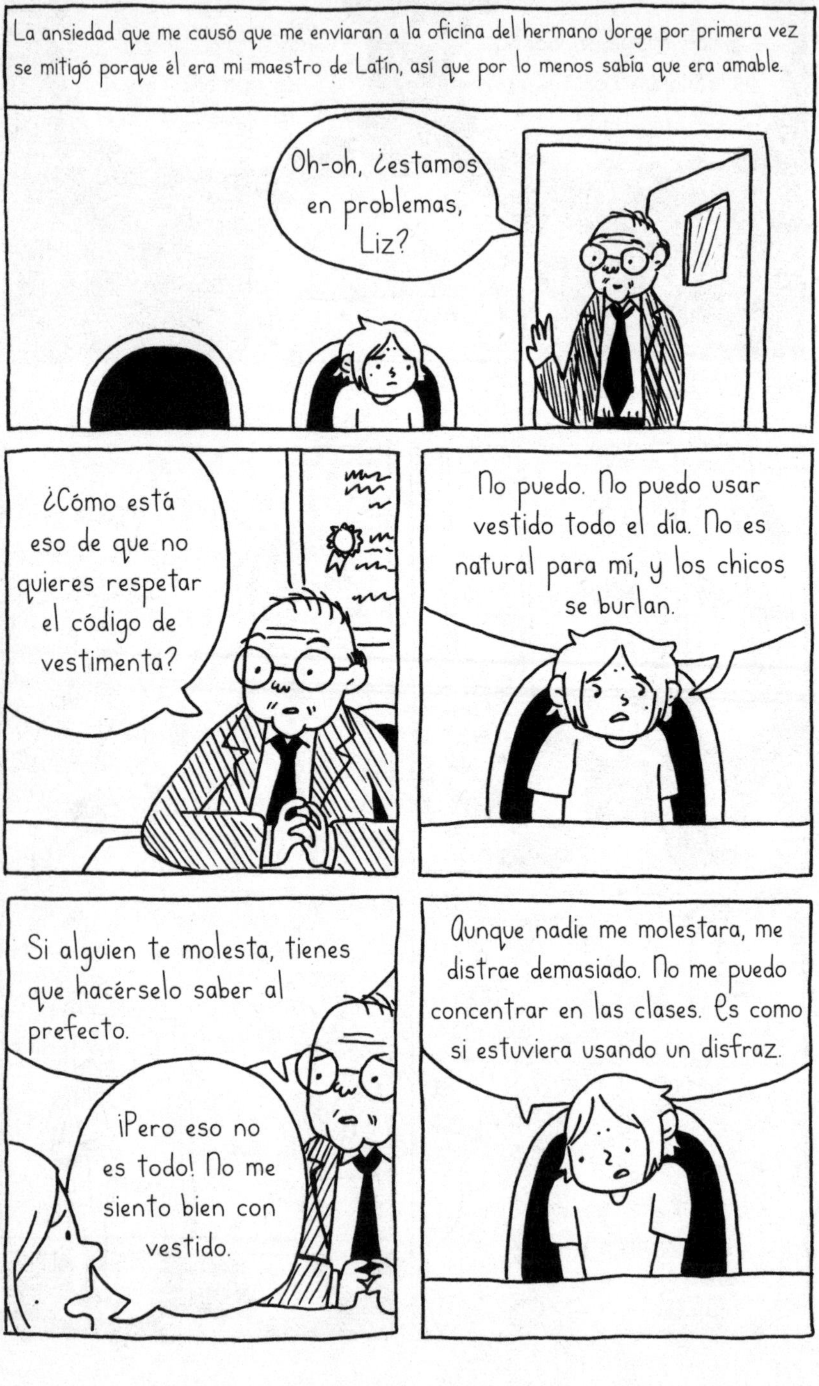
La ansiedad que me causó que me enviaran a la oficina del hermano Jorge por primera vez se mitigó porque él era mi maestro de Latín, así que por lo menos sabía que era amable.
Oh-oh, ¿estamos en problemas, Liz?
¿Cómo está eso de que no quieres respetar el código de vestimenta?
No puedo. No puedo usar vestido todo el día. No es natural para mí, y los chicos se burlan.
Si alguien te molesta, tienes que hacérselo saber al prefecto.
¡Pero eso no es todo! No me siento bien con vestido.
Aunque nadie me molestara, me distrae demasiado. No me puedo concentrar en las clases. Es como si estuviera usando un disfraz.

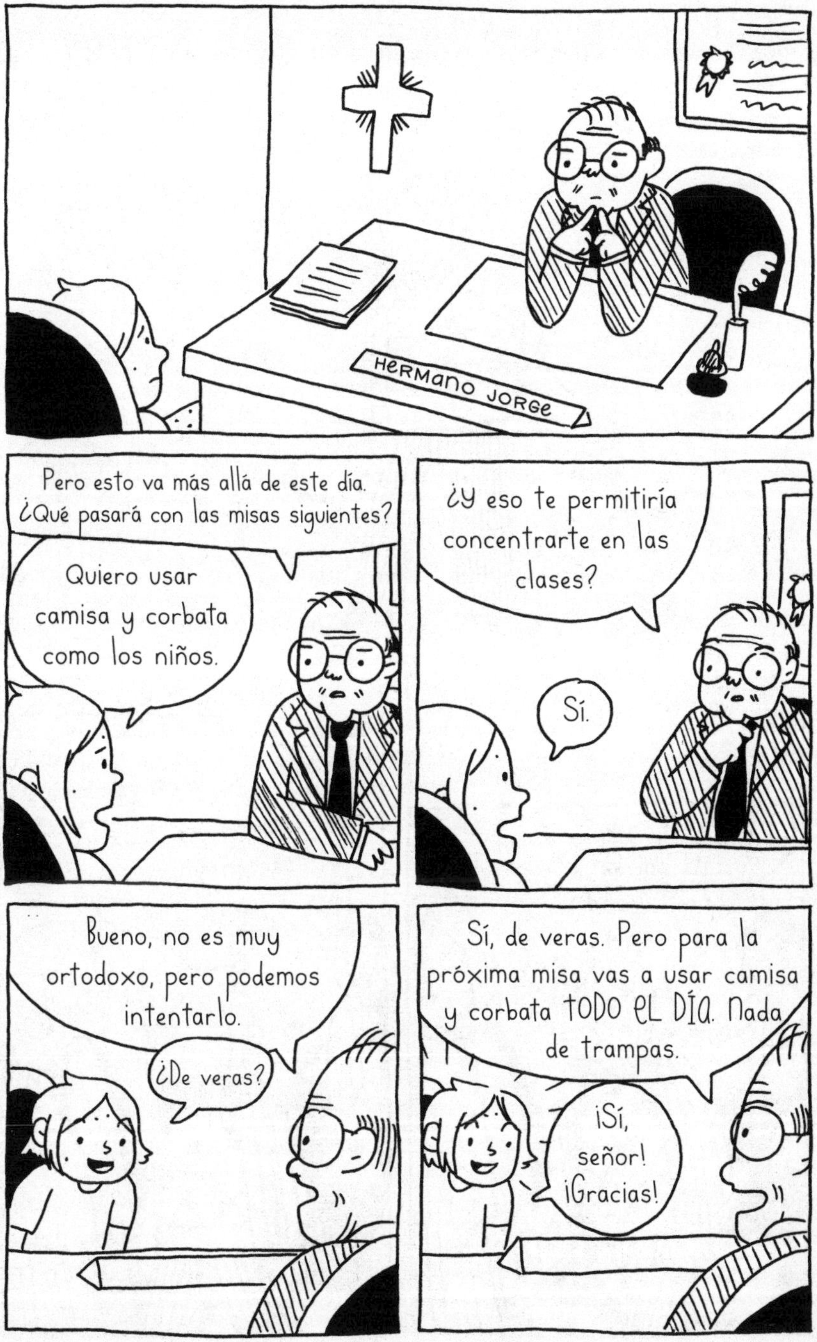
HERMANO JORGE
Pero esto va más allá de este día. ¿Qué pasará con las misas siguientes?
Quiero usar camisa y corbata como los niños.
¿Y eso te permitiría concentrarte en las clases?
Sí.
Bueno, no es muy ortodoxo, pero podemos intentarlo.
¿De veras?
Sí, de veras. Pero para la próxima misa vas a usar camisa y corbata TODO EL DÍA. Nada de trampas.
¡Sí, señor! ¡Gracias!

Estaba emocionada por la siguiente misa porque usaría esta ropa:

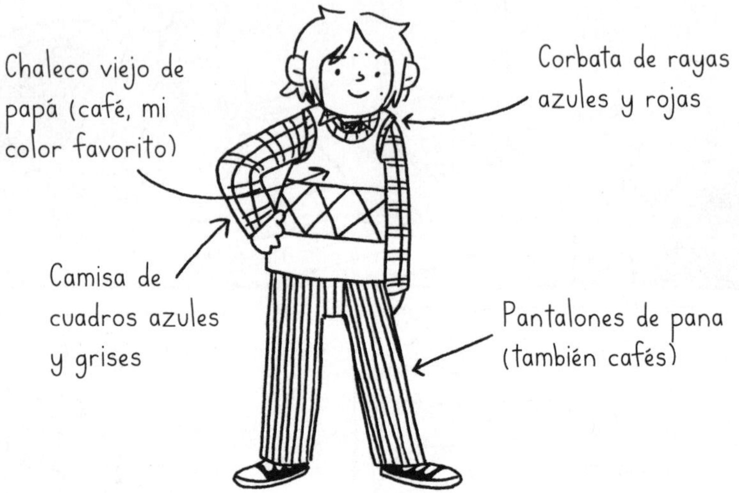
Chaleco viejo de papá (café, mi color favorito)
Corbata de rayas azules y rojas
Camisa de cuadros azules y grises
Pantalones de pana (también cafés)

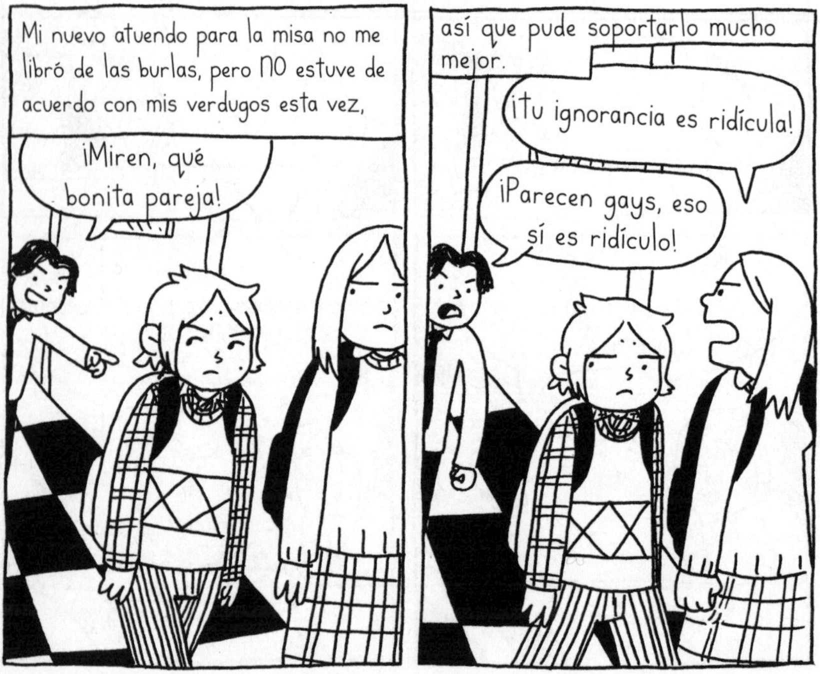
Mi nuevo atuendo para la misa no me libró de las burlas, pero NO estuve de acuerdo con mis verdugos esta vez,
¡Miren, qué bonita pareja!
así que pude soportarlo mucho mejor.
¡Tu ignorancia es ridícula!
¡Parecen gays, eso sí es ridículo!

Hasta había unas burlas que me gustaban.

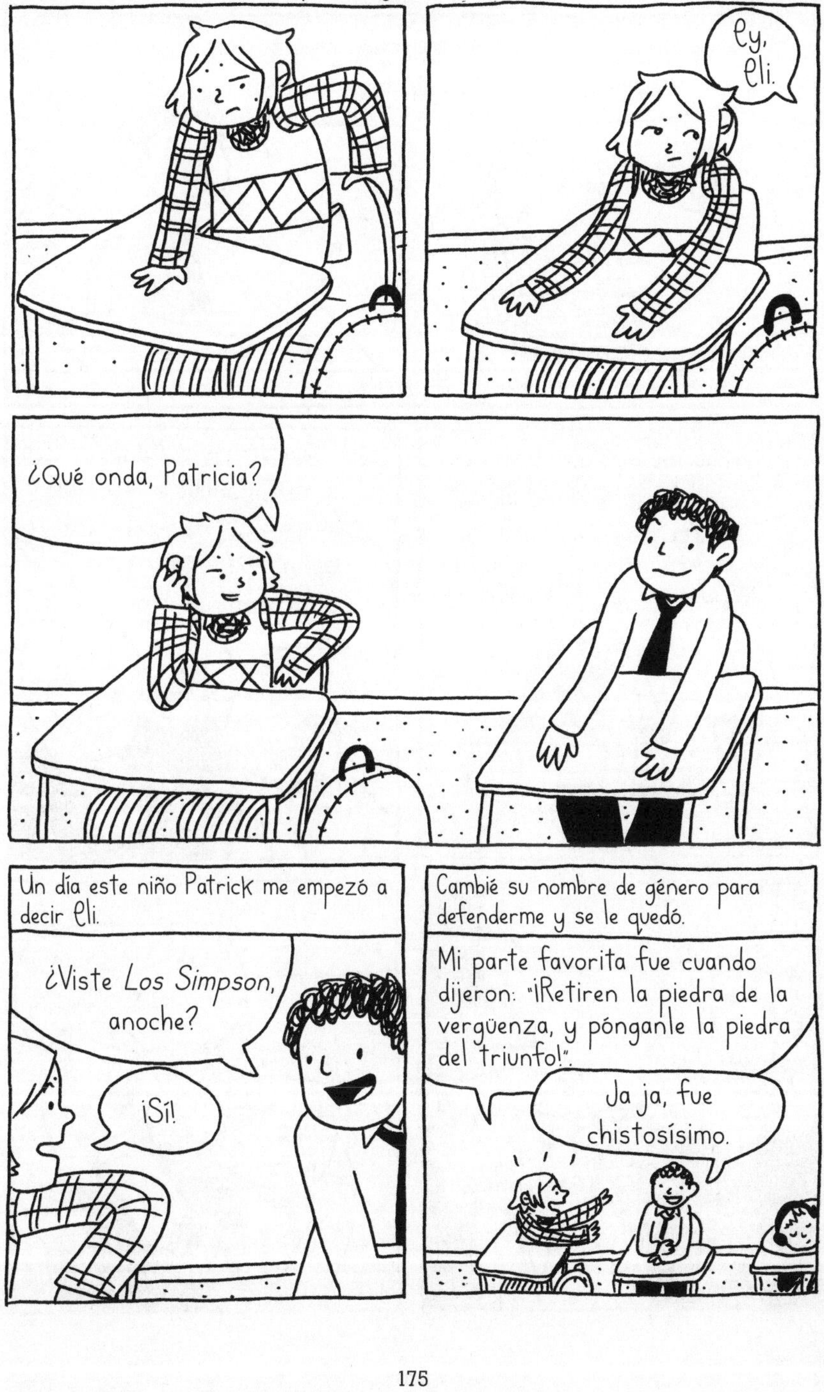

Ey, Eli.
¿Qué onda, Patricia?
Un día este niño Patrick me empezó a decir Eli.
¿Viste *Los Simpson*, anoche?
¡Sí!
Cambié su nombre de género para defenderme y se le quedó.
Mi parte favorita fue cuando dijeron: "¡Retiren la piedra de la vergüenza, y pónganle la piedra del triunfo!".
Ja ja, fue chistosísimo.

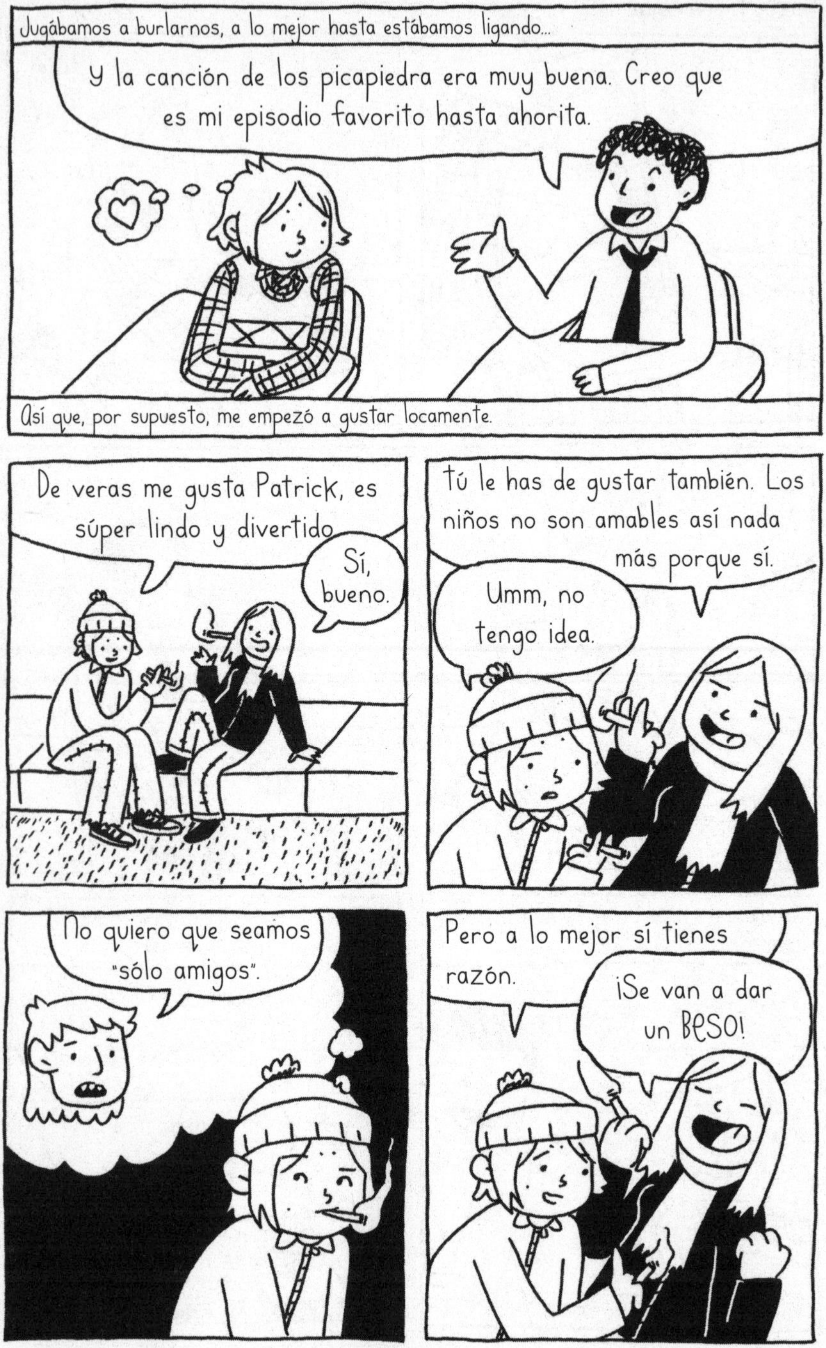

Jugábamos a burlarnos, a lo mejor hasta estábamos ligando...
Y la canción de los picapiedra era muy buena. Creo que es mi episodio favorito hasta ahorita.
Así que, por supuesto, me empezó a gustar locamente.
De veras me gusta Patrick, es súper lindo y divertido.
Sí, bueno.
tú le has de gustar también. Los niños no son amables así nada más porque sí.
Umm, no tengo idea.
No quiero que seamos "sólo amigos".
Pero a lo mejor sí tienes razón.
¡Se van a dar un BESO!

CAPÍTULO 9

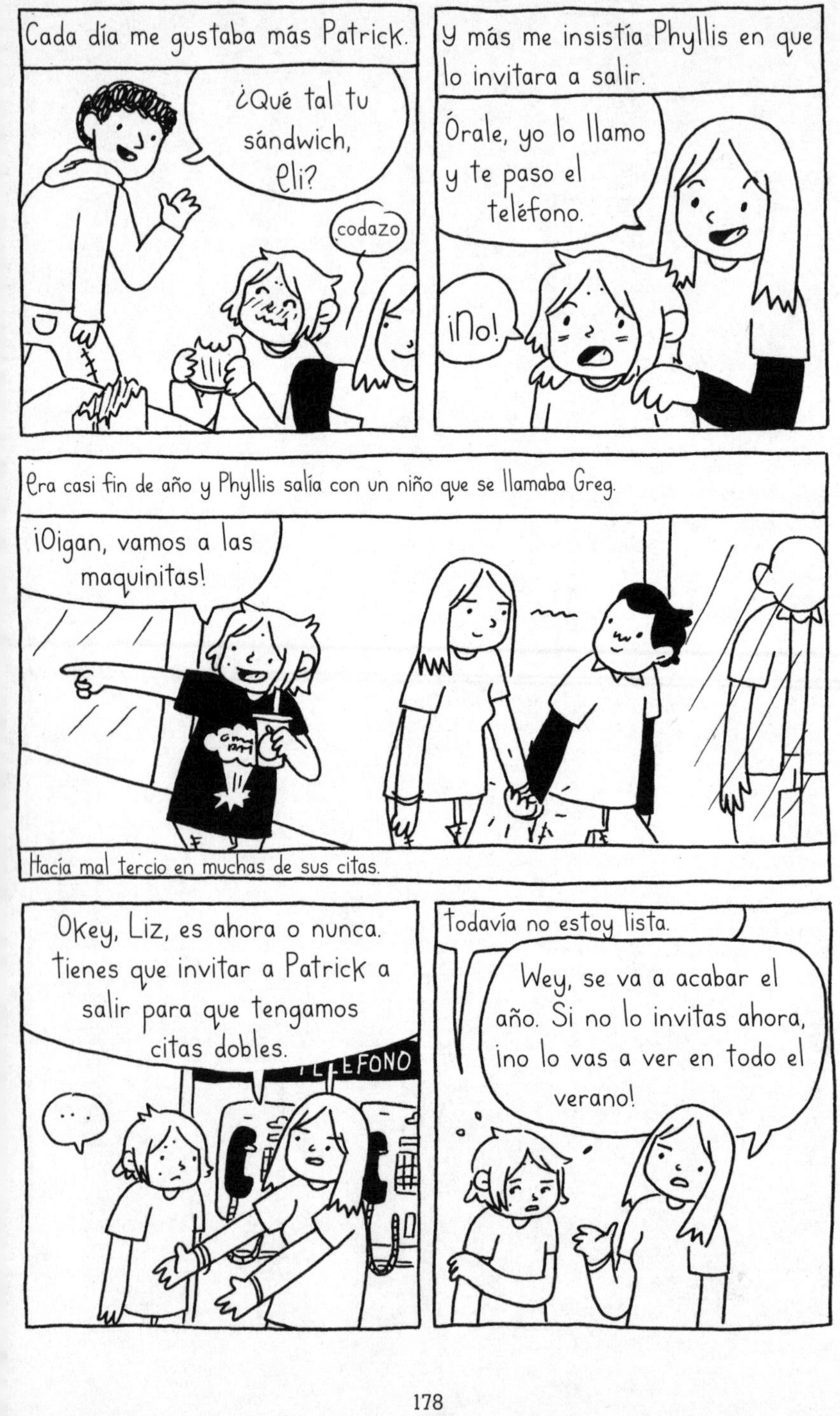
Cada día me gustaba más Patrick.
¿Qué tal tu sándwich, Eli?
codazo
Y más me insistía Phyllis en que lo invitara a salir.
Órale, yo lo llamo y te paso el teléfono.
¡No!
Era casi fin de año y Phyllis salía con un niño que se llamaba Greg.
¡Oigan, vamos a las maquinitas!
Hacía mal tercio en muchas de sus citas.
Okey, Liz, es ahora o nunca. tienes que invitar a Patrick a salir para que tengamos citas dobles.
TELEFONO
. . .
todavía no estoy lista.
Wey, se va a acabar el año. Si no lo invitas ahora, ¡no lo vas a ver en todo el verano!

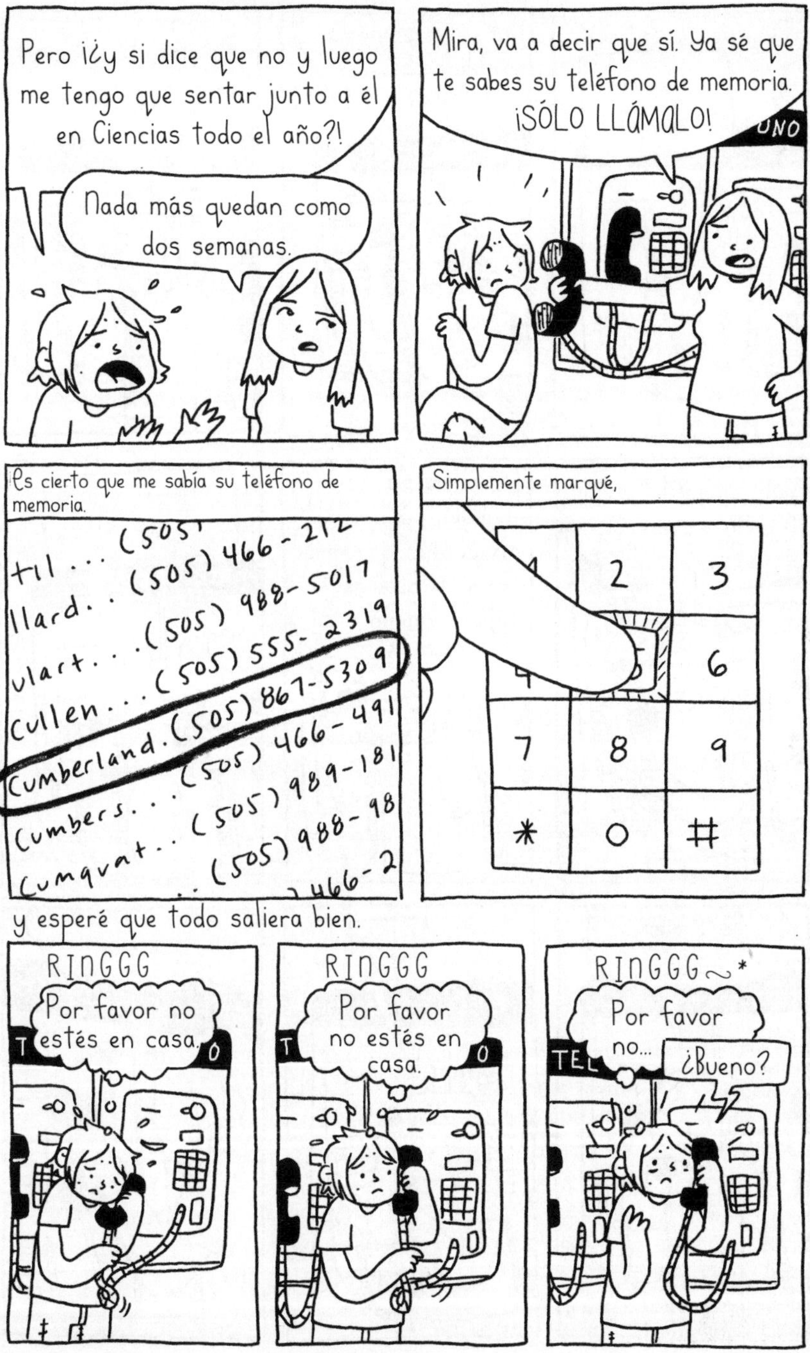
Pero ¡¿y si dice que no y luego me tengo que sentar junto a él en Ciencias todo el año?!
Nada más quedan como dos semanas.
Mira, va a decir que sí. Ya sé que te sabes su teléfono de memoria.
¡SÓLO LLÁMALO!
UNO
Es cierto que me sabía su teléfono de memoria.
llard. . (505) 466-212
ulart. . .(505) 988-5017
cullen. . .(505) 555-2319
Cumberland.(505) 867-5309
Cumbers. . .(505) 466-491
Cumqvat. . (505) 989-181
Simplemente marqué,
2
3
6
7
8
9
*
0
#
y esperé que todo saliera bien.
RINGGG
Por favor no estés en casa.
RINGGG
Por favor no estés en casa.
RINGGG
Por favor no...
¿Bueno?

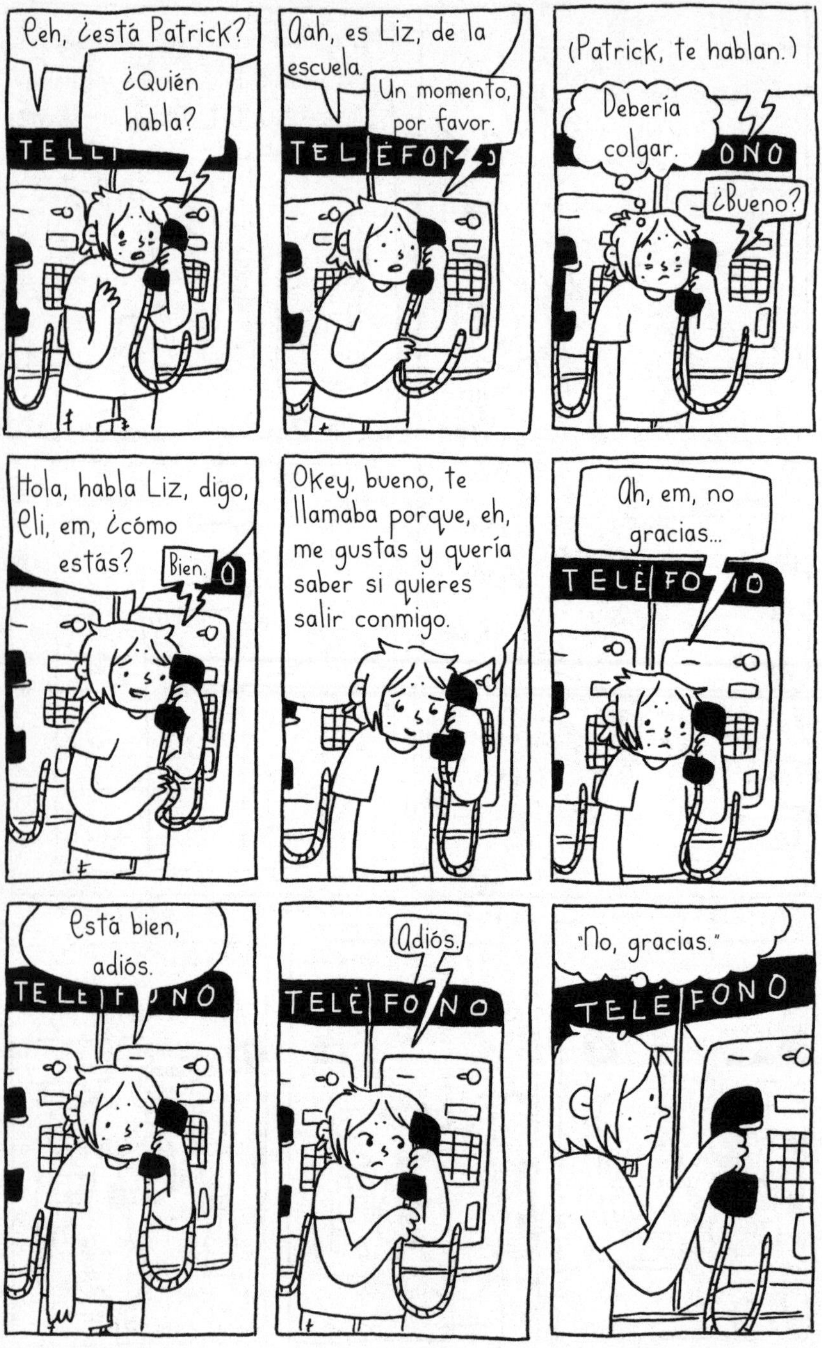
Eeh, ¿está Patrick?
¿Quién habla?
Aah, es Liz, de la escuela.
Un momento, por favor.
TELÉFONO
(Patrick, te hablan.)
Debería colgar.
¿Bueno?
Hola, habla Liz, digo, Eli, em, ¿cómo estás?
Bien.
Okey, bueno, te llamaba porque, eh, me gustas y quería saber si quieres salir conmigo.
Ah, em, no gracias...
TELÉFONO
Está bien, adiós.
Adiós.
TELÉFONO
"No, gracias."
TELÉFONO

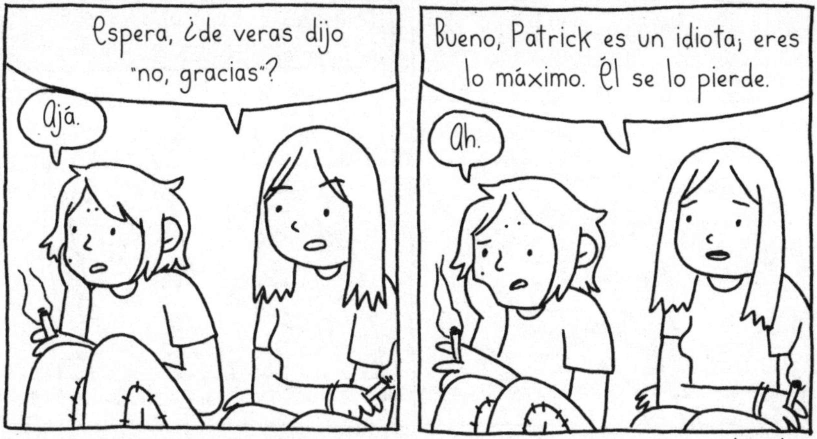
Espera, ¿de veras dijo "no, gracias"?
Ajá.
Bueno, Patrick es un idiota; eres lo máximo. Él se lo pierde.
Ah.

Patrick me había rechazado, aunque cortésmente, y no podía culparlo. Estaba empezando a aceptar las matemáticas.

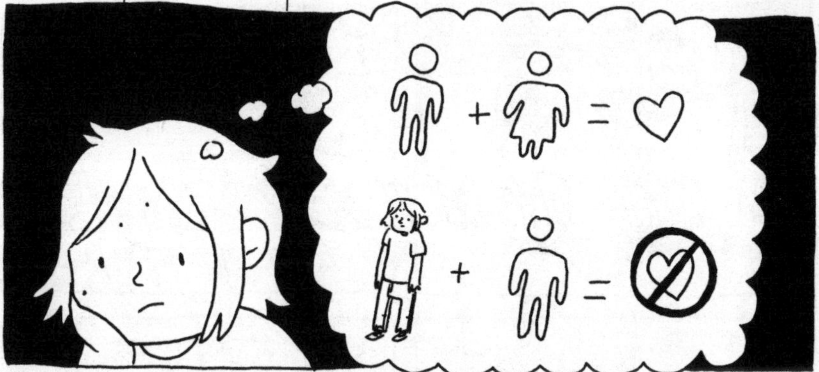
+ =
+ =

Greg cortó a Phyllis antes de que terminara el año, así que por lo menos no tenía la presión de las citas dobles.

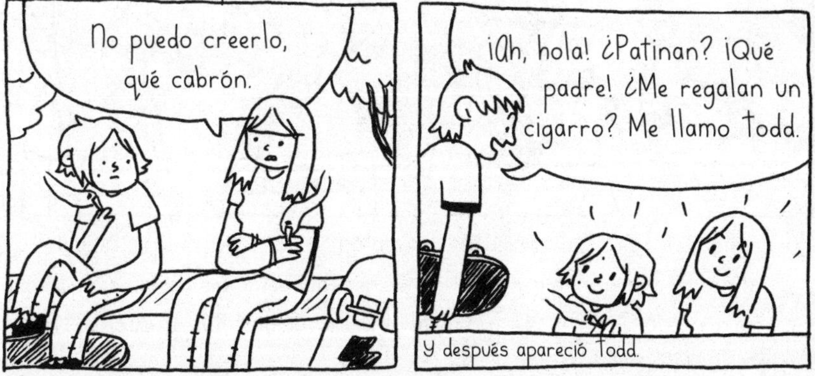
No puedo creerlo, qué cabrón.
¡Ah, hola! ¿Patinan? ¡Qué padre! ¿Me regalan un cigarro? Me llamo Todd.
Y después apareció Todd.

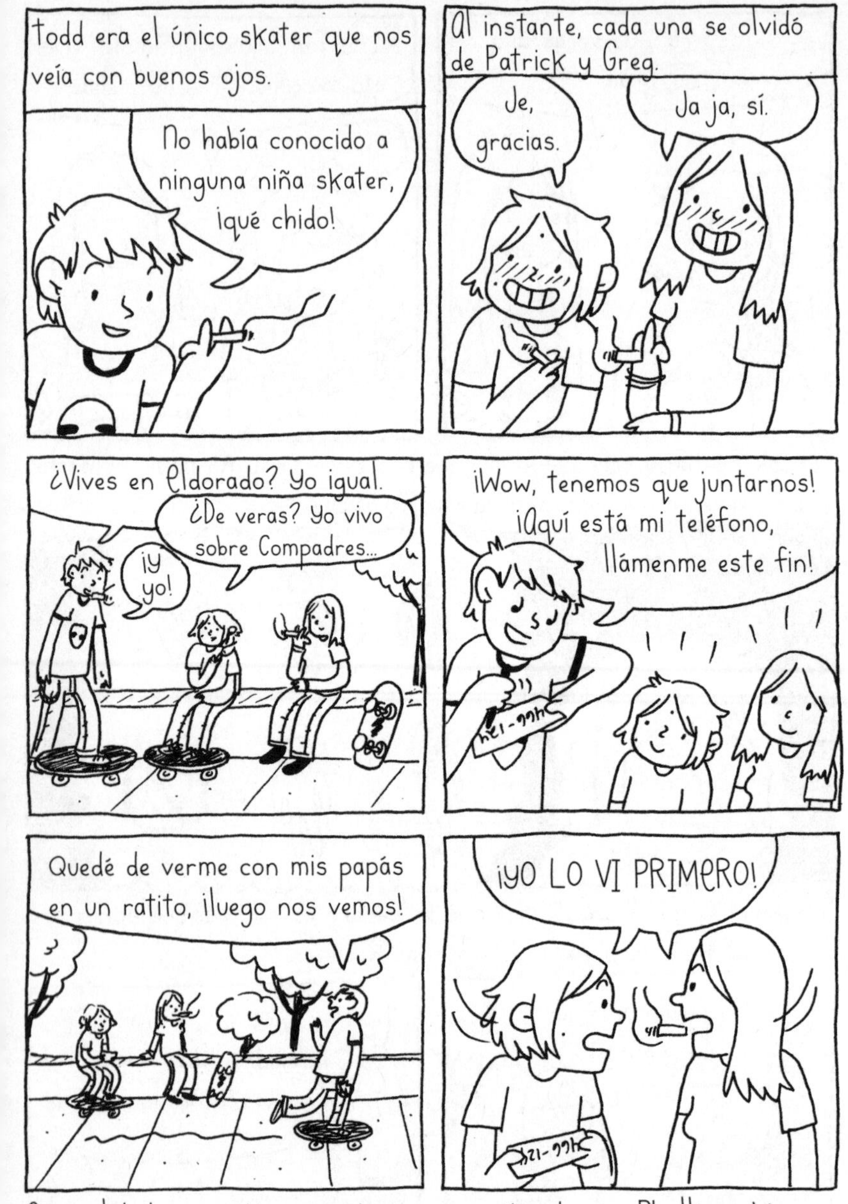
Todd era el único skater que nos veía con buenos ojos.
No había conocido a ninguna niña skater, ¡qué chido!
Al instante, cada una se olvidó de Patrick y Greg.
Je, gracias.
Ja ja, sí.
¿Vives en Eldorado? Yo igual.
¿De veras? Yo vivo sobre Compadres...
¡Y yo!
¡Wow, tenemos que juntarnos! ¡Aquí está mi teléfono, llámenme este fin!
Quedé de verme con mis papás en un ratito, ¡luego nos vemos!
¡YO LO VI PRIMERO!

En realidad no sentía que estuviera compitiendo con Phyllis, sabía que, si tuviera que elegir entre las dos, seguro yo perdería. Más bien esperaba que a Todd no le gustara ninguna de las dos y que los tres fuéramos amigos.

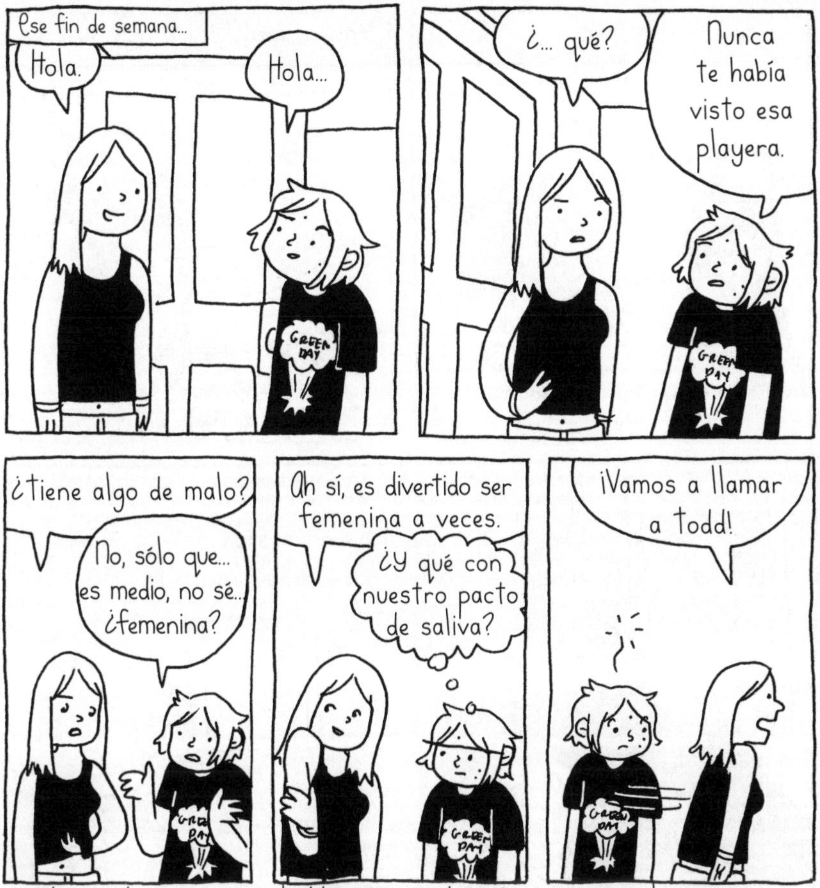
Ese fin de semana...
Hola.
Hola...
GREEN DAY
¿... qué?
Nunca te había visto esa playera.
¿Tiene algo de malo?
No, sólo que... es medio, no sé... ¿femenina?
Ah sí, es divertido ser femenina a veces.
¿Y qué con nuestro pacto de saliva?
¡Vamos a llamar a Todd!

Quedamos de vernos con Todd en un prado entre su casa y la mía: que fuéramos vecinos en Eldorado era relativo. Vivía a 20 minutos caminando de mi casa.

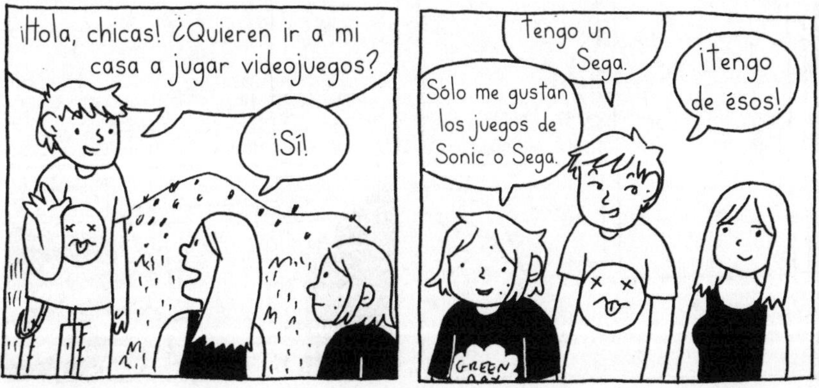
¡Hola, chicas! ¿Quieren ir a mi casa a jugar videojuegos?
¡Sí!
Tengo un Sega.
Sólo me gustan los juegos de Sonic o Sega.
¡Tengo de ésos!

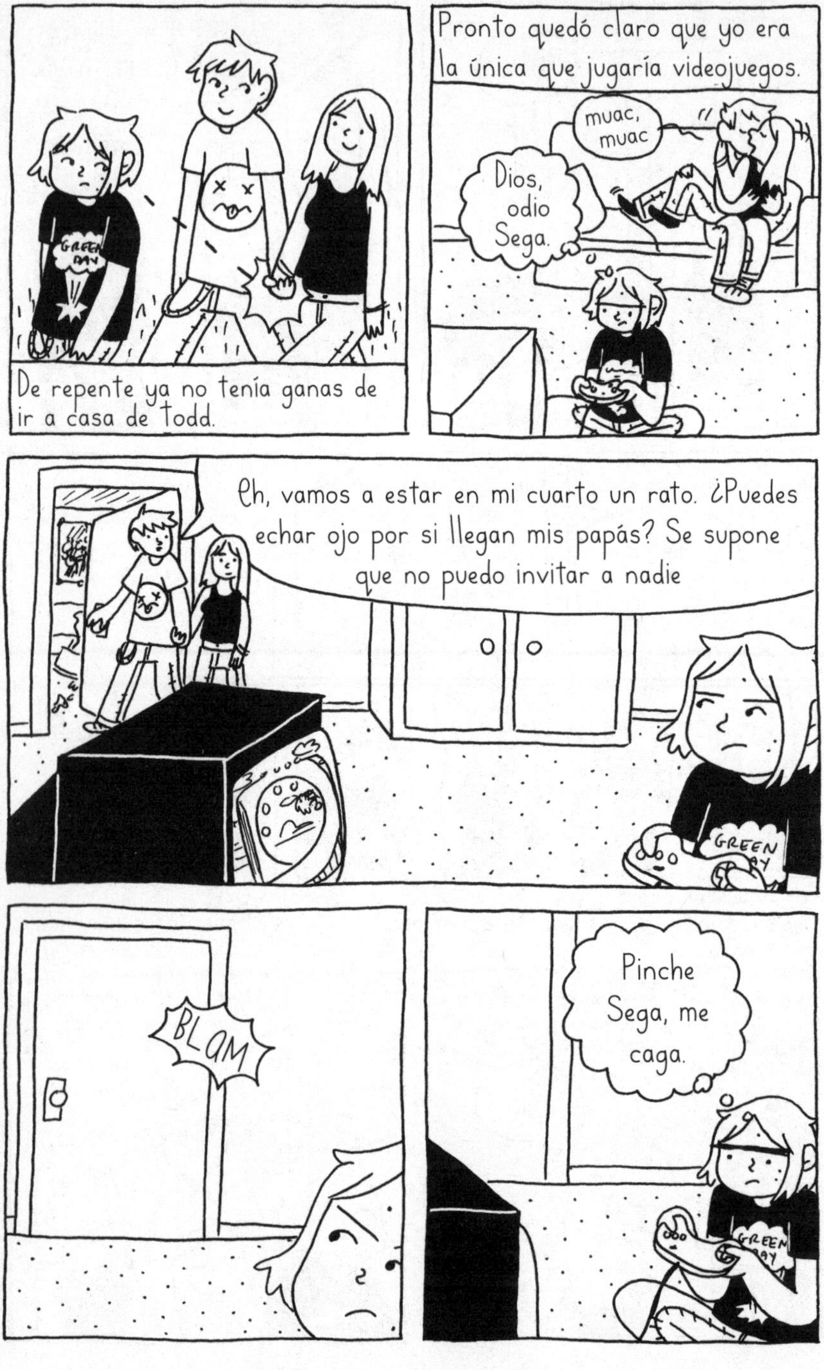
De repente ya no tenía ganas de ir a casa de Todd.
GREEN DAY
Pronto quedó claro que yo era la única que jugaría videojuegos.
muac, muac
Dios, odio Sega.
Eh, vamos a estar en mi cuarto un rato. ¿Puedes echar ojo por si llegan mis papás? Se supone que no puedo invitar a nadie
GREEN
BLAM
Pinche Sega, me caga.
GREEN

Querido diario: ayer Phyllis se quedó a dormir en mi casa y fue horrible. Fuimos a casa de Todd y en seguida me botaron para fajar en su recámara.

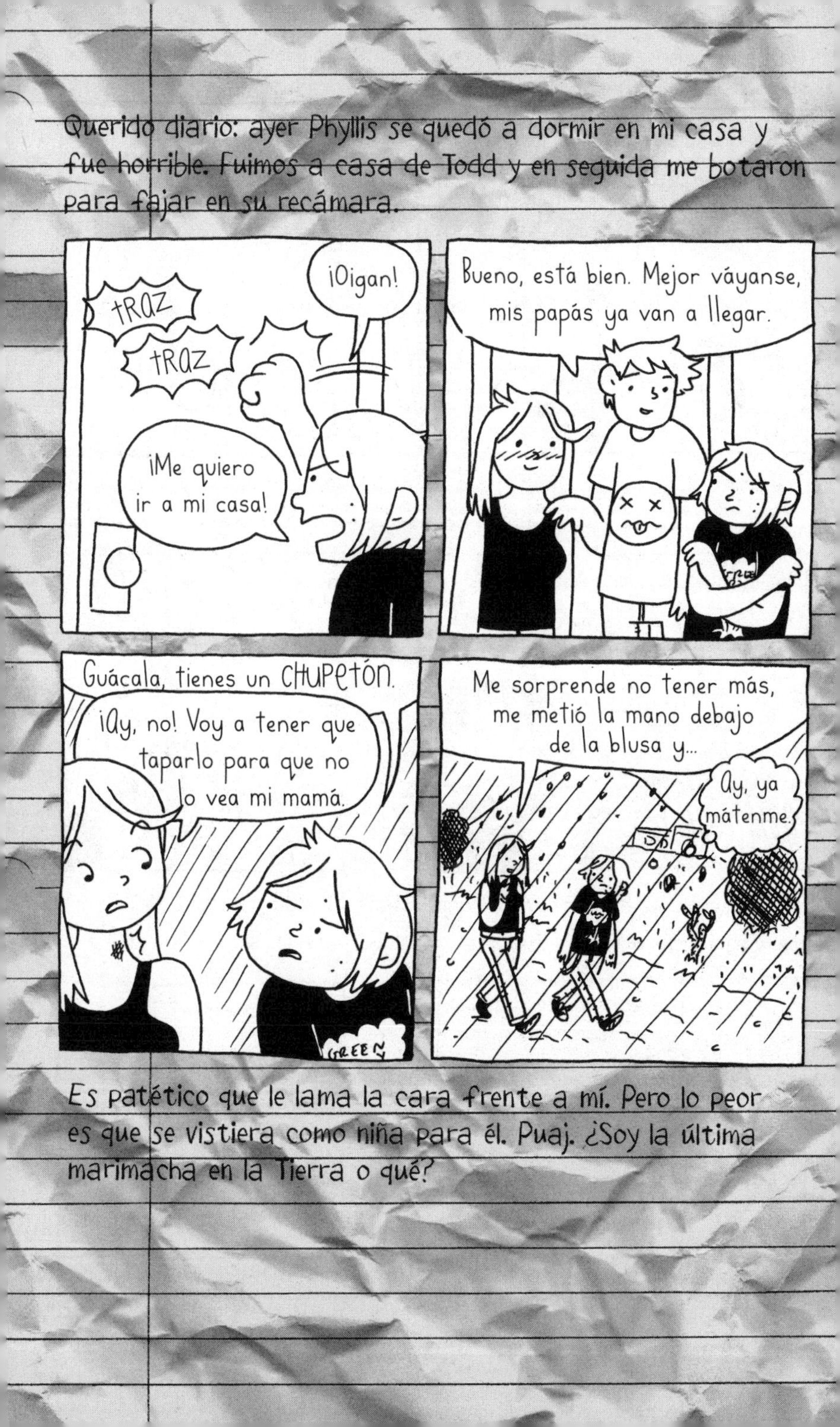
TRAZ
TRAZ
¡Oigan!
¡Me quiero ir a mi casa!
Bueno, está bien. Mejor váyanse, mis papás ya van a llegar.
Guácala, tienes un CHUPETÓN.
¡Ay, no! Voy a tener que taparlo para que no lo vea mi mamá.
Me sorprende no tener más, me metió la mano debajo de la blusa y...
Ay, ya mátenme.
GREEN

Es patético que le lama la cara frente a mí. Pero lo peor es que se vistiera como niña para él. Puaj. ¿Soy la última marimacha en la Tierra o qué?

Phyllis y Todd nunca anduvieron juntos, pero desde ese día su nuevo look se volvió permanente y llamaba la atención.

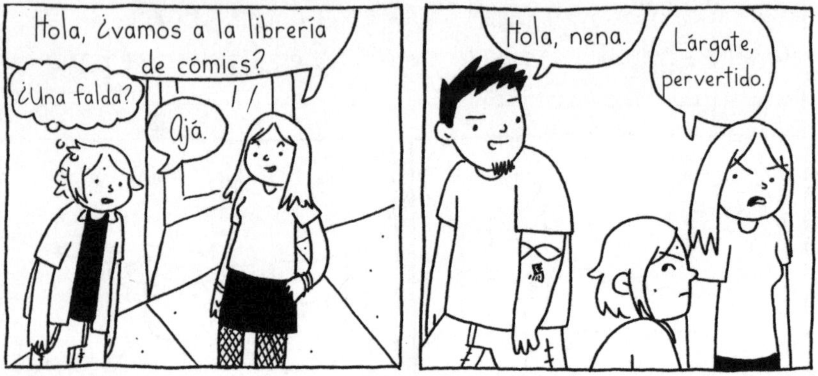
Hola, ¿vamos a la librería de cómics?
¿Una falda?
Ajá.
Hola, nena.
Lárgate, pervertido.

Todavía era mi mejor amiga, pero a sólo un año de amistad, nos distanciamos: ella estaba convirtiéndose en mujer y yo no.

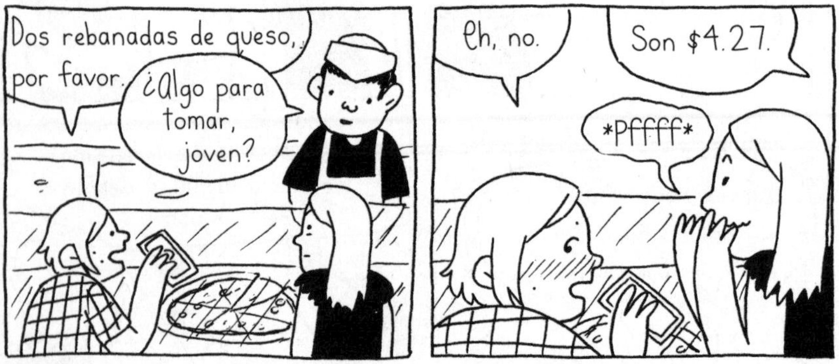
Dos rebanadas de queso, por favor.
¿Algo para tomar, joven?
Eh, no.
Son $4.27.
Pffff

Ya casi cumplía 14 años y ni siquiera había tenido mi regla. Pero no me quejaba porque para todas mis amigas parecía ser una pesadilla.

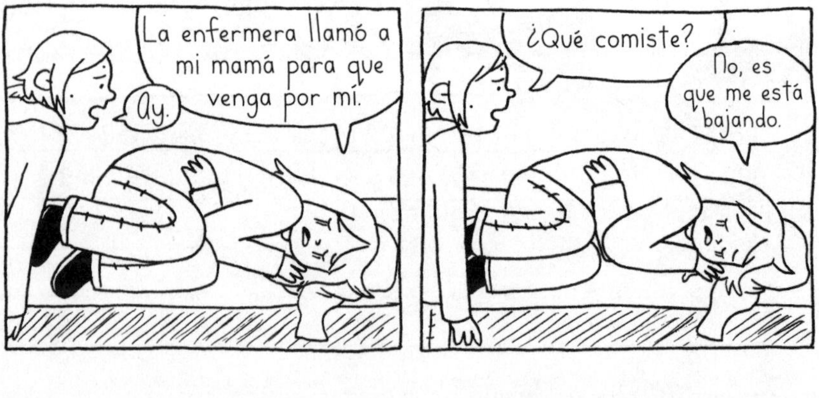
La enfermera llamó a mi mamá para que venga por mí.
Ay.
¿Qué comiste?
No, es que me está bajando.

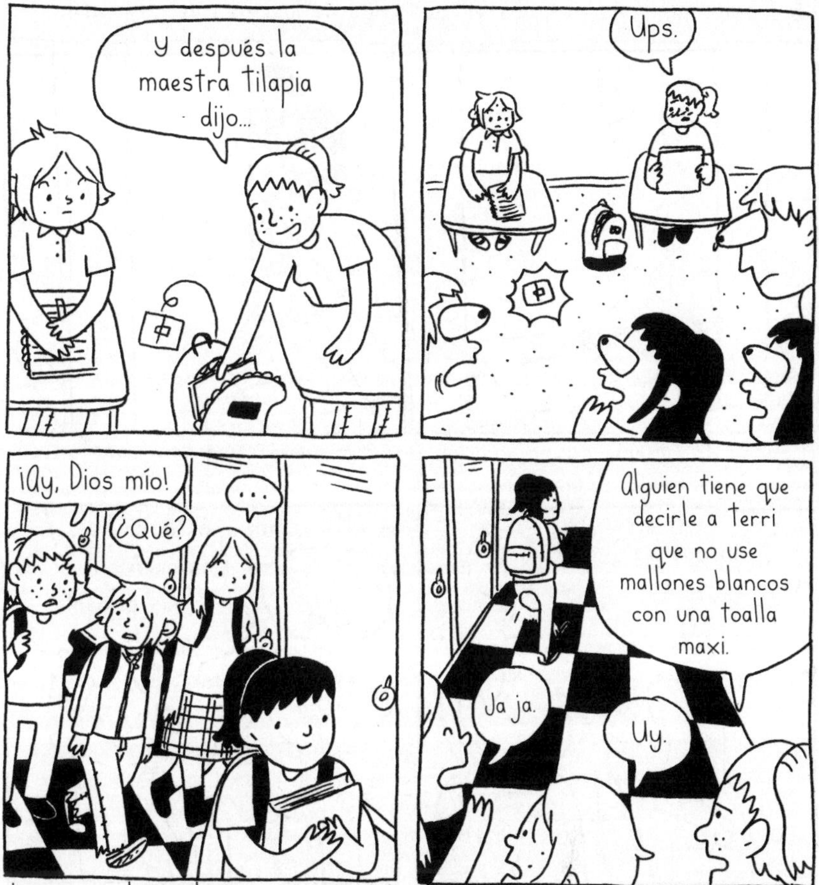
Y después la maestra tilapia dijo…
Ups.
¡Ay, Dios mío!
¿Qué?
. . .
Alguien tiene que decirle a Terri que no use mallones blancos con una toalla maxi.
Ja ja.
Uy.

temía que la regla me cambiara. Era evidente que todas mis amigas parecían más femeninas después de que les bajaba.

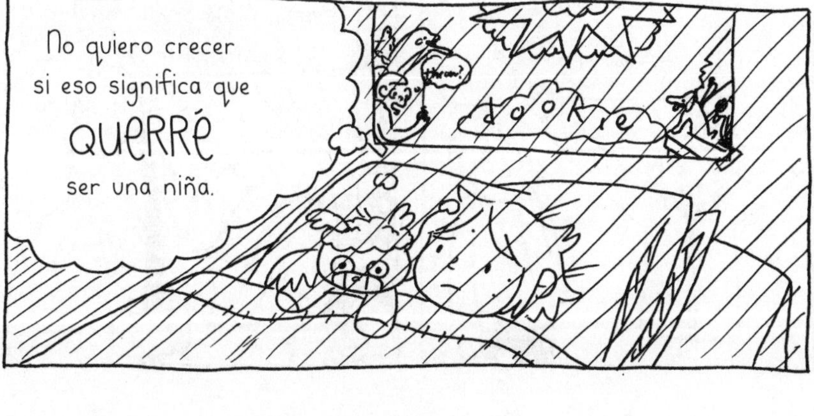
No quiero crecer si eso significa que QUERRÉ ser una niña.

Pero unas semanas después, en la tienda de juguetes de mi mamá...

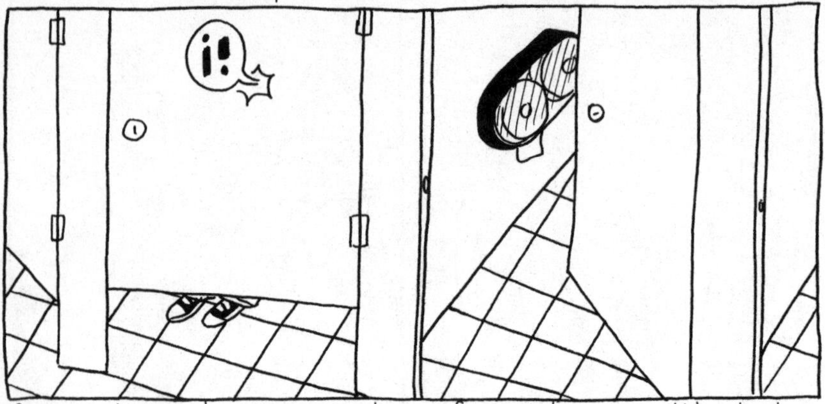
¡!

A pesar de tenerle pavor, cuando por fin sucedió, me sentí bastante normal.

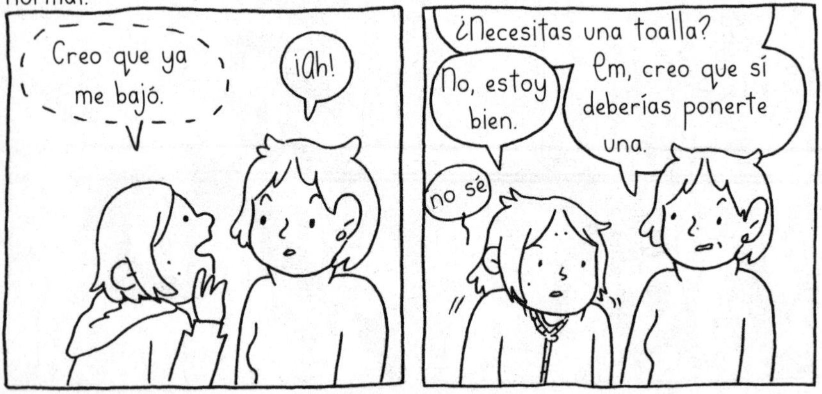
Creo que ya me bajó.
¡Ah!
¿Necesitas una toalla?
No, estoy bien.
no sé
Em, creo que sí deberías ponerte una.

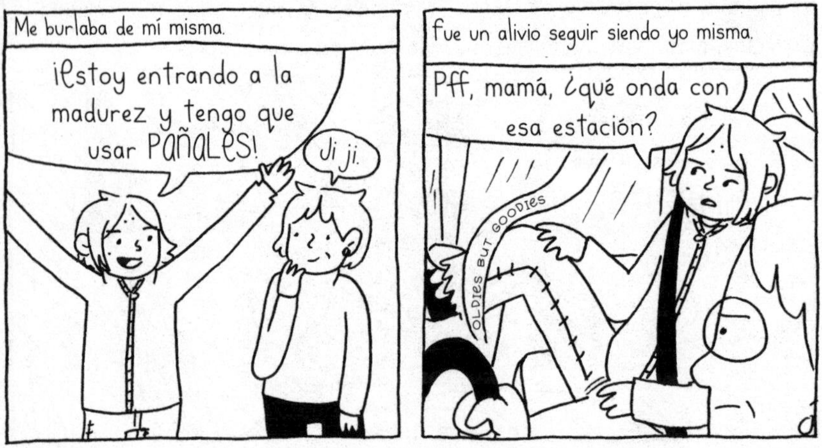
Me burlaba de mí misma.
¡Estoy entrando a la madurez y tengo que usar PAÑALES!
Ji ji.
Fue un alivio seguir siendo yo misma.
Pff, mamá, ¿qué onda con esa estación?
OLDIES BUT GOODIES

Por desgracia, buena parte de ser yo misma significaba que me mortificaba pensar que esta nueva carga de ser mujer me alejaba de mi meta de ser "una más de los chicos".

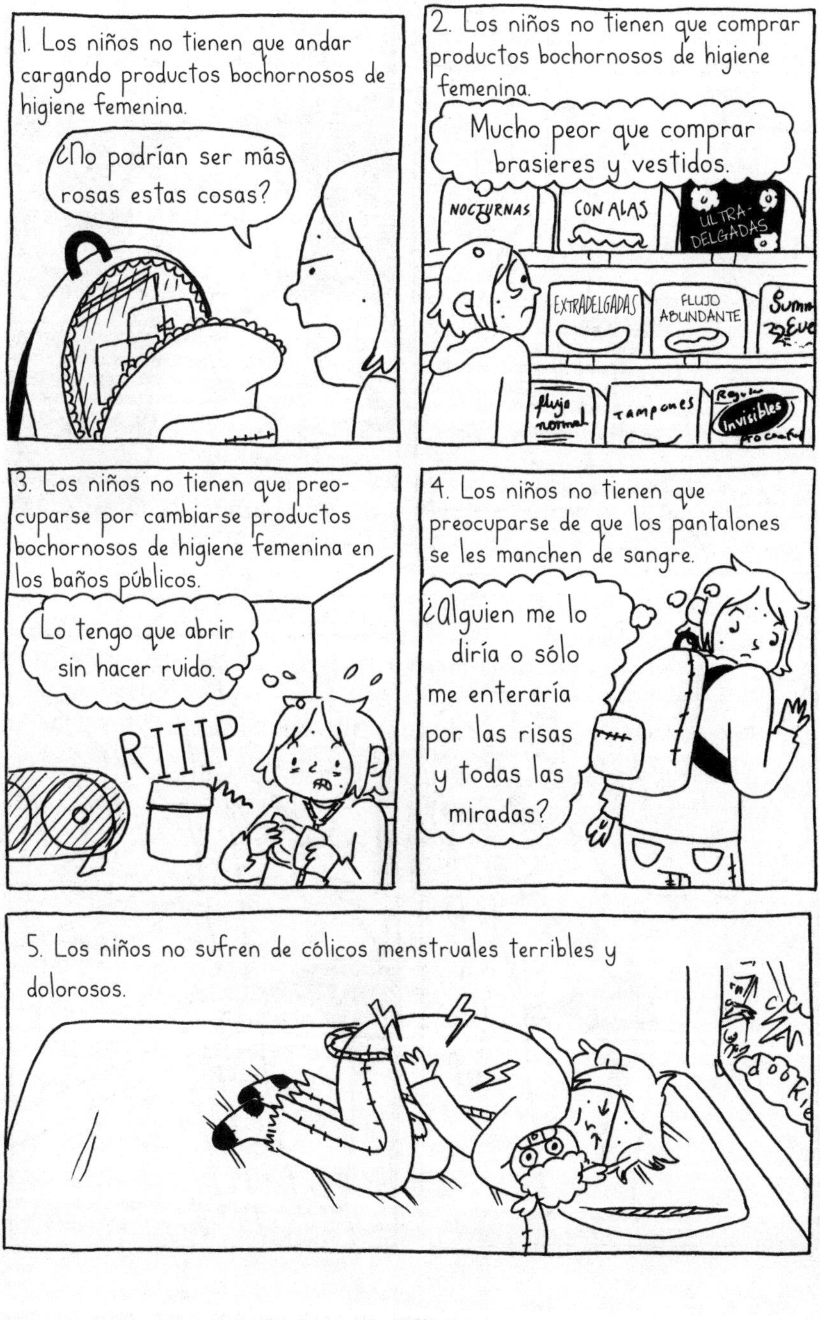

1. Los niños no tienen que andar cargando productos bochornosos de higiene femenina.
¿No podrían ser más rosas estas cosas?
2. Los niños no tienen que comprar productos bochornosos de higiene femenina.
Mucho peor que comprar brasieres y vestidos.
NOCTURNAS
CON ALAS
ULTRA-DELGADAS
EXTRADELGADAS
FLUJO ABUNDANTE
flujo normal
TAMPONES
Invisibles
3. Los niños no tienen que preocuparse por cambiarse productos bochornosos de higiene femenina en los baños públicos.
Lo tengo que abrir sin hacer ruido.
RIIIP
4. Los niños no tienen que preocuparse de que los pantalones se les manchen de sangre.
¿Alguien me lo diría o sólo me enteraría por las risas y todas las miradas?
5. Los niños no sufren de cólicos menstruales terribles y dolorosos.

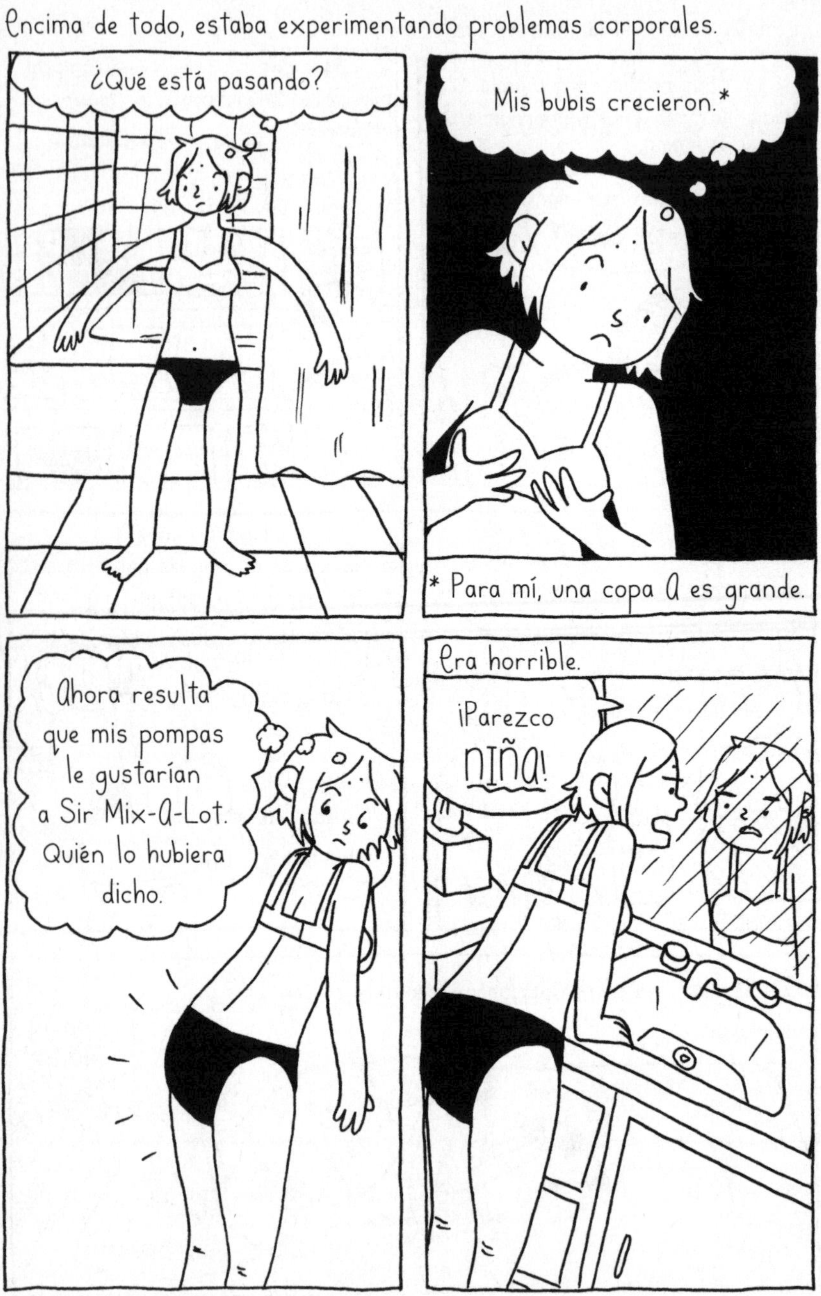
Encima de todo, estaba experimentando problemas corporales.
¿Qué está pasando?
Mis bubis crecieron.*
* Para mí, una copa A es grande.
Ahora resulta que mis pompas le gustarían a Sir Mix-A-Lot. Quién lo hubiera dicho.
Era horrible.
¡Parezco niña!

CAPÍTULO 10

Estaba pasando un montón de tardes en la tienda de mi mamá sin Phyllis (porque su familia se había cambiado a otra colonia). Por esa época, una mujer llamada Harley comenzó a trabajar para mi mamá.

HARLEY

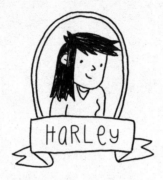

* Es de la edad de mis papás, pero nunca tuvo hijos.
* Publica un fanzine monográfico.
* Es la primera persona que sin ser pariente o amiga se interesa por mis cómics.
* Es la adulta más cool.

¿Estás dibujando un cómic?
Ajá.
Wow, es muy bueno. Yo edito una revista, ¿te gustaría hacer ilustraciones ahí?
¡¿En serio?!

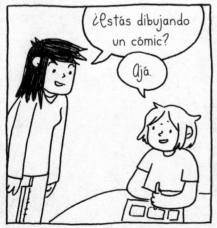

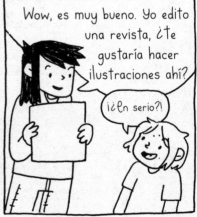

Me prestaba los cómics que le gustaban.

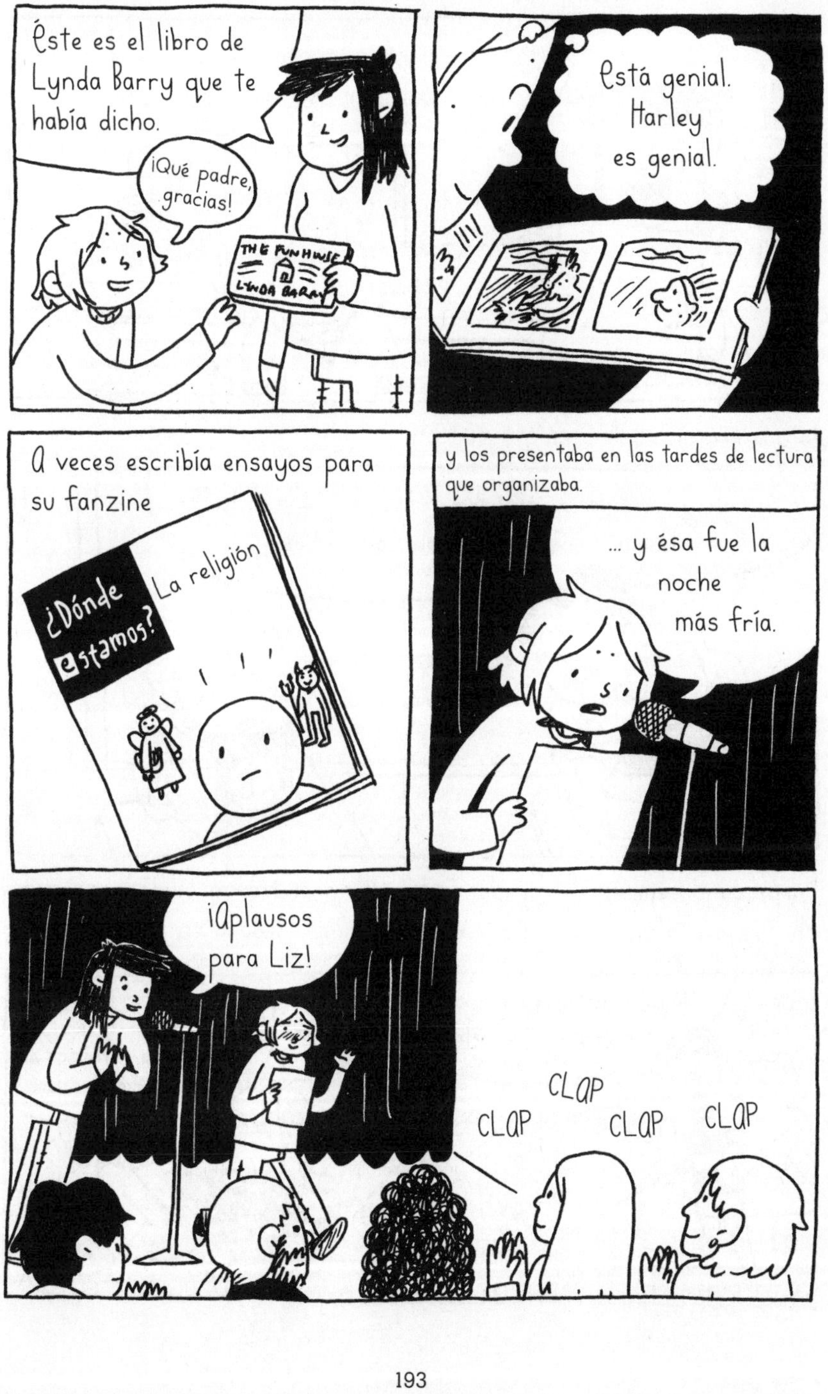
Éste es el libro de Lynda Barry que te había dicho.
¡Qué padre, gracias!
THE FUNHOUSE
LYNDA BARRY
Está genial. Harley es genial.
A veces escribía ensayos para su fanzine
¿Dónde estamos?
La religión
y los presentaba en las tardes de lectura que organizaba.
... y ésa fue la noche más fría.
¡Aplausos para Liz!
CLAP
CLAP
CLAP
CLAP

Me sentía realmente apreciada por ser yo,

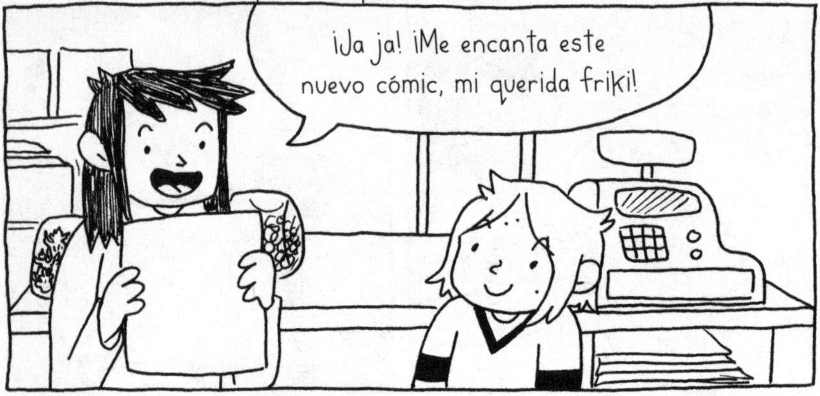
¡Ja ja! ¡Me encanta este nuevo cómic, mi querida friki!

lo que era un cambio muy agradable.

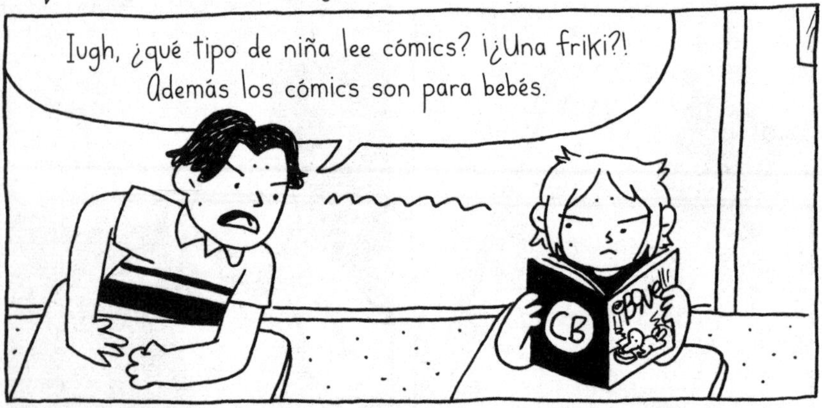
Iugh, ¿qué tipo de niña lee cómics? ¡¿Una friki?! Además los cómics son para bebés.
CB

Para cuando empezó la prepa, Terri y Erin se habían mudado, así que Phyllis era la única amiga de verdad que me quedaba en la escuela.

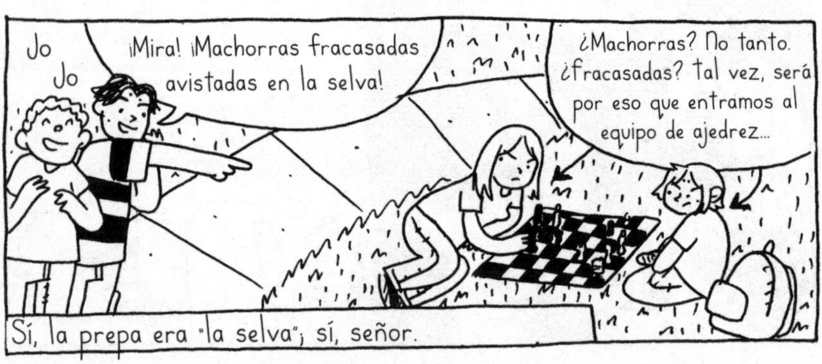
Jo
Jo
¡Mira! ¡Machorras fracasadas avistadas en la selva!
¿Machorras? No tanto. ¿Fracasadas? Tal vez, será por eso que entramos al equipo de ajedrez...
Sí, la prepa era "la selva"; sí, señor.

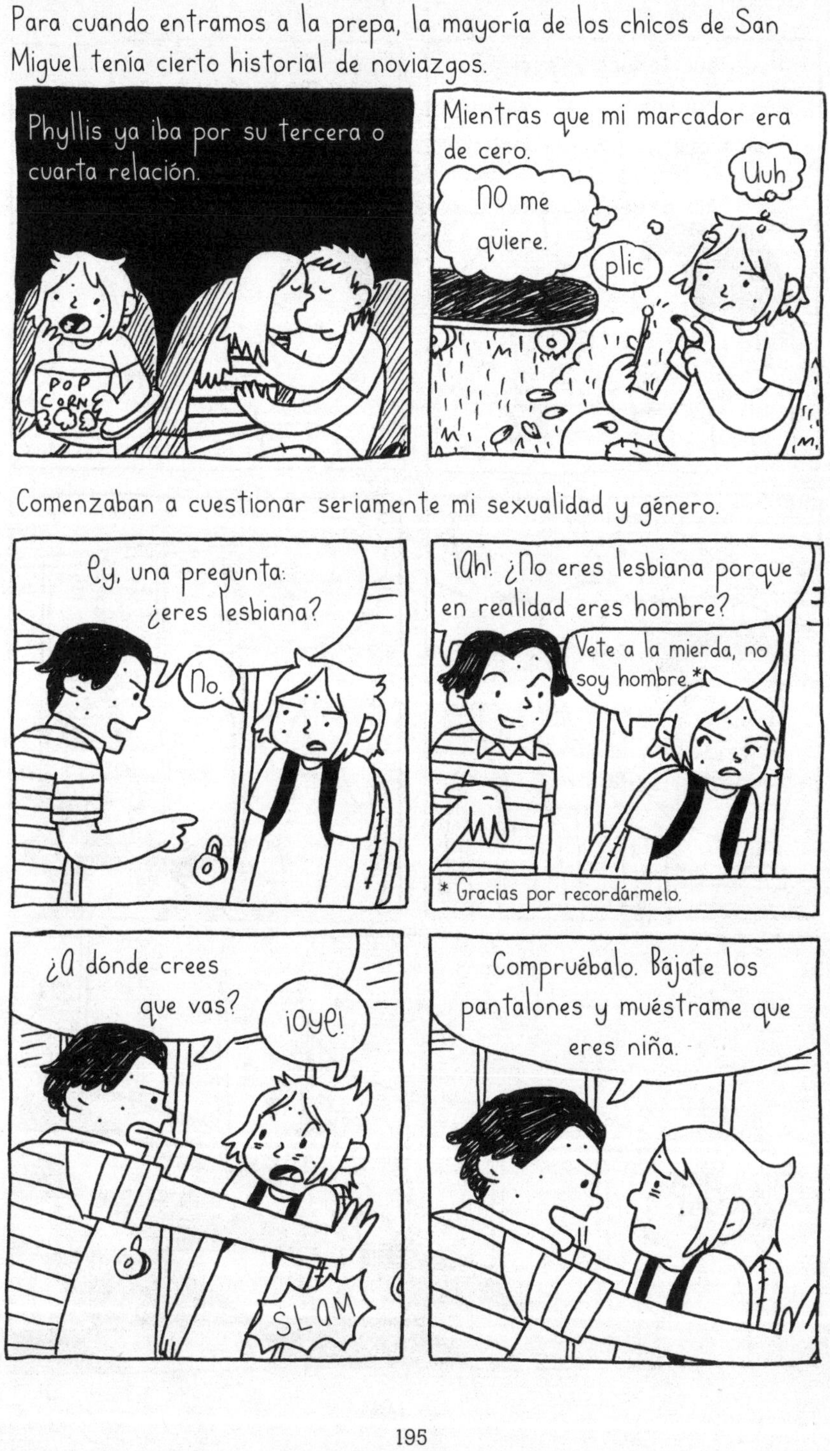
Para cuando entramos a la prepa, la mayoría de los chicos de San Miguel tenía cierto historial de noviazgos.
Phyllis ya iba por su tercera o cuarta relación.
POP CORN
Mientras que mi marcador era de cero.
No me quiere.
Uuh
plic
Comenzaban a cuestionar seriamente mi sexualidad y género.
Ey, una pregunta: ¿eres lesbiana?
No.
¡Ah! ¿No eres lesbiana porque en realidad eres hombre?
Vete a la mierda, no soy hombre.*
* Gracias por recordármelo.
¿A dónde crees que vas?
¡Oye!
SLAM
Compruébalo. Bájate los pantalones y muéstrame que eres niña.

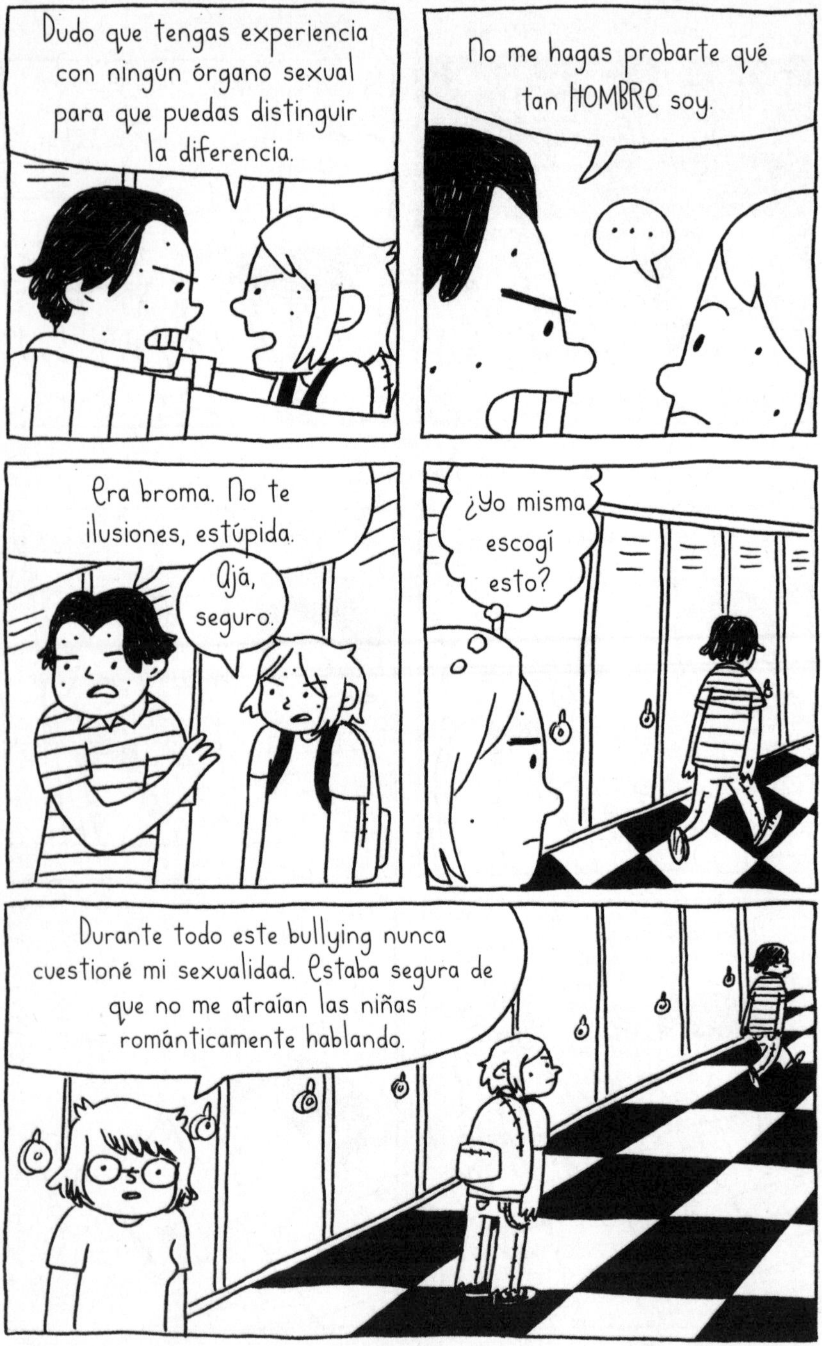
Dudo que tengas experiencia con ningún órgano sexual para que puedas distinguir la diferencia.
No me hagas probarte qué tan HOMBRE soy.
...
Era broma. No te ilusiones, estúpida.
Ajá, seguro.
¿Yo misma escogí esto?
Durante todo este bullying nunca cuestioné mi sexualidad. Estaba segura de que no me atraían las niñas románticamente hablando.

El estereotipo de la lesbiana machorra me ha perseguido toda la vida, pero no me visto como niño para atraer a las niñas: me visto como niño porque me parece natural.

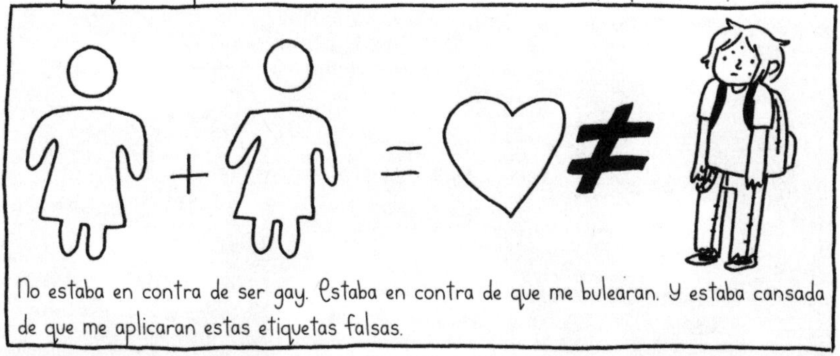
+
=
≠
No estaba en contra de ser gay. Estaba en contra de que me bulearan. Y estaba cansada de que me aplicaran estas etiquetas falsas.

A veces fantaseaba sobre cómo hubiera sido mi vida de haber sido una niña normal.

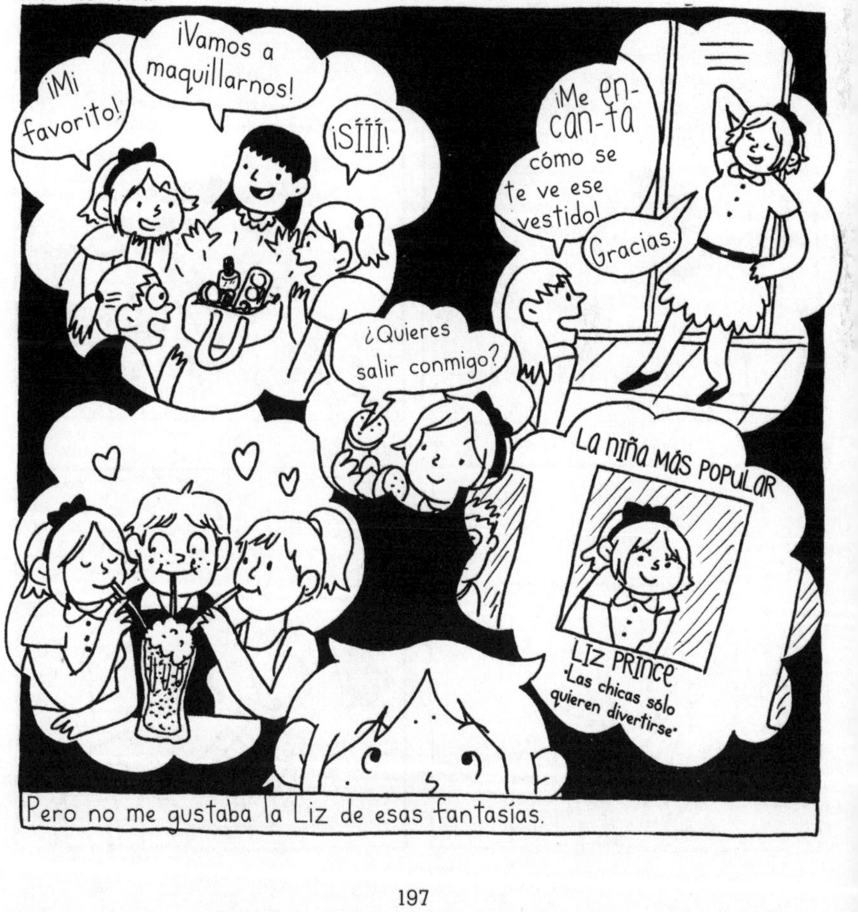
¡Mi favorito!
¡Vamos a maquillarnos!
¡SÍÍÍ!
¡Me en-can-ta cómo se te ve ese vestido!
Gracias.
¿Quieres salir conmigo?
LA NIÑA MÁS POPULAR
LIZ PRINCE
"Las chicas sólo quieren divertirse"
Pero no me gustaba la Liz de esas fantasías.

Me gustaba la Liz que era. Ser una niña normal nunca fue una opción para mí...

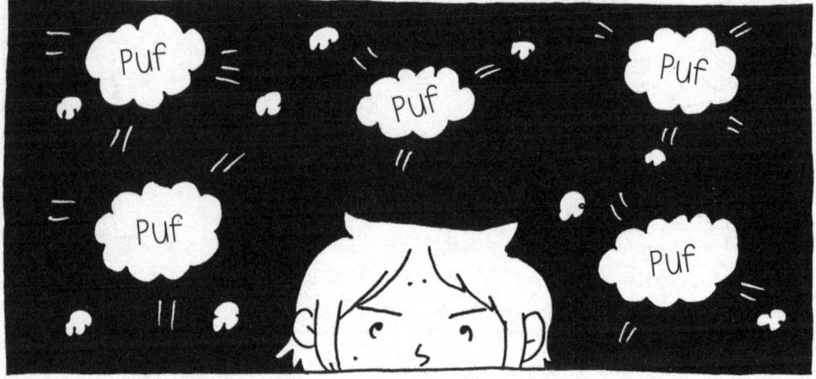
Puf
Puf
Puf
Puf
Puf

En vez de apachurrarme, las burlas me incitaban a evitar las cosas femeninas con mayor desesperación.

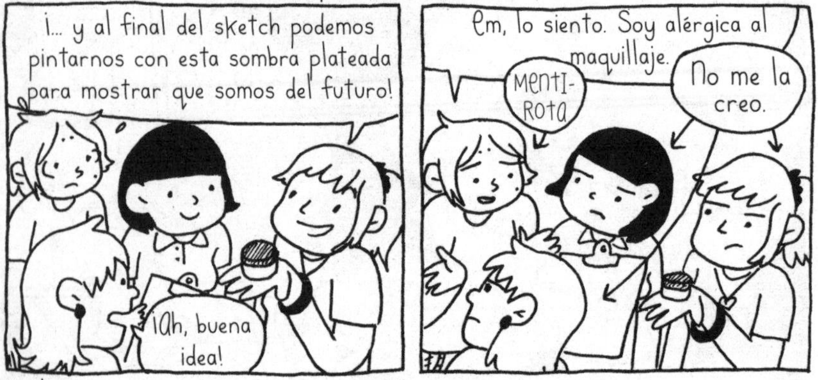
¡... y al final del sketch podemos pintarnos con esta sombra plateada para mostrar que somos del futuro!
¡Ah, buena idea!
Em, lo siento. Soy alérgica al maquillaje.
MENTI-ROTA
No me la creo.

Incluso un maestro nuevo me confundió con un niño.

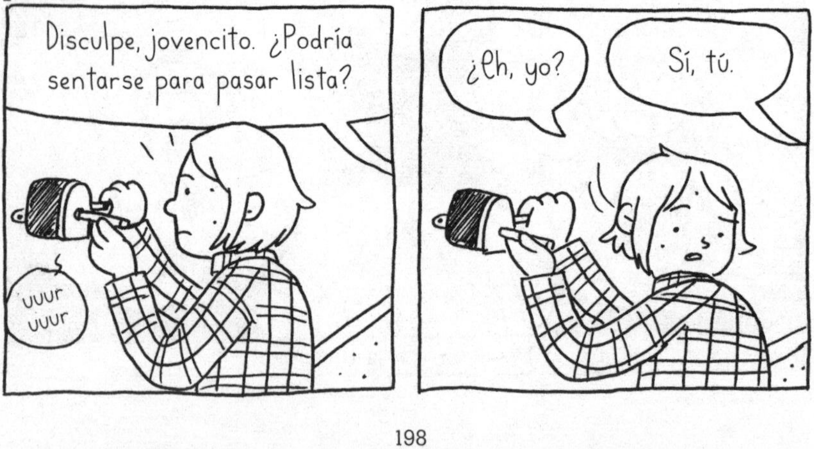
Disculpe, jovencito. ¿Podría sentarse para pasar lista?
uuur uuur
¿Eh, yo?
Sí, tú.

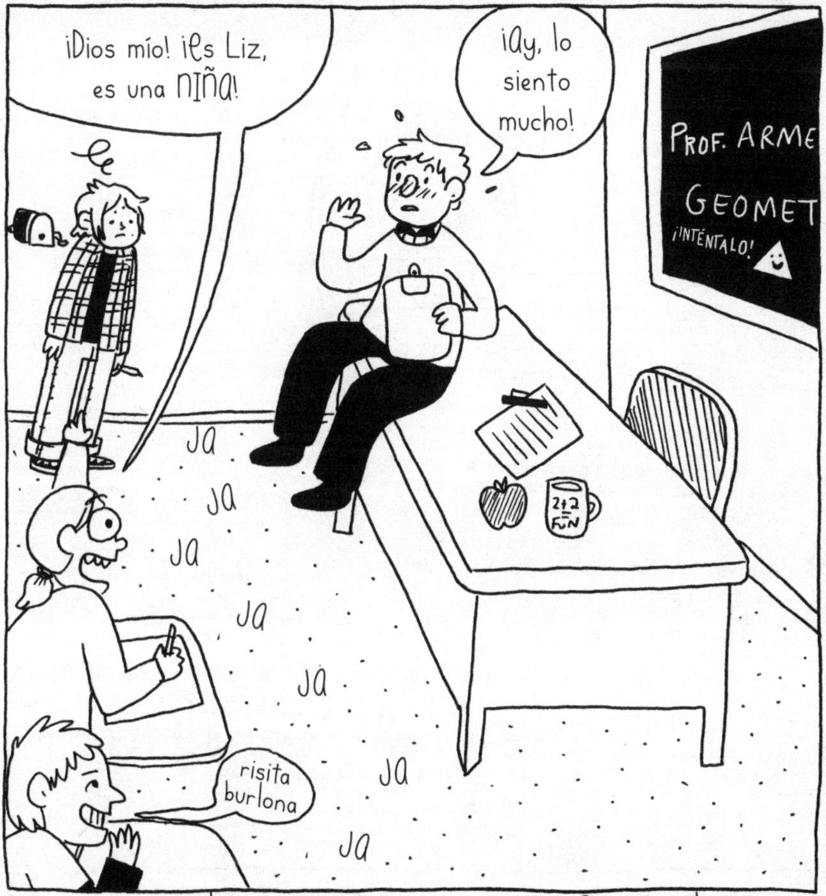
¡Dios mío! ¡Es Liz, es una NIÑA!
¡Ay, lo siento mucho!
PROF. ARME
GEOMET
¡INTÉNTALO!
2+2 = FUN
JA
JA
JA
JA
JA
JA
JA
risita burlona

No parecía probable que encontrara a un niño en San Miguel que desconociera mi reputación lo suficiente como para salir conmigo.

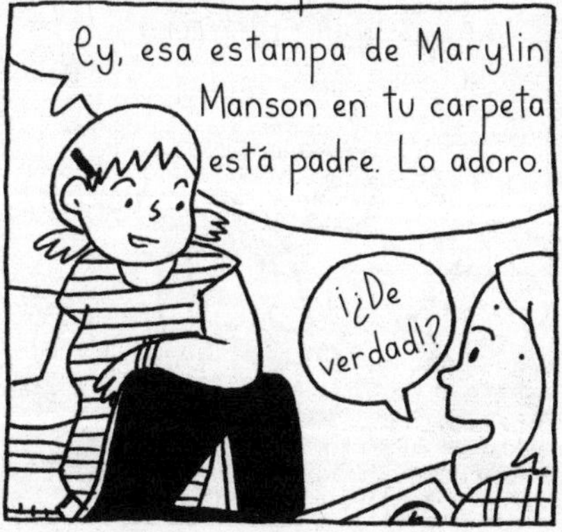
Ey, esa estampa de Marylin Manson en tu carpeta está padre. Lo adoro.
¡¿De verdad!?

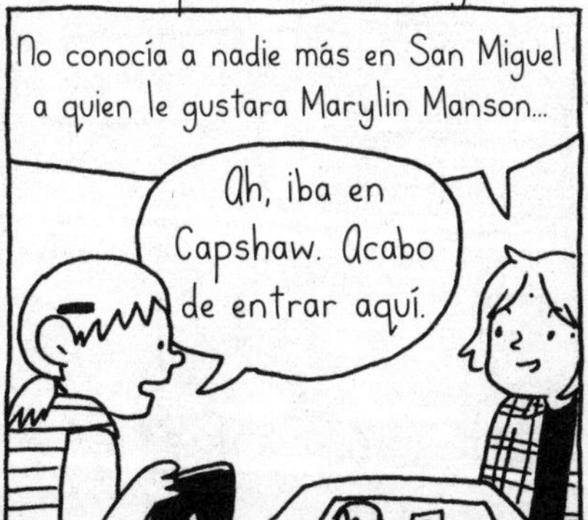
No conocía a nadie más en San Miguel a quien le gustara Marylin Manson...
Ah, iba en Capshaw. Acabo de entrar aquí.

Bree empezó a juntarse con Phyllis y conmigo. Tenía un pasado misterioso que nos intrigaba.

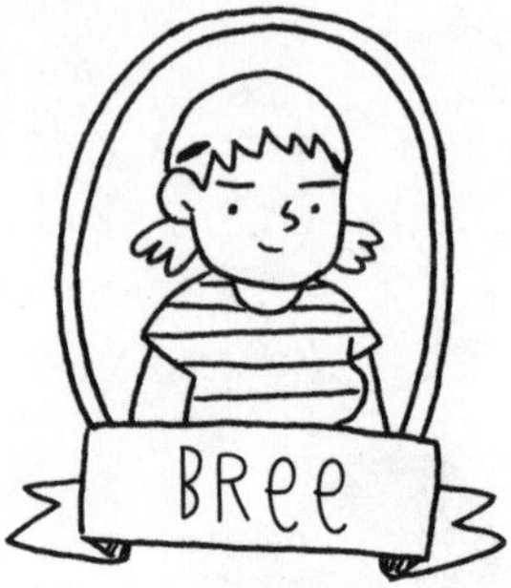
BRee

Según las historias que nos contó:

* Es una adicta a las metanfetaminas en recuperación (diez años antes de *Breaking Bad*).
* Está en una relación, con interrupciones, con un chico de 20 años.
* Era una de las niñas más populares de Capshaw, y su mejor amigo es Ian, el niño más popular de la prepa Santa Fe.

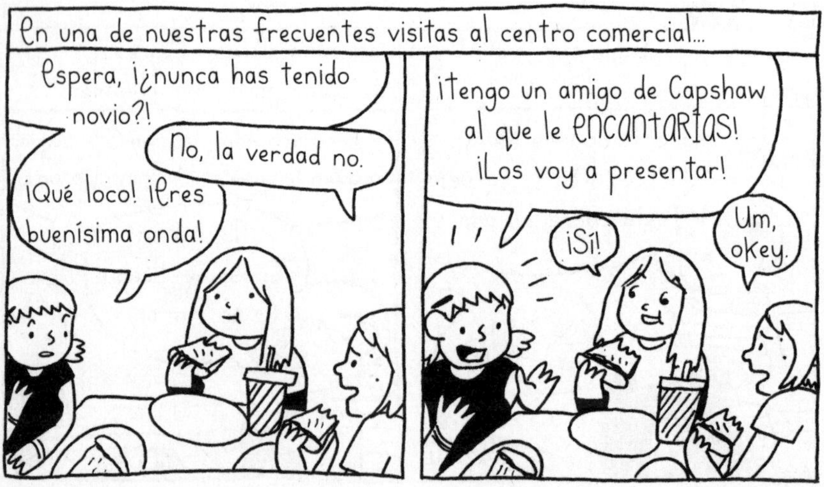
En una de nuestras frecuentes visitas al centro comercial...
Espera, ¡¿nunca has tenido novio?!
No, la verdad no.
¡Qué loco! ¡Eres buenísima onda!
¡Tengo un amigo de Capshaw al que le ENCANTARÍAS! ¡Los voy a presentar!
¡Sí!
Um, okey.

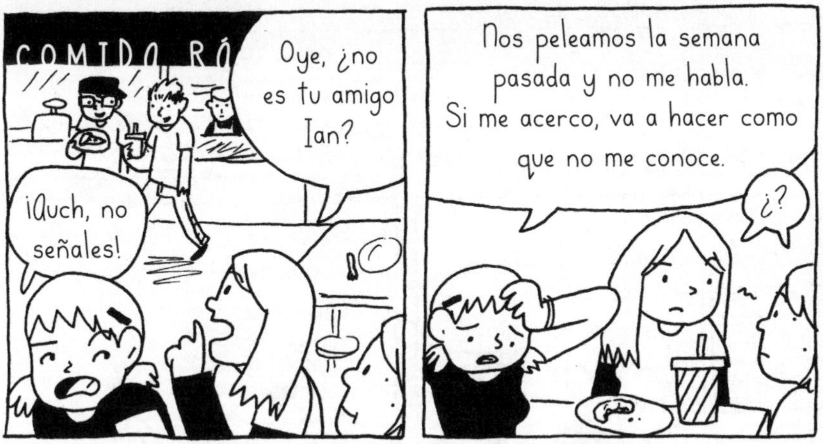
COMIDA RÓ
Oye, ¿no es tu amigo Ian?
¡Auch, no señales!
Nos peleamos la semana pasada y no me habla. Si me acerco, va a hacer como que no me conoce.
¿?

Unos días más tarde me llamó Will, el amigo de Bree.

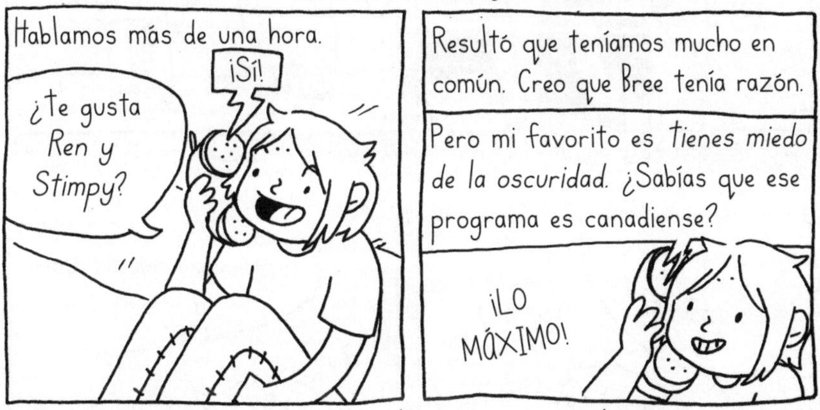
Hablamos más de una hora.
¿Te gusta *Ren y Stimpy*?
¡Sí!
Resultó que teníamos mucho en común. Creo que Bree tenía razón.
Pero mi favorito es *Tienes miedo de la oscuridad*. ¿Sabías que ese programa es canadiense?
¡LO MÁXIMO!

Will sugirió que nos viéramos en el centro comercial ese fin de semana: Phyllis iría como pareja del hermano de Will, y Bree vendría porque ella nos presentó.

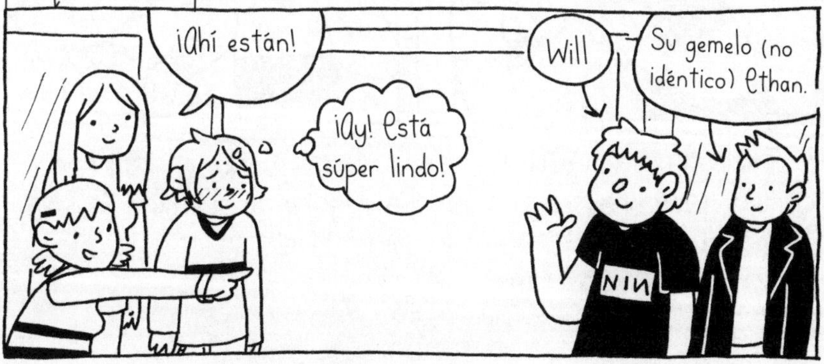
¡Ahí están!
¡Ay! ¡Está súper lindo!
Will
Su gemelo (no idéntico) Ethan.
NIN

Querido diario: ¡Por primera vez en mi vida le gusto a un niño que me gusta! ¡Will es mi novio! Es muy lindo y divertido.

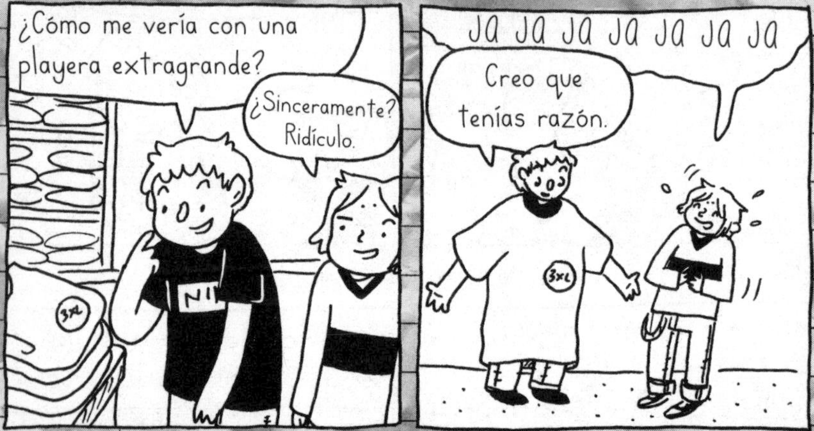
¿Cómo me vería con una playera extragrande?
¿Sinceramente? Ridículo.
3XL
JA JA JA JA JA JA JA
Creo que tenías razón.
3XL

Pasamos el día en el centro comercial, y cuando se fue, me dio un beso en la mejilla.

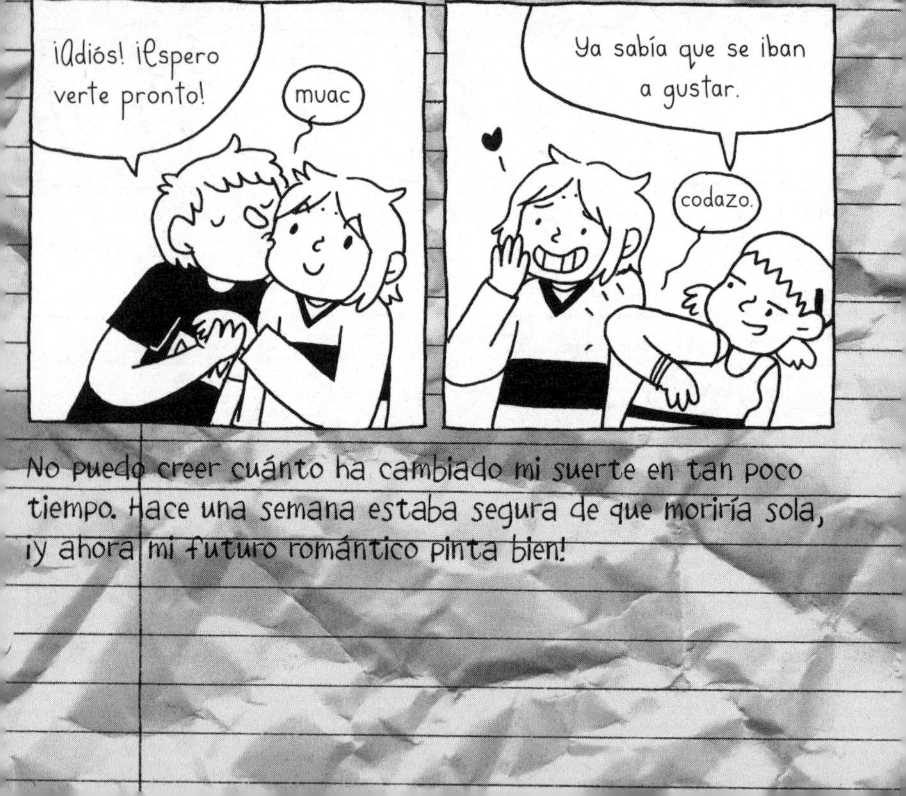
¡Adiós! ¡Espero verte pronto!
muac
Ya sabía que se iban a gustar.
codazo.

No puedo creer cuánto ha cambiado mi suerte en tan poco tiempo. Hace una semana estaba segura de que moriría sola, ¡y ahora mi futuro romántico pinta bien!

Durante unas cuantas semanas, Will y yo hablamos por teléfono y nos mandamos cartas por correo todos los días.

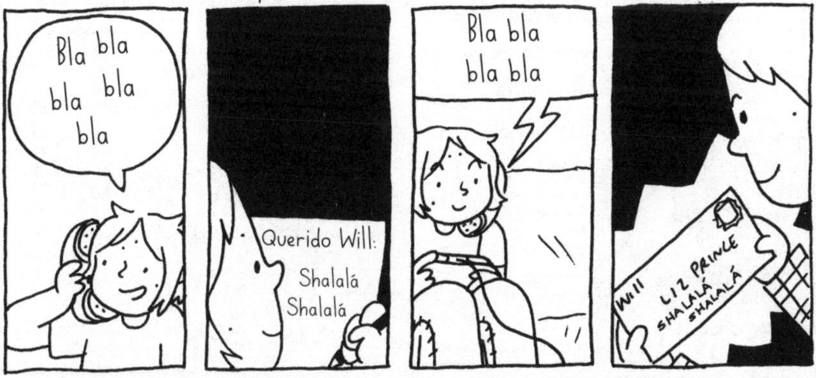
Bla bla bla bla bla
Querido Will:
Shalalá
Shalalá
Bla bla bla bla
Will
LIZ PRINCE
SHALALÁ
SHALALÁ

La única vez que me fui de pinta fue para ver *Romeo y Julieta* con Leonardo DiCaprio en el cine, con Will, Ethan, Phyllis y Bree.

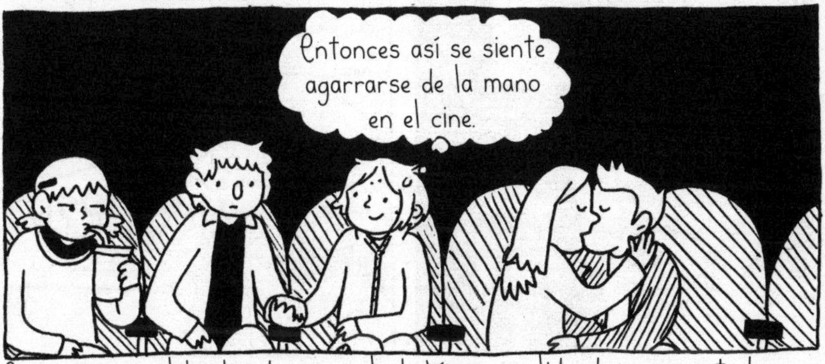
Entonces así se siente agarrarse de la mano en el cine.

Excepto por el hecho de que sólo habíamos salido dos veces, todo era PERFECTO.

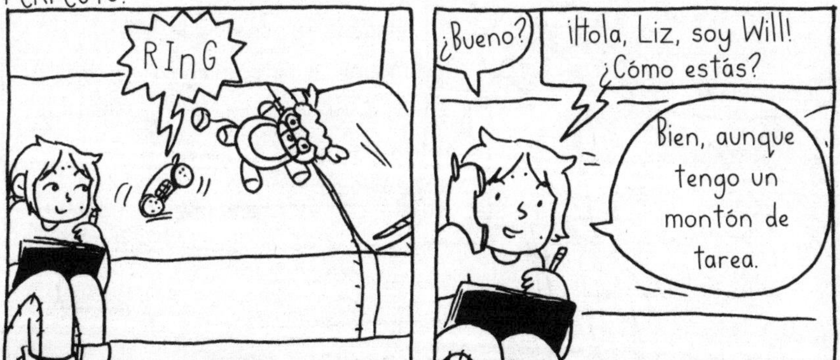
RING
¿Bueno?
¡Hola, Liz, soy Will! ¿Cómo estás?
Bien, aunque tengo un montón de tarea.

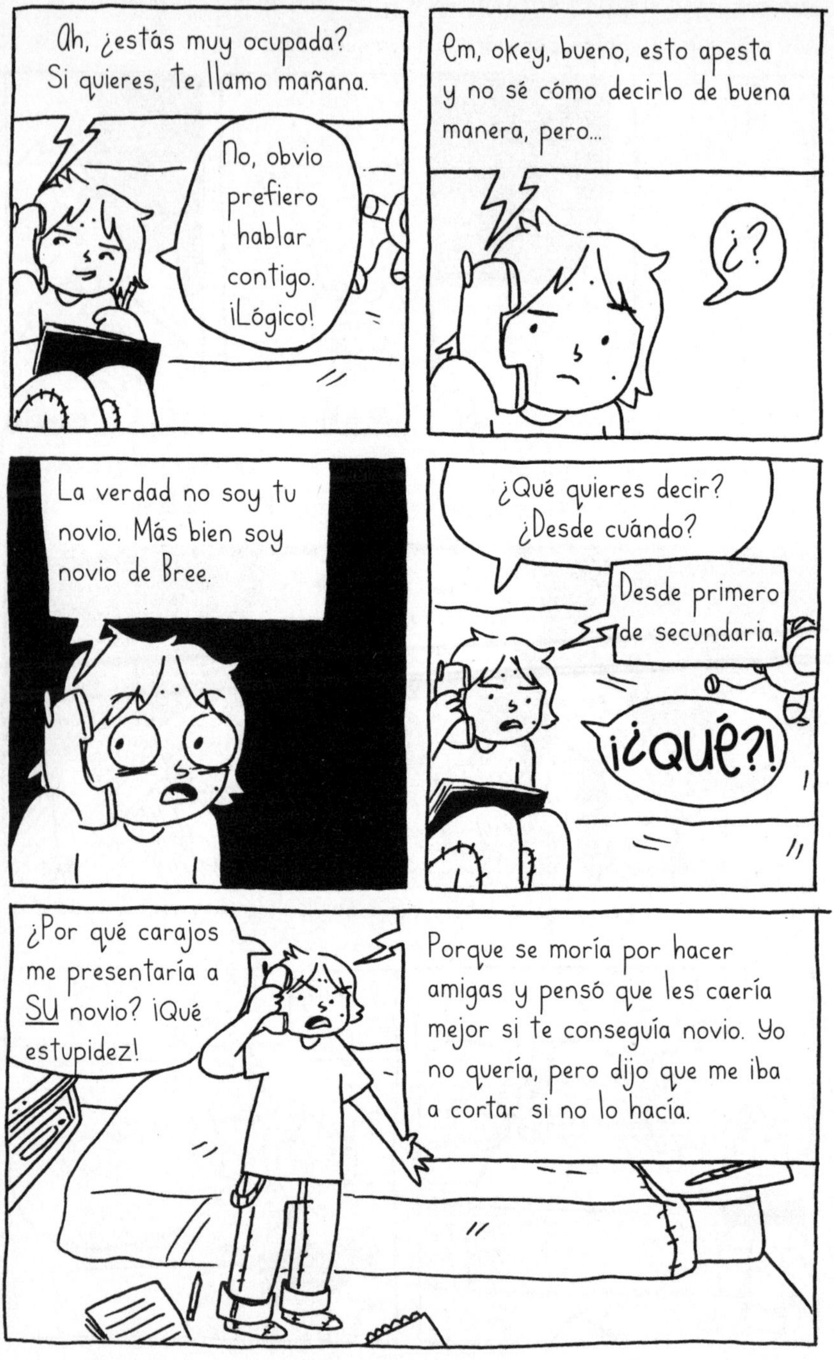

Ah, ¿estás muy ocupada? Si quieres, te llamo mañana.
No, obvio prefiero hablar contigo. ¡Lógico!
Em, okey, bueno, esto apesta y no sé cómo decirlo de buena manera, pero...
¿?
La verdad no soy tu novio. Más bien soy novio de Bree.
¿Qué quieres decir? ¿Desde cuándo?
Desde primero de secundaria.
¡¿QUÉ?!
¿Por qué carajos me presentaría a SU novio? ¡Qué estupidez!
Porque se moría por hacer amigas y pensó que les caería mejor si te conseguía novio. Yo no quería, pero dijo que me iba a cortar si no lo hacía.

Me siento tan humillada, por supuesto el único novio que podía conseguir tenía que ser falso.

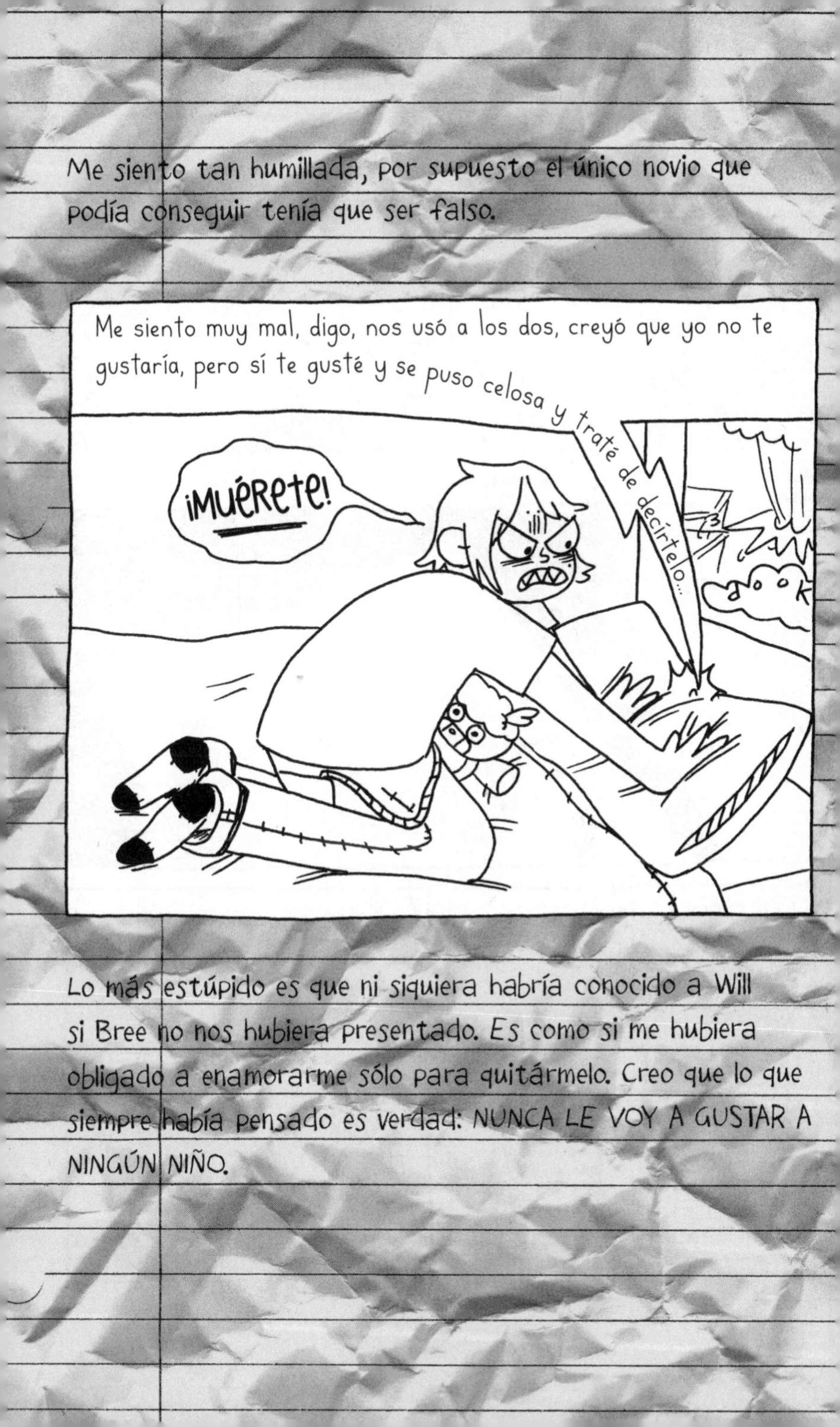
Me siento muy mal, digo, nos usó a los dos, creyó que yo no te gustaría, pero sí te gusté y se puso celosa y traté de decírtelo...
¡Muérete!
Pook

Lo más estúpido es que ni siquiera habría conocido a Will si Bree no nos hubiera presentado. Es como si me hubiera obligado a enamorarme sólo para quitármelo. Creo que lo que siempre había pensado es verdad: NUNCA LE VOY A GUSTAR A NINGÚN NIÑO.

No lo van a creer pero, por absurdo que parezca, lo más raro fue que Bree estaba enojada conmigo por lo que había pasado.

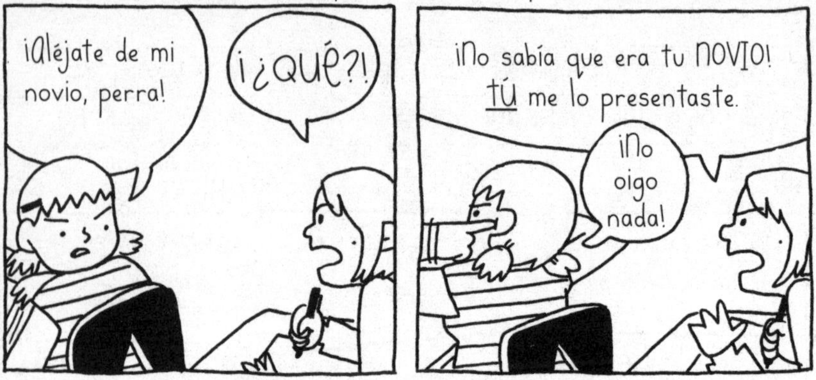
¡Aléjate de mi novio, perra!
¡¿QUÉ?!
¡No sabía que era tu NOVIO! TÚ me lo presentaste.
¡No oigo nada!

Will me mandó una última carta, una disculpa, supongo.

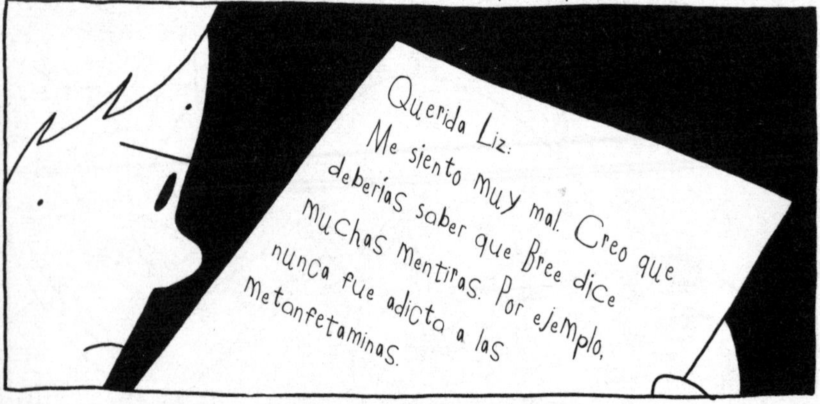
Querida Liz:
Me siento muy mal. Creo que deberías saber que Bree dice muchas mentiras. Por ejemplo, nunca fue adicta a las metanfetaminas.

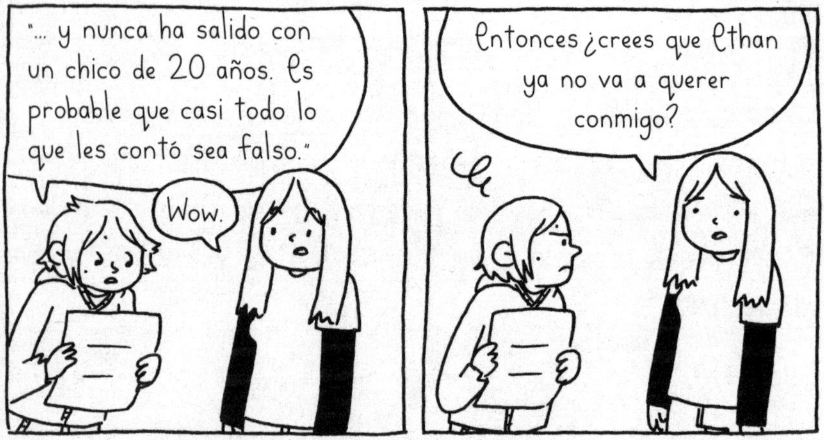
"... y nunca ha salido con un chico de 20 años. Es probable que casi todo lo que les contó sea falso."
Wow.
Entonces ¿crees que Ethan ya no va a querer conmigo?

CAPÍTULO II

Para finales de primero de prepa empezaba a sentir que la vida en San Miguel ya no me acomodaba.

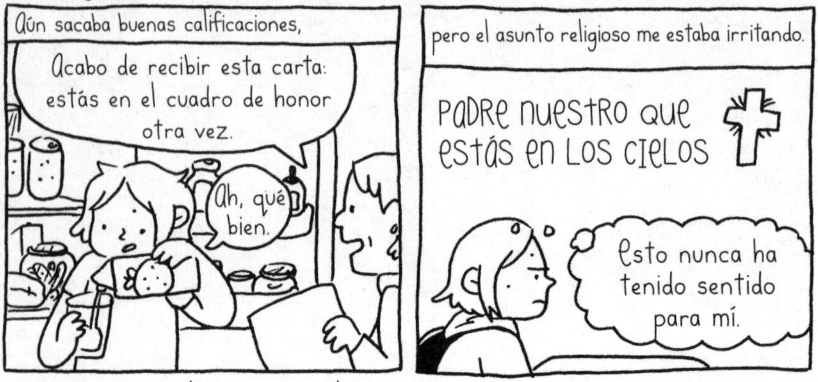
Aún sacaba buenas calificaciones,
Acabo de recibir esta carta: estás en el cuadro de honor otra vez.
Ah, qué bien.
pero el asunto religioso me estaba irritando.
PADRE NUESTRO QUE ESTÁS EN LOS CIELOS
Esto nunca ha tenido sentido para mí.

Me metí en problemas por golpear a un niño de secundaria.

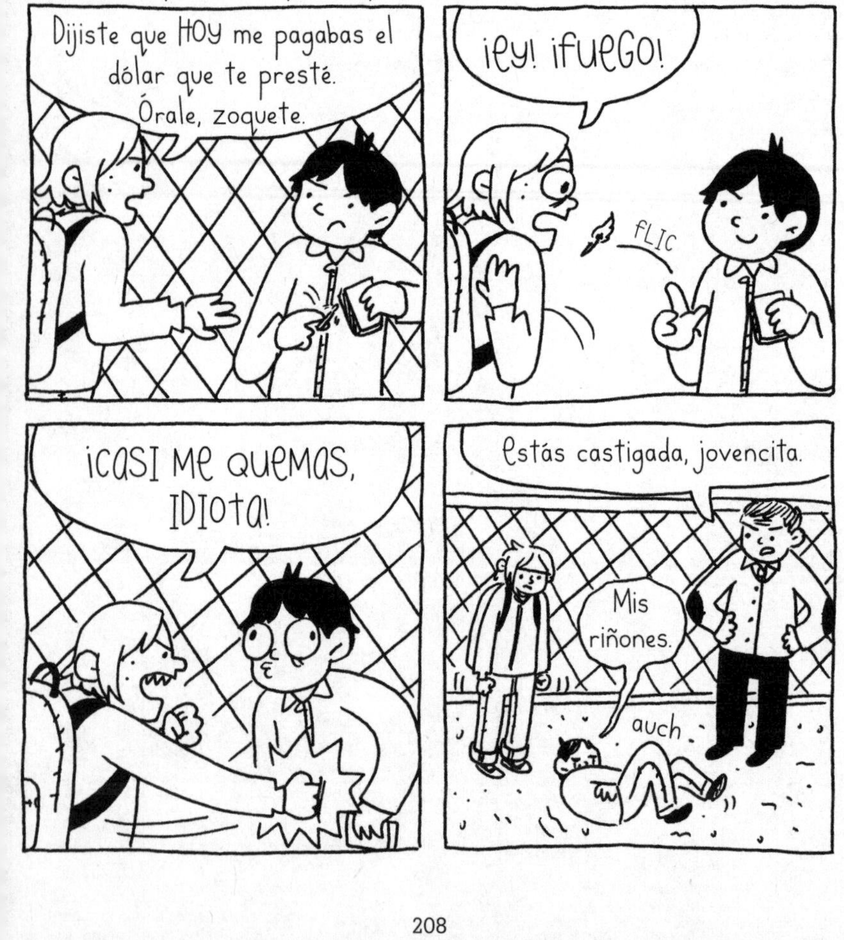
Dijiste que HOY me pagabas el dólar que te presté. Órale, zoquete.
¡EY! ¡FUEGO!
FLIC
¡CASI ME QUEMAS, IDIOTA!
Estás castigada, jovencita.
Mis riñones.
auch

Después, unos perros policía encontraron mota en el locker de Phyllis.

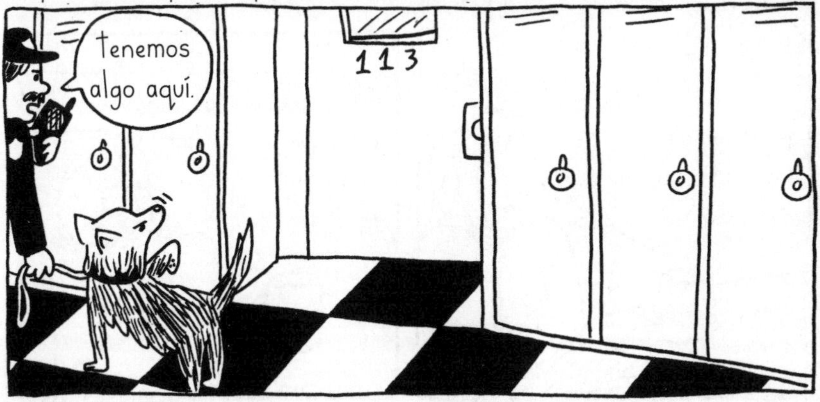
tenemos algo aquí.
113

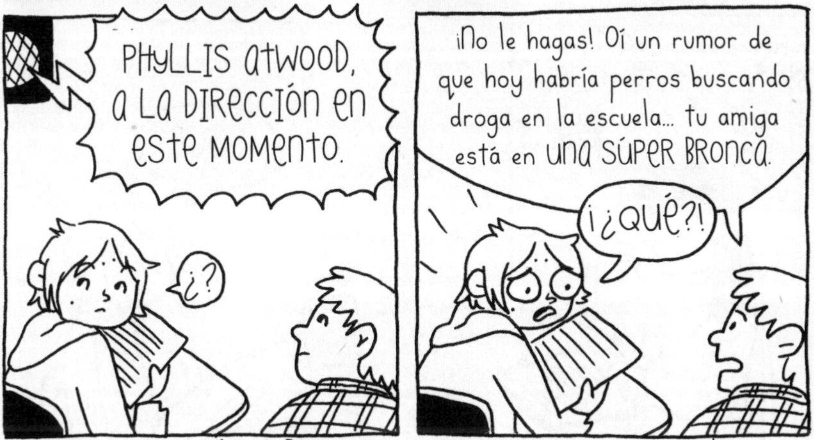
PHYLLIS ATWOOD, A LA DIRECCIÓN EN ESTE MOMENTO.
¿?
¡No le hagas! Oí un rumor de que hoy habría perros buscando droga en la escuela... tu amiga está en UNA SÚPER BRONCA.
¡¿QUÉ?!

Sí estaba en una SÚPER BRONCA, pero quién sabe por qué no la expulsaron. Sólo la suspendieron dos semanas y en su casa la castigaron mucho más tiempo.

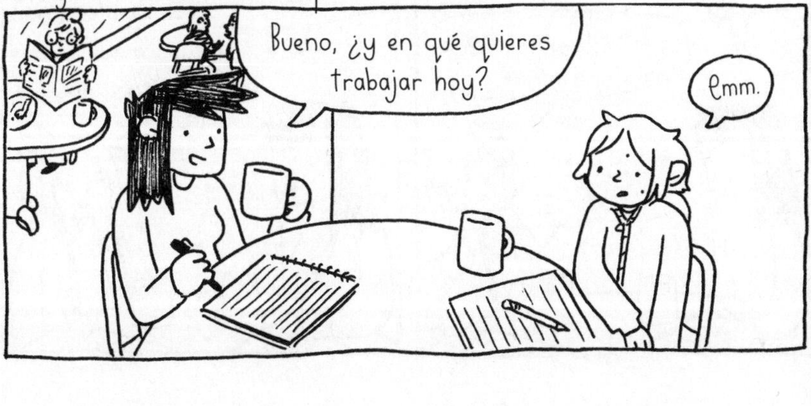
Bueno, ¿y en qué quieres trabajar hoy?
emm.

Harley y yo habíamos empezado a tener sesiones semanales de escritura en nuestro café favorito, la Santa Fe Baking Company.

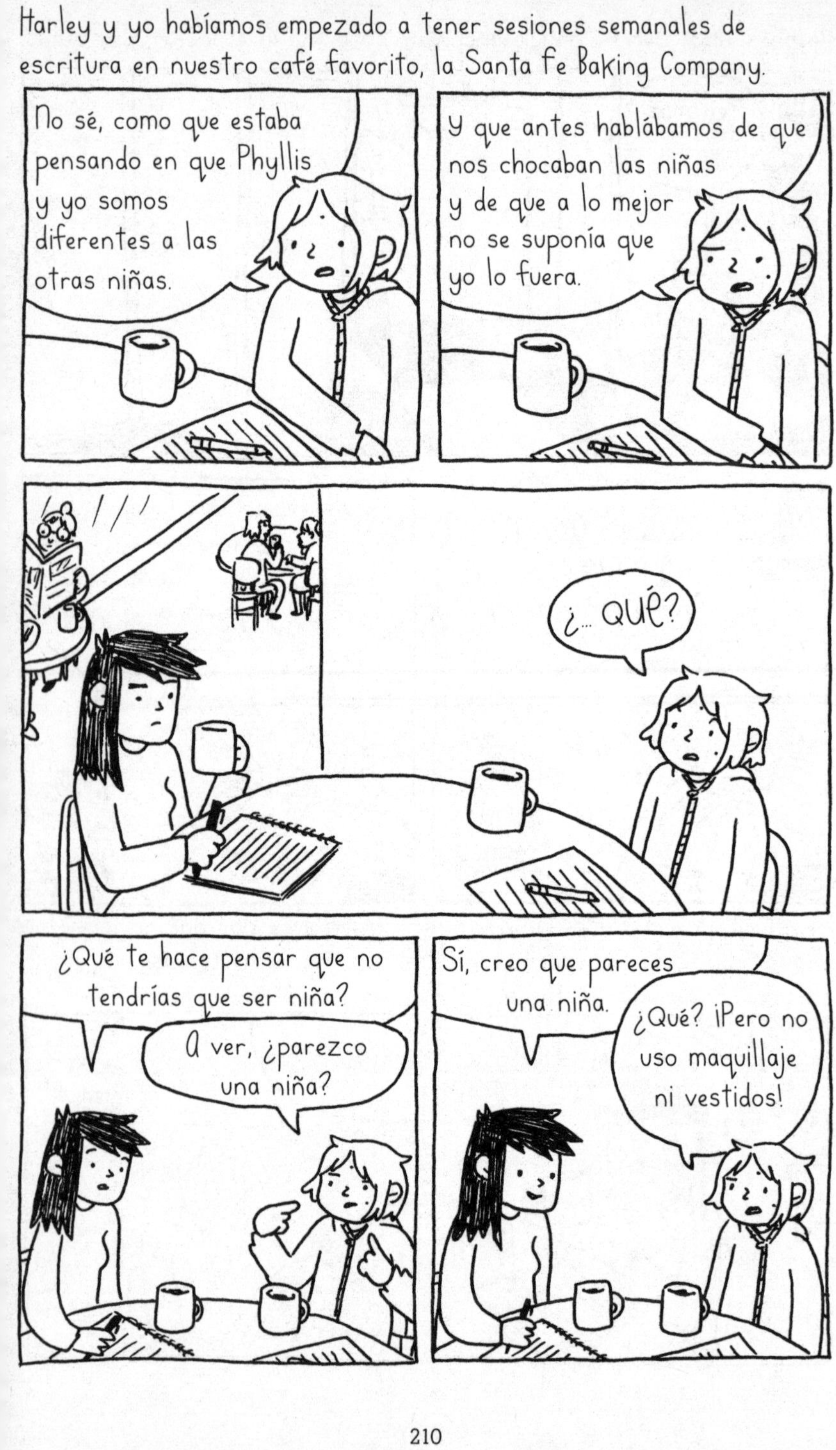
No sé, como que estaba pensando en que Phyllis y yo somos diferentes a las otras niñas.
Y que antes hablábamos de que nos chocaban las niñas y de que a lo mejor no se suponía que yo lo fuera.
¿... QUÉ?
¿Qué te hace pensar que no tendrías que ser niña?
A ver, ¿parezco una niña?
Sí, creo que pareces una niña.
¿Qué? ¡Pero no uso maquillaje ni vestidos!

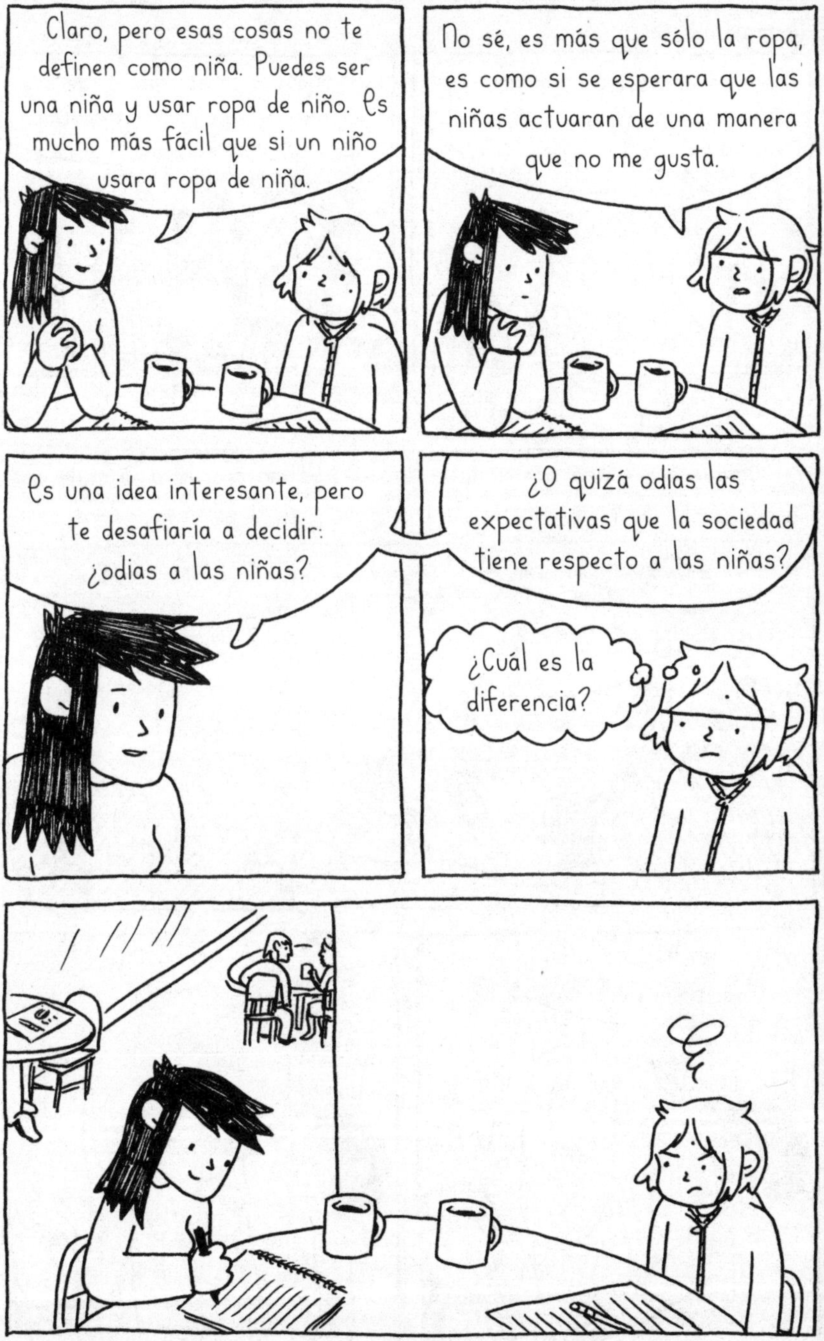
Claro, pero esas cosas no te definen como niña. Puedes ser una niña y usar ropa de niño. Es mucho más fácil que si un niño usara ropa de niña.
No sé, es más que sólo la ropa, es como si se esperara que las niñas actuaran de una manera que no me gusta.
Es una idea interesante, pero te desafiaría a decidir: ¿odias a las niñas?
¿O quizá odias las expectativas que la sociedad tiene respecto a las niñas?
¿Cuál es la diferencia?

Cuando le levantaron el castigo a Phyllis, las cosas regresaron a la normalidad.

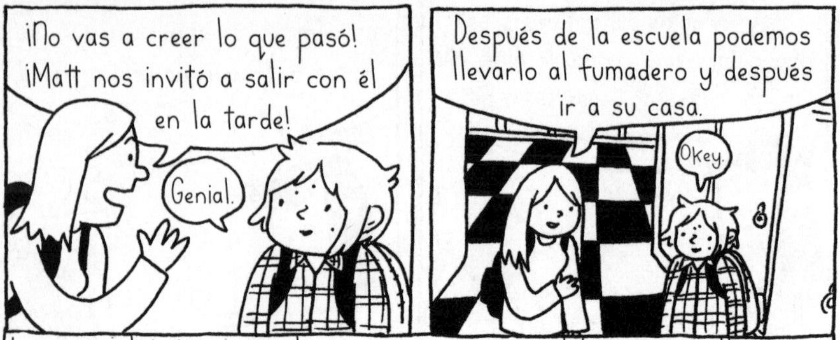
¡No vas a creer lo que pasó! ¡Matt nos invitó a salir con él en la tarde!
Genial.
Después de la escuela podemos llevarlo al fumadero y después ir a su casa.
Okey.

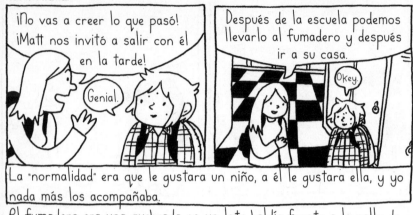

La "normalidad" era que le gustara un niño, a él le gustara ella, y yo nada más los acompañaba.

El fumadero era una quebrada en un lote baldío frente a la calle de la escuela.

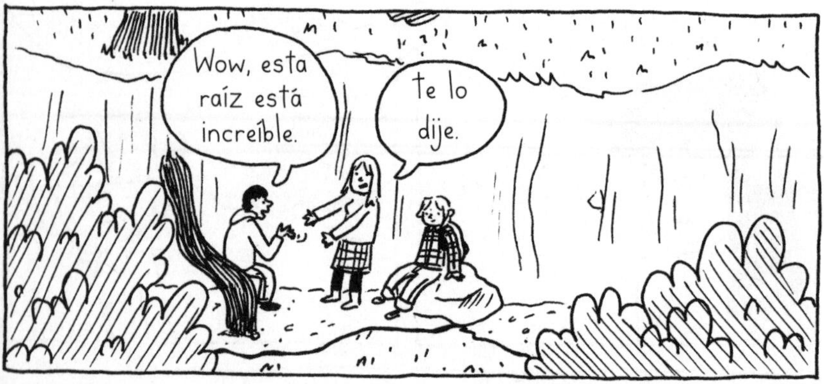
Wow, esta raíz está increíble.
te lo dije.

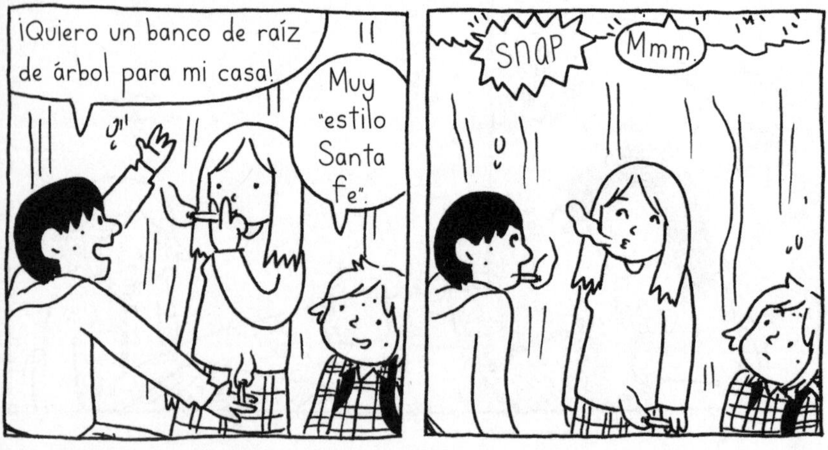
¡Quiero un banco de raíz de árbol para mi casa!
Muy "estilo Santa fe".
snap
Mmm.

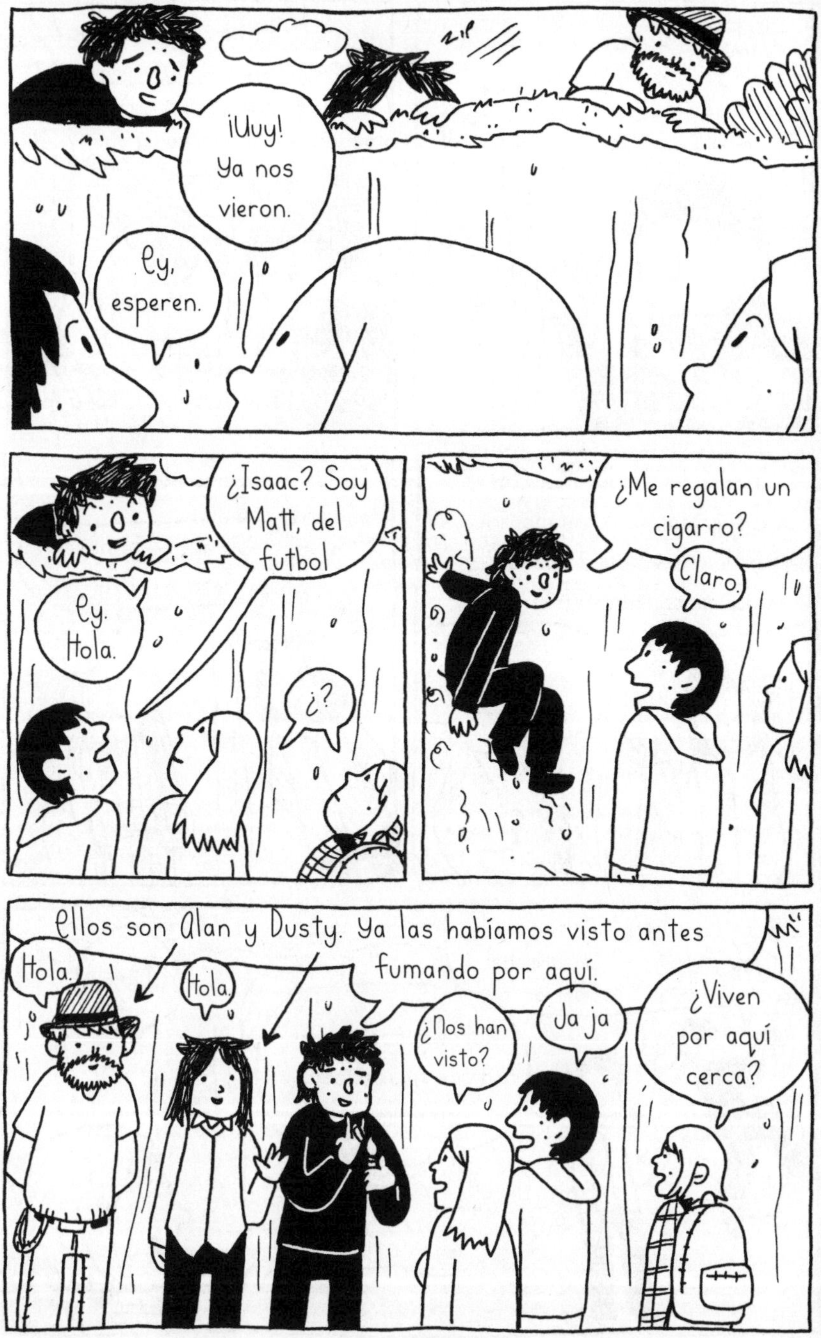
¡Uuy! Ya nos vieron.
Ey, esperen.
¿Isaac? Soy Matt, del futbol
Ey. Hola.
¿?
¿Me regalan un cigarro?
Claro.
Ellos son Alan y Dusty. Ya las habíamos visto antes fumando por aquí.
Hola.
Hola.
¿Nos han visto?
Ja ja
¿Viven por aquí cerca?

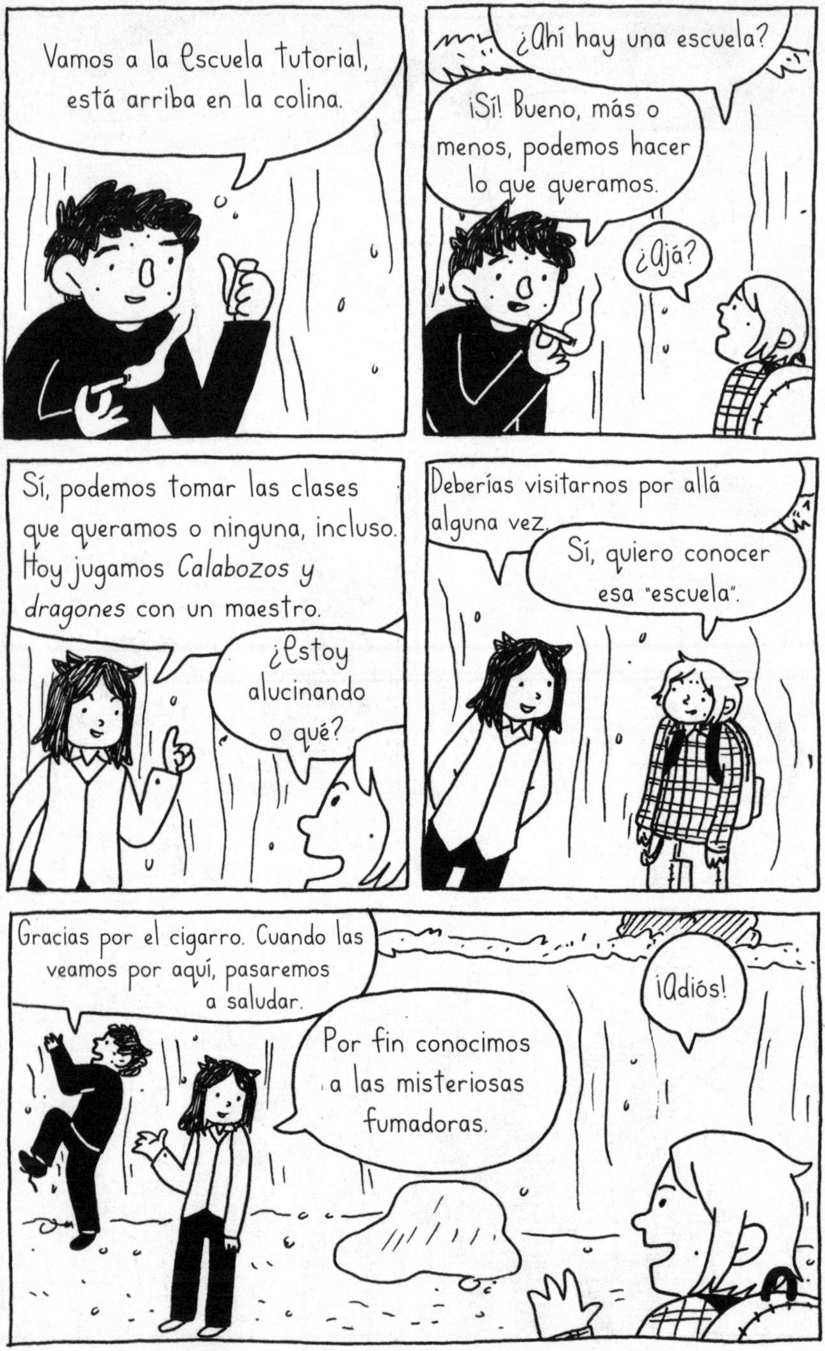
Vamos a la Escuela tutorial, está arriba en la colina.
¿Ahí hay una escuela?
¡Sí! Bueno, más o menos, podemos hacer lo que queramos.
¿Ajá?
Sí, podemos tomar las clases que queramos o ninguna, incluso. Hoy jugamos *Calabozos y dragones* con un maestro.
¿Estoy alucinando o qué?
Deberías visitarnos por allá alguna vez.
Sí, quiero conocer esa "escuela".
Gracias por el cigarro. Cuando las veamos por aquí, pasaremos a saludar.
¡Adiós!
Por fin conocimos a las misteriosas fumadoras.

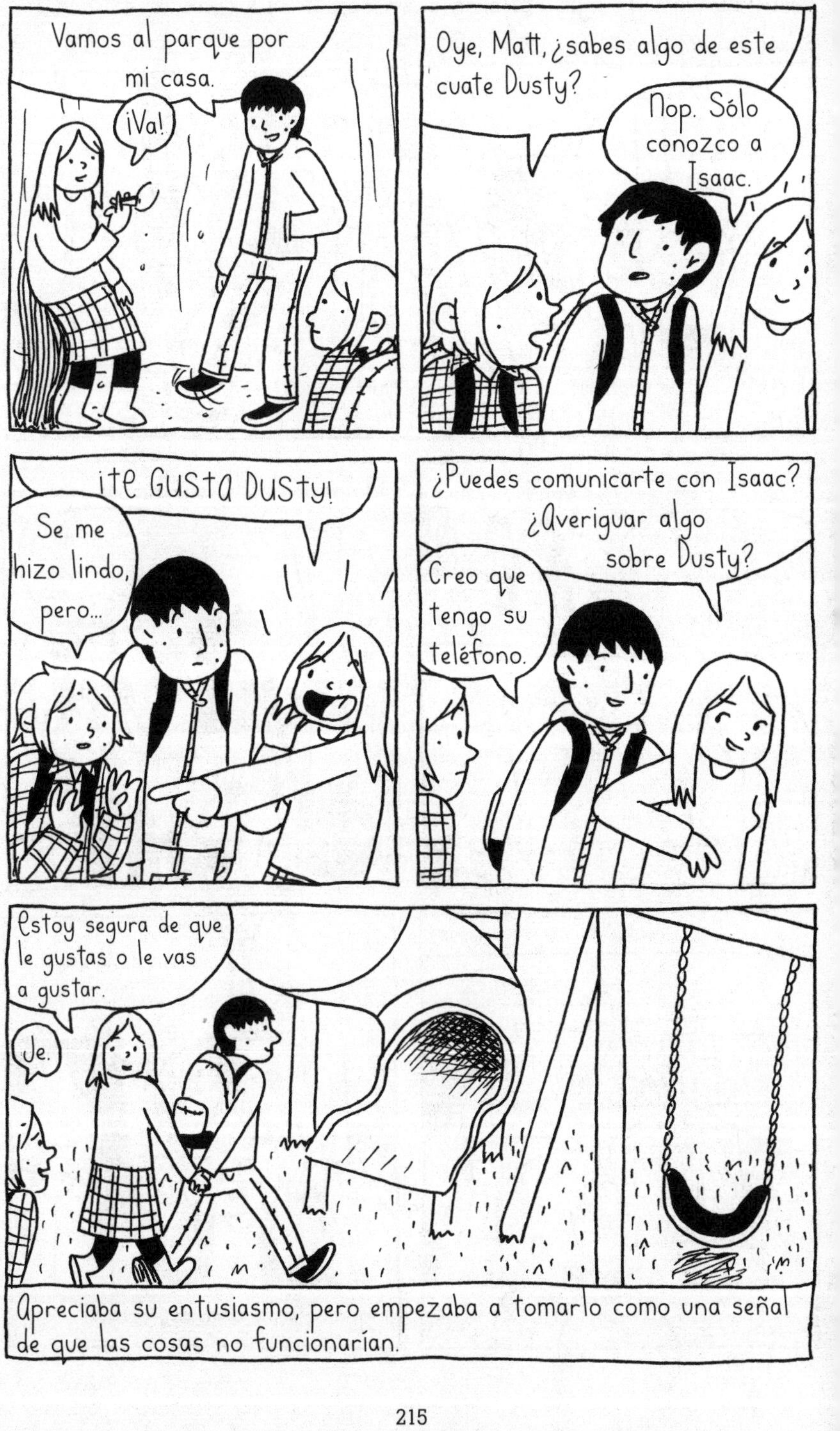

Vamos al parque por mi casa.
¡Va!
Oye, Matt, ¿sabes algo de este cuate Dusty?
Nop. Sólo conozco a Isaac.
¡Te gusta Dusty!
Se me hizo lindo, pero...
¿Puedes comunicarte con Isaac? ¿Averiguar algo sobre Dusty?
Creo que tengo su teléfono.
Estoy segura de que le gustas o le vas a gustar.
Je.
Apreciaba su entusiasmo, pero empezaba a tomarlo como una señal de que las cosas no funcionarían.

Mientras Matt y Phyllis fajaban en la resbaladilla cubierta, me senté en el columpio para pensar.

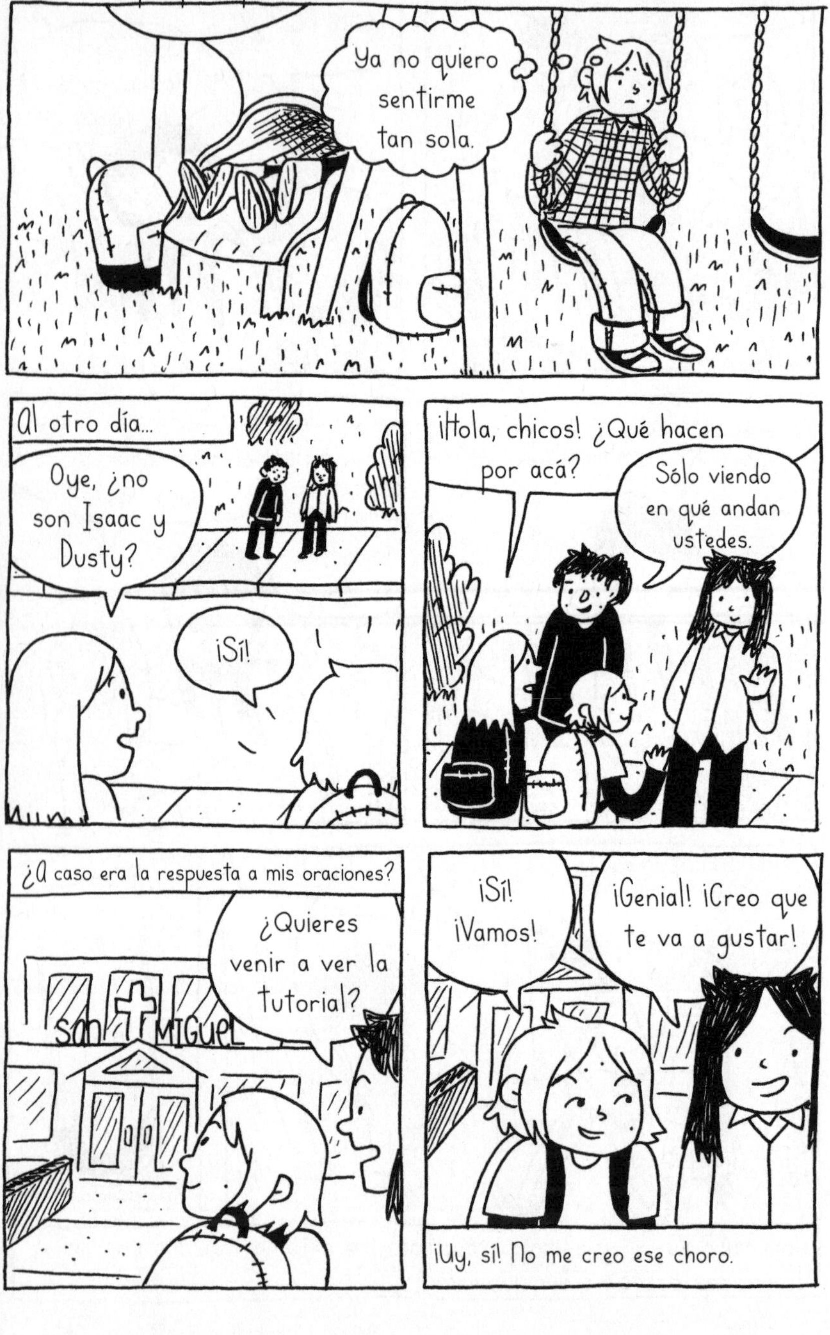
Ya no quiero sentirme tan sola.
Al otro día...
Oye, ¿no son Isaac y Dusty?
¡Sí!
¡Hola, chicos! ¿Qué hacen por acá?
Sólo viendo en qué andan ustedes.
¿Acaso era la respuesta a mis oraciones?
¿Quieres venir a ver la tutorial?
SAN MIGUEL
¡Sí! ¡Vamos!
¡Genial! ¡Creo que te va a gustar!
¡Uy, sí! No me creo ese choro.

CAPÍTULO 12

Querido diario: Estoy encantada de que haya terminado la escuela, ¡fue mi último año en San Miguel! No puedo creer que mis papás me dejaran ir a la Tutorial el próximo año. ¡Iré a una escuela nueva con un nuevo novio!

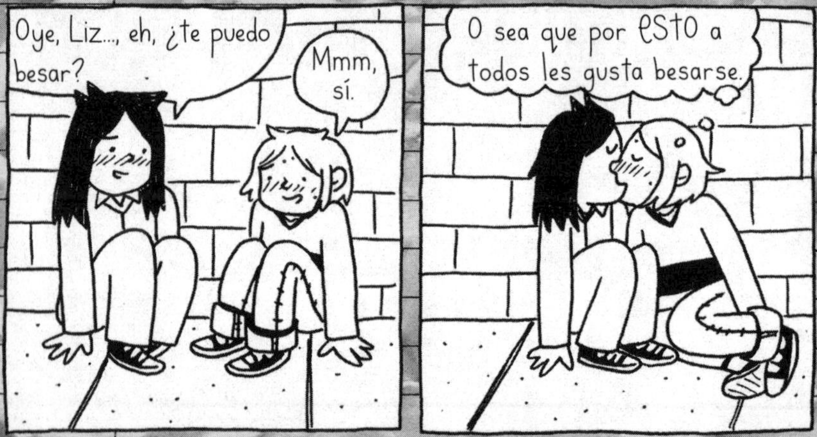
Oye, Liz..., eh, ¿te puedo besar?
Mmm, sí.
O sea que por ESTO a todos les gusta besarse.

Llevamos un mes y hasta ahora no ha resultado ser una farsa. ¡Ha sido increíble! Lo único molesto es que ya me estoy sintiendo presionada sobre rollos de sexo, pero no por Dusty.

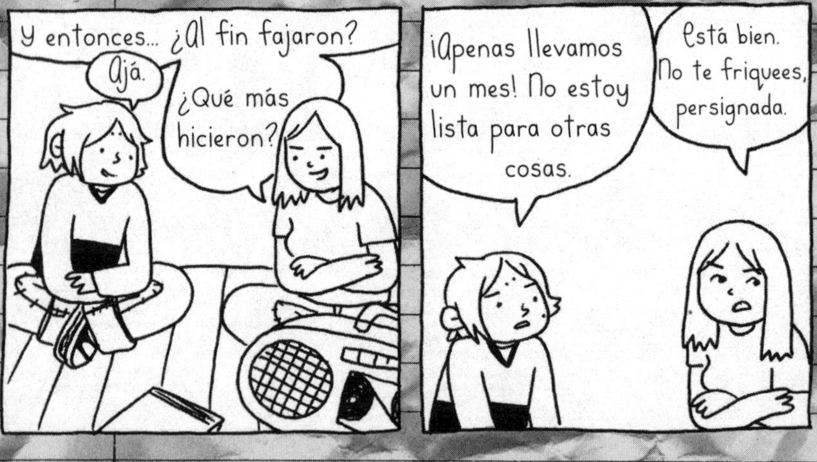
Y entonces... ¿Al fin fajaron?
Ajá.
¿Qué más hicieron?
¡Apenas llevamos un mes! No estoy lista para otras cosas.
Está bien. No te friquees, persignada.

Phyllis y yo nos hemos escapado un montón cuando me quedo a dormir en su casa. Me daba mucho miedo las primeras veces.

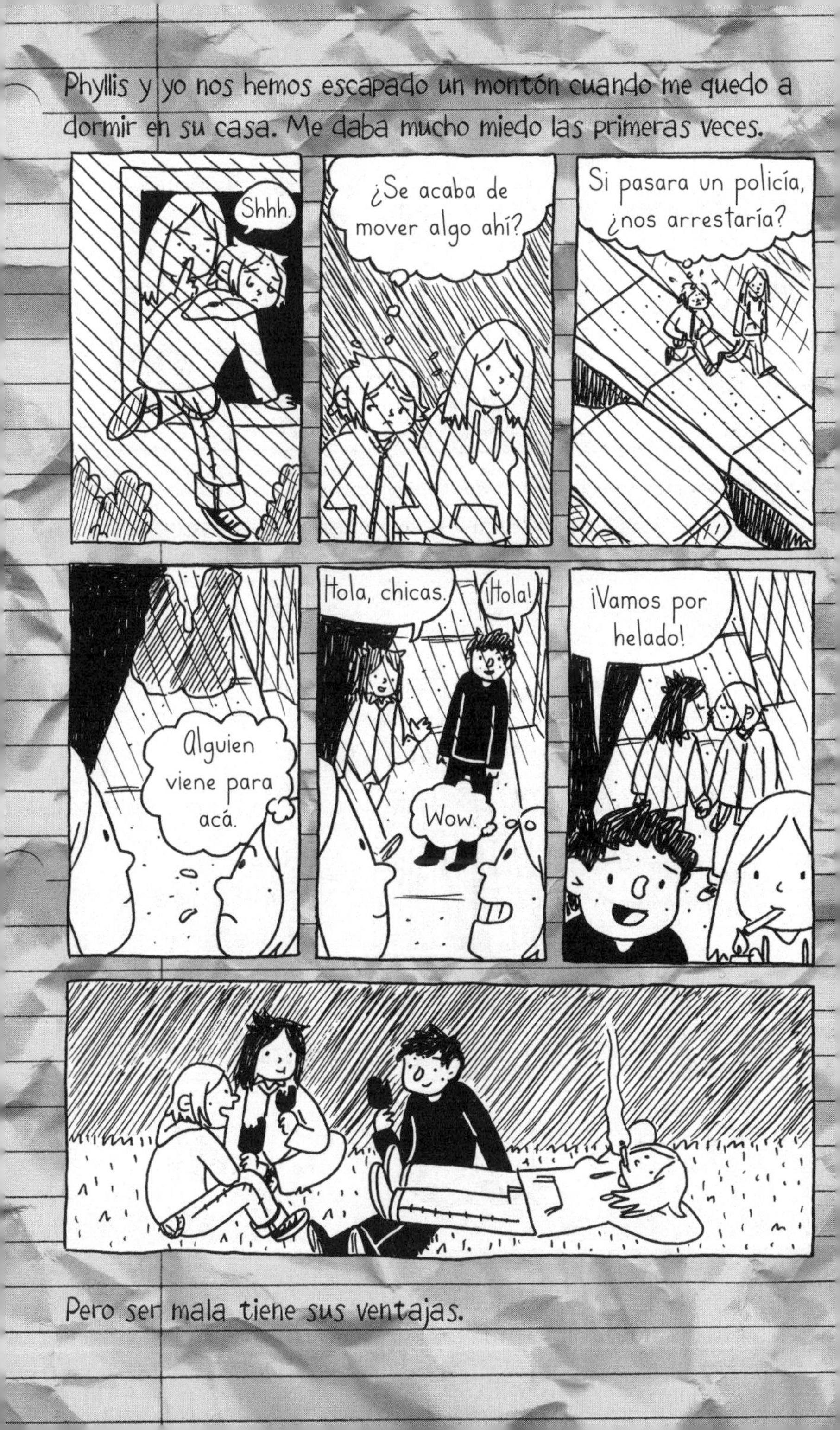
Shhh.
¿Se acaba de mover algo ahí?
Si pasara un policía, ¿nos arrestaría?
Alguien viene para acá.
Hola, chicas.
¡Hola!
Wow.
¡Vamos por helado!

Pero ser mala tiene sus ventajas.

tenía una buena racha, todo me estaba saliendo bien, y justo antes de cumplir 16 años otro de mis sueños de toda la vida se hizo realidad.

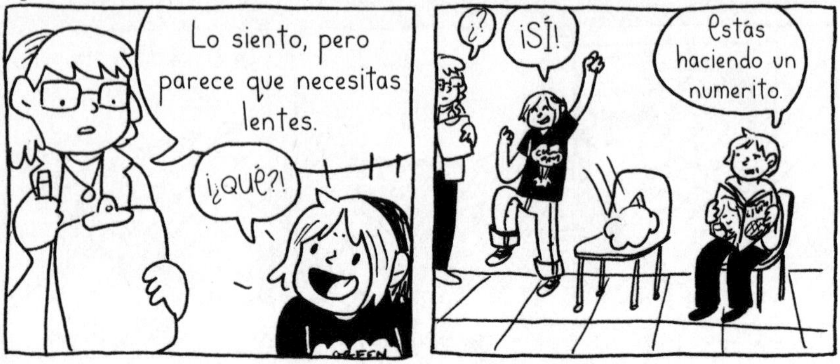
Lo siento, pero parece que necesitas lentes.
¡¿QUÉ?!
¿?
¡SÍ!
Estás haciendo un numerito.

Desde niña estuve obsesionada con Egon Spengler, los lentes eran un signo de sofisticación que deseaba y ahora eran MÍOS. Tantos años de sentarme cerquita de la tele habían dado sus frutos.

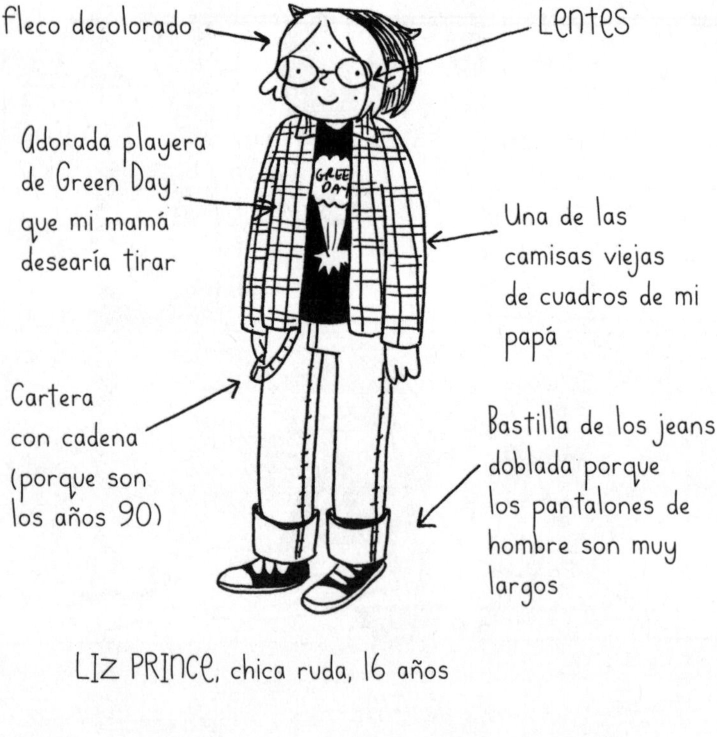
fleco decolorado
Lentes
Adorada playera de Green Day que mi mamá desearía tirar
Una de las camisas viejas de cuadros de mi papá
Cartera con cadena (porque son los años 90)
Bastilla de los jeans doblada porque los pantalones de hombre son muy largos

LIZ PRINCE, chica ruda, 16 años

Me dedicaba mucho más a dibujar cómics. frankie, el mejor amigo de Dusty, también quería ser artista de cómics.

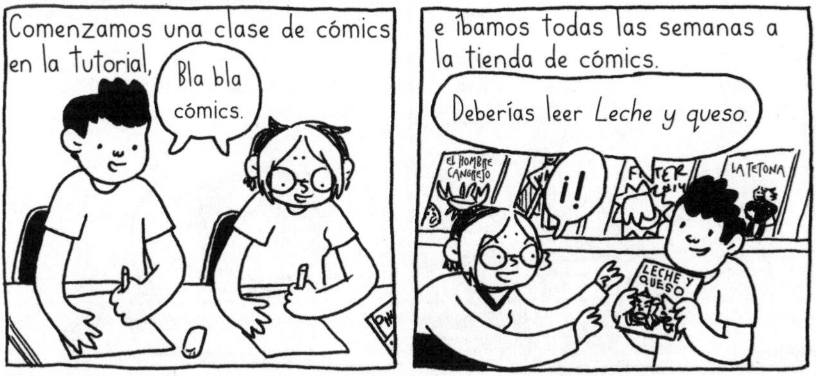
Comenzamos una clase de cómics en la tutorial,
Bla bla cómics.
e íbamos todas las semanas a la tienda de cómics.
Deberías leer *Leche y queso.*
EL HOMBRE CANGREJO
LA TETONA
¡!
LECHE Y QUESO

Lo mejor era que nadie en mi escuela nueva se burlaba de mí.

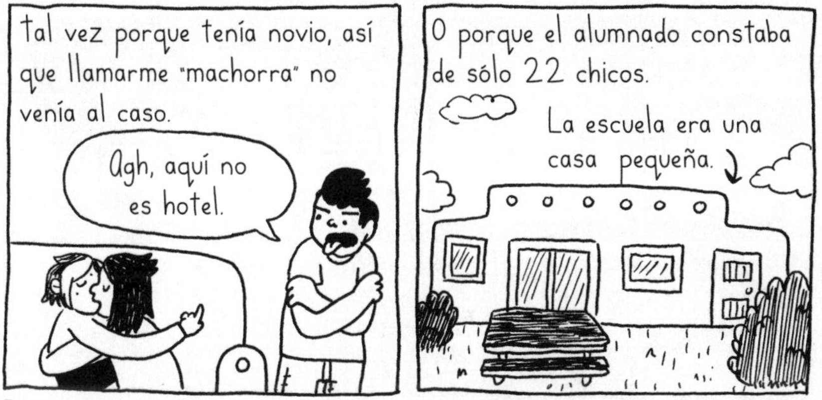
tal vez porque tenía novio, así que llamarme "machorra" no venía al caso.
Agh, aquí no es hotel.
O porque el alumnado constaba de sólo 22 chicos.
La escuela era una casa pequeña.

Pero quiero pensar que se debía a que todos éramos unos bichos raros, y eso quiere decir que yo encajaba muy bien.

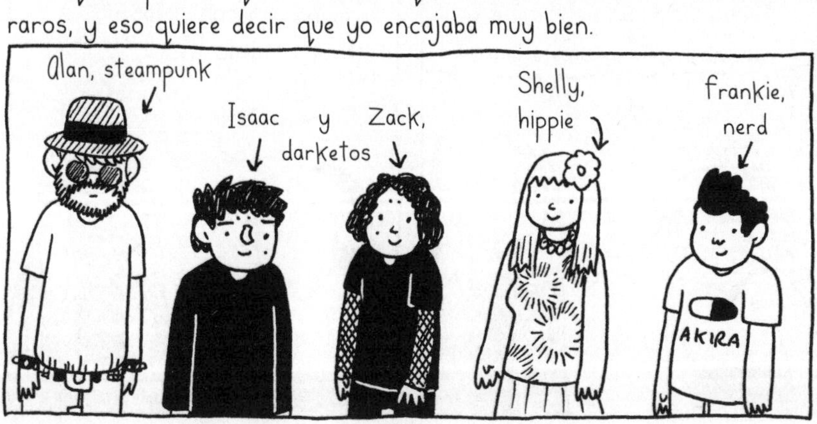
Alan, steampunk
Isaac y Zack, darketos
Shelly, hippie
frankie, nerd
AKIRA

Phyllis venía a la casa casi todos los días después de la escuela y había empezado a traer a su nuevo novio, Sam.

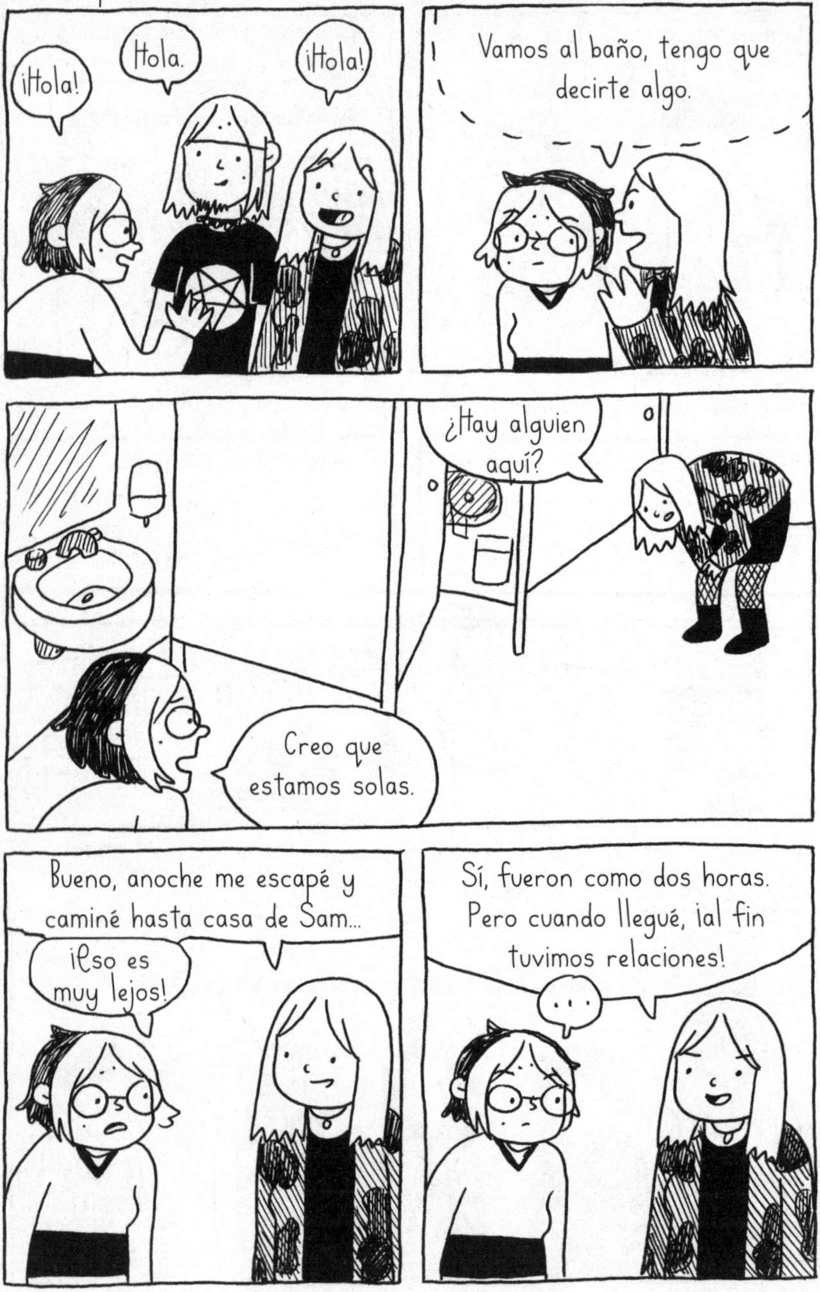
¡Hola!
Hola.
¡Hola!
Vamos al baño, tengo que decirte algo.
¿Hay alguien aquí?
Creo que estamos solas.
Bueno, anoche me escapé y caminé hasta casa de Sam...
¡Eso es muy lejos!
Sí, fueron como dos horas. Pero cuando llegué, ¡al fin tuvimos relaciones!
...

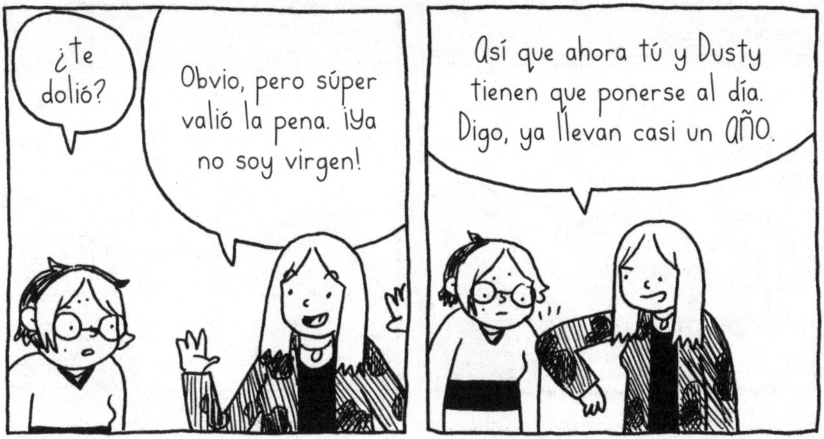
¿te dolió?
Obvio, pero súper valió la pena. ¡Ya no soy virgen!
Así que ahora tú y Dusty tienen que ponerse al día. Digo, ya llevan casi un año.

La verdad es que Phyllis y yo ya nos habíamos distanciado mucho más de lo que creíamos. Phyllis siempre quería experimentar más que yo.

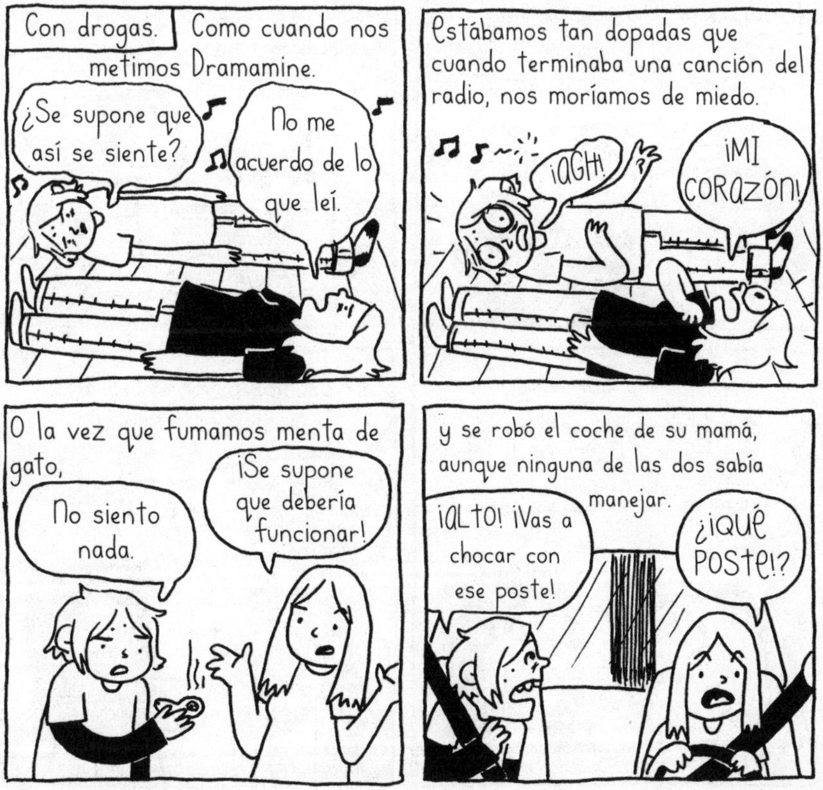
Con drogas.
Como cuando nos metimos Dramamine.
¿Se supone que así se siente?
No me acuerdo de lo que leí.
Estábamos tan dopadas que cuando terminaba una canción del radio, nos moríamos de miedo.
¡AGH!
¡MI CORAZÓN!
O la vez que fumamos menta de gato,
No siento nada.
¡Se supone que debería funcionar!
y se robó el coche de su mamá, aunque ninguna de las dos sabía manejar.
¡ALTO! ¡Vas a chocar con ese poste!
¿¡QUÉ POSTE!?

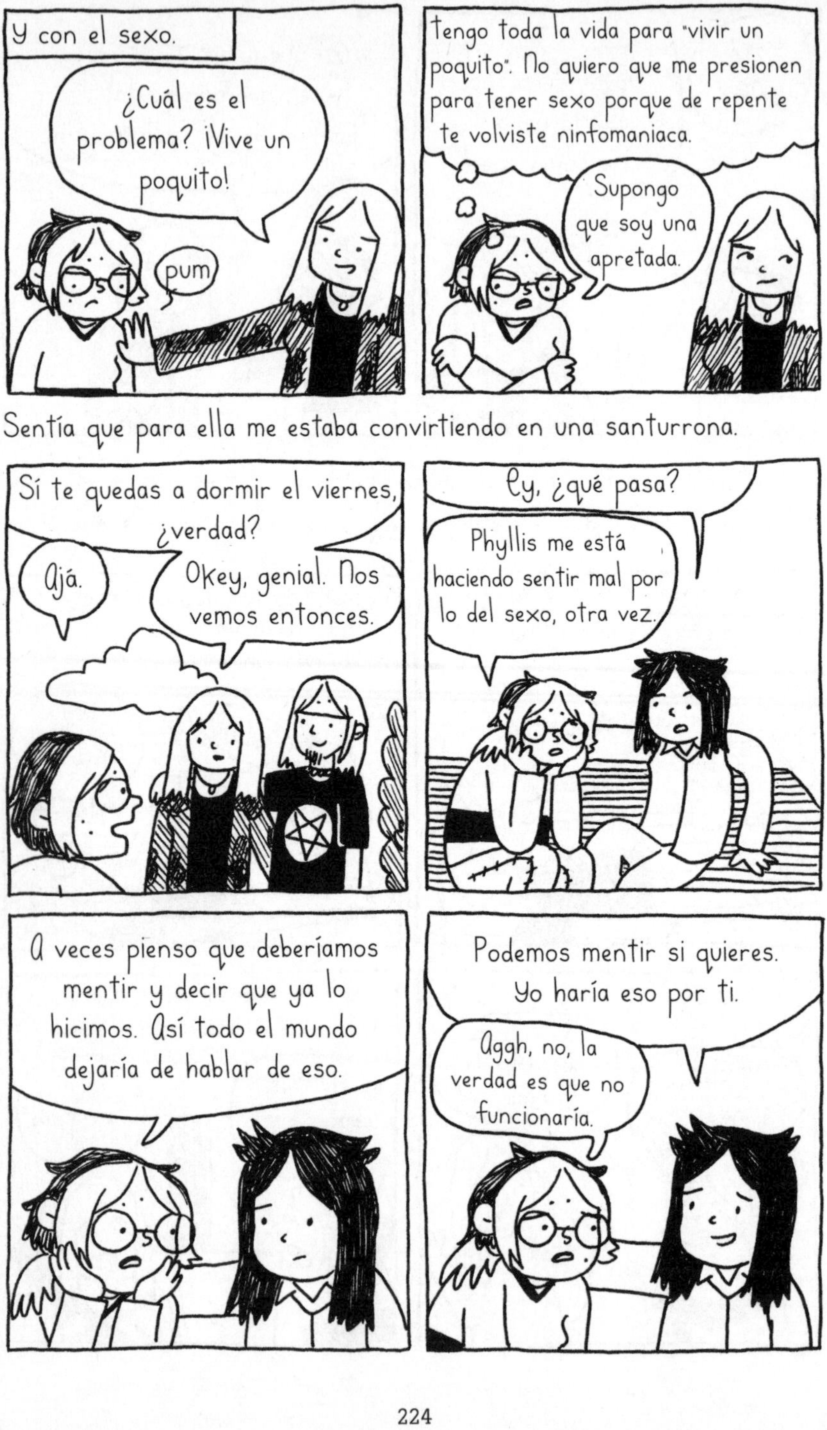

Y con el sexo.
¿Cuál es el problema? ¡Vive un poquito!
pum
tengo toda la vida para "vivir un poquito". No quiero que me presionen para tener sexo porque de repente te volviste ninfomaniaca.
Supongo que soy una apretada.
Sentía que para ella me estaba convirtiendo en una santurrona.
Sí te quedas a dormir el viernes, ¿verdad?
Ajá.
Okey, genial. Nos vemos entonces.
Ey, ¿qué pasa?
Phyllis me está haciendo sentir mal por lo del sexo, otra vez.
A veces pienso que deberíamos mentir y decir que ya lo hicimos. Así todo el mundo dejaría de hablar de eso.
Podemos mentir si quieres. Yo haría eso por ti.
Aggh, no, la verdad es que no funcionaría.

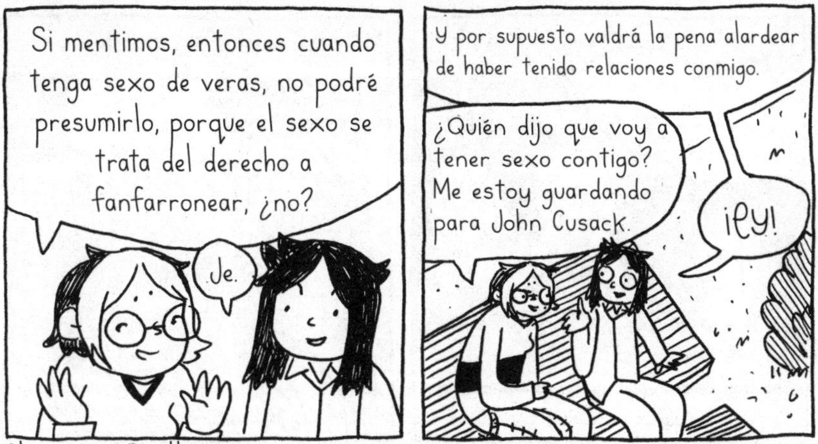
Si mentimos, entonces cuando tenga sexo de veras, no podré presumirlo, porque el sexo se trata del derecho a fanfarronear, ¿no?
Je.
Y por supuesto valdrá la pena alardear de haber tenido relaciones conmigo.
¿Quién dijo que voy a tener sexo contigo? Me estoy guardando para John Cusack.
¡Ey!

El viernes Phyllis estuvo de acuerdo en vernos sin novios, así que pasamos una "noche de chicas" como las de antes, es decir, con pizza y películas de miedo.

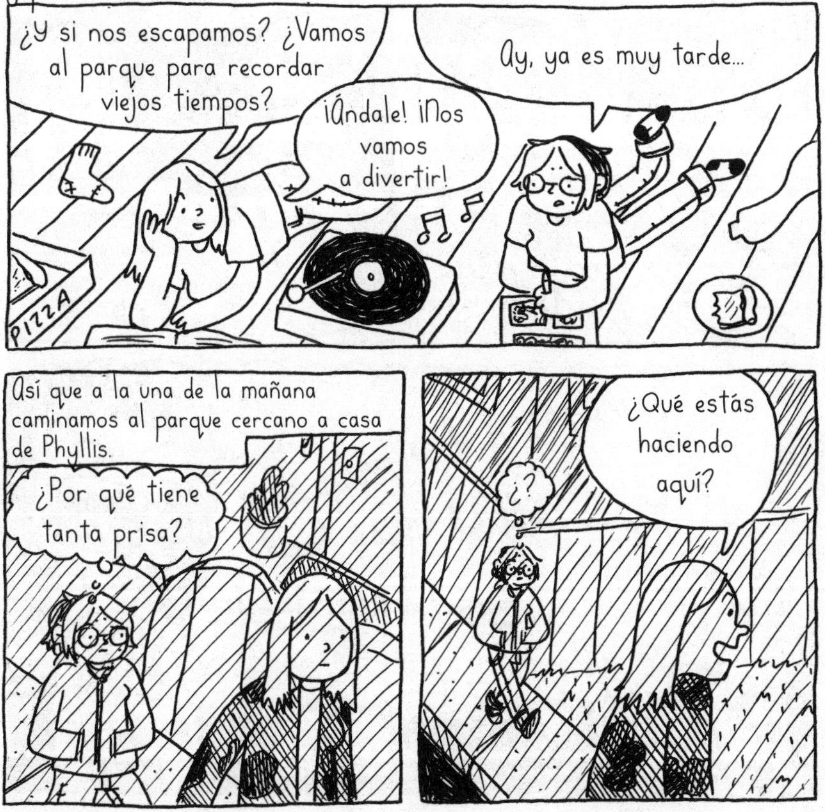
¿Y si nos escapamos? ¿Vamos al parque para recordar viejos tiempos?
Ay, ya es muy tarde...
¡Ándale! ¡Nos vamos a divertir!
PIZZA
Así que a la una de la mañana caminamos al parque cercano a casa de Phyllis.
¿Por qué tiene tanta prisa?
¿?
¿Qué estás haciendo aquí?

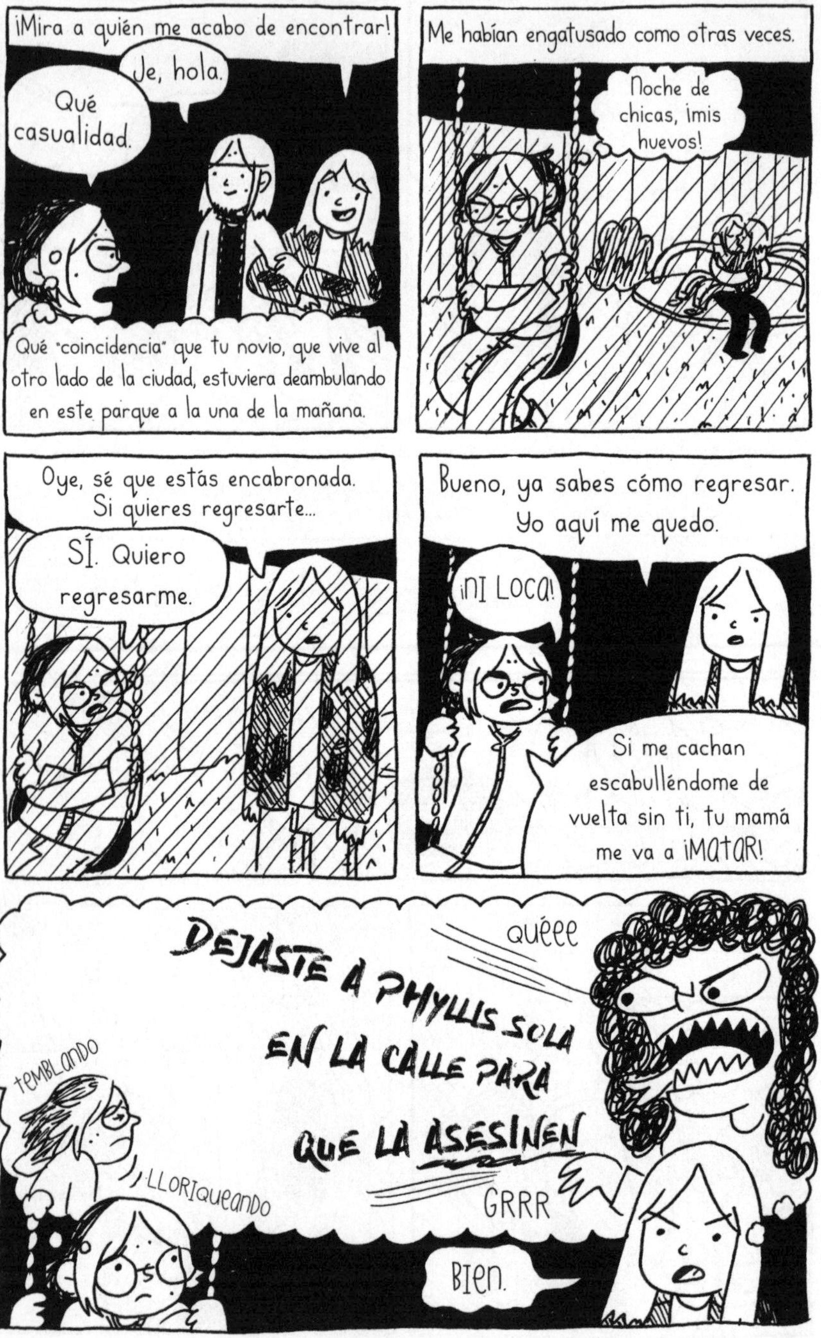
¡Mira a quién me acabo de encontrar!
Je, hola.
Qué casualidad.
Qué "coincidencia" que tu novio, que vive al otro lado de la ciudad, estuviera deambulando en este parque a la una de la mañana.
Me habían engatusado como otras veces.
Noche de chicas, ¡mis huevos!
Oye, sé que estás encabronada. Si quieres regresarte...
SÍ. Quiero regresarme.
Bueno, ya sabes cómo regresar. Yo aquí me quedo.
¡NI LOCA!
Si me cachan escabulléndome de vuelta sin ti, tu mamá me va a ¡MATAR!
QUÉEE
DEJASTE A PHYLLIS SOLA EN LA CALLE PARA QUE LA ASESINEN
TEMBLANDO
LLORIQUEANDO
GRRR
BIEN.

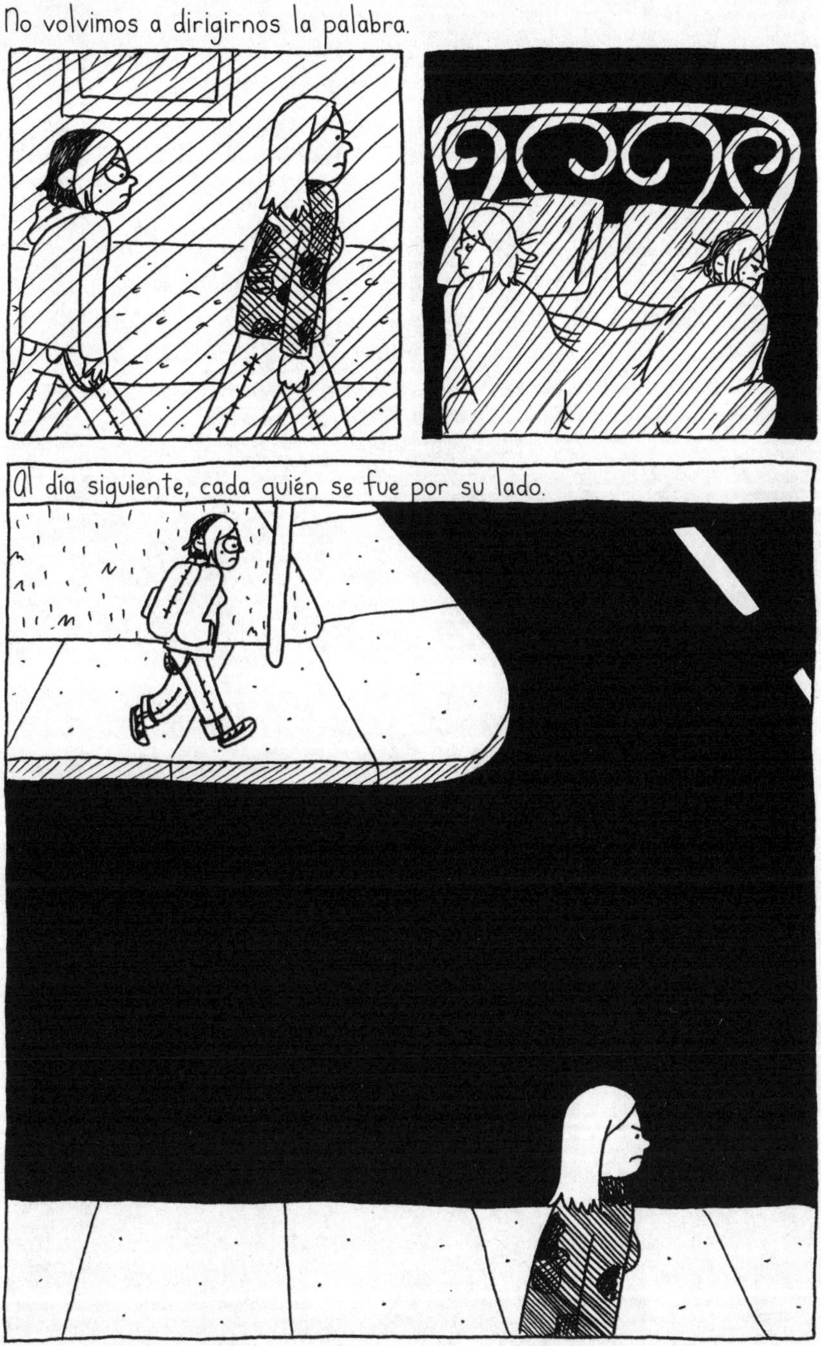
No volvimos a dirigirnos la palabra.
Al día siguiente, cada quién se fue por su lado.

CAPÍTULO 13

Frankie se volvió mi mejor amigo y pasaba mucho tiempo con él, estuviera o no estuviera Dusty.

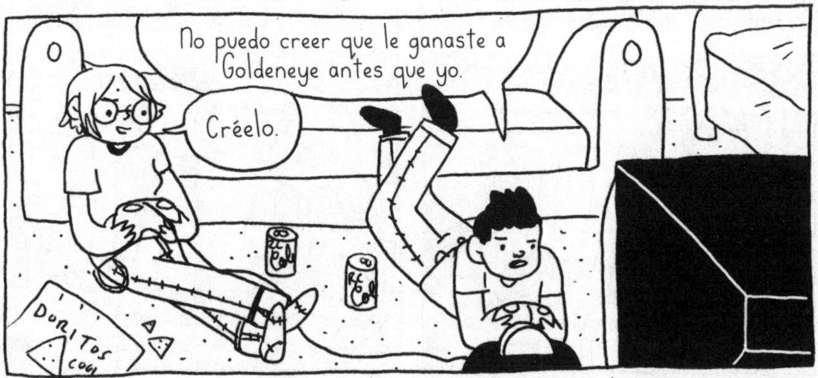
No puedo creer que le ganaste a Goldeneye antes que yo.
Créelo.
DORITOS

Por fin me sentía como uno de los chicos, aunque sólo fuéramos Frankie, Dusty y yo. Y todos éramos unos tetos.

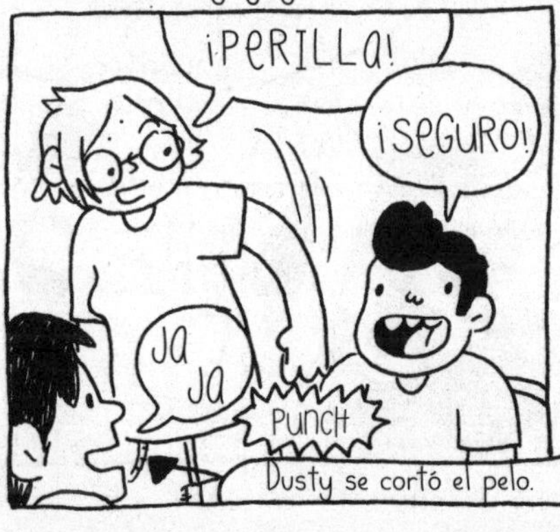
¡PERILLA!
¡SEGURO!
JA JA
PUNCH
Dusty se cortó el pelo.

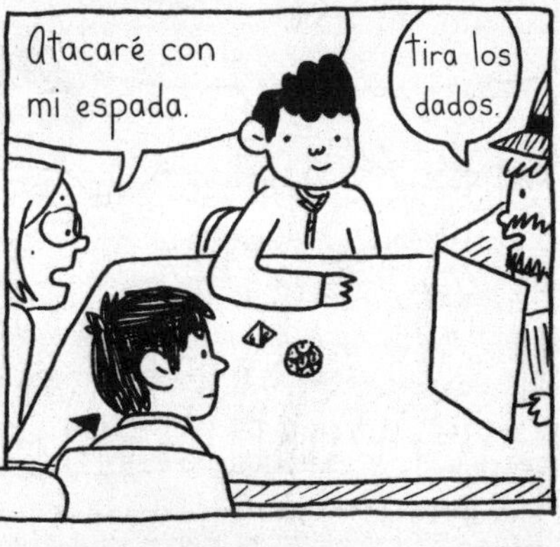
Atacaré con mi espada.
Tira los dados.

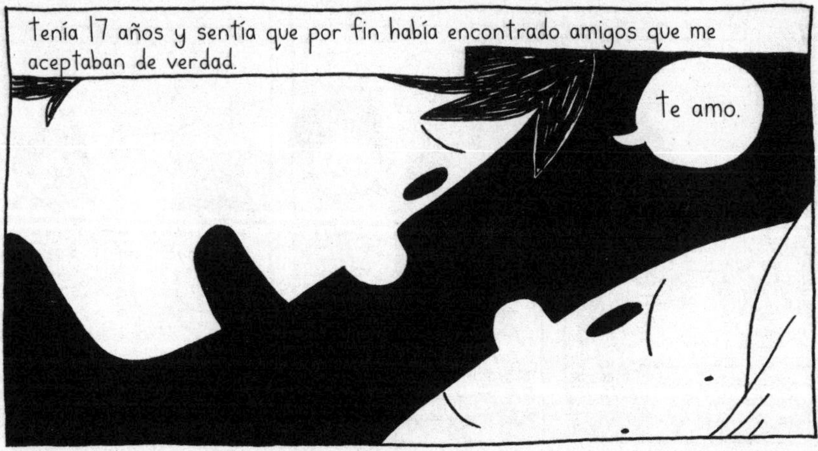
Tenía 17 años y sentía que por fin había encontrado amigos que me aceptaban de verdad.
Te amo.

Como ya no era objeto de burlas, me preocupaba mucho menos mi inconformidad genérica.

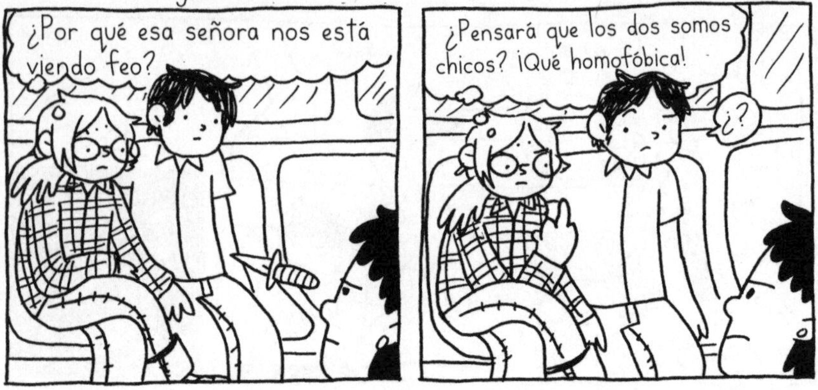
¿Por qué esa señora nos está viendo feo?
¿Pensará que los dos somos chicos? ¡Qué homofóbica!
¿?

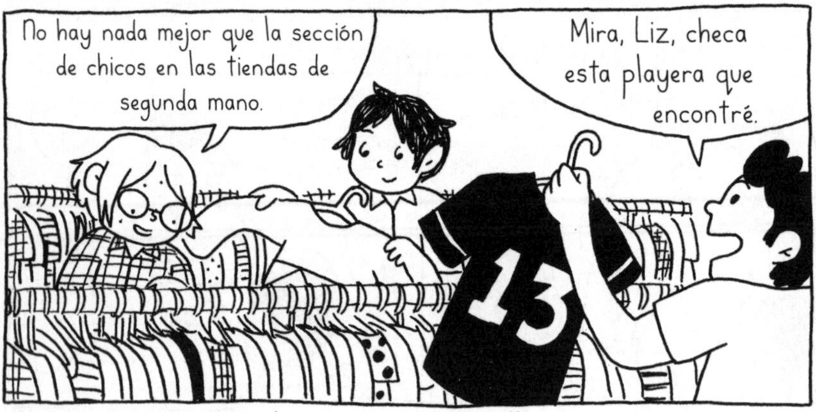
No hay nada mejor que la sección de chicos en las tiendas de segunda mano.
Mira, Liz, checa esta playera que encontré.
13

Pero a veces me veía obligada a pensar en ello.

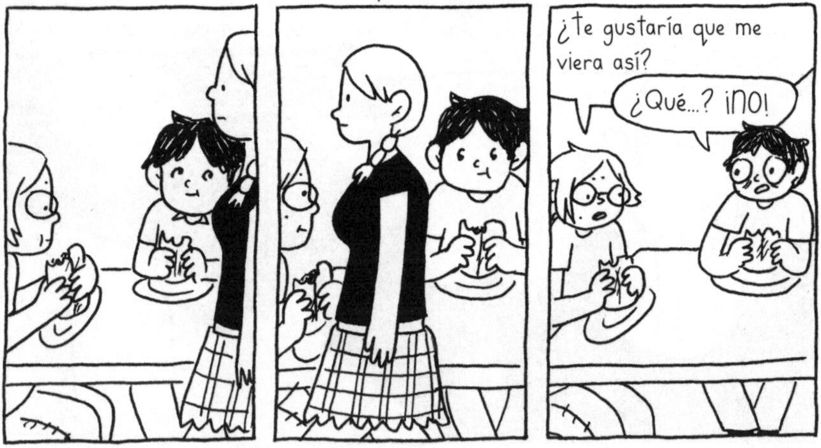
¿Te gustaría que me viera así?
¿Qué...? ¡NO!

Rara vez conocía a otras chicas que se vieran como yo, y era lo doble de raro ver a chicas que se parecieran a mí en las películas, en la tele o en los anuncios.

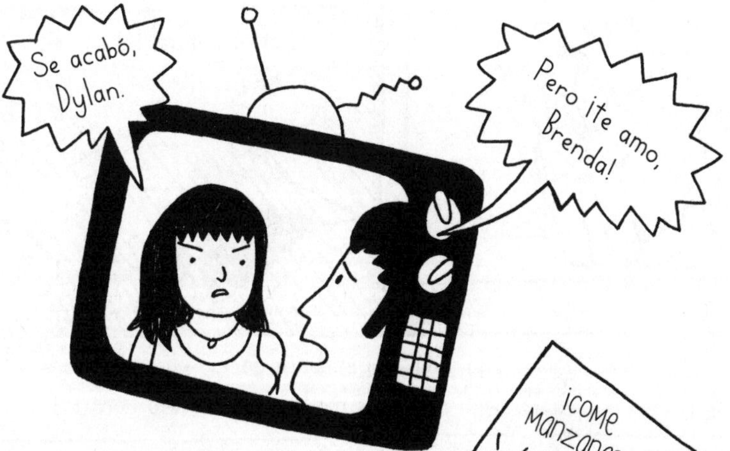
Se acabó, Dylan.
Pero ¡te amo, Brenda!

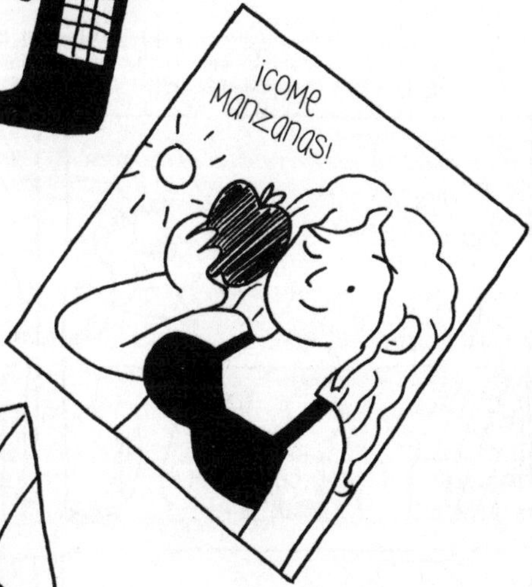
¡COME MANZANAS!

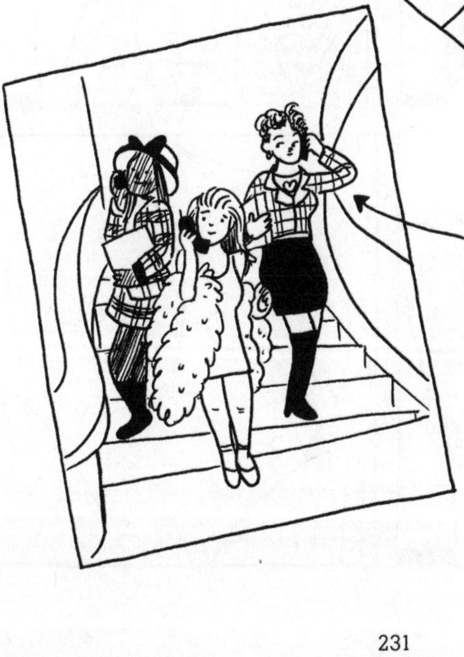

En el remoto caso de que aparezca una marimacha en una película, para cuando se acaba, la han convertido en una mujer atractiva.

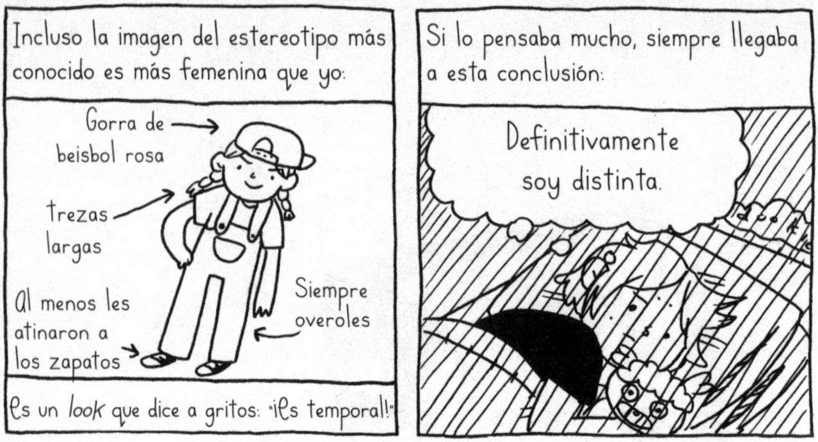
Incluso la imagen del estereotipo más conocido es más femenina que yo:
Gorra de beisbol rosa
trezas largas
Al menos les atinaron a los zapatos
Siempre overoles
Es un *look* que dice a gritos: "¡Es temporal!"
Si lo pensaba mucho, siempre llegaba a esta conclusión:
Definitivamente soy distinta.

Gracias a mi nuevo lugar en la vida, empezaba a darme cuenta de que tal vez no era algo tan malo, pero de todos modos a veces era confuso.

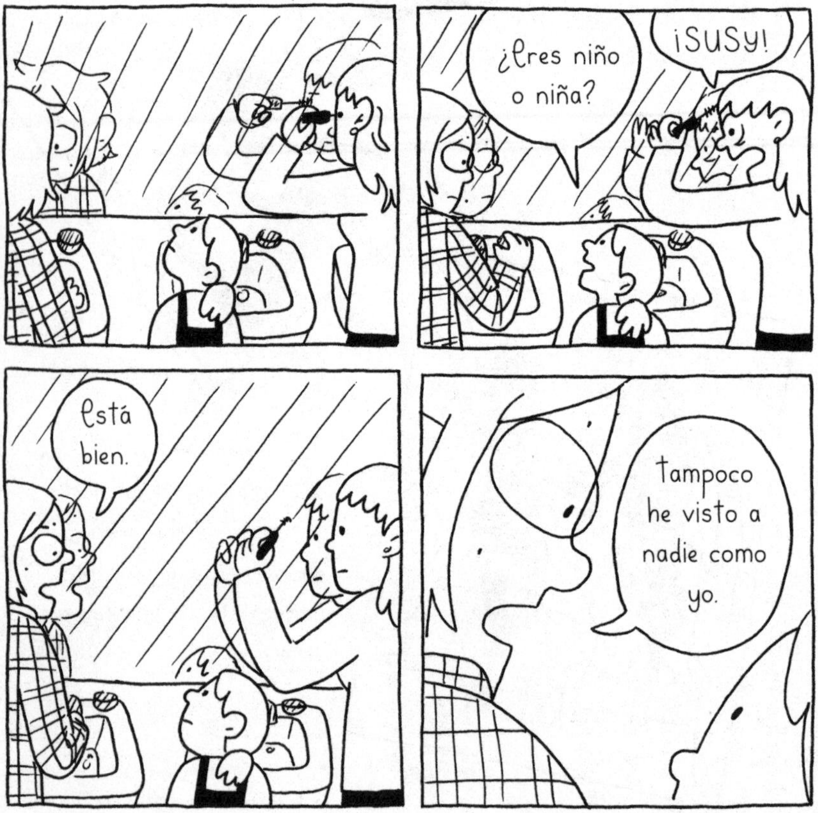
¿Eres niño o niña?
¡SUSY!
Está bien.
tampoco he visto a nadie como yo.

En la escuela nos alentaban a hacer servicio comunitario o trabajo voluntario, así que elegí colaborar en un centro de arte para jóvenes que se llama Warehouse 21. Mi contacto era una chica de mi edad:

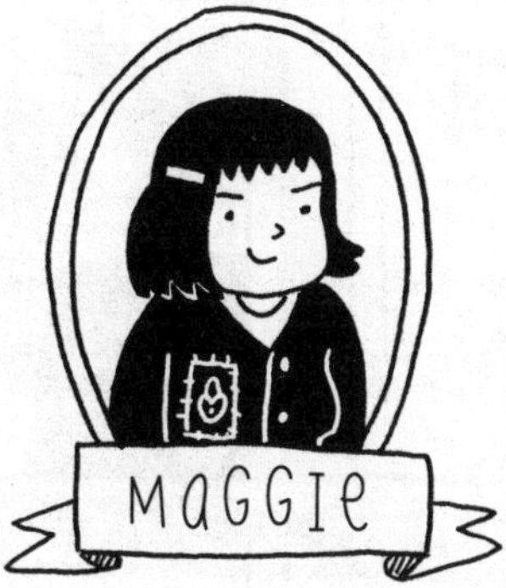
MAGGIE

* Es punk.
* toca el piano y el bajo y probablemente cualquier otro instrumento que le pongas en frente.
* Maneja una camioneta grande con cubierta de madera.
* No se deja de nadie.

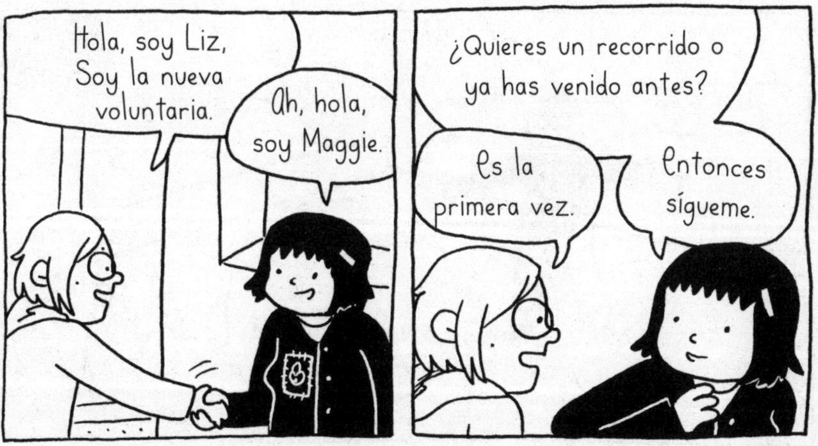
Hola, soy Liz, Soy la nueva voluntaria.
Ah, hola, soy Maggie.
¿Quieres un recorrido o ya has venido antes?
Es la primera vez.
Entonces sígueme.

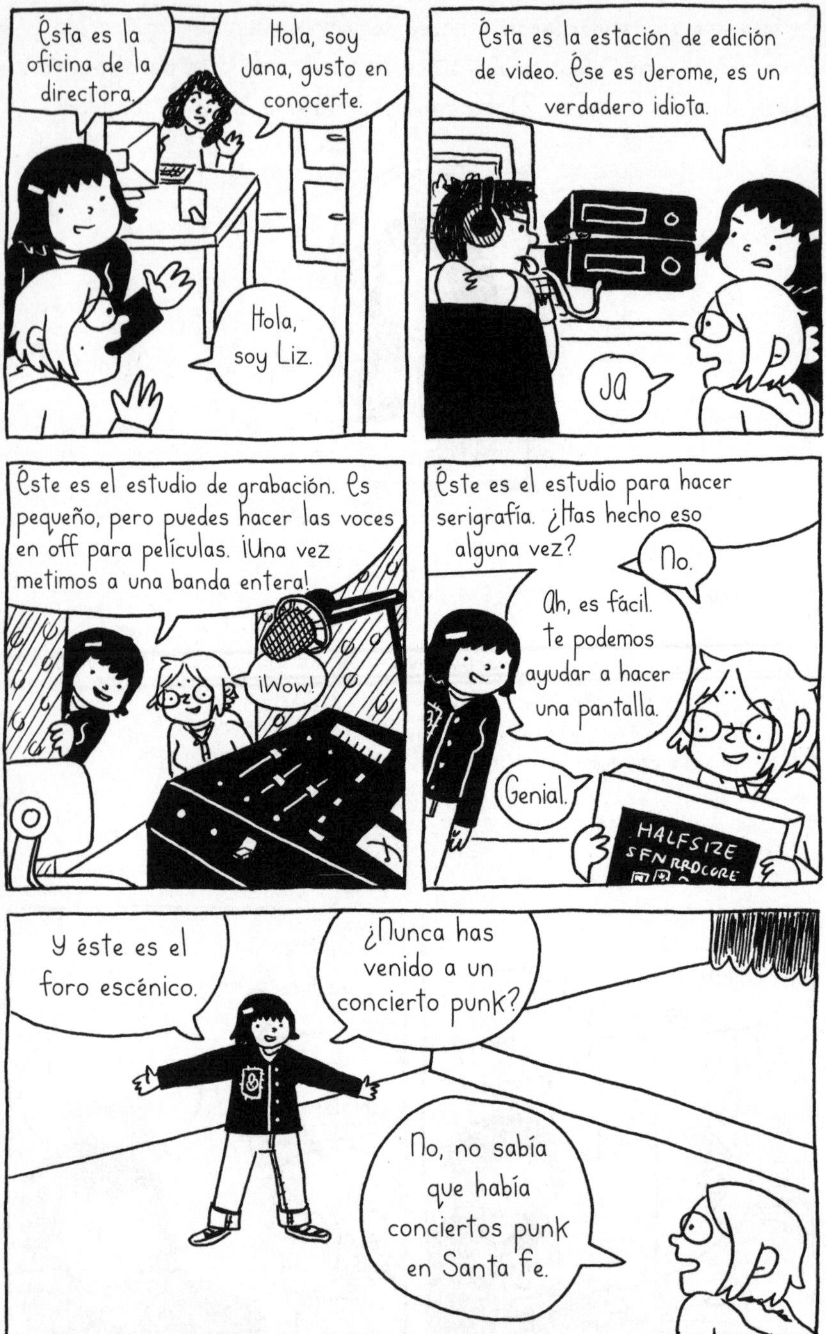
Ésta es la oficina de la directora.
Hola, soy Jana, gusto en conocerte.
Hola, soy Liz.
Ésta es la estación de edición de video. Ése es Jerome, es un verdadero idiota.
JA
Éste es el estudio de grabación. Es pequeño, pero puedes hacer las voces en off para películas. ¡Una vez metimos a una banda entera!
¡Wow!
Éste es el estudio para hacer serigrafía. ¿Has hecho eso alguna vez?
No.
Ah, es fácil. Te podemos ayudar a hacer una pantalla.
Genial.
HALFSIZE
SFN RRDCORE
Y éste es el foro escénico.
¿Nunca has venido a un concierto punk?
No, no sabía que había conciertos punk en Santa Fe.

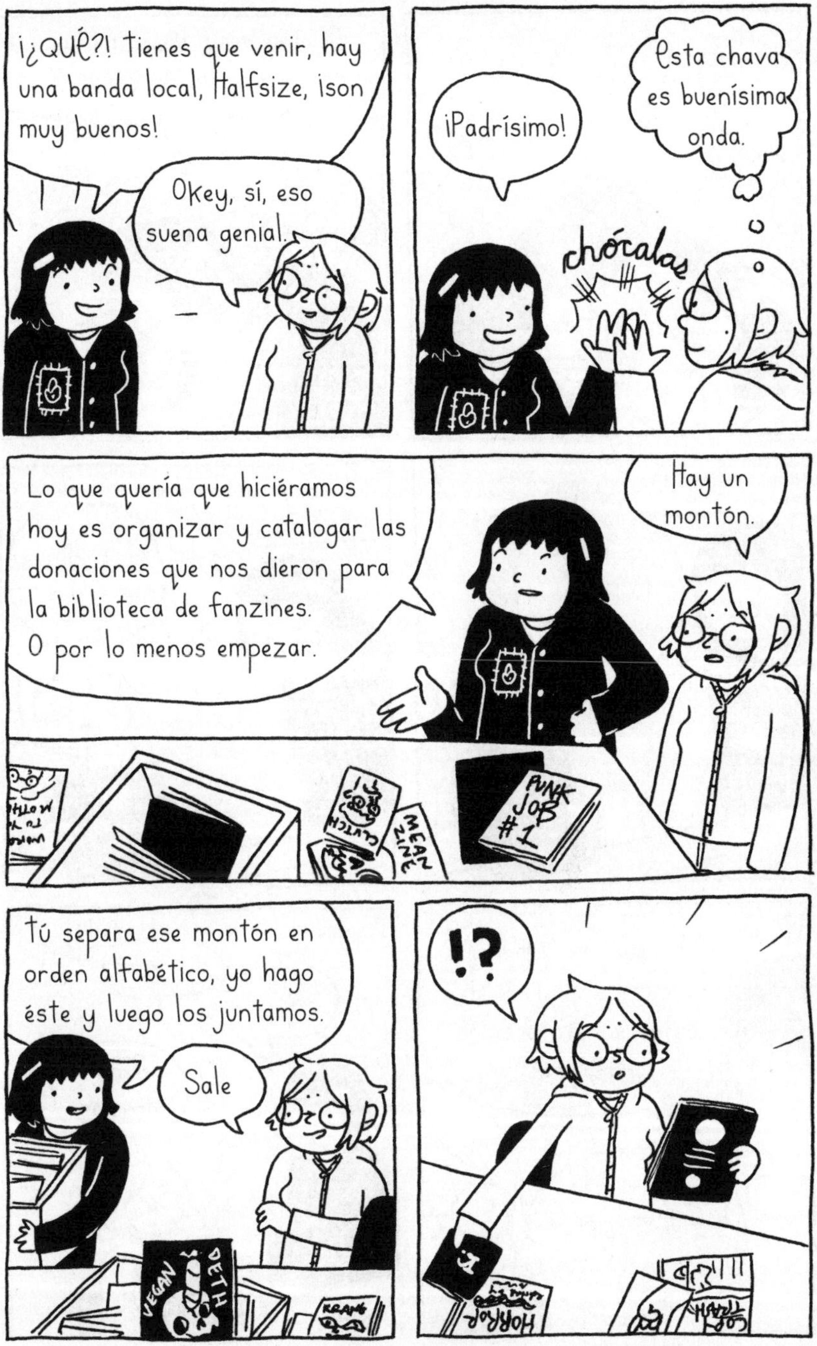
¡¿QUÉ?! tienes que venir, hay una banda local, Halfsize, ¡son muy buenos!
Okey, sí, eso suena genial.
¡Padrísimo!
Esta chava es buenísima onda.
chócalas
Lo que quería que hiciéramos hoy es organizar y catalogar las donaciones que nos dieron para la biblioteca de fanzines. O por lo menos empezar.
Hay un montón.
PUNK JOB #1
MEAN ZINE
CLUTCH
tú separa ese montón en orden alfabético, yo hago éste y luego los juntamos.
Sale
VEGAN DETH
KRANK
!?
HORROR

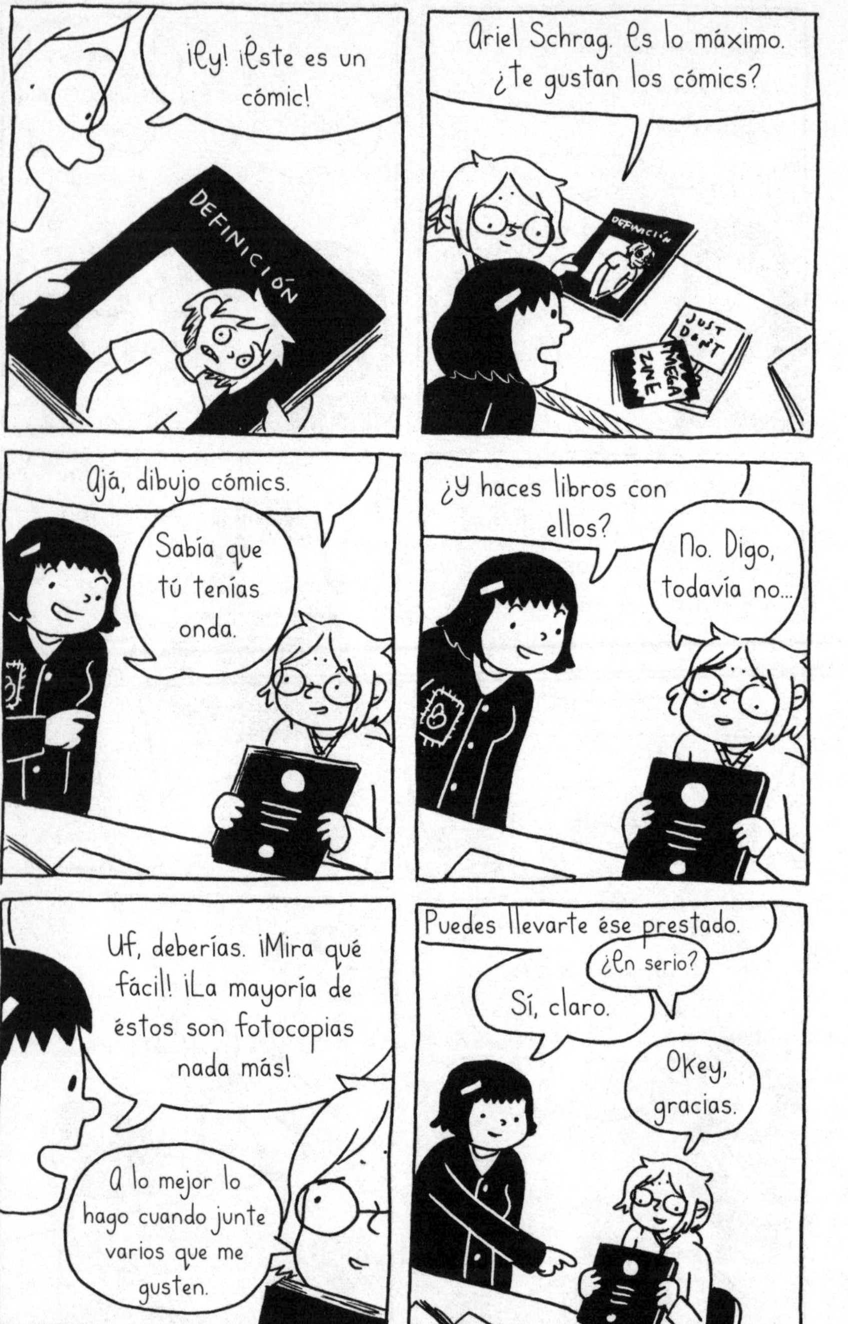
¡Ey! ¡Este es un cómic!
DEFINICIÓN
Ariel Schrag. Es lo máximo. ¿Te gustan los cómics?
DEFINICIÓN
JUST DON'T
MEGA ZINE
Ajá, dibujo cómics.
Sabía que tú tenías onda.
¿Y haces libros con ellos?
No. Digo, todavía no...
Uf, deberías. ¡Mira qué fácil! ¡La mayoría de éstos son fotocopias nada más!
A lo mejor lo hago cuando junte varios que me gusten.
Puedes llevarte ése prestado.
¿En serio?
Sí, claro.
Okey, gracias.

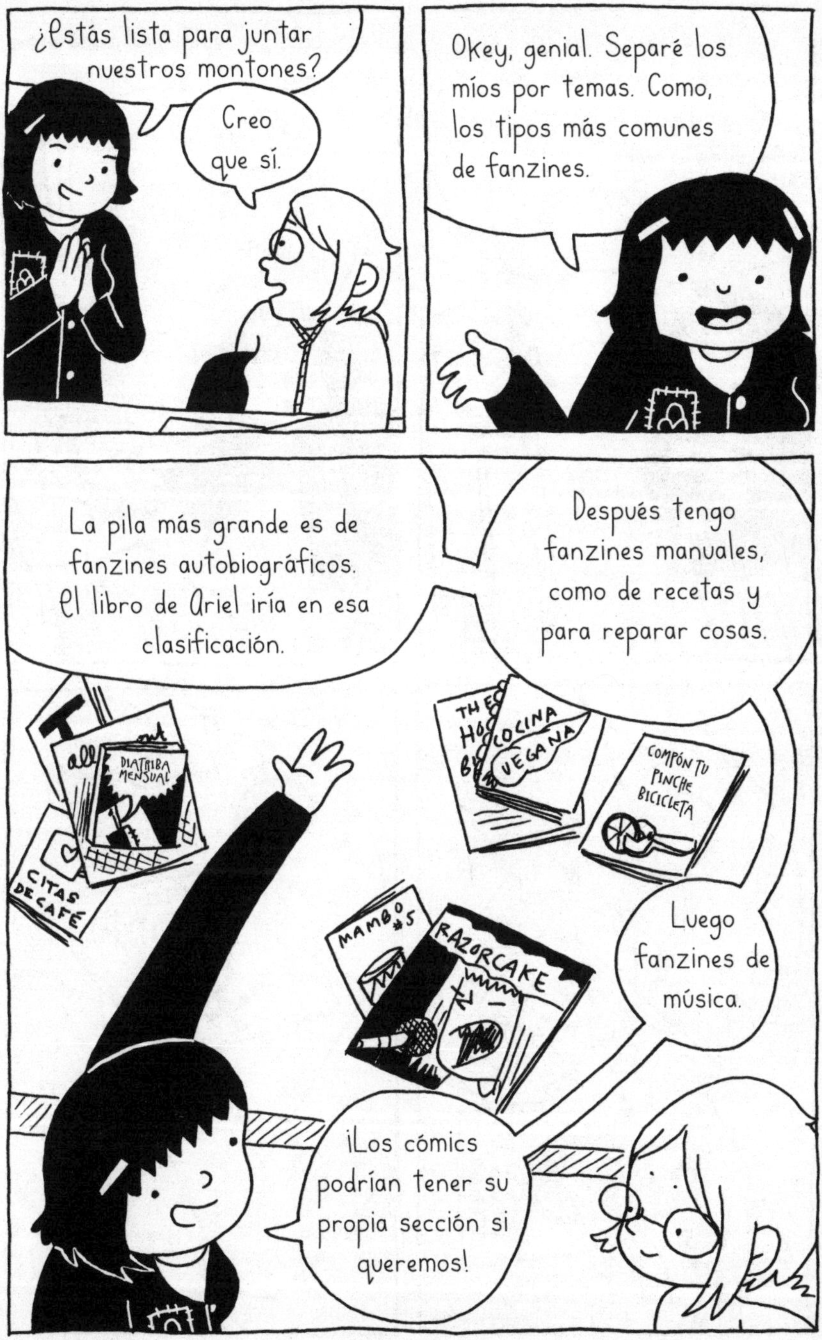
¿Estás lista para juntar nuestros montones?
Creo que sí.
Okey, genial. Separé los míos por temas. Como, los tipos más comunes de fanzines.
La pila más grande es de fanzines autobiográficos. El libro de Ariel iría en esa clasificación.
Después tengo fanzines manuales, como de recetas y para reparar cosas.
DIATRIBA MENSUAL
CITAS DE CAFÉ
COCINA VEGANA
COMPÓN TU PINCHE BICICLETA
Luego fanzines de música.
MAMBO #5
RAZORCAKE
¡Los cómics podrían tener su propia sección si queremos!

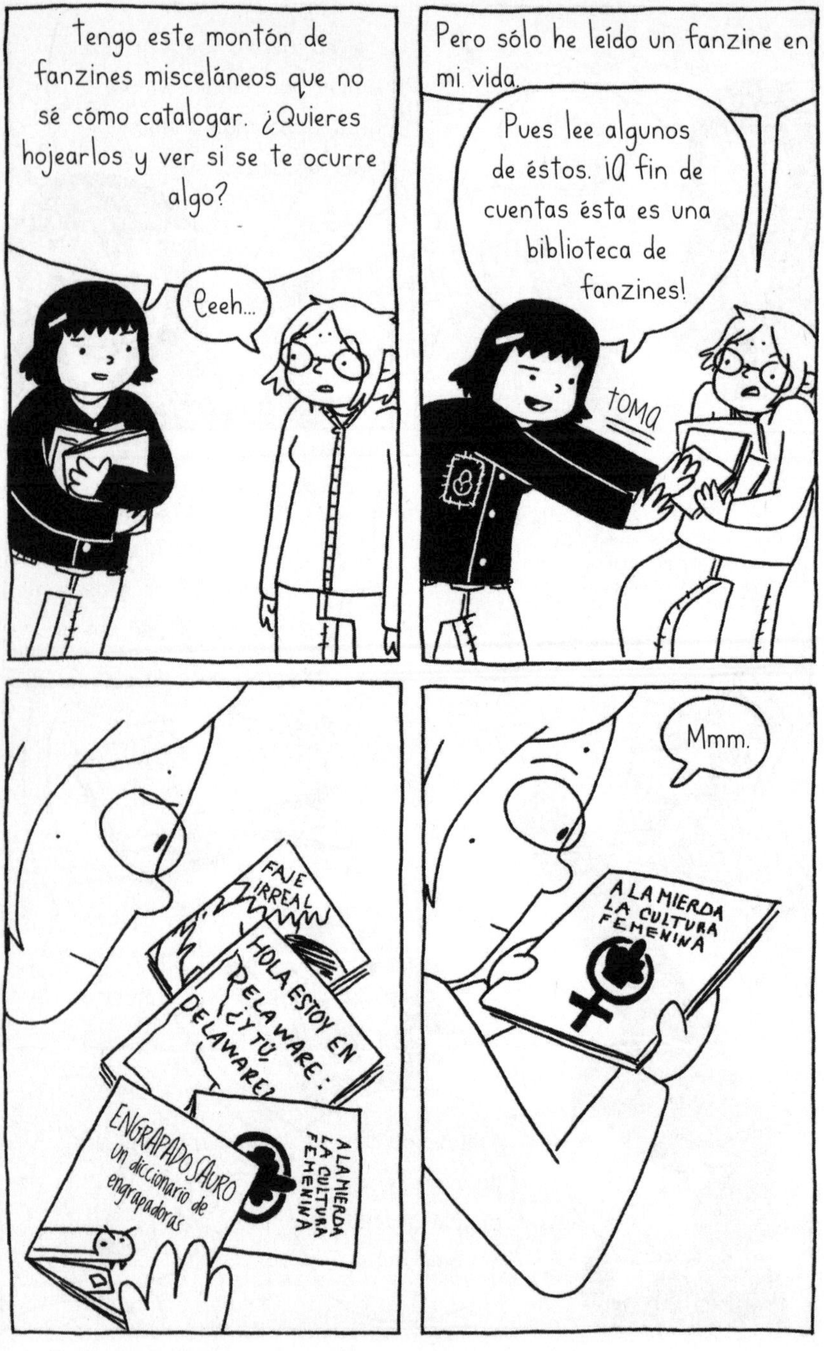
tengo este montón de fanzines misceláneos que no sé cómo catalogar. ¿Quieres hojearlos y ver si se te ocurre algo?
Eeeh...
Pero sólo he leído un fanzine en mi vida.
Pues lee algunos de éstos. ¡A fin de cuentas ésta es una biblioteca de fanzines!
TOMA
FAJE IRREAL
HOLA ESTOY EN DELAWARE: ¿Y TÚ, DELAWARE?
ENGRAPADOSAURO un diccionario de engrapadoras
A LA MIERDA LA CULTURA FEMENINA
Mmm.
A LA MIERDA LA CULTURA FEMENINA

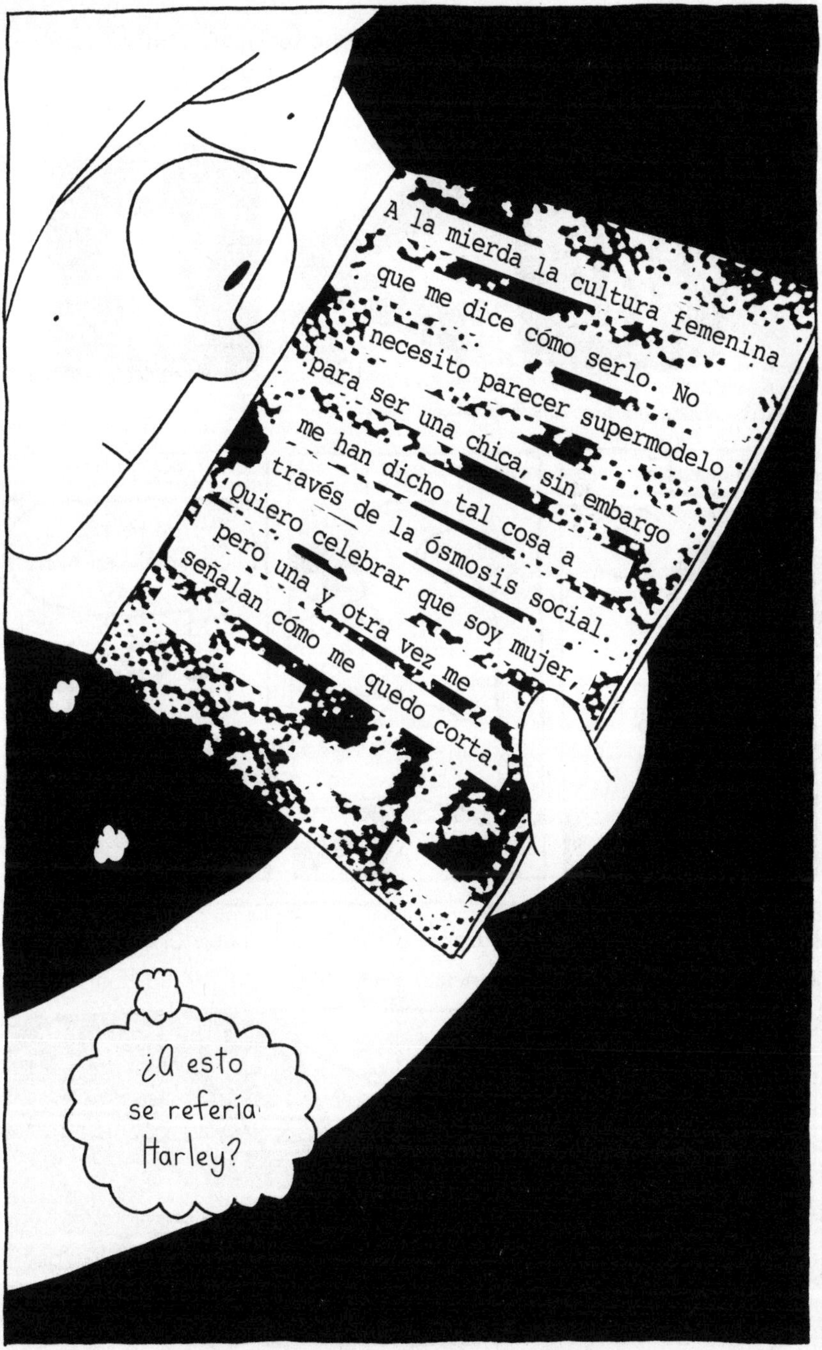
A la mierda la cultura femenina que me dice cómo serlo. No necesito parecer supermodelo para ser una chica, sin embargo me han dicho tal cosa a través de la ósmosis social. Quiero celebrar que soy mujer, pero una y otra vez me señalan cómo me quedo corta.
¿A esto se refería Harley?

¡Qué revelación tuve a partir de un fanzine feminista pontificador!
¡No estaba desafiando las normas sociales, me las estaba creyendo!

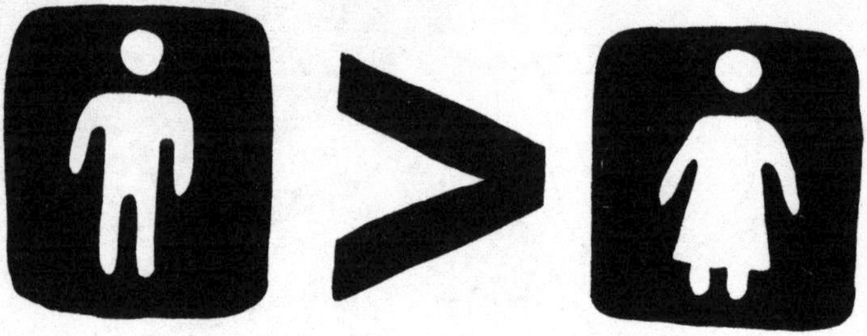

Porque nos enseñan que los niños son

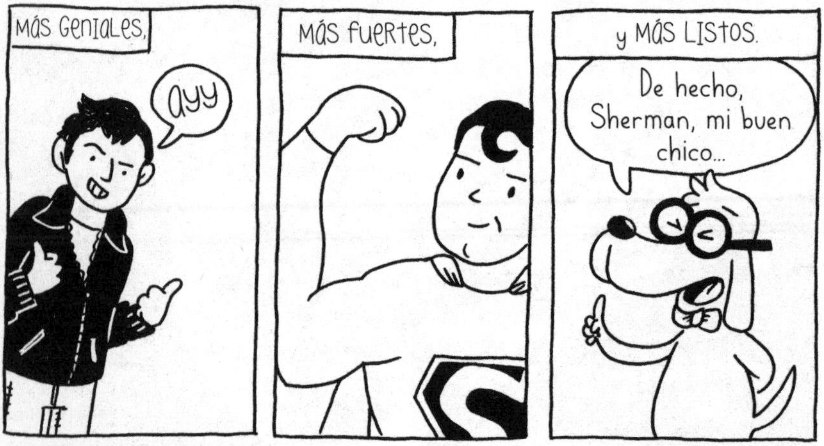

MÁS GENIALES,
AYY
MÁS FUERTES,
Y MÁS LISTOS.
De hecho, Sherman, mi buen chico...

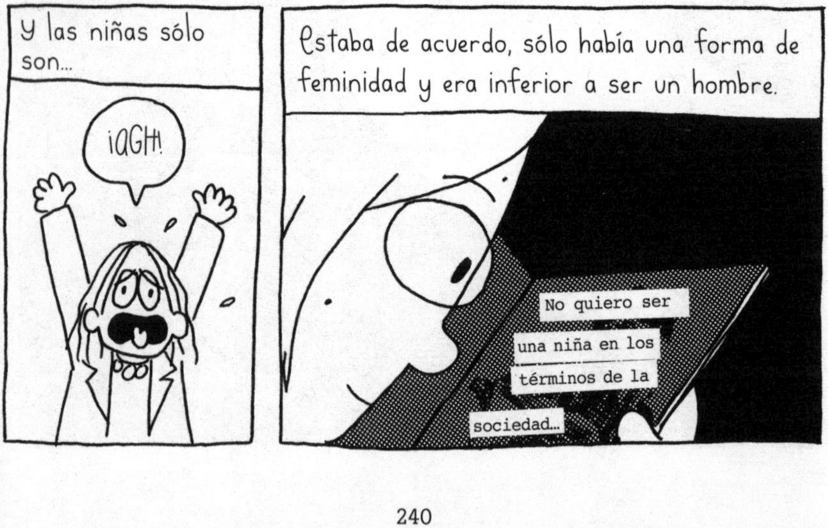

Y las niñas sólo son...
¡AGH!
Estaba de acuerdo, sólo había una forma de feminidad y era inferior a ser un hombre.
No quiero ser
una niña en los
términos de la
sociedad...

"Quiero ser una niña en mis propios términos."

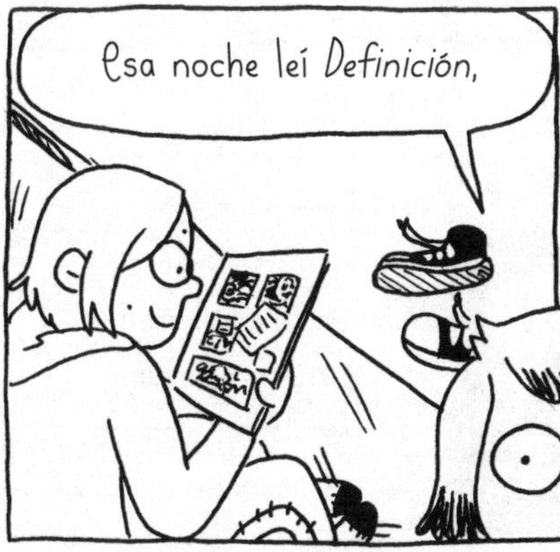
Esa noche leí Definición,

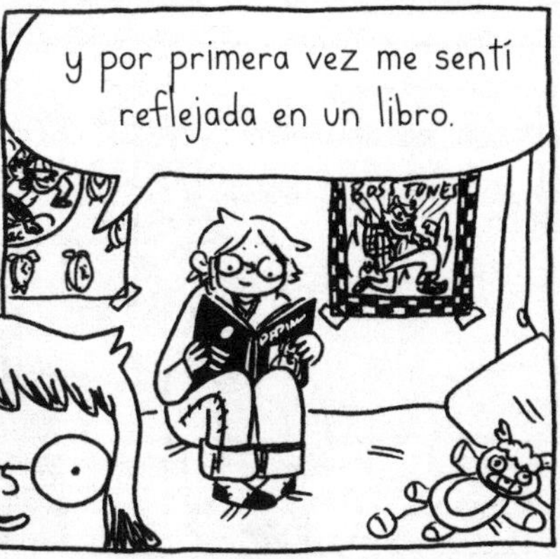
y por primera vez me sentí reflejada en un libro.

Me di cuenta de que aunque la mayoría de mis modelos a seguir eran hombres, también se habían colado unas cuantas mujeres.

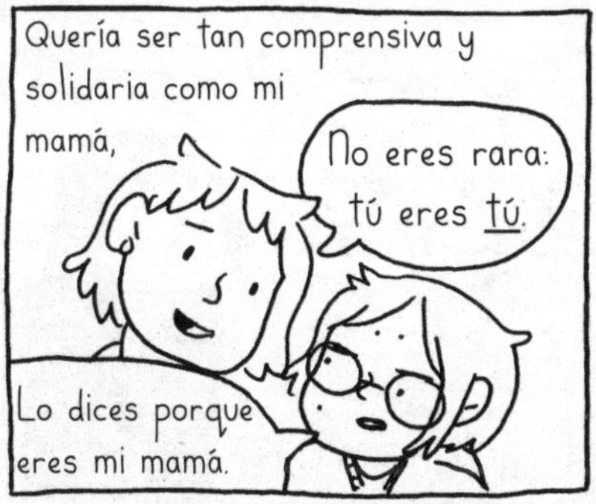
Quería ser tan comprensiva y solidaria como mi mamá,
No eres rara: tú eres tú.
Lo dices porque eres mi mamá.

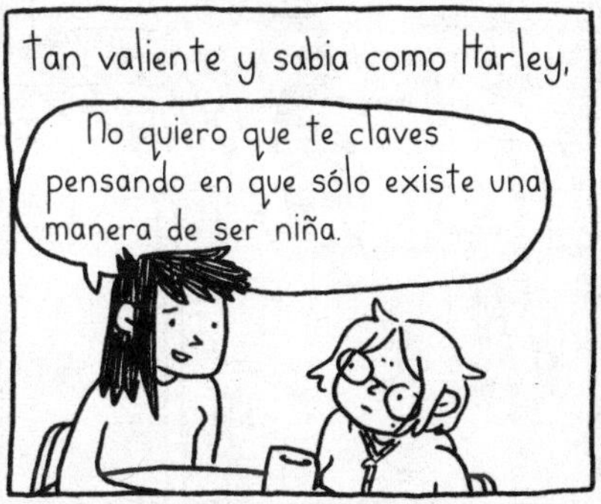
tan valiente y sabia como Harley,
No quiero que te claves pensando en que sólo existe una manera de ser niña.

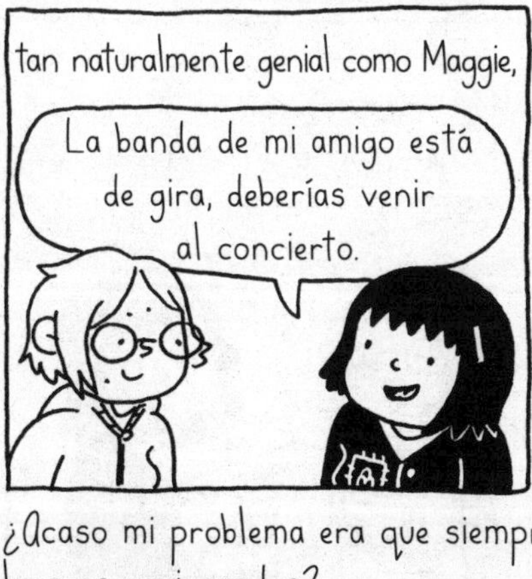
tan naturalmente genial como Maggie,
La banda de mi amigo está de gira, deberías venir al concierto.

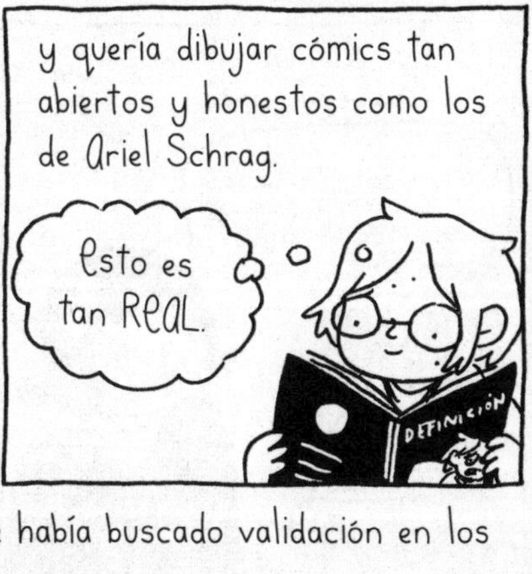
y quería dibujar cómics tan abiertos y honestos como los de Ariel Schrag.
Esto es tan REAL.

¿Acaso mi problema era que siempre había buscado validación en los lugares equivocados?

Cada vez le dedicaba más tiempo a la biblioteca de fanzines y a cualquier otro encargo para Warehouse 21.

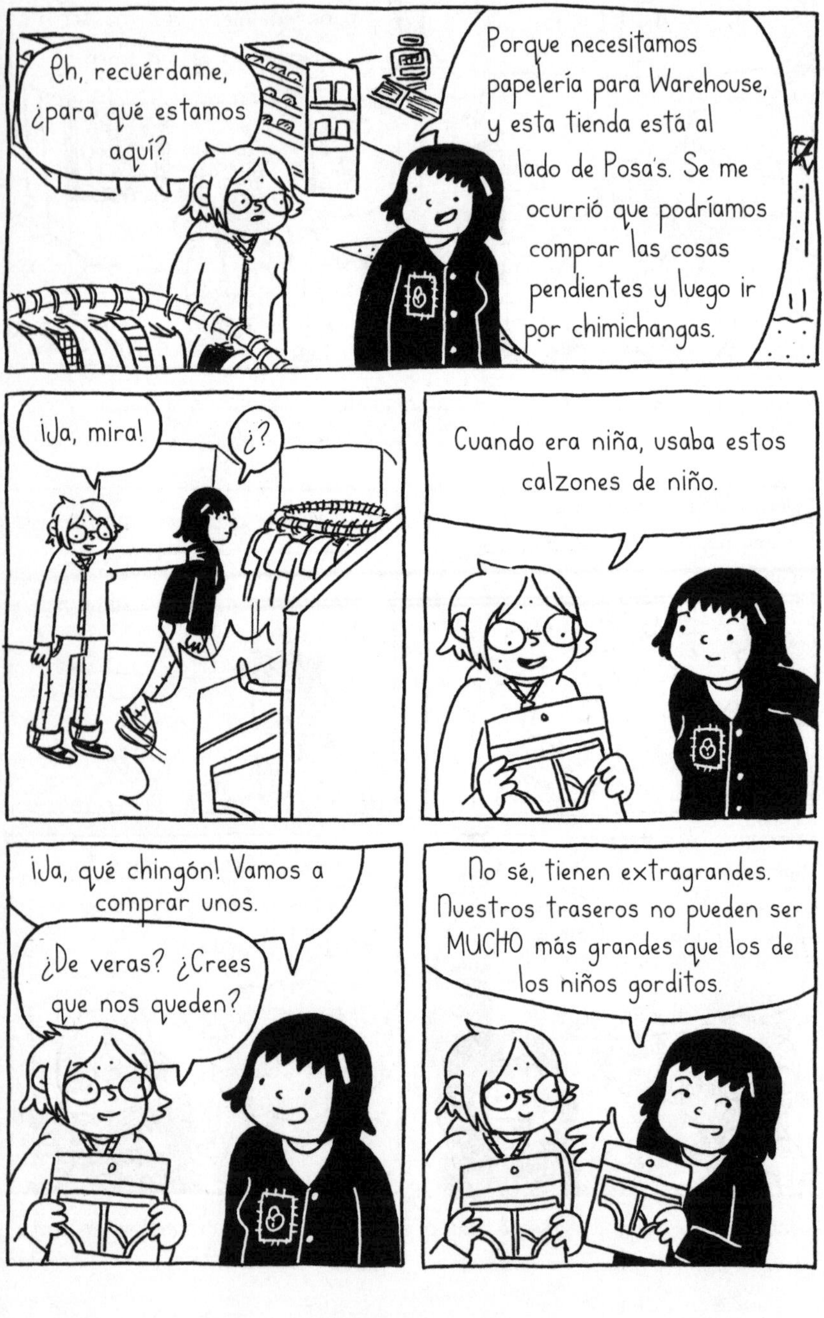
Eh, recuérdame, ¿para qué estamos aquí?
Porque necesitamos papelería para Warehouse, y esta tienda está al lado de Posa's. Se me ocurrió que podríamos comprar las cosas pendientes y luego ir por chimichangas.
¡Ja, mira!
¿?
Cuando era niña, usaba estos calzones de niño.
¡Ja, qué chingón! Vamos a comprar unos.
¿De veras? ¿Crees que nos queden?
No sé, tienen extragrandes. Nuestros traseros no pueden ser MUCHO más grandes que los de los niños gorditos.

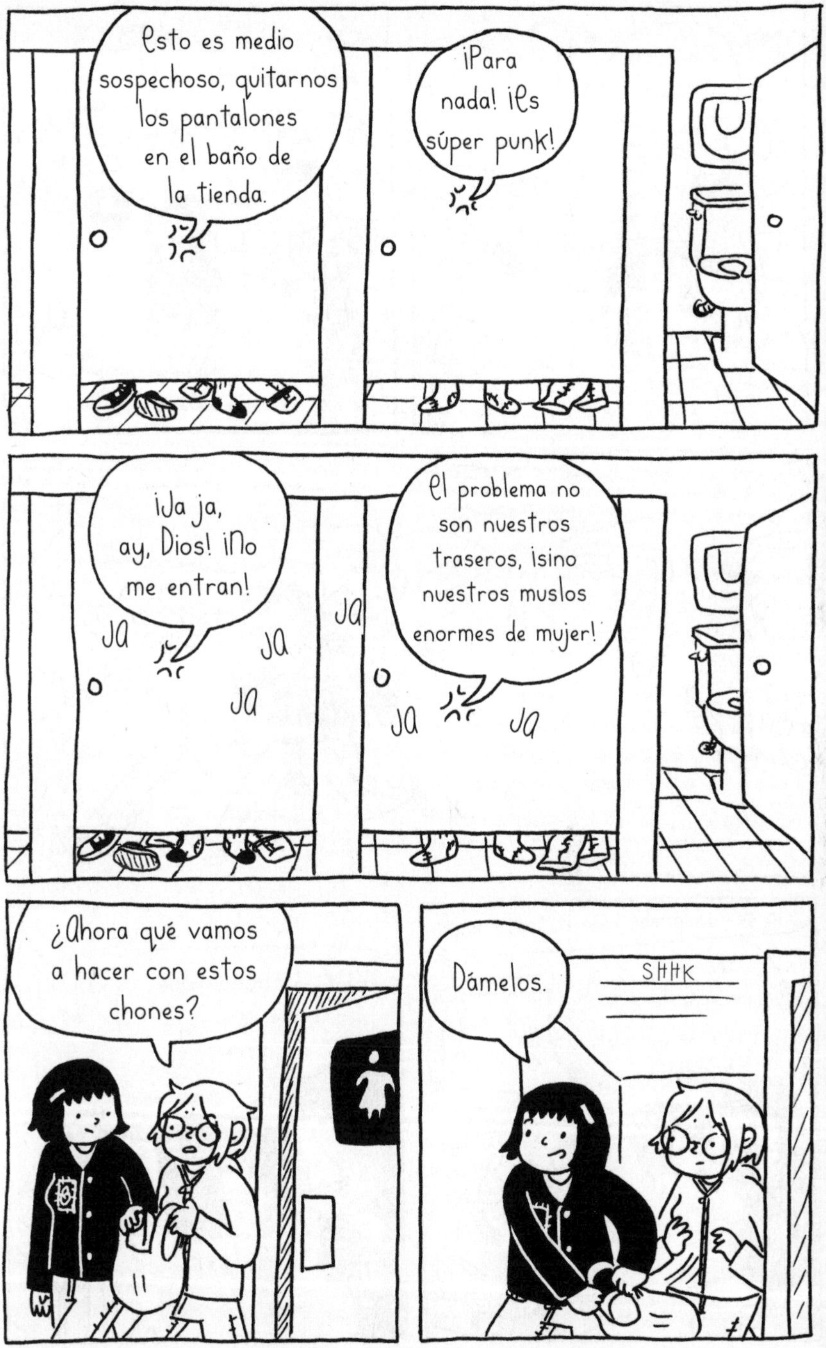
Esto es medio sospechoso, quitarnos los pantalones en el baño de la tienda.
¡Para nada! ¡Es súper punk!
¡Ja ja, ay, Dios! ¡No me entran!
JA
JA
JA
JA
El problema no son nuestros traseros, ¡sino nuestros muslos enormes de mujer!
JA
JA
¿Ahora qué vamos a hacer con estos chones?
Dámelos.
SHHK

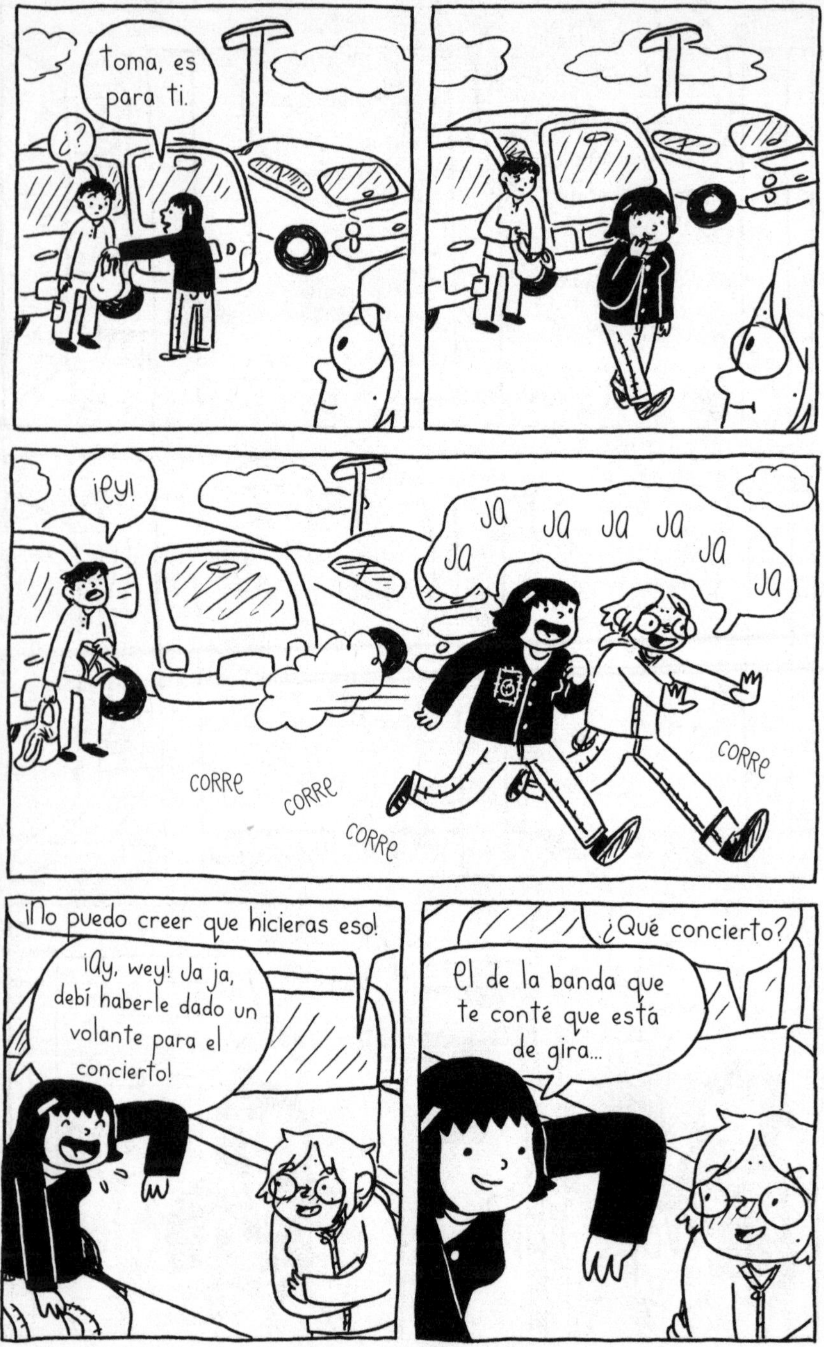
toma, es para ti.
¿?
¡ey!
ja ja ja ja ja ja ja
corre
corre
corre
corre
¡No puedo creer que hicieras eso!
¡Ay, wey! Ja ja, debí haberle dado un volante para el concierto!
¿Qué concierto?
el de la banda que te conté que está de gira...

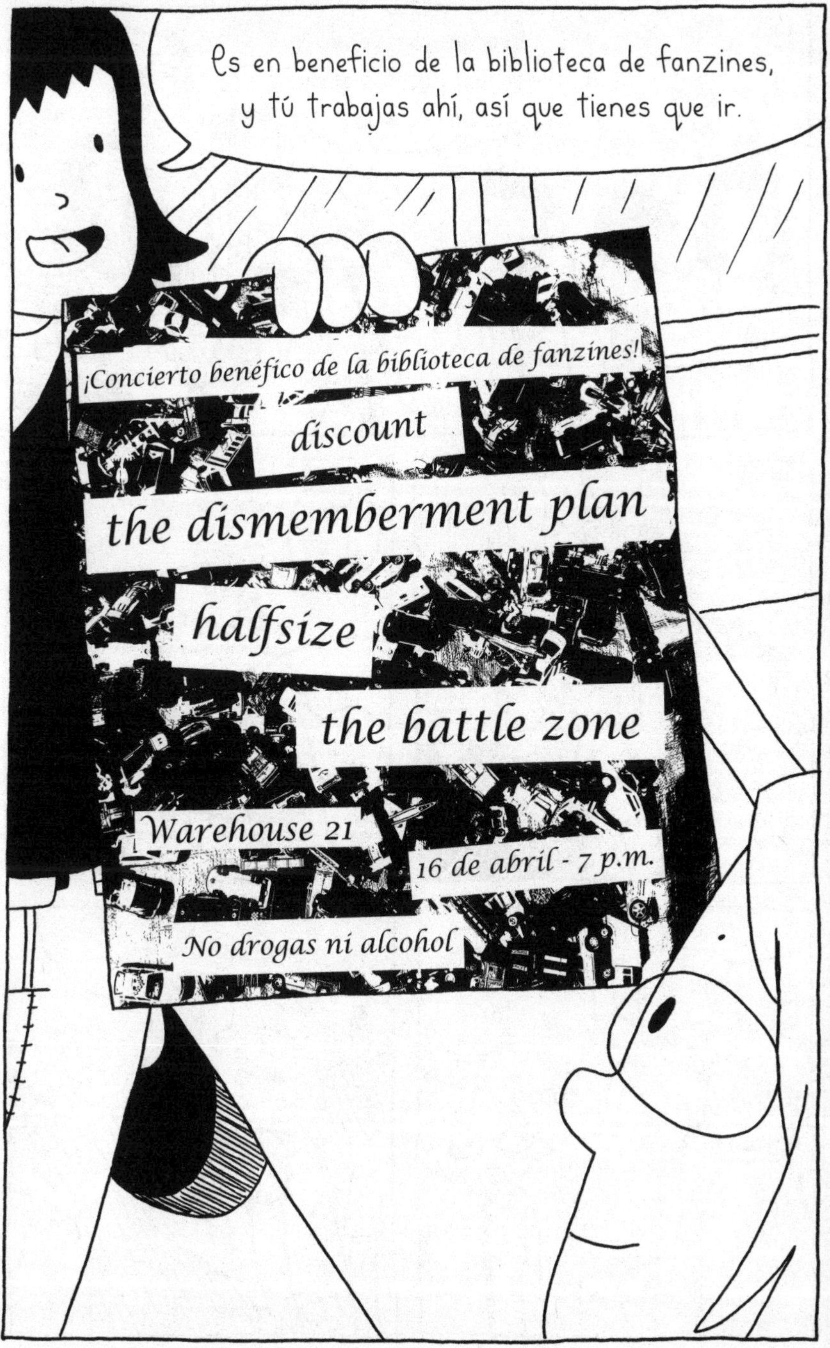
Es en beneficio de la biblioteca de fanzines, y tú trabajas ahí, así que tienes que ir.
¡Concierto benéfico de la biblioteca de fanzines!
discount
the dismemberment plan
halfsize
the battle zone
Warehouse 21
16 de abril - 7 p.m.
No drogas ni alcohol

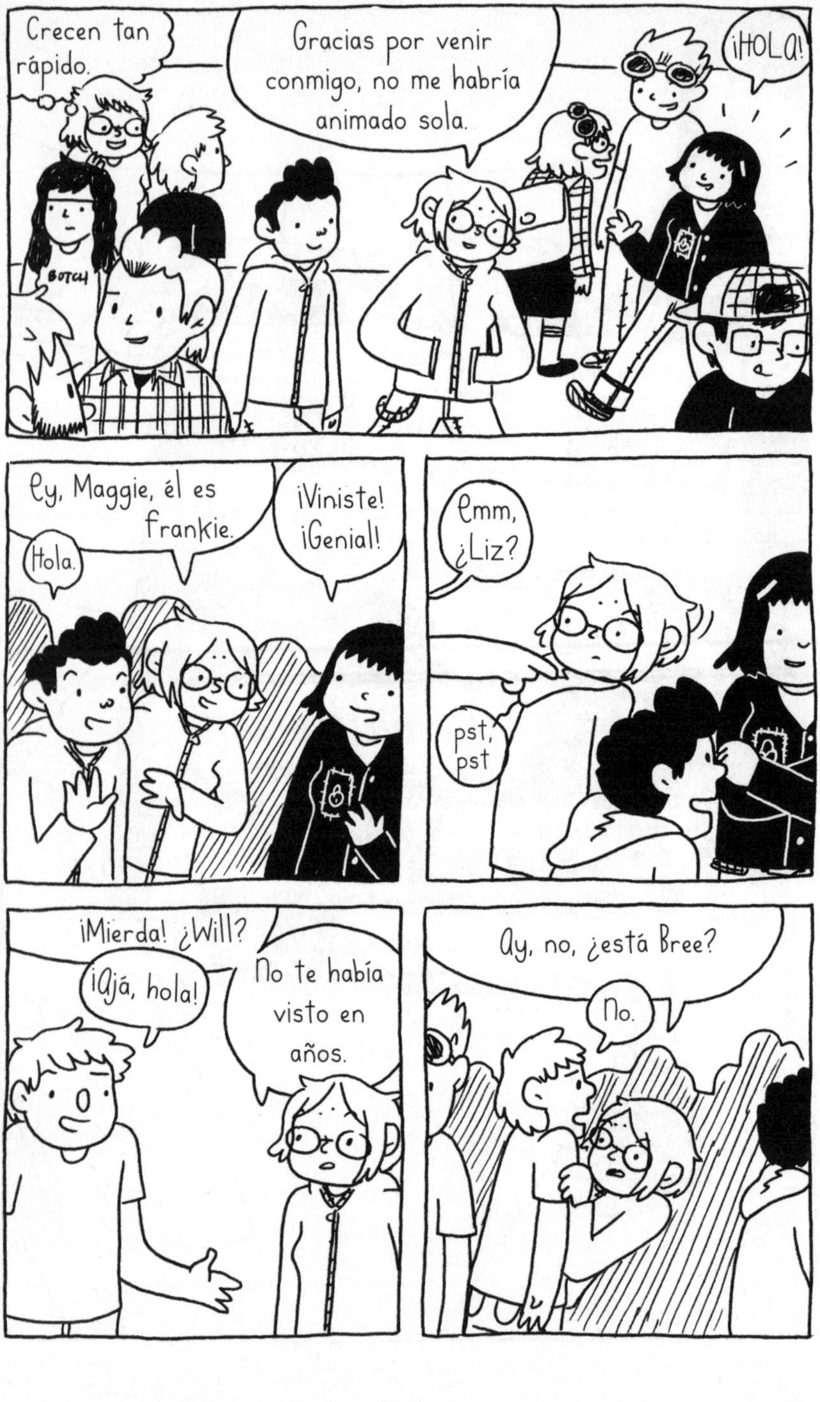
Crecen tan rápido.
Gracias por venir conmigo, no me habría animado sola.
¡HOLA!
BOTCH
Ey, Maggie, él es Frankie.
Hola.
¡Viniste! ¡Genial!
Emm, ¿Liz?
pst, pst
¡Mierda! ¿Will?
¡Ajá, hola!
No te había visto en años.
Ay, no, ¿está Bree?
No.

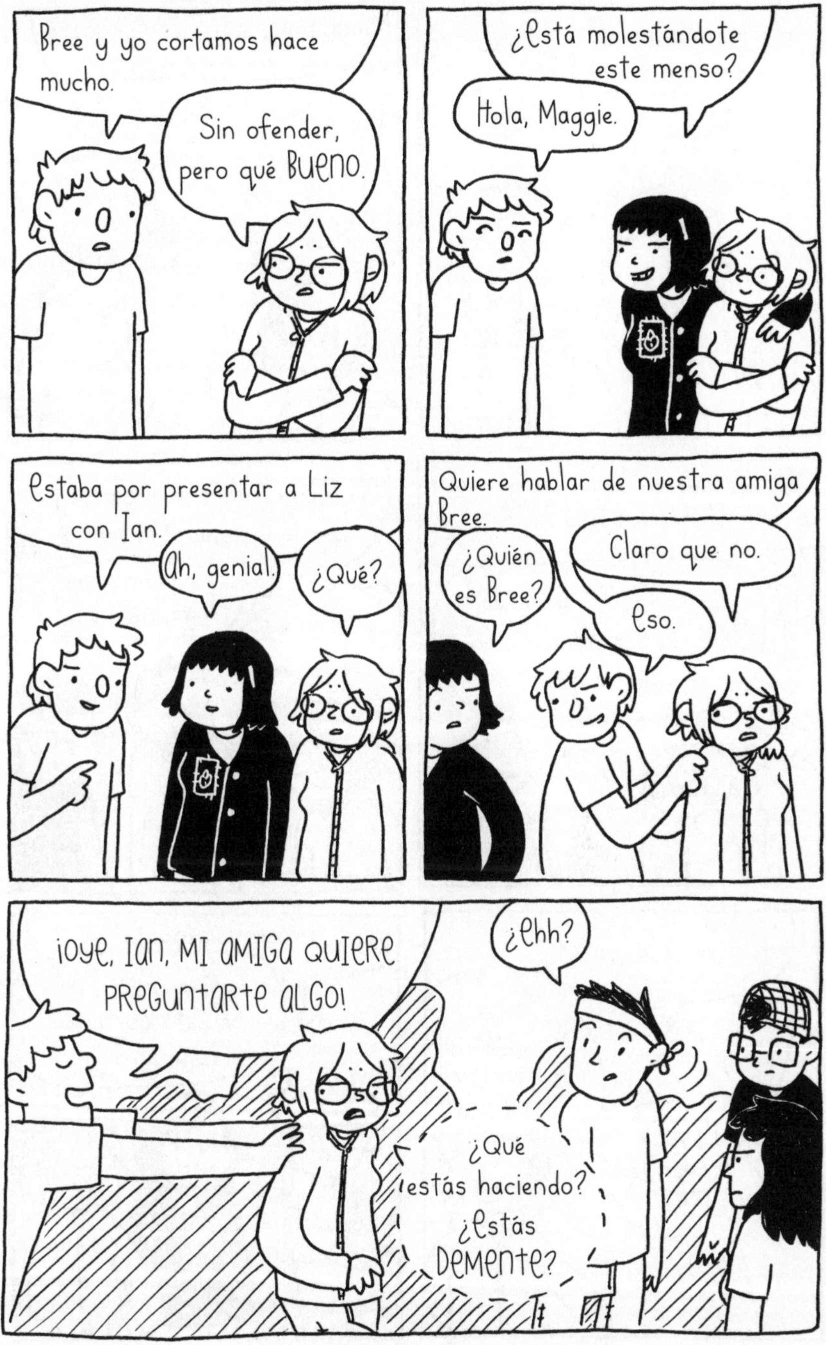
Bree y yo cortamos hace mucho.
Sin ofender, pero qué BUENO.
¿Está molestándote este menso?
Hola, Maggie.
Estaba por presentar a Liz con Ian.
Ah, genial.
¿Qué?
Quiere hablar de nuestra amiga Bree.
¿Quién es Bree?
Claro que no.
Eso.
¡OYE, IAN, MI AMIGA QUIERE PREGUNTARTE ALGO!
¿Ehh?
¿Qué estás haciendo? ¿Estás DEMENTE?

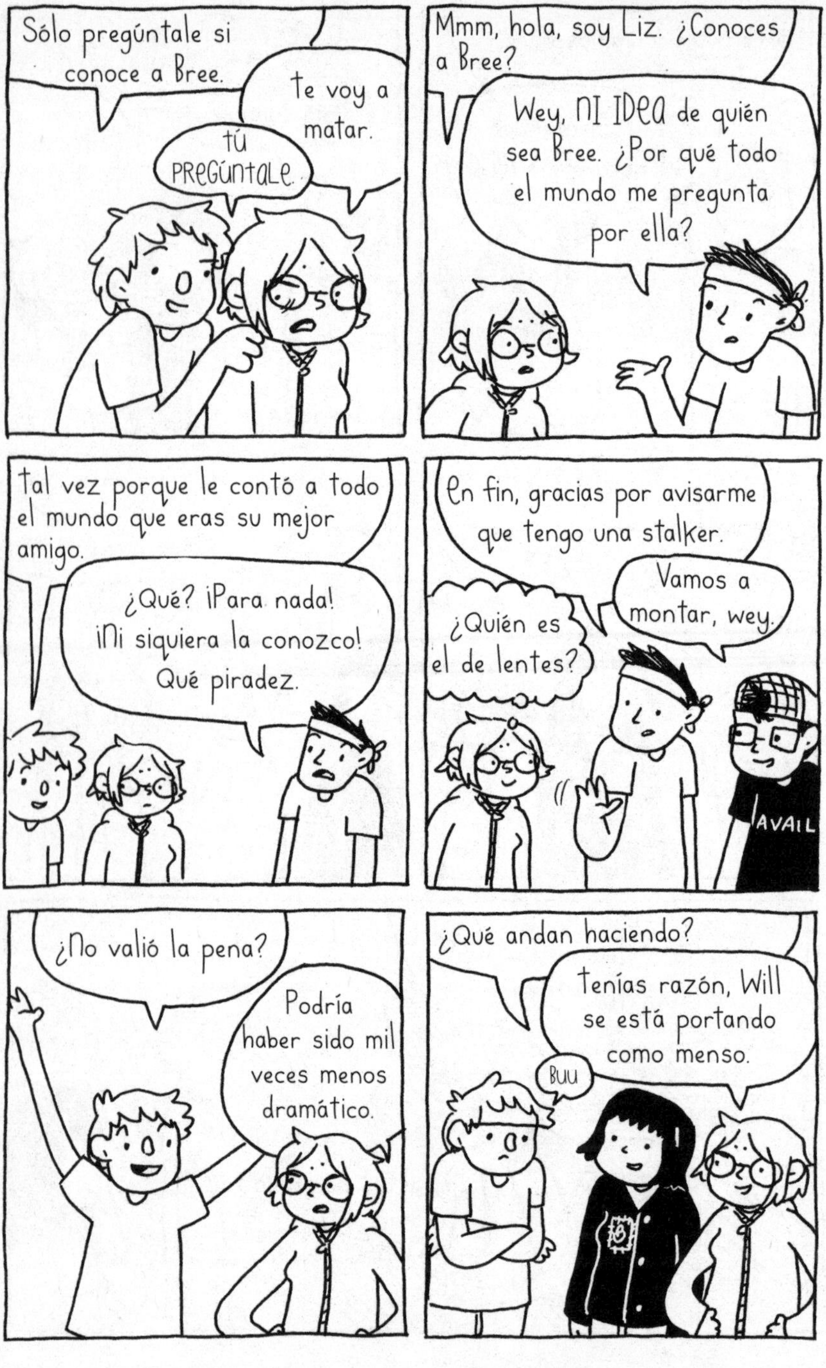
Sólo pregúntale si conoce a Bree.
te voy a matar.
tú pregúntale.
Mmm, hola, soy Liz. ¿Conoces a Bree?
Wey, NI IDEA de quién sea Bree. ¿Por qué todo el mundo me pregunta por ella?
tal vez porque le contó a todo el mundo que eras su mejor amigo.
¿Qué? ¡Para nada! ¡Ni siquiera la conozco! Qué piradez.
En fin, gracias por avisarme que tengo una stalker.
Vamos a montar, wey.
¿Quién es el de lentes?
AVAIL
¿No valió la pena?
Podría haber sido mil veces menos dramático.
¿Qué andan haciendo?
tenías razón, Will se está portando como menso.
Buu

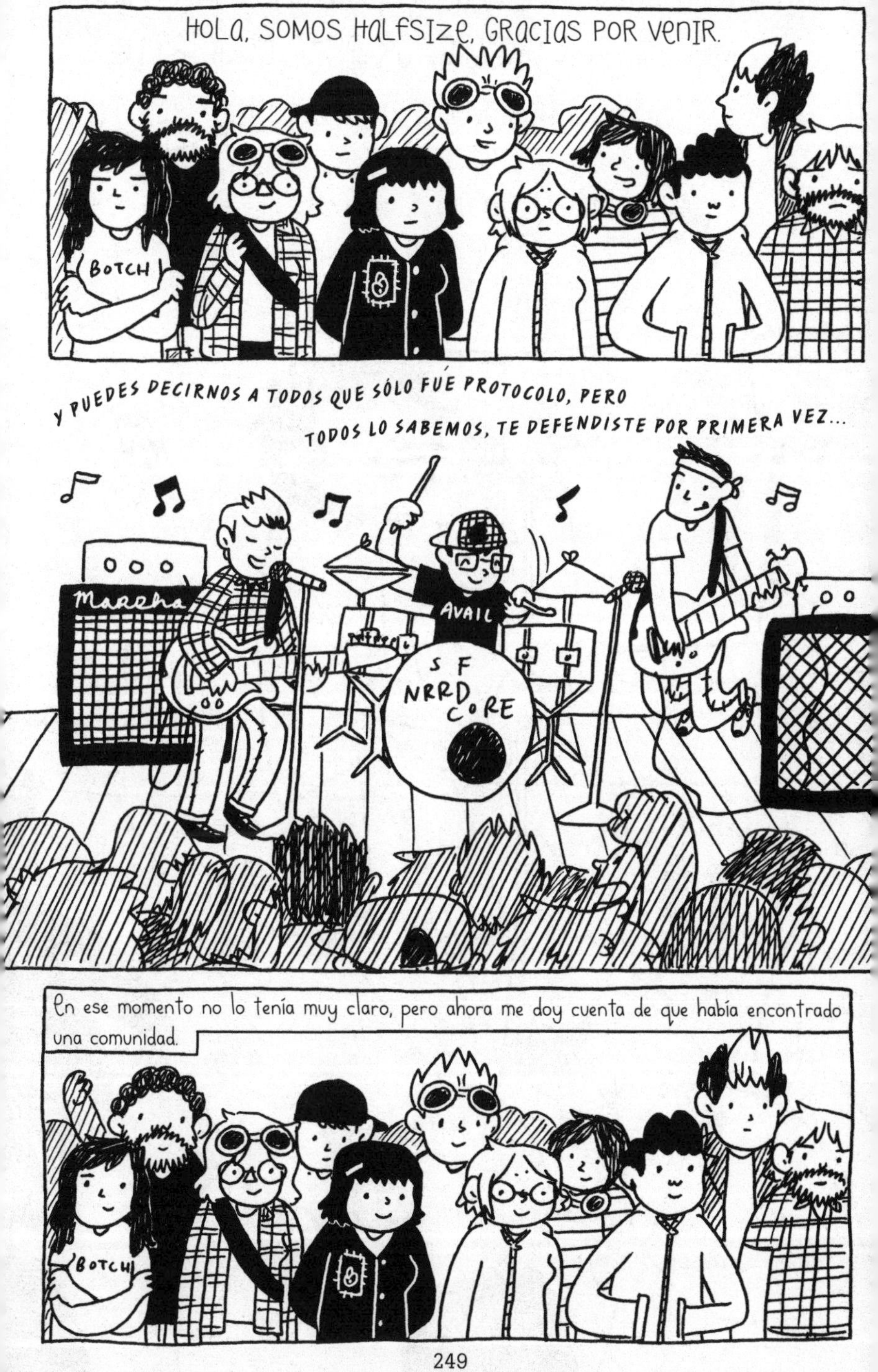

HOLA, SOMOS HALFSIZE, GRACIAS POR VENIR.
BOTCH
Y PUEDES DECIRNOS A TODOS QUE SÓLO FUÉ PROTOCOLO, PERO
TODOS LO SABEMOS, TE DEFENDISTE POR PRIMERA VEZ...
AVAIL
SF NRRD CORE
En ese momento no lo tenía muy claro, pero ahora me doy cuenta de que había encontrado una comunidad.
BOTCH

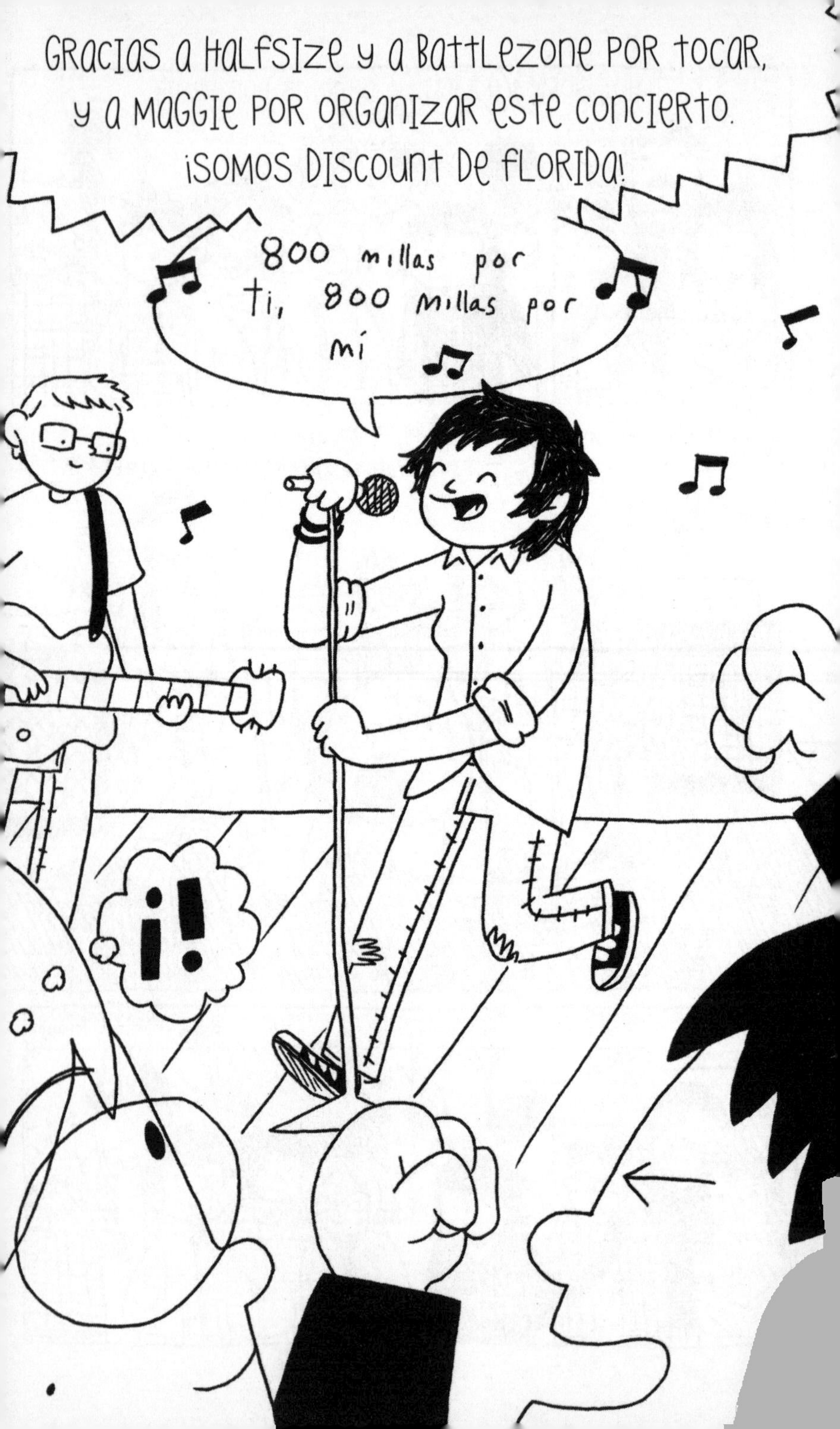

GRACIAS A HALFSIZE Y A BATTLEZONE POR TOCAR, Y A MAGGIE POR ORGANIZAR ESTE CONCIERTO. ¡SOMOS DISCOUNT DE FLORIDA!
800 millas por ti, 800 millas por mí
¡!

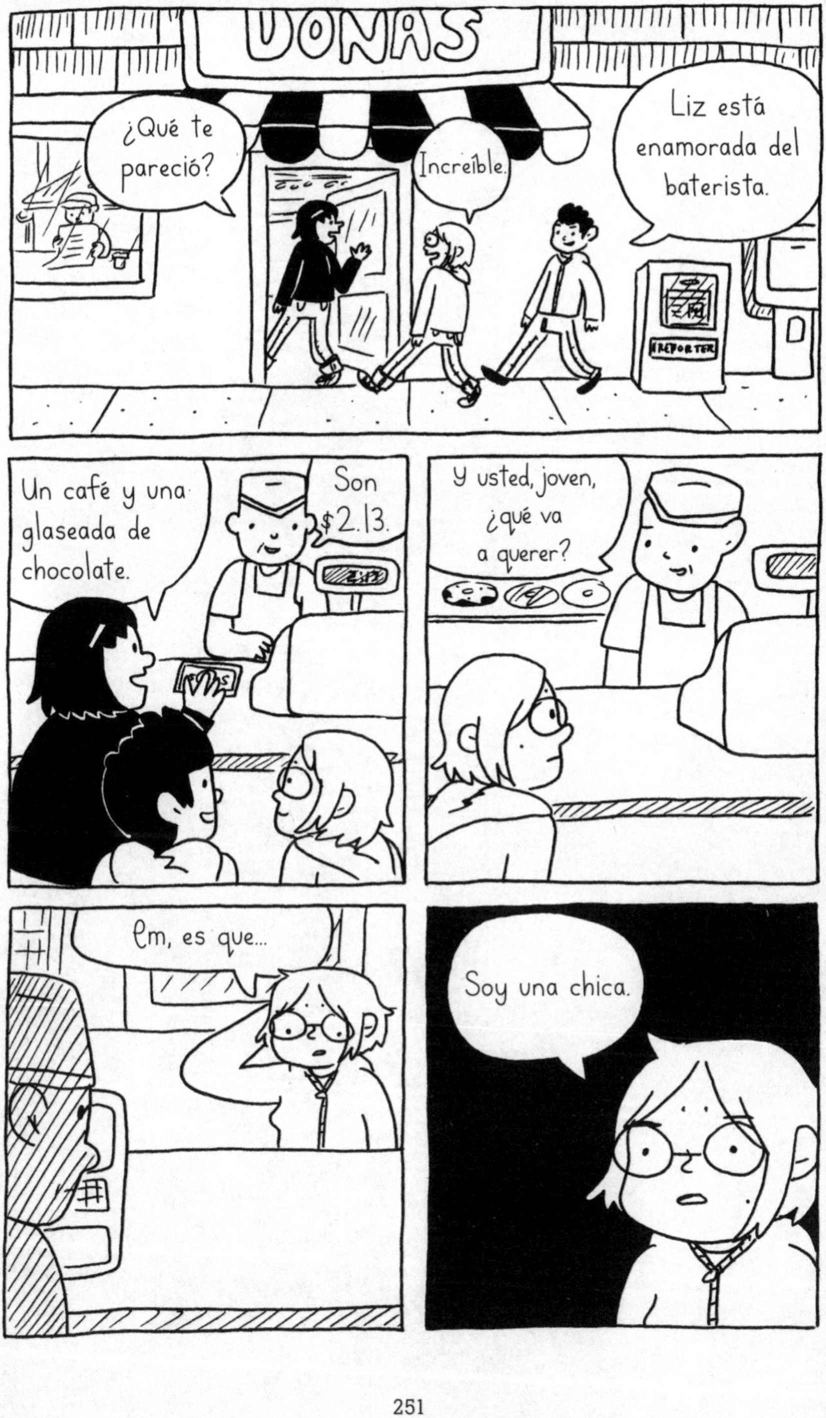
DONAS
¿Qué te pareció?
Increíble.
Liz está enamorada del baterista.
REPORTER
Un café y una glaseada de chocolate.
Son $2.13.
Y usted, joven, ¿qué va a querer?
Em, es que...
Soy una chica.

EPÍLOGO

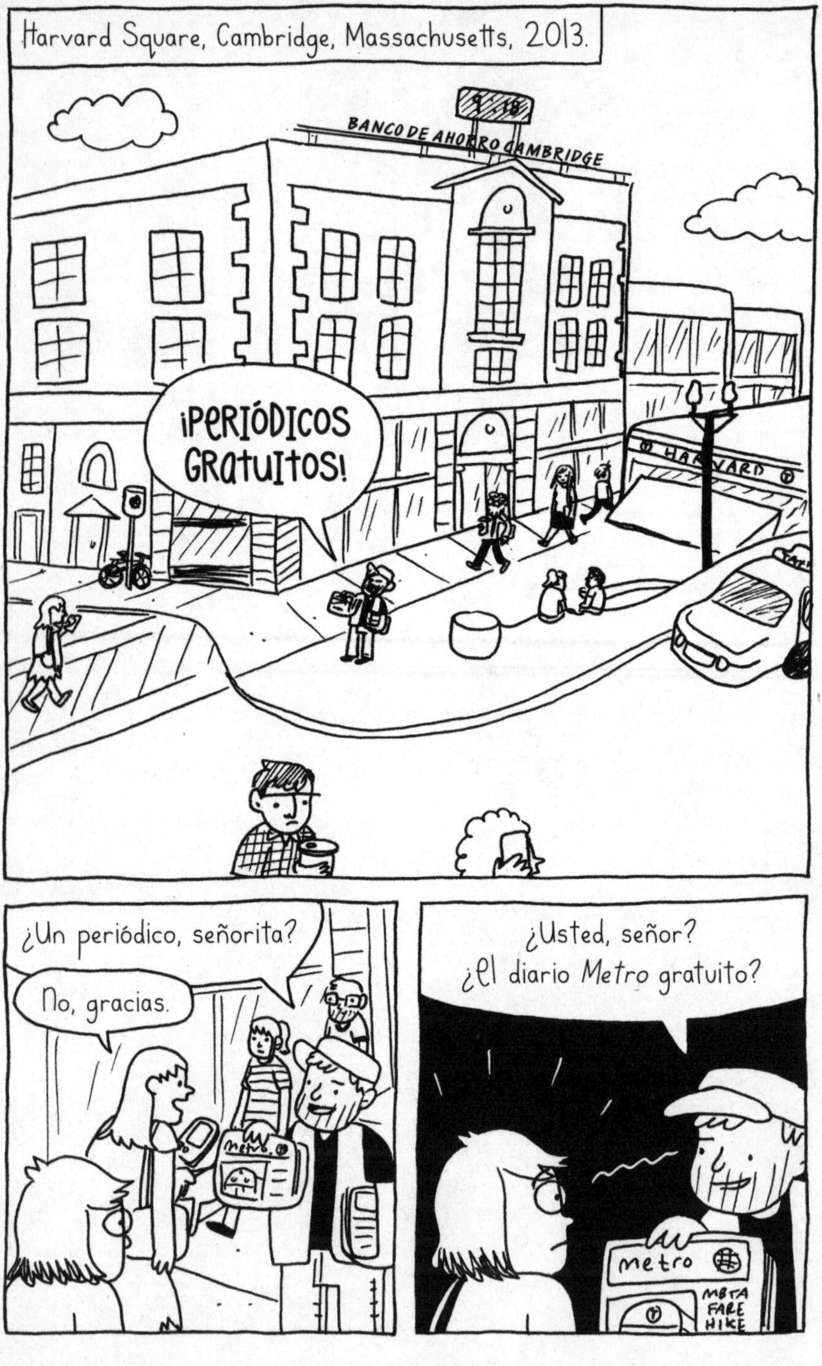
Harvard Square, Cambridge, Massachusetts, 2013.
BANCO DE AHORRO CAMBRIDGE
¡PERIÓDICOS GRATUITOS!
HARVARD
¿Un periódico, señorita?
No, gracias.
metro
¿Usted, señor?
¿El diario *Metro* gratuito?
metro
MBTA FARE HIKE

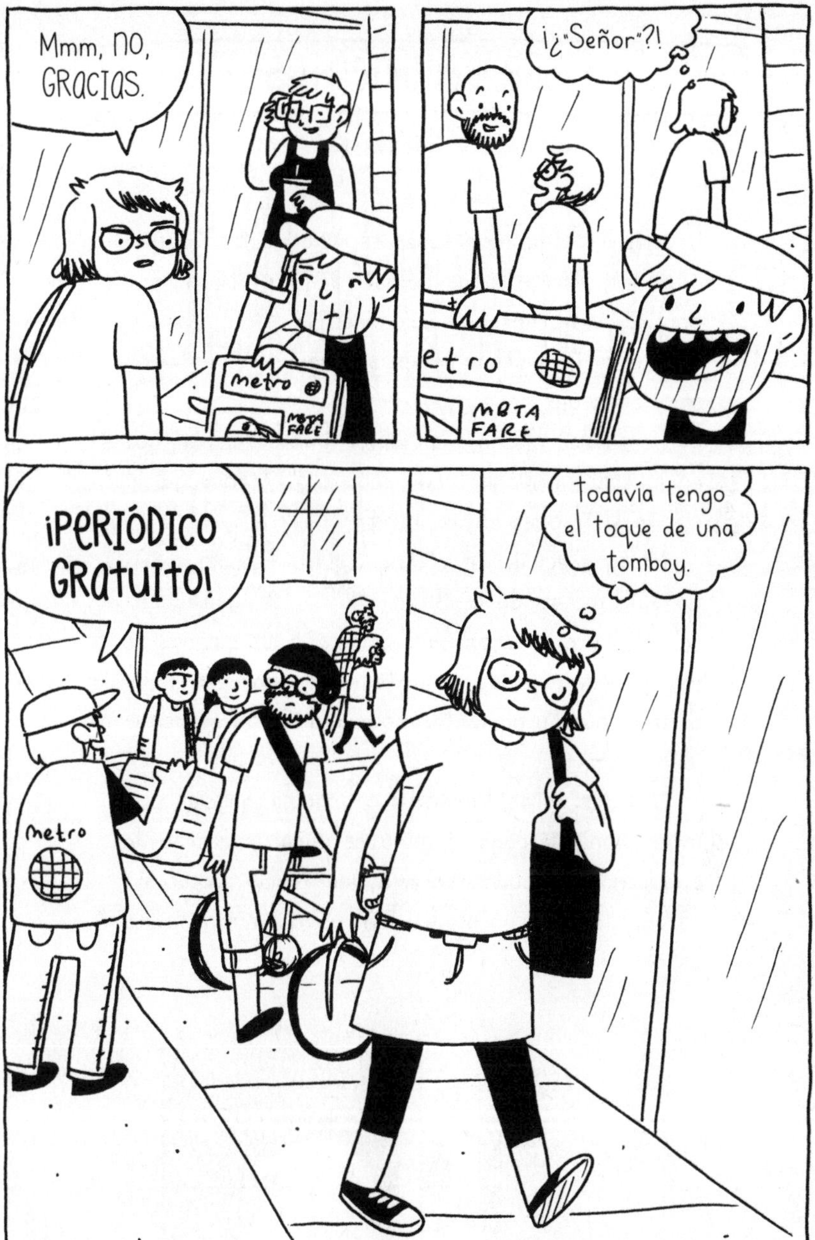
Mmm, no, GRACIAS.
¡¿"Señor"?!
metro
MBTA FARE
¡PERIÓDICO GRATUITO!
Todavía tengo el toque de una tomboy.
metro
Liz Prince, chica ruda, 31 años.
fin

AGRADECIMIENTOS

Gracias a mis amigos súper especiales Jim Kettner, Tim Finn, Jordyn Bonds, Ramsey Beyer y Hoey Prince por leer los primeros borradores de esta historia y ayudar a fortalecerla con sus valiosos comentarios y su buen ojo.

Agradezco mucho a mi editor, Daniel Harmon, que enriqueció mi proyecto y aguantó mi terquedad: lo siento si te puse en aprietos.

Mi agradecimiento eterno a Kyle Folsom, quien no sólo me ayudó a editar TODOS los borradores de este libro, sino que también diseñó las páginas de los fanzines y los volantes que aparecen aquí. Gracias por tu paciente apoyo y tu gran retroalimentación.

Y a mis gatos, Wolfman y Drácula, gracias por interrumpirme cada 15 minutos para un receso de apapachos. No podría haberme mantenido cuerda sin ustedes (¡y ellos no pueden leer, así que nunca verán esto!).